풀어쓴 **티벳 현자의** 말씀

풀어쓴 티벳 현자의 말씀

─티벳 운문학의 정수 싸꺄 빤디따의 『선설보장론』 해제집

싸꺄 빤디따 지음

신상환 옮김 | 이현수 풀어씀

도서출판 b

옮긴이의 말

역경사에게 좋은 글을 읽고 옮기는 것보다 기쁜 일은 없다. 거기에다 옮긴 글을 읽고 공감해주는 독자를 만나는 것은 금상첨화다. 들돌 이현수 선생의 사경寫經을 함께 하면서 역경사로서 자부심을 느꼈고 이제 그것을 책으로 펴내게 되었다.

애초 들돌 선생의 블로그에서 한시를 읽는 재미가 쏠쏠하여 맺어진 인연이 『선설보장론善說寶藏論』의 해제까지 이어질 것이라고는 상상도 하지 못했다. 헤아려보니 본문의 게송 수만 해도 4백 50개 정도라 약 2년 동안 함께 게송을 읽었던 셈이었다. '진행성 근이완증'이라는 병고에 시달려 휠체어 신세를 지고 계심에도, 그리고 이 책을 준비하는 과정에 대장암 수술을 받아 와병 중이었음에도 불구하고, 매일 매일 게송을 읽고 그 뜻을 헤아리는 모습을 볼 때마다 출가와 재가를 떠나 신심 깊은 불자의 행이란 어떤 것인가를 새삼 유념하게 한다.

애초 티벳 교육 과정에서 빠지지 않는 싸꺄 빤디따Sa skya Paṇḍita(1182-

1251)의 티벳 운문학의 정수인 『싸꺄 렉셰Sa skya legs dshad』를 『선설보장론善說實藏論』이라고 옮기면서 티벳어 원문과 한역, 그리고 변형 문법 등의 용례에 대해서 강조의 방점을 찍고 티벳어 문법이나 운문학의 특징을 유념하였던 관계로, 각각의 게송들이 품고 있는 그 뜻을 헤아리는 주석 작업에는 마음이 가지 않았었다. 이 책 『풀어쓴 티벳 현자의 말씀』은 티벳에서 유일무이하게 '빤디따', 즉 '현자'라는 칭호를 받은 뀐가 겔첸 스님이 지은 『선설보장론善說實藏論』에 대한 해제 작업으로 큰 의미가 있다.

> "불교는 어렵다."고 말하는 이들이 많다. 배워야 할 것이 너무나 많고 읽어야 할 경전의 숫자도 한둘이 아니라는 게 주된 이유다. 반면에 불교가 그다지 어렵지 않다고 말해주는 사람은 찾아보기 어렵다. 오랫동안 불법을 배운 이들까지도 어렵다는 말에 맞장구를 치기 일쑤다.
>
> 옛사람들은 사성제에 관한 이야기를 듣고도 마음이 열리고, 팔정도에 관한 말씀만 듣고도 눈에 낀 안개가 걷혔으며, 연기와 중도와 공성에 관한 이야기만 듣고도 흔연히 부처님의 제자 되기를 서원했다. 팔만사천 법문의 내용을 두루 알았던 것도 아니고 그래야 할 필요도 없었다. 눈이 뜨이고 마음이 열리면 그것으로 그만이었다.
>
> ─456, 457번 게송 해제에서

아직도 불교를 어렵게 여기고 특히 티벳 불교를 밀교의 신통방통한 수행으로 여기는 게 대세지만, 인도 불교의 마지막 전통을 보장保藏하고 있는 티벳 불교에서 중요한 바는 공중 부양과 같은 술수가 아니라 인간으로서 갖추어야 할 품성에 대한 강조다. 예전 티벳의 수도 라싸의 뽀다라 궁에서 티벳 관리들이 이 책에 등장하는 게송들로 화답하였다는 이야기를 생각할 때마다 설산의 고원에서 자연과 더불어 불법과 함께 하던 이들이 아련하게 떠오른다. 티벳 인들의 마음속에 깊이 각인된 현자의 말씀이니 우리에게도 시사하는 바가 클 것이다.

총 10만 어휘에 달하는 글을 줄이고 줄였음에도 해제자의 마음에 들지는 않을 것이고, 줄이고 줄인 글이라도 보통 책의 두세 권 분량이라 도서출판 b의 대표인 기조 형을 비롯해 편집인의 마음에 들지도 않을 것이다. 그럼에도 이 책이 세상에 나올 수 있는 것은 공덕 회향을 바라는 마음 간절한 이들이 있어서이니 하루에 한 게송만이라도 읽어 마음의 양식으로 삼기를 바라는 마음 간절하다.

다시 한 번 이 책이 세상에 나올 수 있게 보탬을 주신 모든 분들에게 감사의 말씀을 전한다.

함양 안의 고반재考槃齋에서
담정覃程 신상환

풀어쓴이의 말

굳이 무엇이 되겠다는 마음으로 살지 않았다. 지난날 이뤘다는 소리를 들은 것들도 대부분 어쩌다 보니 그렇게 된 것들이었다. 책이 될 것을 염두에 두고 글을 써본 적도 없었다. 내가 쓰는 글이 누군가의 삶에 보탬이 될 수 있다거나 어떤 이의 삶을 이끌 수 있는 힘이 있을 것이라고 생각하지 않았다. 그런 중에도 책을 읽고 글을 쓰는 것은 언제나 삶이고 놀이였다.

2010년 연말께 『선설보장론』이라는 책 한 권을 읽었다. 불자가 된 뒤로 처음 읽어본, 티벳어 원문을 우리말로 옮긴 게송집이었다. 처음에는 한시를 읽고 옮기는 것처럼 마음에 드는 게송 몇 개를 골라 블로그에 올려볼 생각이었다. 그때는 옮겨 적는 게송에 내 생각을 덧붙일 생각을 하지 못했고 달력 두 개를 바꿀 때까지 이 일을 하게 될 것이라고는 상상도 하지 못했다.

『선설보장론』의 역자가 붙여준 '사경寫經'이라는 이름이 내게는 분에 넘치는 찬사였고, 내세울 것 없는 얇은 배움으로 게송들의 의미를 해설하며 풀어 적는 것이 내게는 언제나 무거운 짐이었다. 시작은 발심發心이란 말을 쓰기에 모자람이 없었지만, 밑천이 바닥을 드러내기 시작하면서부터는 근거 없이 일어난 오기가 나를 이끌었고, 그 나머지는 날마다 함께 읽어준 분들의 격려에 힘입어 여기까지 왔다. 사경을 하는 동안 여러 벗들을 만났다. 억지로 될 일이 아니었고 바람으로만 될 수 있는 일도 아니었다. 인因과 연緣의 힘을 빌지 않고는 설명할 수 없는 일, 사경을 하는 동안 하루도 그것을 잊어본 날이 없었다.

공부가 깊지 못한 사람이라 여기저기서 보고 들은 것들로 이 해제집을 채웠다. 그렇기 때문에 부적절한 곳에 잘못된 내용이 있다면 그 과실은 모두 내 몫이 되어야 할 것이고, 적절한 곳에 옳은 내용이 있다면 그 공은 함께 읽어준 분들의 몫이 되어야 할 것이다.

되고자 한 것은 없었지만 하고 싶은 일이 있었고, 그것을 하다 보니 여기까지 왔다. 어쩌다 보니 '티벳 운문학의 정수'라는 『선설보장론』의 해제자 소리도 듣게 되었다. 부실한 남편이 사경을 마칠 수 있게 오랜 시간 지극한 정성으로 돌봐준 아내에게 말로 다하지 못할 큰 감사를 글로 적어 남긴다. 이 사경의 완결은 내가 내게 주는 최고의 선물이다. 오랫동안 함께 해준 모든 분들과 모자람 많은 글을 책으로 엮자 말씀해준 마음 넓고 큰 분들께 감사드린다.

수원 관풍재觀風齋에서
들돌 이현수

| 차 례 |

□ 일러두기

1. 이 책의 원문 게송은 쌍게 뗀진sangs rgyas bstan 'dzin의 『싸꺄 렉셰』의 주석서인 『싸렉 델와sa legs 'grel pa, 원명은 legs par bshad pa rin po che'i bter gyi don 'grel blo gsal bung ba'i bstin gnas zhes bya ba bzhugs so, Sherig Parkhang, Dharmasala, India, 1999』의 게송 부분을 저본으로 삼아 번역한 것이다. 略: 【주석서】

2. 번역에 참고한 다른 판본들은 다음과 같다.

   티벳어와 영문:

   Development of Awareness and Conduct, Lozang Jamspal, Ladakhra-rnashridipika, Leh, India, 2003. 略: 【잠뻴 역】

   Tibetan Studies, Alexander Csoma de Körös, Gaurav Publishing House, New Delhi, India, 1912. 부분 역으로 略: 【쾨뢰스 역】

   한문: 格言寶藏論, 索達吉堪布, 1996. 略: 【한역본】

3. 티벳어 로마자字는 와일리 표기법(Wylie system, T. V. Wylie, 1959, 'A standard system of Tibetan transcription', Harvard Journal of Asiatic studies, vol. 22, pp. 261-7)에 따랐다.

서문

산스끄리뜨어로 '수바씨따라뜨나니디Subhāṣitaratnanidhi/善說寶藏'라는 이름의 논論/śāstra이며 티벳어로 '렉빨 셰빠 린뽀채 뗄legs par dshad pa rin po che'i gter'이라는 이름의 논dstan bcos이다.

예경문
성스런 문수보살에게 경배하옵니다.

귀경게

a.
위대한 신과 용왕, 전륜성왕
선인仙人 뱌사Vyasa, 발미끼Valmiki 그리고 아끄싸빠다Akṣapāda[1] 등이

---

1 선인仙人은 산스끄리뜨어 '리쉬Rṣi'를 한문으로 옮긴 것으로 보통 문학에서는 시인을, 그리고 때로는 탈속적인 수행자를 가리키는데, 여기에 『마하바라따』의 저자 뱌사

커다란 희열로 보옥의 왕관을 발아래 (머리) 숙여 존경한
중생의 우두머리인 일체지자—切智者에게 저 (또한) 경배하옵니다.

글의 주요 목적[2]

b.
적절하게 살펴보면 교법敎法과 반反하지 않고
세상 모든 일로부터 잘 성취한能善成
성자들의 이처럼 행하는 방법
바로 이에 대해서 설하는 것이 '선설보장론'이다.

절하는 법을 배우고도 무릎 꿇어 절해보지 못했다. 엎드려 복종하고
우러러 공경하는 뜻을 나타내는 것이 경배의 바른 뜻이라면 귀하고 바른
가르침을 받기로 한 이로서 이만한 결격사유도 없을 것이다. 선인과 성인도
발 앞에 엎드려 경배하고, 용왕과 전륜성왕들까지도 왕관을 쓴 머리를
조아려 존경을 나타낸 일체지자에게 마음의 무릎 꿇고 공경의 절을 올린다.

● ●

Vyasa, 『라마야나』의 저자 발미끼Valmik, 그리고 인도 논리학의 대표적인 논리학
저서인 『니야야수뜨라』의 저자 아끄싸빠다Akṣapada를 등장시키고 있다. 싸꺄 빤디
따가 인도에서 저명한 저술가들이지만 외도인 이들을 굳이 언급하였는지는 조금
의문이지만, 우리는 그가 『마하바라따』, 『라마야나』 등 인도의 대서사시는 물론이고
그의 주요 관심사였던 논리학 저서인 『니야야수뜨라』를 의식적이든 무의식적이든
강조하고 있음을 알 수 있다. 다른 불전 문학자가 아닌 이들을 특별히 언급하고
있다는 것은 자신의 저술이 이들의 작품들과 어깨를 나란히 하고 싶다는 뜻으로
해석된다.
2 '세빨 담짜와bshad par dam bca' ba' 또는 '쫌빨 담짜와rtsom par dam bca' ba'로
이 글의 주요 목적 또는 특징을 설명하는 글이다. 티벳 문학작품뿐만 아니라 역경사들
은 경론과 주석서에도 예경문, 귀경게와 더불어 이와 같은 글을 반드시 첨언해 둔다.

저의 복종은 힘에 의한 위압 때문도 아니고
말과 글에 내재된 논리 때문만도 아닙니다.
저의 복종은 부처님 법 따라 사는 삶에 대해
마음으로 하는 복종입니다.

사경을 시작하기 전에 스스로에게 해둔 다짐, 읽고 새기는 구절마다
가본 길이라면 더욱 탄탄하게 다져지기 바라고, 아직 가보지 않은 길이라면
빛이 되어 밝혀주시기를 바라는 마음 간절하다.

제1장 현자에 대한 검토 —— 관현자품觀賢者品

1. [1-1]

현자는 공덕[1]의 창고를 가지고 있나니
그것들에는 선설 보장이 모여 있다.
큰 바다는 강물의 저장고라
이로 말미암아 모든 강물이 흘러간다.

---

1 공덕으로 번역한 '왼뗀yon tan'은 티벳 불교뿐만 아니라 티벳 문화를 이해하는 중요한
  어휘로 보통 영역으로는 'good quality' 또는 'virtue'라고 하는데, 우리말의 공덕에
  해당하지만 '지혜'라는 뜻도 지니고 있다. 공덕의 최고는 지혜라는 뜻인데 보통
  지혜는 '셰랍shes rab'으로 쓰기 때문에 여기서는 '공덕'으로 풀어 썼다. 우리말로
  공덕과 복덕은 큰 차이가 없어 보이지만 티벳 불교에서의 복덕(쏘남)bsod nams은
  지혜(이셰) yid shes와 한 쌍을 이룬다. 즉 지혜가 아닌 여러 공덕들을 '쏘남'이라고
  한다. 달라이 라마의 이름인 '쏘남 갸쵸bsod nams rgya mthso'를 '지혜의 대해the
  ocean of wisdom'로 영역한 초기의 영역자들은 이 점에서 큰 오류를 저질렀다.
  '쏘남 갸쵸'는 지혜가 아닌 여러 복덕을 쌓은 자를 가리킨다. 달라이 라마는 바로
  이 복덕 때문에 티벳의 정교일치 사회의 수장이 될 수 있었으며 관자재보살의 환생으
  로 간주되는 것이지 결코 지혜 때문이 아니다.

대해일미大海一味, 큰 바다는 오직 한 맛이다. 깨끗한지 더러운지를 분별하지 않고, 강물인지 냇물인지를 가르지 않고, 더운물인지 찬물인지를 따지지 않는다. 바다가 바다일 수 있는 것은 그 크기 때문만이 아니라 그 행行 때문이다. 세상의 모든 물을 차별 없이 받아들이면서도 넘치지 않고, 땅에 가뭄이 들어 물줄기가 끊길 때도 마르지 않는 것이기에 대해일미의 바다라고 하는 것이다.

지혜의 공덕은 실로 바다와 같다. 단순한 앎을 어떻게 지혜와 견줄 수 있겠으며, 행함이 없는 것을 두고 어찌 지혜라 이름 붙일 수 있겠는가? 이것이 바로 지혜에 따른 행이 제 아무리 작은 것이라 할지라도 공이 되고 복이 되며 덕이 되는 이유이다.

2. [1-2]

공덕이 있고 없는 자 (가운데)
취사取捨를 (분별하는) 지혜를 갖춘 자가 현자다.
흙먼지에 섞여 있는 쇳가루들을
자석이 (끌어) 모으는 것을 아는 것처럼.

이미 쌓아 가진 공덕보다 더 중요한 것은 그것을 얼마나 발휘하면서 사느냐 하는 것이다. 그러니 앞 두 구절에서 강조의 방점을 찍어야 할 곳은 두 번째 구절, 즉 가져야 할 것과 버려야 할 것을 아는 지혜를 함양하는 것이다. 바른 배움이란 모르고 있던 것을 제대로 아는 것이고, 제대로 된 가짐이란 버려야 할 것을 갖지 않는 것이며, 그렇게 할 줄 아는 것이 지혜이고 그렇게 사는 이가 지혜로운 사람일 것이기 때문이다.

3. [1-3]

선설善說은 현자의 지혜로

이해되나 어리석은 자에 의해서는 그렇지 않다.

햇살이 비치면

부엉이들이 눈이 멀듯이.

지혜와 어리석음이 갈리는 곳에 '나我'라는 경계가 있다. 격언 속에 담긴 뜻을 제대로 이해하기 위해서는 '나'의 이익과 상관없이 읽을 수 있어야 할 것인데, 지혜로운 이들과 달리 어리석은 이들은 '나'라는 것에 얽매여 그 뜻을 자신의 이익에만 국한해서 해석한다.

인류 역사를 통해 욕먹는 지식인들의 부침이 끊이지 않았던 것은 그들이 앎과 자신의 이익을 연관시켜 처세했기 때문이었다. 그러나 세상은 그렇게 잘못된 것의 오랜 독주를 허용하는 곳이 아니다. 연기緣起에 대해 바르고 깊게 알아야 하는 까닭이 여기에 있다. 부처님께서는 "조건 지어 생겨난 그 어떤 것도 영원하지 않다."고 가르치셨다.

4. [1-4]

지혜를 갖춘 자는 과실過失들을

제거할 수 있으나 어리석은 자는 그렇지 않다.

(새들의) 왕 가루다Garuda[2]는 독사를

죽일 수 있으나 까마귀는 그렇지 않듯이.

삼인행필유아사三人行必有我師, '세 사람이 걸어도 그 안에 내게 스승이 될 만한 사람이 있다'는 말이다. 지혜로운 사람은 자신의 허물을 보고 다른 사람의 장점을 보지만, 어리석은 사람은 반대로 남의 단점과 내 장점

---

2 금시조金翅鳥 또는 묘시조妙翅鳥로 한역된 가루다Garuḍa는 비슈누가 타고 다니는 새들의 왕으로 뱀을 잡아먹고 산다고 한다. 한역에서는 이 뱀을 보통 상상 속의 동물인 용龍으로 옮겨 신비감을 더했다.

만을 보려고 한다. 그래서 어리석은 사람은 자신의 잘못을 고치지 못한 채 남의 흉을 많이 보는 것이고, 반대로 지혜로운 이는 그 눈길이 자기 안쪽을 향하기 때문에 남이 무슨 말을 하기 전에 자신의 잘못을 뉘우치고 허물을 고치는 것이다. 지혜로운 이는 자신을 다른 사람의 안목에 맞추려고 하지 않으며 동시에 남에게도 자기 눈에 들기를 강요하지 않는다. 지혜로운 이들의 관점은 언제나 나와 남 모두에게 이익이 되는 것에 맞춰져 있기 때문이다.

5. [1-5]
위대한 현자는 쇠약해졌어도
더욱더 지혜의 힘을 갖추려 한다.
백수의 왕이 굶주리면
코끼리의 정수리를 재빨리 삼키려 하듯이.

현자라고 좌절을 겪지 않는 것은 아니다. 그러나 지혜로운 이들은 어리석은 이들이 하는 것처럼 쓰러진 김에 드러누워 버리기보다 다시 일어날 것을 생각한다. 어리석은 이들은 쓰러진 것을 핑계로 쉬어야 할 이유를 찾아내려 하지만 지혜로운 이들은 쓰러진 원인을 안팎으로 두루 살펴 다시 쓰러지지 않게 한다.

옛 사람들이 '젊어 고생은 사서라도 한다'고 말한 까닭은 젊어서 경험한 고통이 앞으로 닥칠 더 큰 시련을 이겨내는 힘이 되고, 이런 경험이 늦어질수록 더 큰 힘을 갖추기 어렵다는 것을 체험을 통해 알았기 때문이다. 작은 실패에 낙담하고 주저앉아 버리는 어리석은 이들은 오뚝이처럼 일어나 시련을 헤쳐 나가는 지혜로운 이들의 마음가짐을 이해하지 못한다.

6. [1-6]
현자에게 의심을 가지고 묻지 않는다면

그때까지 (그 지혜의) 깊이를 측량할 수 없다.
북을 북채로 쳐보지 않으면
그때까지 다른 북과 그 차이를 어찌 (알 수) 있겠는가!

마을에 들르는 수행자마다 자기 말이 옳고 다른 사람이 하는 말은 그르다고 주장하는 바람에 헛갈리고 혼란스러워하는 께사뿟따 마을의 깔라마 사람들에게 부처님께서 이렇게 말씀하셨다.

"소문으로 들었다고 해서, 대대로 전승되어 온다고 해서, '그렇다고 하더라'고 해서, (우리의) 성전에 쓰여 있다고 해서, 논리적이라고 해서, 추론에 의해서, 이유가 적절하다고 해서, 우리가 사색하여 얻은 견해와 일치한다고 해서, 유력한 사람이 한 말이라고 해서, '이 사문은 우리의 스승이시다'라는 생각 때문에 진실이라고 받아들이지 말라. 그대들은 참으로 스스로가 '이러한 법들은 해로운 것이고, 이러한 법들은 비난받아 마땅하고, 이러한 법들은 지혜로운 사람들의 비난을 받을 것이고, 이러한 법들을 전적으로 받들어 행하면 손해와 괴로움이 있게 된다'라고 알게 될 때 그것들을 버리도록 하라."
— 『앙굿따라니까야』, 「깔라마경」에서

아무리 여러 번 보고 들었다 해도 먹어보지 않고서는 맛을 알 수도 배가 부를 수도 없다. 실천하는 것보다 더 옳고 그른 것을 알아내는 방법이 없으니 바른 몸과 말과 마음, 신구의身口意로 이루어진 그 모든 것이 불법의 꽃이고 향기이지 않겠는가!

7. [1-7]
아는 자는 내일 죽더라도 공부한다.
비록 이번 생生에 현자가 될 수 없어도
다음 생을 위하여 (이는 마치) 맡겨둔

보물을 자기 스스로 되찾는 것과 같다.

내일 죽더라도 오늘 흐트러짐 없이 살아야 하는 이유가 이번 생에 모아둔 것을 다음 생에서 되찾아 쓰기 위해서일 필요는 없다. 단 하루라도 잘 살아낸 내 덕으로 금생에 나 아닌 다른 누구라도 편하고 바르게 살 수 있으면 그것으로 만족할 일이다.

그것은 마치 오늘을 살아가는 우리가 지구에 생채기를 내지 말아야 하는 이유가 죽은 뒤에 다시 태어나 좋은 땅에서 살고 싶은 데 있지 않고, 나와 내 이웃의 아들딸들이, 그리고 그들의 아들딸들이 지금보다 좋은 땅에서 살 수 있기를 바라는 데 있는 것과 다르지 않다. 그러지 않다면 어떻게 중생의 괴로움을 자신의 괴로움으로 여기는 불보살의 동체대비 同體大悲를 설명할 수 있을 것인가?

8. [1-8]
공덕을 갖추었으면 뭇 중생들이
부르지 않더라도 자기 스스로 모인다.
향내 나는 꽃은 멀리 떨어져 있어도
벌이 구름 떼처럼 몰려든다.

스펙의 시대이자 자기 PR의 시대라고 한다. 남보다 하나라도 더 많은 요건을 갖춘 것을 제 스스로 요란하게 소문내야 알아주는 세상이다.

갈수록 치열해지는 경쟁 속에서 너도 나도 능력 있고 부리기 편한 사람을 쓰려고 한다. 순응형 인재를 선호하는 이들 역시 여러 유형의 사람들이 섞이고 어울릴 때 비로소 한 가지를 특별하게 잘하는 것도, 여러 가지를 두루두루 잘하는 것도 더욱 큰 힘을 낼 수 있다는 것을 모르지 않는다. 한 가지 꽃으로만 채워진 세상이 결코 아름다울 리 없고 한 가지 향기밖에 없는 세상이 결코 향기로울 리 없기 때문이다.

달라진 세태를 보면서 걱정이 많다. 게으르지 않고 조급해하지 않는 사람이라야 때 맞춰 꽃을 피우고 짙은 향기를 온 세상에 두루 퍼뜨릴 수 있을 텐데 말이다.

9. [1-9]
현자는 모든 공덕을 배워
통달했기 (때문에) 그 혼자만으로도 (태양처럼) 세상을 비춘다.
어리석은 자는 아는 것이 아무리 많아도
(밤하늘의) 별처럼 세상을 (두루) 비출 수 없다.

'정의Justice'에 대해 강의하는 하버드대학의 마이클 샌델 교수 앞에서 총기聰氣 번뜩이는 하버드의 젊은 학생들이 픽픽 쓰러졌다.

'능력'에 관해 이야기할 때 젊은 학생들은 자기가 가진 능력을 '내 것'이라고 주장하고 싶었으나 샌델 교수는 학생들에게 '각자의 능력이라 불리는 것 가운데 부모와 가족과 사회와 관련된 것을 빼면 무엇이 남느냐?'고 되물었다. 깊이 헤아려 생각해보면 '나'를 이루는 것 가운데 '나'라고 부를 만한 것이 없고, '내 것'이라 부를 만한 것은 더더욱 없다. 지금 갖추고 있는 이 몸과 마음 또한 모두 인연의 화합으로 생겨난 것이라 언젠가 때가 되면 모두 흩어질 것이기 때문이다.

뛰어난 능력이 이전에 지은 공덕 때문에 얻은 것이고, 이를 통해 더 큰 공덕을 지을 기회가 주어졌음에도 악업만 짓고 사는 이들이 많다. 스스로 타올라 빛이 되고 온기가 될 수 있는 것을 모르는 어리석은 이들이다.

10. [1-10]
현자는 한없는 공덕을 (갖추고) 있어도
다른 (사람)의 (티끌과 같이) 작은 공덕마저도 (배워) 얻으려 한다.
이처럼 항상 수행하니

빨리 일체지자—切智者가 된다.

'된 사람'과 '덜 된 사람'의 차이는 다른 데 있지 않다. 된 사람은 아직도 자기가 덜 되었다고 여기는 데 반해 덜 된 사람은 자기가 이미 된 사람이라고 생각하기 일쑤다.

사람다워지는 것을 방해하는 데 교만과 자만보다 더 무서운 것이 없다. 그래서 된 사람은 앞서 가면서도 나아가는 걸음을 멈추지 않는다. 그들은 그릇이라는 이름을 갖고 있으되 채워지지 않는 그릇이고, 채워지는 것보다 더 빠르게 안에 든 것을 비워내는 그릇이다.

11. [1-11]
현자가 지혜로 (자신을) 보호하려고 한다면
수많은 적인들 어찌 해할 수 있으랴?
인도의 (한) 브라만 아들이
자기 혼자 모든 적의 무리 물리쳤듯이.[3]

용기는 지혜로운 이에게서 빼놓을 수 없는 덕목이다. 부드러운가 하면 강단 있고, 온화한가 하면 뜨겁거나 차가우며, 모진 고난들을 이겨낸 뒤 마침내 큰 바람을 이룰 수 있는 힘, 그것이 바로 용기라는 이름의 미덕이다.

지혜로운 사람이 용기까지 갖추면 사사로움, 부끄러움, 옹색함, 걸림,

● ●
3   원문은 '곽겔phags rgyal'이 쓰였으나 인도로 의역하였다. 곽겔은 현재 파키스탄의 서북 변경구 스와트 계곡에 있는 우다야나Udayana 지역을 가리키며 한자권에서는 오장군烏丈郡으로 불린다. 【한역본】은 이를 따랐다. 우다야나에 대해서는 설이 분분한데, 【잠뻴 역】은 웃자이니Ujjayini로 적고 있다. 오릿사를 중심으로 한 남인도라는 설도 있다. 어찌되었든 내용의 요지는 명석한 한 브라만 젊은이가 자신을 곤궁에 빠뜨린 도둑과 부자, 왕 등을 차례로 물리치고 결국 바라나시의 왕이 되었다는 이야기다.

무서움, 숨김 등이 사라진다. 말하자면 지혜로운 이의 용기는 몸과 말과 마음이 모두 떳떳한 데서 나오는 강력한 힘인 것이다.

12. [1-12]

우둔한 자가 의견이 달라 다툴 때
지혜를 갖춘 자는 (현명한) 방편으로 좋게 해결한다.
탁류는 (물을) 흐리지만
징수주澄水珠[4]는 (물을) 맑게 한다.

어리석은 이들이 악다구니를 치며 싸우는 이유는 지킬 것이 있기 때문이다. 그리고 그 지킬 것 안에는 이미 내 것이 된 것뿐만 아니라 앞으로 내 것이 될 것이라는 기대가 함께 들어 있다. 즉 자기 것을 지키기 위해서뿐만 아니라 더 많은 것을 차지하기 위해 싸우는 것이다.

탐욕으로 싸우지 말라고 가르치는 이들조차도 때로는 진흙탕에 발을 담근 채 이전투구泥田鬪狗를 벌인다. 자기 것을 자기가 지켜야 한다는 세속의 논리에 따라 행동하기 때문이다. 그래서 지혜는 작은 것을 욕심내다가 큰 것을 잃고 마는 다툼의 소용돌이 속에서 숨이 막혀 괴롭다.

지혜로운 삶이란 다른 것이 아니다. 숨 한 번만 크게 들이쉬고 내쉬는 동안에도 불같이 일어난 화가 가라앉고, 자기 자리에서 한걸음만 뒤로 물러나도 싸움은 벌어지지 않거나 벌어진 싸움이라도 더 크게 비화되지 않는다는 것을 몸과 마음에 새기고, 이것으로 자신의 공덕을 깎아먹는 화를 다스리며 살아가는 것이다.

13. [1-13]

• •

4 '징수주澄水珠/chu dwangs nor bu'는 물을 맑게 하는 보옥을 말하며 산스끄리뜨어로는
  '께따까ketaka'라고 한다.

현자는 제아무리 곤궁해도
어리석은 자가 들어선 길을 가지 않는다.
연자조燕子鳥[5]는 (제아무리) 목이 말라도
땅에 떨어진 물을 마시지 않듯이.

어떤 일을 하면서 끝까지 가보겠다고 단단히 다짐했더라도 그 일을
해내지 못했다면 그만 입을 닫는 것이 좋다. 이런저런 이유를 들어 설명하
려고 하면 구차한 변명이 되어 버리기 때문이다. 미안하고 부끄러운 마음을
갖는다면 그래도 나은 편, 소극적인 방어가 아니라 적극적인 옹호로까지
나아간다면 필경 어리석은 길을 택하는 것이 되고 만다. 그런 사람들은
"누구라도 마찬가지!"라고 강변하기를 좋아한다.
  잘못을 저지르는 것보다 더 나쁜 것은 진심으로 참회할 줄 모르는 것이
다. 살면서 가야 할 길은 언제나 하나, 지혜로운 이들이 걸어간 길을 따라가
는 것이고, 그 길을 걸어가는 이들을 응원하는 것이다.

14. [1-14]
지혜를 갖춘 자를 속이려 해도
행하는 바를 속일 수 없다.
뭇 생명 중 개미는 눈이 없어도
다른 눈 가진 것들보다 더욱더 빠르듯.[6]

- - -

5 '찰되 지우char sdod byi'u'는 빗물을 먹고 사는 작은 새란 뜻으로 여기서는 제비를
   가리킨다.
6 이 게송은 정확한 의미가 와 닿지 않는 비유로 유명하다. 3행, 4행의 '눈 없는 개미가
   뭇 생명보다 더욱 빠르다'는 비유에 대해서, 티벳 최대 종파인 게룩빠의 스님들은
   종종 '싸꺄빠 개미는 말보다 빠르다(싸깨 도마 따레곡)sa skya'i grog ma rta las
   mgyogs!'고 농을 친다고

우리가 바른 세상에서 살고 있는 것이 아니라는 자괴감은 우리를 다스려 보겠다고 나서는 사람들의 면면을 볼 때 더욱 커진다. 한때는 똑똑했을지 몰라도 지금은 어리석기 짝이 없어 보이는 그들은 세상의 잇속에 흔들리며 살았고, 법의 테두리를 넘어서는 크고 작은 범죄들을 저질렀으며, 때로는 "이렇게 살지 않은 사람이 어디 있느냐?"고 강변하면서 뉘우치는 기색조차 보이지 않았다.

그러고도 다른 사람을 다스려 보겠다고 나서는 얼굴들을 보면 낯이 두껍다는 말이 무슨 뜻인지 알 것도 같다. 다른 한편으로 그들만 탓할 것도 아니라는 생각이 들기도 한다. 영악하게 세상을 살아가는 사람들을 부러워하는, 자기 아들과 딸이 그렇게 살아도 말릴 것 같지 않는, 돈과 권력만 쫓는 사람들을 양산해내며 병들어가는 사회에게도 그 책임을 묻지 않을 수 없기 때문이다.

지혜로운 사람들이 아주 없는 것은 아닐 테지만 바르지 못한 안목으로 살아가는 사람들이 하도 많아 이런 일들이 천연덕스럽게 벌어지는 것일 게다.

15. [1-15]
지혜를 갖춘 두 사람이 상의하면
다른 좋은 지혜가 나올 수 있다.
강황薑黃과 붕사硼砂로부터
다른 색이 생겨나듯이.[7]

7 이 비유도 혼란스러운데, 【잠삘 역】에서는 2행을 완전히 의역하여, '새로운 관점을 만들어 낼 수 있다'고 했는데 그 비유를 4행(새로운 색을 만들어 낸다)에서 찾았다.
   3행, 4행의 비유를 통해보면, 강황(커리 원료인 타머린)은 노란색을 띠고 있고 붕사(천연 붕소, 방부제 원료)는 하얀색을 띠고 있으나 둘이 만나면 (붕사가 염기성이면) 적갈색으로 바뀌므로 맞는 것처럼 보이지만, 2행의 해석이 그다지 매끄러워 보이지 않는다.

지혜는 한 가지 답을 요구하는 지식과는 다르다. 지혜는 각각의 처지와 상황에 따라 여러 가지 다른 선택을 할 수 있게 한다. 그렇다고 여러 사람이 머리를 모아 궁리한다고 해서 반드시 지혜로운 선택을 할 수 있는 것도 아니다. 대중은 지혜로운 길보다 안전한 길을 선택하려는 경향을 보이게 마련이고, 그래서 대중의 선택은 언제나 최상의 선택이 되기 어려운 측면이 있다. 지혜는 이성적 분석이나 판단이 아니라 걸림 없는 통찰 및 직관과 통한다는 점에서 더욱 그렇다.

역자가 지적하고 있는 것처럼 전후 두 연의 연결도 매끄러워 보이지 않는다. 노란색의 강황과 흰색의 붕사를 합하면 새로운 색깔이 만들어지기는 하겠지만, 그것은 단지 앞의 것들과 다른 새로운 색깔일 뿐, 아름답다거나 맑다거나 하는 식의 개선을 말하는 것이 아닐 것이기 때문이다.

생각을 모으는 것이 유익할 때가 있다. 나쁜 의도를 가진 독단을 막을 때다. 그렇더라도 이 경우에는 맨 앞에 나오는 '지자智者'라는 두 글자에 걸린다. 정말로 지혜로운 이들이라면 그런 선택을 하지 않을 테니 말이다.

16. [1-16]

용맹·현명하고 복덕을 갖춘 자는
혼자라도 모두를 이길 수 있다.
백수의 왕 사자나
전륜성왕이 무리 지을 필요 없듯이.

그래도 각오해야 할 것이 있다. 그 길은 혼자 가고 싶어 가는 길이기도 하거니와 어쩔 수 없이 혼자서만 가야 하는 길이기도 한 까닭이다.

• •

여기서는 1행과 2행의 '로되blo gros'를 지혜를 갖춘 자와 지혜, 두 가지로 번역하였다.

생각나는 사람이 있다. 영화『글라디에이터』의 주인공 막시무스다. 그는 전쟁터에서 병사들보다 먼저 적진으로 나아갔고, 교만하기만 한 젊은 황제 앞에서 무릎 꿇지 않았으며, 한 목숨 기꺼이 바쳐 제국이 밝은 미래로 나아갈 수 있는 문을 열어젖혔다.

스스로 판단하고 스스로 실행하며 기꺼이 혼자서 모든 것을 책임지려고 하는 사람, 그럴 수 있는 이가 진정으로 용맹하고 현명한 사람이다.

17. [1-17]
방법을 현명하게 쓰면 위대한 자라도
종으로 만드는 것이 어찌 어려우랴?
가루다는 (싸움에서) 힘이 셌어도
비슈누의 탈 것이 되었다.

비슈누는 인도 신화에서 우주의 보호자로 나오는 선신善神이다. 그런 그가 용을 잡아먹고 산다는 큰 새 가루다와 싸움을 벌일 처지에 놓이게 되었다. 비슈누는 힘으로 겨룰 경우 가루다를 이기기가 쉽지 않겠지만, 그의 교만한 성격을 이용하면 쉽게 이길 수 있다는 것을 알고 있었다.

"내가 너보다 낫다. 너는 모든 면에서 나보다 떨어지지 않느냐?"

비슈누의 말을 들은 가루다는 불같이 화를 내며 말했다.

"나는 싸워서 져본 적이 없다. 너야말로 나보다 나은 것이 무엇이냐?"

비슈누가 태연하게 말했다.

"나는 몸이 크고 능력도 뛰어나다. 그러니 네가 내 등에 올라타도 나의 위풍당당함은 결코 줄어들지 않을 것이다."

가루다가 큰 소리로 웃으며 거만하게 말했다.

"내 몸이 너보다 더 크고 능력 또한 너보다 더 뛰어나다. 그러니 네가 마땅히 내 등에 타야 할 것이다. 그래도 나의 위풍당당함은 결코 줄어들지 않을 것이다."

이때다 싶어 비슈누가 말했다.

"좋다. 너의 능력이 확실히 뛰어나다. 이제 내가 네 등에 올라타도 되겠지?"

사람의 능력은 천차만별이라서 재주와 능력에 맞게 사람을 골라 쓸 줄 아는 지혜로운 지도자를 갖는 것은 어느 조직에게나 크나큰 복이다. 그러나 그런 복도 공덕을 쌓은 뒤라야 만날 수 있다. 지혜로운 지도자는 어느 날 하늘에서 떨어지는 것이 아니라 한 사회가 애써 가꾸고 키워낸 결실이기 때문이다.

18. [1-18]

금생今生과 피안彼岸의
행복의 성취는 지혜다.
다와 세랍 왕자의 지혜로
덴장(왕)이 금생과 후생後生을 구제받은 것처럼.[8]

말이나 글이 헛되다 할 것까지는 없지만 그보다 훨씬 더 중요한 것은 실천이다. 말이나 글을 통해서 감동하는 일이 없지는 않지만 사람을 바꿀 만큼의 큰 감동은 역시 몸으로 일궈낸 실천에서 온다. 바른 가르침을 말이나 글로 전할 수 있는 사람의 수만큼 배운 대로 사는 사람의 수가, 아니

8 1행과 4행의 금생과 피안, 후생 등의 어휘들을 달리 사용한 작법은 비슷한 의미를 달리 사용하여 운율을 맞추는 형식인데, 여기서 행복이라고 번역한 '데와bde ba'는 육체적·정신적인 기쁨樂, 만족愼뿐만 아니라 선善이라는 뜻도 있다. 티벳 불교에서 매우 자주 쓰이는 어휘다.
배경이 되는 이야기는 보살의 화신인 다와 세랍 왕자가 사람 고기를 먹어야 되는 저주에 걸린 인간과 사자 사이에서 태어난 왕, 상게 덴장 왕을 귀화시켰다는 불전문학에서 왔는데, 【주석서】에 자세하게 설명되어 있다.

배운 대로 살아가려고 노력하는 사람의 수가 많다고 느껴지지 않는 것은 여전히 나 자신을 뺀 나머지 사람들을 분별의 눈으로 바라보는 나의 좁은 소견 때문이다.

사람 수가 많다고 좋아할 일만은 아니다. 한 사람이라도 배우고 깨친 바를 제대로 살아내는 이가 있다면, 그런 사람 하나만으로도 세상은 빛을 잃지 않는다. 다와 왕자가 덴장 왕에게 몸을 던지는 보시행으로 법을 전하고, 덴장 왕이 부처님의 가르침으로 세상을 이끌어간 것처럼.

19. [1-19]

매우 힘이 세도
지혜가 없으면 영웅이라 할 수 없다.
재산을 모았어도
복덕이 없으면 얼마나 오래 가겠는가!

신체적 능력이 뛰어난 것 한 가지로 위대한 선수가 될 수 없다는 것이 스포츠계의 오래된 정설인 것처럼 가진 돈의 크기 하나로만 사람들의 부러움과 존경심을 함께 받는 부자가 되는 것은 아니다.

그런 면에서 본다면 불자에게 지혜와 복덕은 새의 양 날개와도 같다. 위대한 깨달음을 이룬 뒤에 바른 가르침을 세상에 전파하며 한평생을 살았던 부처님을 '복혜양족존福慧兩足尊'이라고 일컫는 것도 그 때문이다.

힘만 센 거인은 다윗이라는 별명을 피할 수 없고, 모은 돈을 바르게 쓸 줄 모르는 사람은 졸부라는 놀림을 면할 수 없다. 힘과 지략이 뛰어난 장수가 전쟁에서 이기고, 크게 모은 재물을 바르게 쓸 줄 아는 사람이 뭇사람의 부러움과 존경을 받는 것처럼, 바른 가르침 또한 바른 삶을 통해 비로소 그 향기를 세상에 퍼뜨리는 꽃이 될 수 있다.

20. [1-20]

공덕과 과실過失 이 둘은 누구에게라도 선명하다.
(그러나) 혼잡한 것을 분석하여 알면 현자다.
젖소에서 젖은 모두가 얻을 수 (있지만)
물에서 우유는 기러기만 분리할 수 있듯이.[9]

분명하게 드러난 공덕과 허물의 차이를 모르는 사람은 없다. 그러나 우리가 살면서 겪는 대부분의 일들은 긴가민가 헷갈리는 것들이다. 그럴 때 보통 사람들은 자기 잇속을 따라가고 말지만 지혜로운 이는 먼저 바른 길을 찾아간다.

『법구경』에서는 '슬기로운 이는 차례로 서서히 자기의 더러움을 제거한다'고 했고, '쇠에서 생긴 녹이 쇠를 먹어 들어가듯 방종한 자는 자기의 행위 때문에 지옥으로 간다'고 했다.

지혜의 완성은 쉽게 이룰 수 있는 경지가 아니다. 그러므로 그 길을 추구하는 불자들은 항상 게으름을 멀리하는 자세로 힘써 노력해야 한다.

21. [1-21]
말로 (시키고) 윽박지르면
짐승에게도 이해력이 생겨난다.
시키지 않고 다른 이가 말하지 않아도
(스스로) 생각하여 이해한다면 (이가 바로) 현자다.

본능에 따라 살아가는 짐승들도 때로는 그 본능을 억누를 줄 안다. 그래서 자기 잇속만 차리며 막돼먹게 살아가는 이들을 '짐승만도 못한 사람'이라고 부른다.

· ·
9 '낭빠ngang pa'는 야조, 기러기, 오리 등을 뜻하는데, 물에서 우유를 분리할 수 있다는 이야기는 인도에서 비롯된 것이다.

선현의 말씀을 찾아 읽고 살아 있는 스승을 찾아가 가르침을 받으며 좋은 벗들과 사귀는 것은 자기 생각과 말을 바꾸고 마침내 자기 행동이 변화할 수 있기를 바라는 마음에서다. 읽고 들어 자기 안에 쟁여둔 지식을 자기 입을 통해 다른 사람들에게 전하기 위해서뿐만 아니라 배움을 통해 먼저 자신을 바꾸기 위해서인 것이다. 몸으로 살아보지 않은 배움은 앎일 뿐이고 그런 앎은 자칫 탐욕과 원망, 그리고 어리석음의 뿌리가 될 수 있다.

남의 눈치 보지 않고 자유로운가? 자기 한 사람보다 모두에게 이로울 수 있는지를 먼저 생각하는가? 적절한 때에 이 두 가지를 떠올릴 수 있다면 최소한 잘못된 길을 가는 것은 아니다. 하기야 지혜로운 이에게는 그런 자문조차도 군더더기일 터이지만.

22. [1-22]

지혜를 갖춘 자라면 말하지 않아도
몸짓 자체만으로도 생각하여 이해한다.
네팔 인들이 석류를 먹어보지 않고서도
색깔 자체만으로도 (익었는지) 그 맛을 아는 것처럼.

지식을 추구하는 사람이 배우지 않은 것에 대해 알지 못하는 것과 달리 지혜로운 이는 다른 사람의 설명을 듣지 않고도 세상 돌아가는 것을 알아차린다. 지혜로운 이가 세상을 보고 사람을 살피는 일은 마치 맑은 거울에 비친 모습을 보는 것과 같다. 지혜로운 이는 사물을 대할 때 가변적인 세간의 지식이나 신통 등에 의지하지 않는다. 올바른 제자는 말이 없어도 스승의 뜻을 알아차리고, 뛰어난 스승은 제자의 드러나지 않은 기재를 간파해낸다. 영산회상에서 마하가섭 존자가 꽃을 든 부처님의 뜻을 알아차리고 미소를 지어 보인 것이나 나뭇단을 팔아 생계를 꾸리던 남방의 산골 청년 혜능의 그릇을 알아본 오조 홍인 대사의 일화에서 보는 것처럼, 지혜로운 이는 특별한 설명이 덧붙여지지 않아도 사람의 동태와 사물의 이치를 살피는 데 아무런 장애를 느끼지 않는다. 지혜는 마땅히 그러한 것을 있는 그대로 볼 수 있는 힘의 원천이다. 빨갛게 잘 익어 벌어진 석류 알을 꼭 입에 넣고 씹어봐야 그 맛을 알게 되는 것은 아니다.

『금강경』에 나오는 '머무는 바 없이 마음을 내다[應無所住而生其心 응무소주이생기심]'라는 한 구절에 육조 혜능의 마음이 활짝 열린 것이 어디 우연이기만 하겠는가?

23. [1-23]

현자는 자신의 고향에서보다
타지에서 (더 큰) 존경을 받는다.
보옥들이 다른 곳에서 더 잘 팔리지
(발견된) 바닷가 섬에서 어찌 (잘) 팔리겠는가!

기독교 경전에 '선지자는 고향에서 핍박받는다'는 말이 있다. 가문과 성장 배경을 속속들이 알고 있는 고향 사람들에게 선지자는 깨쳐서 새로 난 사람이 아니라 여전히 이웃집 코흘리개 아이일 뿐이기 때문이다.

고향땅에서도 크게 환영 받은 부처님의 행적은 바르게 사는 가르침을 전하는 방법에 대해 많은 것을 생각하게 한다. 입에 발린 소리를 늘어놓는 것도, 입에 발린 소리에 넘어가 정신을 잃는 것도, 바른 가르침이라면서 듣는 이의 처지를 무시한 일방적인 설교도, 바른 가르침이라는 것을 알고 나서도 자기가 아는 것과 다르다는 이유로 내치려는 것도, 지혜로운 이라면 결코 생각하지도 행하지도 말아야 할 일이다.

24. [1-24]

현자(되기를 바라는 자가) 배울 때 고통스러워하고
편하게 지내려고 하다가는 현자 되기 불가능하다.

작은 즐거움에 집착하면
커다란 행복은 얻기 불가능하다.

횡재가 횡액을 부른다는 말은 시샘이나 비아냥거림이 아니다.
　세상 모든 일에는 양면성이 있다. 어리석은 이들은 자기 마음에 드는
한쪽만 보려고 하고, 그런 나머지 즐거움 뒤에 슬픔이 감춰져 있고 슬픔
뒤에 즐거움이 따라오는 것을 알지 못한다. 지혜로워진다는 것은 영원한
그 무엇을 찾아내는 신통한 능력을 갖는 것이 아니다. 이 세상에 변하지
않는 것은 없다는 연기법을 바로 아는 것이고, 그에 따라 사는 것이다.
　몸 편한 것을 바라지 말 일이다. 편해진 몸은 몸과 함께 마음까지 병들게
하고, 공덕을 짓고 쌓기는커녕 갖고 있던 공덕까지 허물고 깎아먹다가
마침내 그 바닥을 드러나게 만들어 버리기 때문이다.

25. [1-25]
지혜를 갖추었으면 힘이 약해도
힘을 갖춘 적이 어찌할 수 있으랴?
백수의 왕이 힘을 갖추었어도
지혜를 갖춘 토끼에게 죽었던 것처럼.[10]

본능에 따라 행동하는 이들에게서는 인간의 향취가 풍기지 않는다.
　예전에 어떤 사람이 야구방망이를 휘두른 뒤 매 값으로 수표를 뿌렸다는
데 그가 기댄 것은 지혜는커녕 최소한의 상식도 아니었다. 누구보다 법의
보호를 받으며 살았음 직한 사람이 직접 몽둥이를 들고 나선 것부터가
무지스럽거니와, 몽둥이를 휘두른 뒤 피해자에게 수표까지 뿌렸다는 대목

● ●
10　여기서는 호랑이 대신 사자가 백수의 왕으로 나와 토끼 꾀에 빠져 우물에 비친
　　자기 그림자를 향해 덤비다 빠져 죽는다.

에 이르면 패륜이라는 한마디밖에 떠오르는 게 없다. 돈 있는 집 자식으로는 이례적으로 그는 실형 선고를 받았다.

어리석은 이에게 힘이 주어지면 그 힘은 모두에게 이익이 되는 쪽으로 쓰이는 것이 아니라 되레 주변을 포함해서 제 자신의 몸까지도 망쳐버린다.

26. [1-26]

다른 유정有情들에 따라 부합되는
행위를 알면 (이가 곧) 현자다.
짐승에게도 종류들이 (많이 있지만)
한 무리로 지내지 않는가?

시집가는 딸아이에게 당부한 아버지로서의 바람이 있었다.

"기독인으로 살겠다는 너의 결심을 존중한다. 그러나 너의 종교적 신념을 지키기 위해 주변 사람들을 불편하게 하지는 마라."

시댁이 제사를 지내는 집안이면 기꺼이 참여하라는 것이 딸아이에게 했던 내 당부의 요지였다. 입향수속入鄕隨俗, '다른 지방에 가면 그곳의 풍속을 따른다'는 옛사람들의 말처럼, 가풍은 새로 들어간 사람이 적응하고 따라야 하는 것이기에 해준 말이었다. '종교적 계명을 어기는 일이 생기더라도 지켜야 하는 것이 가정의 화목'이라는 아비의 말에 딸아이는 걱정하는 게 무엇인지 잘 알겠다는 듯 몇 번이나 고개를 끄덕였다.

지혜로운 사람은 자기 것에 대한 고집을 내려놓고도 불안해하지 않고, 자기가 다른 사람 안으로 들어가는 것을 부끄럽게 생각하지 않으며, 다른 사람이 자기 안에 들어오는 것도 껄끄러워하지 않는다. 반대로 무모하고 무지한 사람일수록 계명 안에 갇힌 채 자기 것만 고집한다. 그리고 그로부터 불화와 파탄이 시작된다.

27. [1-27]

반드시 행할 필요가 있는 어떤 일을
행하기 전에 분별할 때
현자와 우매한 자 이 들의 차이를 알 수 있다.
행한 후에 분별하는 것은 어리석은 자의 방법이다.

지혜롭다는 것은 바로 볼 줄 아는 것이고, 바로 보는 것은 밝게 보는
것이며, 밝게 보는 것은 삿되지 않게 보는 것이다. 미리 보고 바로 보니
놓치는 것이 있을 리 없고, 놓치는 것이 없으니 몰라서 당할 것도 없으며,
당할 것이 없으니 언제나 당당할 수 있다.

그렇지만 어리석은 사람은 보는 방법도 보는 시기도 그와 다르다. 깨어
있지 못하니 놓치는 것이 많고, 돌아보거나 내다보지 못하니 옳게 알지
못하며, 일이 생기고 나서도 그 연유를 제대로 알지 못하니 무서워서 소리
만 크게 질러댄다.

지혜로운 이는 무슨 일이든 바로 보고 미리 보며 모두에게 이로울 수
있도록 있는 힘을 다한다. 그러므로 자기 한 사람에게만 쓰이는 것은 결코
지혜라고 부를 수 없다.

28. [1-28]

(일찍이) 현자들이 분별했던
소지所知[11]를 알면 현자라고 헤아려진다.
늙고 젊은 소를 분별하는
어리석은 자의 지식 따위는 공덕이 아니다.

세상에는 자연을 바라보는 두 가지 다른 안목을 가진 사람들이 있다.
자연을 지키며 조금 덜 갖자는 쪽 사람들과 자연을 훼손해서라도 조금

11　'인식의 대상'을 가리키는 어휘로 불교 철학에서 자주 등장하는 용어다.

더 갖고 보자는 사람들이다.

그러나 익히 알고 있는 것처럼 우리 인간의 욕망은 소박한 바람이 아니라 그 앞에 '탐貪'자 한 글자를 더 붙여야 할 만큼 만족할 줄도 모르고 그칠 줄도 모른다. 더 갖자고 덤비는 사람이 늘어날수록 세상은 이전투구의 장으로 변할 것이고, 조금 덜 갖는 것이 모두에게 이롭다는 생각으로 물러서는 사람이 늘어갈수록 세상은 살 만한 곳으로 변할 것이다. 세상은 나쁜 사람들 때문에 나빠지기도 하지만 생각 없이 그런 부류에 부화뇌동하는 사람들 때문에 더욱 어지러워진다.

'자기의 처지나 생각을 꿋꿋이 지키고 내세우는 기질이나 기풍'을 줏대라고 한다면, 생각 없이 남들이 하는 대로 따라 하는 사람들에게는 줏대라는 것이 없다. 물론 두루 알고 옳게 행하는 지혜 없이 줏대가 생길 수도 없다.

29. [1-29]
바다는 (이미 담고 있는) 물로 만족하지 않고
왕의 (보물) 창고는 (이미 장만한) 보옥으로 (만족하지) 않고
묘욕妙慾은 (이미 맛본) 경험으로 만족하지 않듯이
현자는 선설善說로 만족하지 않는다.

물은 다투지 않는다. 다만 낮은 곳으로 흐를 뿐이다. 그러니 세상의 온갖 물을 받아들이는 바다는 물을 담는 가장 큰 그릇이되 세상에서 가장 낮고 깊은 그릇이다. 거절할 줄 모르고 사양할 줄 모르는 바다는 세상의 모든 물을 받아들이면서도 넘치지 않고, 갇혀 있으면서도 결코 넘치거나 썩지 않는다. 받아들이는 만큼 쉼 없이 날려 보내고 제 안에서도 끊임없이 변화하기 때문이다.

천하의 물을 모두 받아들이고 쉼 없이 내보내며 끊임없이 변화하지 않는다면 바다라고 할 수 없는 것처럼 더 나아가기를 그만둔 채 이만하면

됐다고 말하는 사람도 지혜로워지기를 바라며 정진하는 수행자가 아니다.

30. [1-30]
선설을 어린아이에게서라도
현자들은 완전하게 얻으려고 한다.
묘향妙香이 풍겼으면 짐승의
배꼽에서라도 사향을 얻으려는 것처럼.

'배울 것이 있으면 아랫사람에게 물어도 부끄러울 것이 없다'는 불치하문不恥下問은 세상에 두루 알려진 말이다. 비슷한 이야기도 있다.

> 泰山不讓土壤 태산불양토양
> 故能成其大 고능성기대
> 河海不擇細流 하해불택세류
> 故能就其深 고능취기심
> 王者不卻衆庶 왕자불각중서
> 故能明其德 고능명기덕

> 태산은 흙을 물리치지 않아
> 그 크기를 이루었고
> 황하와 바다는 작은 물을 가리지 않아
> 그 깊이를 이루었으며
> 왕은 사람들을 물리치지 않음으로써
> 그 덕을 밝히는 것입니다.

초楚나라 출신으로 진秦나라에서 벼슬을 살고 있던 이사李斯가 시쳇말로 순혈주의를 주장하는 진나라 대신들 때문에 쫓겨날 위기를 맞아 임금에게

올린 『간축객서諫逐客書』라는 글 속에서 주장한 내용이다. 왕은 이 글을 읽은 뒤 계속해서 이사를 중용할 뜻을 굳혔고, 결국에는 중국 최초의 통일 황제, 시황제始皇帝가 될 수 있었다.

　돈을 쫓는 사람이 십 원까지 동전 하나까지 귀히 여기듯, 배움에 뜻을 둔 이들은 배울 때 크기와 깊이와 넓이를 따지지 않는다. 더구나 그런 사람들은 모두 민첩하기까지 하다. 무릇 크게 이루고자 하는 이라면 까탈을 부리지 말아야 할 일이다.

제2장 선량한 성품에 대한 검토 — 관성자품觀聖者品

31. [2-1]

언제나 성자의 공덕들은
(다른) 성자에 의해 더욱더 널리 알려진다.
향산香山의 향냄새가
바람에 의해 온 천하에 퍼지듯.

장章이 바뀌면서 달라진 단어가 있다. 현자賢者가 성자聖者로 바뀐 것이다. 학문적으로 그 둘에 어떤 차이가 있는지는 알 수 없지만, 현자가 지혜 하나에 바탕을 둔 인물인 데 반해 성자는 지혜와 공덕을 함께 갖춘 인격체가 아닐까 하는 것이 개인적인 느낌이고 짐작이다. 바뀐 장의 첫 게송을 읽고 나서 성자는 스스로 자신을 드러내기보다 남을 드러나게 함으로써 오히려 자기를 도드라지게 하는 행과 덕을 가졌을 것이라는 생각을 했다.

자기가 이루고 싶은 것이 있을 때 다른 사람이 먼저 이룰 수 있게 하고, 자기가 되고 싶은 것이 있을 때 다른 사람을 먼저 되게 하는 이가 있다면 그 사람을 성자라 부르는 데 어찌 망설임이 있을 것인가!

32. [2-2]

성자를 우두머리로 모시면

(행하는) 일 완성하고 행복과 기쁨을 얻는다.

'보석을 승리의 깃대 끝에 공물로 올리면

그 나라는 행복하다'고 현자들이 선언했듯이.

'성聖'이라는 한자에는 종교적인 의미와 세속적인 의미가 함께 들어 있지만 지혜와 덕이 높아 '성자聖者'라 불리는 사람의 삶 속에서는 그 둘의 경계가 모호해진다. '성자'라는 말을 '지혜와 덕이 매우 뛰어나 길이 우러러 본받을 만한 사람'으로 설명하고 있는 사전만 봐도 그렇다. 성자는 지혜를 갖춰서 어리석은 견해를 내세우지 않고, 복덕을 가져 다른 사람에게 해가 될 삶을 살지 않으며, 우러러 본받을 만하니 자신뿐만 아니라 다른 사람들까지 지혜와 복덕을 갖춘 사람으로 거듭나게 하는 사람이다.

제자 번지樊遲가 '지知'에 대해 묻자 공자는 '사람을 알아보는 것知人'이라고 대답했다. 번지가 잘 알아듣지 못하는 눈치를 보이자 '곧은 사람을 굽은 사람 위에 두면, 굽은 사람을 곧게 할 수 있다[擧直錯諸枉 거직착제왕, 能使枉者直 능사왕자직]'는 한마디를 더 말해주었다.

성자와 현자는 위로는 세상에 보탬이 되고 아래로는 사람들을 이롭게 하는 이들이다. 그러니 능력이나 스펙으로만 사람을 판단할 일이 아니다. 한 사람의 됨됨이는 그 삶의 자취를 통해 여실하게 드러나는 법이기 때문이다. 사람됨을 알아보지 못해서는 일을 제대로 이룰 수 없고, 바르지 않은 사람을 따라서는 절대로 행복해질 수 없다. 한 세상, 한 나라와 그리고 한 사람의 운명이라고 예외일 수 없다.

33. [2-3]

다른 폭군에게 해를 당하면

더욱더 성군만 생각하게 된다.
독감에 걸려 유정들이
오직 얼음물만 마음속에 (생각)하듯이.

폭군은 필요악인가?

세상의 모든 바람직스럽지 않은 것 또한 없어서는 안 될 것들이다. 그것들로 인해서 바람직한 것으로 여겨지는 것들이 제 가치를 지니게 되고, 더하여 그 가치를 드러낼 수 있기 때문이다. 성군은 폭군이 있어서 백성들에게 존경을 받고, 찬물은 해열의 능력이 있어서 병자에게 선호된다.

좋은 스승에게서만 배울 수 있는 것은 아니다. 배움의 뜻을 가진 사람에게는 이 세상 어느 것 하나 가르침 아닌 것이 없다. 일점공명만법사一点空明萬法師, '한 점 밝은 마음이 만 가지 법의 스승'이라고 했다. 오래전에 읽었던 소철蘇轍의 시, 「옛 시를 읽다讀舊詩」의 한 구절이다.

34. [2-4]
죄악을 행하는 왕에게 상처를 입은
사람은 법의 힘을 행하는 (왕이) 더욱더 돌보아 주기를 (바란다).
마귀에게 홀렸으면
밀주密咒 성취자에게 전적으로 의지하듯이.

정법正法을 바르게 지켜내는 사람은 법의 조문 하나를 떼어내 따로 보지 않는다. 그들이 보는 것은 법의 정신이다. 조문으로만 읽히는 법은 죽은 법일 뿐, 조문에 담긴 정신이 구현될 때 비로소 살아 있는 법이 될 수 있다. 마찬가지로 모든 종교적 가르침 역시 우리의 삶 안에서 실천될 때 비로소 영검해질 수 있다.

우는 사람의 눈물을 닦아주는 종교, 추위에 떠는 사람을 따뜻하게 안아주는 종교, 배고픈 사람에게 밥 한술 떠먹이는 종교, 누구라도 언제든지 찾아와 기대어 쉴 수 있는 종교, 삶에 지친 사람들의 무거운 짐을 덜어주고 나눠 짊어지는 종교, 그리하여 누구라도 고단한 삶의 행로를 함께 갈 수 있는 종교가 되어야 한다. 이 세상 모든 아픔을 가슴으로 품어내는 이, 수행자는 그래서 언제나 아픔이 그치지 않는 사람이다.

35. [2-5]

성자는 조그만 죄악도 피하려 하지만
하찮은 자들은 큰 것 또한 그렇지 않다.
요구르트에는 티끌이 묻으면 없애지만
술에는 주정酒酊을 더욱더 집어넣듯이.

흰옷을 입은 사람은 행동이 조심스러워야 한다. 아주 작은 티끌이 묻어도 쉽게 남의 눈에 띌 수 있기 때문이다.

누구나 흰옷을 입을 수는 있지만 그렇다고 누구에게나 흰옷이 잘 어울리는 것은 아니다. 흰옷을 입는 사람은 스스로 잘 살필 수 있어야 하며, 다른 사람이 하는 말도 귀 기울여 들을 수 있어야 한다. 불법을 따르는 이가 자신의 안목만 믿고 남의 말을 귀담아들을 줄 모르면 흰옷에 묻은 얼룩처럼 다른 사람 눈에 얼른 띄는 허물을 고칠 수 없다.

聞法之次 문법지차
如履薄氷 여리박빙
必須側耳目而聽玄音 필수측이목이청현음

설법을 들을 때는
마치 살얼음을 밟는 것처럼
반드시 눈과 귀를 기울여 진리의 소리를 들어야 한다.

보조국사 지눌이 『초심학인문初心學人文』에서 이와 같이 이른 연유도 흰옷을 입는 사람의 마음과 다를 것이 없다. 격에 맞지 않는 흰옷을 입고 그것이 자신에게 잘 어울리는 것으로 잘못 알고 사는 이들, 그들은 흰옷에 작은 먼지라도 묻을까 조심하지 않고, 먼지가 묻었다고 말해주는 사람에게 고마워하기는커녕 오히려 화를 내며, 한술 더 떠 자기 옷에는 먼지가 묻어 있을 리 없다고 강변하기까지 한다. 그런 까닭에 그런 사람들은 끝내 덜 된 사람, 하찮은 자劣者라는 평가를 피할 수 없다.

36. [2-6]
성자는 (육체적으로) 쇠약해지더라도
행실의 남다름은 더욱더 빛난다.
(등잔) 불은 거꾸로 돌려도
불꽃이 위로 타오르는 것에서 보이듯이.

용인 줄 알았다가 아무기도 못 되는 사람인 것을 알고 실망한 때가 더러 있었다. 사람은 평생을 두고 꾸준히 익어가야 하는데 설익었다가 농익고 마침내는 곯아버리는 사람들 때문이었다.

나이 들어가면서 조심해야 할 것 가운데 첫손가락으로 꼽는 것이 노욕老慾인데 그 배후에 도사리고 있는 것은 한창때와 다름없거나 더한 영향력을 행사하려 들고, 잘나가던 때와 다름없거나 그보다 더 많은 돈을 벌려고 하며, 그러기 위해 자기가 가진 재능을 여전히 자기 한 사람만을 위해 쓰려고 하는 탐욕과 집착이다.

살아오면서 했던 말과 다르게 살고 있는 지금 모습을 부끄러워하지 않는 그들은 세상사람 모두가 아니라고 하는데도 자기 혼자 여전히 자신을 용이라고 생각한다. 태어난 곳이 어디든 하늘로 올라야만 비로소 용이 된다는 것을 그 사람 혼자만 모르고 사는 것이다.

37. [2-7]

성자는 먼 곳에 머물러도
(그의) 권속眷屬은 그 혜택을 먼 곳에서도 받는다.
하늘을 덮은 큰 구름이
땅의 곡물을 특히 잘 자라게 하듯이.

학교에서 반장으로 선출된 반장은 얻은 표와 상관없이 반 전체를 대표했고, 반장으로서 하는 일은 언제나 반 전체 학생들을 고르게 대하는 것이었다. 나이든 이들 대개가 이런 어린 시절을 거쳐 왔을 텐데도 어른으로 불리는 지금 어려서 했던 것만도 못한 모습을 보여주는 이들이 적지 않다.

비와 눈과 서리와 이슬의 미덕이 차별 없이 고르게 내리는 데 있는 것처럼 모든 불보살의 가피加被에도 아무런 차별이 없다. 그리고 그러한 불보살의 법성, 곧 이 세상을 바르게 굴러가게 하는 보이지 않는 힘은 선근과 서원에 입각하여 바르게 살아가는 우리 중생의 삶으로부터 나온다. 위대한 스승이 비밀스러운 몸을 드러내 우리의 삶을 지켜주는 것이 아니라 스승의 가르침을 제대로 따르는 우리 각자의 삶이 자신을 지키고 이웃을 지키고 세상을 지켜내는 것이다.

38. [2-8]

사는 동안에는 명성이 즐거움의 원인이고
다른 세간世間에서는 복덕이 즐거움(의 원인)이다.
그 둘이 없는 단지 재물 따위로는
현자들에게 기쁨이 생겨날 수 없다.

아름다운 이름은 발 없이도 천리를 가고, 소리 질러 부르지 않아도 사람들이 몰려오게 하며, 혼자 몸으로는 할 수 없는 큰일을 해낸다. 보기 좋게 꾸며진 이름으로는 큰일을 해낼 수 없다. 그 안에 오로지 한 사람만을 이롭게 하려는 의도가 감춰져 있기 때문이다. 아름답지 못한 이름 또한 발 없이도 천리를 간다. 그러나 그런 이름으로는 불러도 사람들이 모이지 않고, 모였던 사람들까지 순식간에 흩어져 버린다.

복덕을 짓는 데는 마음이 없고 허울뿐인 이름과 재물을 얻는 데만 팔려 있는 것은 아닌지, 법에 따라 살겠다고 서원한 수행자라면 언제나 맑게 깨어 살펴야 할 일이다.

39. [2-9]
먼 장래를 주시하고
게으르지 않은 가운데 크게 인내하고
매우 근면하고 끊임없이 조심하면
종이라 할지라도 주인이 된다.

속도가 빨라지면 시야가 좁아진다. 고속도로를 달릴 때마다 볼 만한 게 별로 없다고 느껴지는 까닭이다. 고속도로에서는 설사 볼 만한 게 있다 하더라도 그런 것에 신경 쓸 여유가 없다. 고속도로에서는 빨리 가는 것 이상의 가치와 목적이 있을 수 없기 때문이다.

누구나 빗속을 달려 본 경험이 있을 것이다. 같은 거리라면 걷는 사람보다 달려가는 사람이 비를 적게 맞지만, 같은 시간이라면 천천히 걷는 사람이 달리는 사람보다 비를 적게 맞는다. 우리의 삶도 마찬가지다. 두 가지 중에서 하나만 고르라고 한다면 나는 천천히 가는 쪽이다. 비를 덜 맞고 싶어서 그런 것이 아니라 더 많은 것들을 보고 싶기 때문이다.

40. [2-10]
보시를 항상 마음으로 즐기면
그의 명성 바람처럼 퍼진다.
거지들이 구걸하러 몰려드는 동안

주려 하는 욕심은 그보다 더 많다.

보시布施가 육바라밀의 첫 번째 항목인 것은 이채롭다. 자기가 가진 것을 다른 사람을 위해 베풀지 않고서는 지혜를 획득하는 첫걸음을 떼놓을 수 없고, '내 것'에 대한 집착만큼 지혜 획득을 가로막는 장애가 없다는 뜻일 터이다.

러시아에서 한국어 교육에 힘을 쏟고 있다는 한민족학교 교장은 TV에 나와 '나쁜 학생은 없다. 나쁜 선생이 있을 뿐'이라는 취지의 말을 했다. 그것을 보면서 보시할 마음을 내지 못하게 하는 큰 장애 가운데 하나가 바로 베풂과 나눔의 중요성을 강조하지만 정작 사는 것은 정반대인 성직자들일 수 있겠다는 생각이 들었다. 다른 사람의 선한 마음을 악용하여 사리사욕을 챙기려는 자들은 다른 사람들이 자기가 가진 것을 이웃과 나누려는 마음을 접게 함으로써 자신이 악업을 짓는 것은 물론이거니와 다른 사람들이 선업을 지을 기회마저도 없애버린다.

바르게 사는 불자는 힘이든 돈이든 재능이든 자기가 가진 것으로 자기 한 사람만을 위한 성을 쌓지 않는다. 보시의 씨앗을 뿌리고 공덕의 열매로 살아가는 이, 그가 바로 복전福田을 갈고 매는 법의 농부다.

41. [2-11]
배푼 후에 다시 돌려받지 않고
하찮은 자의 모욕도 받아들이고
작은 은혜라도 잊지 않으면
위대한 성자라는 큰 징표다.

일하는 동안 느끼는 재미 가운데 하나는 해마다 신입사원을 만나는 일이었다. 술을 마시지 못하는 몸이라 그들에게 해주는 것이란 값싼 커피 한잔 사주는 것뿐이었는데, 젊은 사람들은 습관적으로 얻어 마신 커피를 곧바로 되갚으려 했다. 그럴 때마다 그들에게 적어도 대리가 될 때까지는 참으라고 말해주었다.

이삼 년 후 대리가 된 그들이 신입사원 때 들었던 말을 잊어버리지 않고 찾아와 커피 한잔 사겠다고 하면 그때서야 속에 든 말을 해주었다. 커피를 사준 대가로 커피를 얻어 마시면 베푼 것이 없어져 버리기 때문에 사준 커피를 커피로 되받는 대신 평생의 빚으로 남겨두고 싶었다고. 그 말을 듣고 나서 '초짜' 대리들은 겸연쩍게 웃으며 돌아섰지만 그들 중 대다수는 일터를 떠나던 마지막 날까지 필자의 든든한 응원군이 되어주었다.

베푸는 것에 대해 상을 바라고 있지는 않은가? 어떤 사람의 모욕이라도 무심하게 받아내는가? 아무리 작은 은혜라도 결코 잊지 않고 잘 갚으며 살고 있는가? '위대한 성자'가 되고 싶은 바람을 갖지 않았다 하더라도 날마다 살핌에 모자람이 없어야 할 일이다.

42. [2-12]
성자의 공덕은 숨겨져 있어도
온 세상에 (두루) 퍼져 드러난다.
재스민 꽃이 잘 감춰져 있어도
그 향기 두루 퍼지듯이.

억지로 알리려고 하는 것에는 부작용이 따른다. 홍보와 선전에는 수식과 과장이 덧붙여지고 유혹하려는 의도가 실려 있기 때문이다. 성인의 이름은 알리려는 의도를 통해 전파되는 것이 아니라 꽃향기가 퍼지듯 저절로 이뤄진다. 향기가 좋은 꽃에는 벌과 나비가 스스로 날아오지만, 파리는 자기가 좋아하는 다른 것을 찾아간다.

향기가 좋은 꽃인지 아니면 악취를 풍기는 오물덩이인지는 찾아오는 것들을 통해서도 알 수 있다. 성인은 어떤 경우에도 조급해하지 않고,

서둘러 이루려고 편법을 쓰지 않으며, 일이 이뤄지지 않을 때에도 다른 사람을 원망하지 않는다. 일을 이루어지게 하는 것은 자기가 쏟은 노력뿐만 아니라 오랜 세월 동안 쌓아온 공덕과 인연의 화합 때문임을 잘 알기 때문이다.

43. [2-13]
왕은 자기 나라에서만 위대할 뿐이지만
성자는 어디를 가나 환대받는다.
꽃은 대부분 하루만의 장식이지만
왕관의 보석은 언제나 모셔지듯이.

왕의 힘은 왕 그 자신에게서 나오는 것이 아니라 그가 앉은 자리에서 나온다. 그렇기 때문에 단지 자리에 의지해서 힘을 행사한 왕은 그 자리를 벗어나면 맥을 쓰지 못한다. 오래 가는 것은 오직 왕의 자리뿐 그 자리에 앉았던 사람이 아니다.

현자는 자신의 몸 바깥에 의지할 것을 두지 않는다. 그러므로 그의 힘은 그의 생각과 말과 행위의 소산이고, 그것은 한 사람만의 부귀와 안락을 위한 것이 아니다. 현자는 비록 적이라 하더라도 화해와 공존의 자세를 잃지 않기 때문에 그의 뜻은 언제 어디서나 선의로 받아들여진다.

44. [2-14]
과일나무는 잘 가꾸면 열매가 많고
공작은 독을 마시면 꼬리와 깃털이 아름답고
준마駿馬는 조련하면 (더욱) 빨리 달리듯이
성자가 (잘) 수행하면 현자라는 징표다.[1]

- -

1 이 문장은 앞의 3행까지가 비유인데 티벳어 원문에는 모두 '둘와dul ba'를 반복적으로

따로 구해 읽어본 한역 게송의 느낌이 조금 달랐다.

彎彎樹木果實多 만만수목과실다
雅馴孔雀尾屛美 아순공작미병미
馴良駿馬行道快 순량준마행도쾌
誠摯溫和智者相 성지온화지자상

포도나무는 열매가 많이 열리고
우아한 공작새는 꼬리가 아름답다.
잘 훈련된 준마가 빨리 달리듯이
진실함과 온화함은 지자智者의 표상이다.

한글로 풀어쓴 티벳어 원문의 각 행이 한결같이 보살핌과 고난과 훈련과
수행에 대해 말하고 있는 것과 달리 한역게송의 전반부 두 행은 포도나무와
공작새가 본래 가진 품성으로, 그리고 후반부 두 행은 훈련과 수행으로
지혜로움을 성취하는 것으로 읽을 수도 있겠다.

그러나 어떻게 읽든 이르게 되는 결론은 하나, 수행 없이 바른 안목[正見]
을 갖출 수 없고, 바르지 않은 안목에 기대서는 결코 지혜로워질 수 없다는
것이다. 바른 안목이야말로 불교적 삶을 떠받드는 토대이기 때문이다.

45. [2-15]

사용하여 운율을 맞추고 있다. '둘와'는 온순하고 얌전한, 겸손한, 부드러운 것 등을
표현할 때 자주 쓰인다. 성자의 수행은 이와 달리 계율을 잘 지키는 것과 명상 수행을
가리키기도 한다. 【한역본】에서는 온화로 옮기고 있다. 비유법으로 해석하지 않은
【쾨뢰스 역】은 마지막 행을 성자의 침묵quitness으로 해석하였고, 【잠뺄 역】은 '훌륭한
수행은 현자의 징표다'라고 의역하였는데, 문장의 구조와는 조금 맞지 않다.

성자들과 범부凡夫에 대한
같은 행위라도 그 보은은 같지 않다.
경작지에 (따라) 다르지 않은 씨앗이라도
그 수확이 다른 것이 한량이 없는 것처럼.

씨앗만의 일은 아니다. 씨앗을 밭에 뿌리고 가꾸는 농부와 싹을 틔우고
자라게 하는 비와 햇빛이 모두 수확을 가능하게 하는 인因이고 연緣이다.
그러니 그 각각이 뛰어날 때와 그렇지 않을 때는 말할 것도 없고, 여럿
가운데 하나만 뛰어나거나 그러지 못할 때에도 그 결과는 제각각 달라지게
마련이다.

크든 작든 자리에는 행사할 수 있는 권한이라는 게 있다. 그런데 적지
않은 사람들이 자리에게 부여된 본래 의미, 즉 자리란 그 자리에 어울리는
일을 위해 마련되었다는 것을 잊은 채 자기 한 사람의 이익을 위해 자리의
권한을 행사하다가 그것을 잃어버린다.

그 자리에 주어진 권한만을 즐기려고 하는 사람을 범부라고 한다면,
성인은 자리에 어울리는 만큼 또는 그 이상으로 일을 이뤄내는 사람이다.
그래서 범부는 자리를 떠나자마자 가졌던 힘을 잃고 말지만, 성인은 자리를
떠나서도 다른 사람을 위하는 마음과 힘이 줄지 않는다. 그가 하는 일이
모두에게 이롭다는 것을 사람들이 먼저 알아차리고 그것이 이루어질 수
있게 응원하기 때문이다.

46. [2-16]

위대한 성자에게 은혜를 베풀면
제아무리 작은 것이라도 (커다란) 과보가 주어진다.
꾸루라[2] 한 알을 주고

• •

2 인도의 토종 과일 '암라끼Amlaki'를 가리킨다. 티벳에서는 주로 건약재로 사용되며

성군의 왕자와 같아진 것을 보라.³

"그 사람은 너무 잇속에 밝아."

자기 것만 챙기려는 사람들을 일컬을 때 하는 말이다. 그러나 잇속에 밝지 않은 사람이더라도 잇속을 챙기는 사람은 알아볼 수 있고, 누구라도 그런 사람을 꺼려하게 마련이라 잇속에 밝다는 것은 결국 이익보다는 손해가 더 큰 행위가 되는 셈이다. 잇속에 밝다는 것은 받은 만큼 갚을 줄 모르는 것의 다른 표현이기도 하다. 나쁘게 말하면 은혜를 잊어버리는 것이고 심하게 말하면 은혜를 배신으로 갚는 것이다.

얻어 쓴 빚을 갚는 것처럼 은혜도 마땅히 아름답고 고마운 마음으로 갚아야 한다. 생각해보니 갚아야 할 은혜의 빚이 참으로 많기도 하다.

● ●

영문 식물명은 'Emblica(서양 까치밥 나무열매 일종, 혹은 올리브 종류라고도 함)'로 대추 크기만 한데 레몬보다 훨씬 시어 신맛으로 유명하다.

3 이 경구는 인도의 고사에서 빌어 왔다. 행실이 좋지 않은 아들이 좋은 왕과 아내, 친구를 사귀라는 아버지의 유언이 옳은지 시험하는 이야기를 예로 들고 있다.
첫 번째 나라에서는, 숲 속에서 호랑이에게 잡아먹힐 뻔한 왕을 구하였으나 왕을 시험하기 위해 왕궁의 공작을 훔쳐 친구에게 숨겨놓고 아내에게 '잡아먹었다'고 하자 상금에 눈이 먼 아내의 고발로 왕에게 잡혀 가, "당신 생명을 구한 대가로 공작을 잡아먹었다!"고 말하였으나 용서를 받지 못하자 친구에게 맡겨 둔 공작을 찾아 되돌려 주고, 나쁜 왕과 사귀지 말라는 부친의 유언을 확인한다.
두 번째 나라에 가서는 숲 속에서 목이 마른 왕에게 암라끼 세 알을 주고 난 뒤 돌아와 왕자를 납치하여 숨겨 두었다. 그리고 나쁜 친구에게 왕자의 소지품을 보여 주자 상금에 눈이 먼 친구의 밀고로 왕에게 붙잡혀 가 심문을 받을 때, "내가 왕자를 죽였으나 그때 내가 베푼 세 알의 꾸루라 열매를 기억하시오!"라고 말하자 왕은 첫 번째 알로는 왕자를 죽인 죄를 사면해 주고, 두 번째 알로는 공주를 아내로, 세 번째 알로는 왕국의 절반을 주겠다고 한 이야기에서 유래한 것이다.
본문 중의 '꾸루라 한 알을 주고 왕자와 같아진 것'은 왕자를 죽인 죄를 사면해 준 것을 가리킨다.
【잠뺄 역】 해설에서는 첫 번째와 두 번째 나라의 아내와 친구가 바뀌어 있으며, 공작 대신에 앵무새라고 설명되어 있다.

47. [2-17]

좋은 가문은 그 행실로 지켜진다.
행실이 타락하면 그 가문은 의미가 없다.
향나무 향기를 사람들이 좋아하지
그 타버린 숯덩이를 누가 얻으려 하랴!

부처님께서 작은 왕국의 태자였던 사실을 기억한다면 '바라문은 혈통으로 되는 것이 아니라 그 행위에 따라 되는 것'이라는 말씀은 당시 엄격한 계급 사회였던 인도에서 혁명적인 선언이 아닐 수 없었다. 그것은 한 나라를 다스리는 왕 또한 혈통이 아닌 행실에 의해서 비로소 왕다울 수 있다는 말과 다르지 않기 때문이다. 혈통은 아무개의 자식이라는 생물학적 출생에 의해서가 아니라 최고의 혈통이라는 자부심에 어울리는 삶으로 증명되는 것이다.

바른 길을 가는 사람에게 도움의 손길이 많아지고, 올바르지 않은 삶을 사는 사람에게 도움의 손길이 줄어들 것은 당연한 이치다. 꽃을 피우지 못한 장미 줄기보다 꽃을 피우고 홀씨를 날려 보내는 민들레가 백배 천배 낫다. 그 누가 다 타버린 향의 재를 가지려 애쓰고 말라버린 장미 줄기를 아름답다고 상찬하겠는가!

48. [2-18]

위인이 잠깐 나약해지더라도
그에게 번뇌가 생긴 것을 (걱정할) 필요가 없다.
달이 잠깐 별에 의해 가려지더라도
바로 자유롭게 되듯이.

위대한 인물의 진가는 고난의 시기를 맞았을 때 저절로 드러난다. 사람들이 그가 가진 모든 것을 잃었다고 여길 때조차도 그는 본래 모습으로 돌아온 것일 뿐이라고 하면서 태연하다. 잃었다고 생각하지 않으니 원망할 것이 없고, 원망할 것 없으니 아쉬워할 것도 생겨나지 않는다. 그러므로 다시 새로운 일을 시작할 때에도 전과 달라지지 않은 마음으로 힘을 낼 수 있다.

편안할 때 편안해 보이는 것은 누구라도 할 수 있다. 그러나 어려움을 만났을 때, 된 사람만 흔들림 없이 세상을 바르게 볼 수 있다. 된 사람은 바깥 사정에 따라 사람됨이 바뀌지 않는다. 일식이라고 해서 해가 없어지는 것이 아니고 월식이라고 해서 달이 사라지는 것이 아닌 것처럼 된 사람은 언제나 그 그릇의 크기가 작아지지 않는다.

49. [2-19]

위인이 적을 인자하게 대하면
그 적 스스로 그의 위세를 따르게 된다.
망뻬 꿀와[4]가 모두를 보호하자
모두가 (그를) 왕으로 추대하였다.

작은 짐승이 큰 짐승을 만나면 숨을 크게 들이쉬거나 털을 곤두세워서 몸집을 부풀린다. 자기 몸이 작지 않다는 것을 보여주기 위해서다. 그러나 큰 짐승은 그럴 필요가 없다. 그렇게 하지 않아도 자기 몸은 이미 충분히 크기 때문이다.

사람 사는 세상도 짐승들의 그것과 다르지 않다. 큰사람은 자기가 가진 힘을 자랑할 필요가 없다. 그러니 '다시는 덤비지 못하게 손을 봐줘야 한다'거나 '기회가 왔을 때 확실하게 밟아버려야 한다'는 말은 시정의

---

4 '망뻬 꿀와mang bos bkur ba'는 '많은 사람들에 의해 추대된 자'란 뜻이며, 실존 인물로 보기는 어렵다. 【잠뻴 역】에서는 인도의 사미띠야Samitīya 왕에서 비롯된 것으로 보고 있다.

잡배들에게나 어울리는 말이다.

힘이 달려 굴복한 자는 언제 어디서든 도망갈 기회를 노리고, 힘을 갖게
된 뒤에는 언제 그랬냐는 듯 얼굴을 바꿔 보복하려고 한다. 그래서 현명한
이들은 완력으로 상대방의 무릎을 꿇리려고 하기보다 상대방의 마음을
얻는 데 더 신경을 쓴다.

50. [2-20]

성자는 제아무리 (굶주려) 쇠약해졌어도
부정과 섞인 음식을 먹지 않는다.
사자는 굶주려도 깨끗하지 않은
토사물을 먹지 않는다.

「제1장 현자에 대한 검토(관현자품觀賢者品)」 13번 게송에 나오는 현자와
제비의 비유와 유사한 내용이다. 『잡아함, 정구경淨口經』에서도 사사명식四
邪命食이라 하여 수행자에게 떳떳하지 못한 네 가지 음식을 말하고 있다.
즉 약물을 만들거나 농사를 지어 먹을 것을 구하는 하구식下口食, 하늘에
있는 별과 달과 해를 관찰하여 먹을 것을 구하는 앙구식仰口食, 권력에
아부하거나 말재주를 부려 먹을 것을 구하는 방구식方口食, 그리고 주술이
나 점 따위로 먹을 것을 구하는 유구식維口食이 그것이다.

먹을 수 없는 음식이란 세상에 없을 것이지만 먹으면 안 되는 음식은
세상 도처에 있다. 서야 할 때 설 줄 아는 것, 지켜야 할 것을 지킬 줄
아는 것, 그것이 불법을 배워 행하는 이의 올바른 자세 아니겠는가!

51. [2-21]

성자가 목숨이 경각에 달렸어도
선량한 성품을 어찌 버릴 수 있으랴?
금덩이는 태우고 부셔도

그 색깔 손상되지 않는다.

중학교를 마친 뒤 금은방에 들어가 일을 배운 친구가 있었다. 어린 나이에 벌써 세상을 알아서 그랬는지 그 친구의 언행은 아직 학생이었던 우리보다 훨씬 어른스러웠다. 어느 날, 우연히 들른 금방에서 친구가 금반지를 만드는 모습을 지켜보았다. 화염 속에서 액체로 변한 황금의 빛깔은 차가운 금덩이로 볼 때보다 백 배 천 배 더 아름다웠다. 노란색도 아니고 붉은색도 아닌 빛깔에 가장 어울리는 이름을 불교를 만난 뒤에야 알게 되었다. 바로 '자금紫金'이었다.

이 게송의 내용은 옛일을 회상하며 성인의 품성보다 황금의 성질에서 더 분명하게 느낄 수 있었다. 금은 아름다운 장식장 안에 넣어두었을 때나 썩은 물속에 던져두었을 때나 그 성질과 모양이 달라지지 않는다.

성자도 그와 같다. 성자는 좋을 때라고 나태해지거나 오만해지지 않고, 좋지 않을 때라고 좌절하거나 비굴해지지 않으며, 언제 어디서든 본래 가진 성품에서 달라진 것 없이 말하고 행동하는 사람이기 때문이다.

52. [2-22]
고상한 사람들에게 하찮은 자들이
성을 내도 그 대답이 어찌 성냄이랴?
자칼이 제멋에 취해 짖어도
백수의 왕에게는 측은함만 생겨난다.

가르침의 뜻은 높고 깊은데 가르침을 배우고 따르는 이들이 그 높이와 깊이를 따라가지 못하는 까닭은 살면서 당장의 이익과 손해, 눈앞의 고통과 편안함을 먼저 따져보는 것에 익숙해 있기 때문이다.

이 세상 어떤 부모와 스승도 의도적으로 자식과 제자를 나쁜 길로 인도하여 가르치지 않는다. 오히려 강조해서 가르치는 것은 그와 반대되는 삶의 방식이다. 그러나 우리들 대다수는 공익 앞에 사익을 두지 말라는 배움을 지켜내는 데 투철하지 못하고, 그런 나머지 사람과 사람 사이에는 말다툼이나 주먹다짐이, 나라와 나라 사이에는 크고 작은 분쟁이나 큰 전쟁이 일어난다.

큰 승리는 당장의 이익에서 생겨나지 않는다는 가르침은 그렇게 성급하고 좁은 안목 앞에서 무색해지고 만다. 그런 마음으로 요즘 불교계를 보면 마음이 편하지 않다. 고기 한 덩이 더 차지해보겠다고 이빨을 드러내며 으르렁거리는 자칼의 무리들이 있다고 치자. 그렇더라도 불교가, 아니 불자들이 그에 맞서 털을 세우고 이빨을 드러내 함께 으르렁대서야 어디 사자다운 위용을 입에 담을 수 있을 것인가!

53. [2-23]

위대한 성자에게 사람들은
과실過失을 찾으려 하지 하찮은 자에는 (그렇게 하지) 않는다.
보석의 결함을 눈여겨보지
타다 남은 장작더미를 누가 살펴보랴!

『채근담』속에서 오랜 세월 잠들어 있다가 신영복 선생의 글을 통해 유명세를 탄 구절이 있다. '다른 사람을 대할 때는 봄바람처럼 따뜻하게 하고, 자신에게는 가을 서리처럼 차갑게 대하라[待人春風 대인춘풍, 持己秋霜 지기추상]'는 구절이다.

겉모습부터 일반인들과 다른 출가 수행자들은 그 외모로 인해 기본적으로 좋은 점수를 얻을 수도 있지만, 눈에 쉽게 뜨이는 모습 때문에 쉽게 지탄의 대상이 될 수도 있다. 그리고 이것은 수행이 깊고 높다고 알려진 이들일수록 더욱 엄격하게 적용된다. 사람들의 기대치가 알려진 이름 따라 함께 높아지기 때문이다.

청정하게 살아가는 출가 수행자들의 이름은 도박과 음주와 사음 같은 추문으로만 멍드는 게 아니다. 때에 따라서는 티끌처럼 작은 허물 하나에도 허망하게 무너져 버릴 수 있다. 계와 율로 신구의身口意를 청정하게 지키며 살아가는 이들이 명심해야 할 게송이다.

54. [2-24]
칭찬에 유쾌하지 않고
비난에 불쾌해하지 않으며
자신의 공덕에 잘 머무는 것이
성자의 실제 모습이다.

철학자 강신주는 자유에 대해 '그것은 아무런 방해도 받지 않는 자기만의 공간에 틀어박혀 지내는 것이 아니라 바깥으로 나가 나 아닌 타자들을 만나고 내가 할 수 있는 것과 할 수 없는 것을 아는 것, 이를 테면 자신의 가능성과 한계성을 함께 아는 것'이라고 말했다.

'칭찬은 고래도 춤추게 한다'는 말이 사람들의 입에 오르내리면서 "안 돼!"라는 금지 대신 "잘했다."라는 칭찬이 바른 교육인 것처럼 말하는 이들이 크게 늘었다. 그러나 알고 보면 그것 또한 극단적인 견해일 뿐이다. '하지 말아야 할 것'과 '반드시 해야 할 것'에 대해 가르치지 않는 교육은 결코 제대로 된 교육이라고 할 수 없다. 칭찬이 밥이라면 질책은 약이다. 맛있는 밥이라도 지나치게 먹으면 몸에 독이 될 뿐이고, 몸이 아플 때는 밥과 함께 약도 잘 챙겨서 먹어야 한다.

범부는 이익·손해·칭찬·비난·훼방·명예·즐거움·괴로움 등의 세간 팔풍八風에 쉽게 흔들리고 말지만 성인은 팔풍보다 더한 것을 만나도 흔들리지 않는다. 오죽하면 화 한 번 내는 것으로 몇 겁 동안 쌓은 공덕이 물거품이 되어 버린다고 말하겠는가!

55. [2-25]

악한 짓이나 권력으로
생긴 재산은 재산이 아니다.
개와 고양이가 배를 채우기 위해서라면
수치심을 내팽개치는 것이 (그들의) 완벽한 삶이다.

'개처럼 벌어서 정승처럼 쓰라'는 말은 돈을 버는 일의 종류, 즉 천한 일 귀한 일을 가리지 말라는 뜻이지 돈을 버는 수단이나 방법을 가리지 말라는 뜻이 아니다. 그런데 정말로 개가 되어 모은 돈으로 마치 정승이라도 된 것처럼 위세를 부리는 사람들이 늘고 있다. 먹는 것으로 장난을 치고, 사람 몸을 담보로 장사를 하고, 좋은 일 하라고 잠시 내준 힘을 악용하여 자기 재산이나 불리는 일을 하면서도 부끄러워할 줄 모르는 자들이다.

하지만 기독교 경전에서 '칼로 흥한 사람은 칼로 망한다'고 한 것처럼 바르지 못한 방법으로 돈을 모은 이들은 적어도 세 가지 때문에 돈의 위세를 마음대로 부릴 수 없다. 더 바르지 못한 방법으로 더 많은 돈을 모은 사람, 바르지 못한 것을 바로잡으려는 세상의 법, 그리고 뿌린 대로 거두는 인과의 법칙 때문이다.

56. [2-26]
권속眷屬을 삼원만三圓滿[5] 하게 했으면

<hr />

5   여기에 사용된 삼원만三圓滿(푼숨촉, phun sum tshogs)은 티벳 불교 용어에서 빼놓을 수 없는 어휘다. 원어는 '푼촉숨phun tshogs gsum' 혹은 '푼촉 숨덴phun tshogs gsum ldan'으로, 3가지가 원만한 것, 즉 두루 갖추어진 것을 가리키는데, 불법승 삼보를 두루 갖추는 것부터, 인·과·경제적인 이익 등을 갖추는 것 혹은 자·타 그리고 이 자타가 모두 성취된 것에 사용된다. 원만은 티벳 경전에 널리 사용되고 있을 뿐만 아니라 일상생활에도 두루 쓰이는데 신년 인사로 우리의 '복 많이 받으십시오!'를 티벳어로는 "따쉬 데렉 푼숨촉!"이라고 한다.

(그것은) 주인 자신의 위대함이다.

말을 장식하는 것이

주인 자신을 치장하는 것이 아니겠는가?

'죽음을 각오하면 살 수 있을 것이지만 살려고만 한다면 죽게 될 것[死卽必生 사즉필생, 生卽必死 생즉필사]'이라고 이순신 장군은 전장으로 나서는 병사들을 향해 비감한 어조로 말했다. 길지 않은 일생을 편하게만 살려고 하는 사람은 그 한 생마저 편히 지낼 수 없을 테지만, 온 삶을 바쳐서라도 이루겠다는 바람을 가진 사람은 자기 생은 물론 세대를 이어 그 뜻을 이룰 수 있다.

큰 꿈을 꾼다고 하면서 하는 일마다 자기 자신을 앞세우고, 내려놓거나 버리기는커녕 자신의 이익부터 챙기는 사람은 사는 동안 악명만 얻게 될 것이다. 가장은 제 식구 눈에 눈물 흘리지 않게 해야 할 사람이고, 이장은 자기 마을 사람들의 살림이 편안해질 수 있게 일하는 사람이고, 왕이라면 백성들이 노래 부르며 살 수 있게 해야 할 사람이고, 수행자라면 자신이 세운 원이 모든 사람들에게 미칠 만큼 맑고 향기롭게 살아가야 할 사람이다.

명장 밑에 약졸 없고 호랑이는 스라소니 같은 새끼를 키우지 않는다. 옹졸한 사람은 스승의 큰 가르침을 담아내지 못해 떠나고 될 만한 사람 역시 시샘이나 하는 사람을 스승으로 모시지 않는다.

싸움에서 이긴 공은 장군에게 돌아가고 사람들이 편안하고 평화로운 시대가 이어지면 그 공이 통치자에게 돌아가는 것처럼 미움과 욕심의 노예로 사는 삶의 자리에서 벗어난 사람들은 입을 모아 바르게 가르쳐준 스승의 공덕을 찬양한다.

이 게송에 어울리기로 부처님의 삶을 따를 만한 것이 없다. 2천 년을 넘는 장구한 세월 동안 헤아릴 수 없이 많은 사람들이 한 사람의 고귀한 삶을 경모하며 바른 삶을 살았고, 그 공은 모두 부처님 한 분의 공덕으로 모아져 찬양되었다. 어찌 부처님의 지혜와 복덕이 바닥날 수 있을 것이며, 부처님의 가르침을 따라 살 사람이 끊어질 수 있을 것인가?

57. [2-27]

이와 같이 주인이
권속眷屬을 은정恩情으로 보살피면
그와 같이 권속들도
주인 자신의 일을 성취할 것이다.

아무리 능력 있고 부지런한 사람이라도 혼자서 모든 일을 해낼 수는 없다. 그래서 일 중에 가장 큰일을 사람 쓰는 일이라 하고, 큰일을 해야 할 사람을 고를 때 그 능력뿐만 아니라 인품을 중요하게 보는 것이다.

일을 잘하는 사람은 작은 일을 하고, 일을 잘하게 하는 사람은 큰일을 이룬다. 큰일을 하기 바라는 사람은 다른 사람의 모범이 되고, 자기가 가진 것을 나누는 데 주저하지 않으며, 공을 아래로 돌리는 것과 함께 책임을 자기가 직접 질 줄 안다. 그래서 주변 사람들이 몸뿐만 아니라 마음으로까지 따르며 마침내 큰일을 성취할 수 있게 저마다 가진 능력을 힘껏 발휘하는 것이다.

다른 사람들이 가진 능력을 아낌없이 끌어내 쓰게 하려면 먼저 자기가 가진 것을 아낌없이 베풀어야 한다는 것, 때의 고금 곳의 동서를 막론하고 위대한 지도자들이 보여준 법칙이었다.

58. [2-28]

위대한 성자가 머무는 곳에
다른 지자智者들을 누가 신경이나 쓰랴?
하늘에 해가 떠오르면
뭇 별들이 많아도 보이지 않는다.

함께 일하던 선배들이 더 이상 사용할 수 없게 된 명함을 정리하며 기운이 다 빠진 듯한 표정을 지을 때, 자신만만한 그들의 평소 몸짓이 모두 얇은 종이 한 장에 새겨진 이름과 지위에서 나온다는 것을 알았다.

회사 문을 나서기도 전에 서둘러 만든 이름과 전화번호만 있는 새 명함은 일터를 나와 두 해 반이 지나는 동안 딱 한 장만 지갑을 빠져나갔다. 그렇지만 내 삶이 고적하다거나 불우하다거나 답답하다는 생각을 하지 않았다. 오랫동안 해온 일을 그만두었지만 언제나 사람들과 함께 있었고, 일하는 동안에는 하고 싶었으면서도 밀쳐둘 수밖에 없었던 것들을 찾아다니는 자유롭고 여유로운 날들이었다.

이름은 구해서 얻어지는 것이 아니라는 것을 알면서도 사람들은 마치 불구덩이로 뛰어드는 불나방처럼 이름과 겉모습을 쫓아다닌다. 가짜일수록 그런 집착은 더욱 강하고 강한 집착은 더욱 큰 고통을 만들어낸다.

해가 뜨면 밤을 수놓았던 수많은 별들이 햇빛 뒤로 몸을 숨긴다. 우리가 할 일은 그런 법칙을 밝게 아는 것이다. 해나 달이 되지 못한 것을 안타까워하기보다 밤하늘이라는 수틀에 수繡를 완성하는 한 점 별일 수 있는 것에 고마워 할 수 있어야 한다. 고마워할 뿐만 아니라 그 작은 빛을 밝히며 부끄럽지 않게 살아갈 수 있어야 한다.

제3장 어리석은 자에 대한 검토 — 관우자품觀愚者品

59. [3-1]

약한 자가 재산을 얻으면
더욱더 행실이 나빠진다.
폭포수는 어찌 돌렸던
떨어지는 것만 오직 바란다.

어떤 길이든 잘못 들기는 쉬워도 빠져나오기는 어려운 법이다. 조심하는
마음이 조금씩 약해지다 보면 어느 틈에 익숙해져 버리고, 익숙해져 버린
뒤에는 잘못을 알아차리더라도 빠져나오기가 쉽지 않은데, 그것은 마치
수렁에 빠진 사람이 용을 쓸수록 더 깊이 빠져드는 것과 다르지 않다.
　자기 처지를 모르고 섣부르게 도생度生에 나서는 것은 위험천만한 일이
다. 정화의 꽃을 피우는 씨앗이 되기보다 오히려 오염을 키우는 뿌리가
될 수 있기 때문이다. "게으르지 말고 정진하라!"는 부처님의 마지막 당부
를 더욱 무겁게 받아들여야 하는 까닭이기도 하다.

60. [3-2]
하찮은 자에게 선행이 생겨났어도
그것은 다만 꾸민 것이다.
유리를 보석처럼 채색했어도
물과 닿으면 본색이 드러난다.

자기를 소개하면서 '선생질하는 사람'이라는 이에게 "교사라는 좋은 말 놔두고 왜 그렇게 말하느냐?"고 물었다.

"그렇게밖에 살지 못해서 그렇습니다."

넋두리 같은 그의 말에서 교육계의 현실에 대한 안타까운 소회가 느껴졌다.

종교계가 세상 돌아가는 것을 걱정하는 소리보다 바깥세상에서 종교계 현실을 걱정하는 소리가 드높다. 그럼에도 불구하고 종교계의 관심은 성찰을 통한 환골탈태보다 오로지 종교 그 자체의 성장과 발전 한 가지에만 꽂혀 있다.

지혜와 자비 같은 보살행 대신, 인욕과 참회와 수행을 통한 청정한 법어 대신, 오늘날의 상가에는 악취가 코를 찌른다. 그런데도 '중질이나 하고 지낸다'고 탄식하는 수행자를 아직 보지 못했다. 사무치고 절절하게 배우고 행하는 수행자가 드물어 그럴 것이다.

61. [3-3]
어리석은 자가 일을 잘 이루었어도
우연이지 (원래) 이루려 했던 것이 아니다.
누에가 침으로 실을 뽑지만
그 동작을 숙지해서 생겼던 것이 아니다.

수주대토守株待兎라는 말이 있다. 밭에서 일하던 농부가 잠시 나무 그늘에 앉아 쉬고 있을 때, 나무쪽으로 달려오던 토끼 한 마리가 그만 그루터기에 걸려 죽어 버렸다. 농부는 죽은 토끼를 하늘이 자기에게 준 선물이라 생각했고, 다음날부터는 밭에서 일하는 시간보다 나무 그늘에 앉아 토끼를 기다리는 시간이 더 많아졌다. 그러나 그 해가 다 가도록 나무의 그루터기에 걸려 쓰러지는 토끼는 다시 나타나지 않았고, 나타나지 않는 토끼를 기다리다 헛품만 판 농부는 한 해 농사를 망치고 말았다.

작은 횡재의 단맛에 취해 큰 횡액을 당한 사례다. 한 조각 지혜라도 갖춘 사람이라면 뜻밖에 찾아온 행운에 감사하면서도 그것에 매달리는 어리석은 짓은 저지르지 않는다. 횡재가 횡액의 씨앗이라는 것을 잘 알고 있기 때문이다.

62. [3-4]

위인이 애써 이루었던 협의도
악한 자에 의해 한순간에 파기된다.
농부가 밤낮으로 애쓴 땅을
우박이 한순간에 망치듯이.

우리가 성숙하지 못한 사회에 살고 있다는 단적인 증거는 공공 기관이든 민간 기업이든 거의 모든 조직에서 전임자가 구축해놓은 성과를 소홀히 취급하는 것에서 여실히 드러난다. 이것은 후임자가 조직의 이익이라는 측면에서 전임자의 성과를 보려 하지 않고, 자신의 이름으로 기록될 새로운 일을 벌이는 것에 더 신경을 쓰는 데서 나타나는 현상이다.

이처럼 전임자가 구축해놓은 성과를 중히 여기는 사람을 만나기 어려운 까닭은 우리 사회가 그러한 것을 높이 쳐주지 않는 풍조에 만연되어 있기 때문이다. 그러다 보니 전임자가 구축해놓은 '창조적'인 제도나 시스템이 후임자에 의해 이름 붙여진 '더 창조적'인 제도나 시스템에 밀려 평범한 일로 치부되거나 그만도 못한 일로 전락해버리는 악순환이 벌어지고 만다.

그러나 조직은 창조성 하나로만 유지되지 않는다. 나아가 창조성이 뛰어나다고 포장된 이들은 대개가 조직을 스쳐지나갈 뿐, 기실 조직을 오랫동안 지켜내는 이들은 잠깐 사이에 평범한 일이 되어 버린 전임자의 창조적 업적과 후임자에 의해 새로 들어선 더 창조적 성과를 함께 수행해내는 사람들이다.

우습지 않은가? 큰일을 한다는 이들이 오히려 분탕질을 쳐대고 다수의 성실한 사람들이 묵묵히 그 뒤처리를 도맡아 해내는 것이.

63. [3-5]
악한 자는 대부분 자신의 잘못이
무엇이 되었든 남을 탓한다.
까마귀가 깨끗하지 못한 것을 먹은 부리를
다른 깨끗한 곳에서 애써 문지르듯이.

꽤 오래전, 젊은이들에게 인기가 많은 두 인물이 TV에 나와 대담을 나눈 적이 있었다. 두 사람은 우리 사회에서 노정되고 있는 여러 문제들의 시작을 '모든 공은 위로, 모든 책임은 아래로'라는 말로 진단했다.

제대로 된 사회라면 공은 아래로 돌리고 책임은 위에서 지는 것이 맞겠지만, '리드lead'라는 말의 뜻과 달리 솔선하지 않고도 리더가 될 수 있는 사회, 자리만 지키고 있으면 밑에서 모든 것을 챙겨주는 사회, 책임보다 권한이 비정상적으로 크고 강력한 사회, 그것이 우리 사회의 청정지수가 경제력을 따라가지 못하는 이유라고 그들은 말했다.

'잘못을 자신에게서 찾는다'는 뜻을 지닌 반구저기反求諸己를 책상 앞에 써 붙여둔 때가 있었다. 글귀가 마음에 들어 벽에 써 붙일 때 내 각오는 '책임질 일이 생기면 설명하려 하지 말고 받아들이자'고 할 만큼 단단했었다. 그러나 그런 뒤로도 그래야 할 일이 생기면 자꾸만 설명을 하려고 하는 예의 나쁜 버릇이 튀어나왔다. 져야 할 책임이라면 마다 않고 지겠다던 처음 생각과 달리 책임을 지더라도 져야 할 이상의 책임으로 불이익을 당하지는 않겠다는 자기방어 의식 때문이었다.

화살이 과녁을 맞히지 못하는 데는 여러 가지 이유가 있다. 그러나 활과 화살, 날씨 같은 수많은 외부 요소들에 앞서 가장 먼저 살펴봐야 할 것은 활을 쏜 사람의 자세다. 삼신할미나 조왕신 탓만 하고 있어서야 어떻게 귀여운 아기를 얻을 수 있을 것인가!

64. [3-6]
어리석은 자가 (어떤) 일을 했으면
일도 훼손되고 그도 역시 훼손된다.
'여우가 왕으로 뽑혔기 때문에
권속眷屬들도 고통받고 (여우) 자신도 죽었다'는 이야기처럼.

아주 오랜 옛날, 평화롭고 안락하게 지내던 동물들이 알맞은 후보를 골라 무리의 왕으로 추대하기로 했다. 그러던 어느 날, 여우 한 마리가 먹이를 구하려고 사람들이 사는 마을로 내려갔다가 염색공장의 염료통 속에 빠져 버렸다. 발버둥을 치다가 겨우 빠져나온 여우는 목이 말라 가까운 개울로 갔다. 물을 마시려다가 물에 비친 자기 모습이 평소와 다른 것을 알아챈 여우는 기발한 생각을 떠올렸다.

털이 물든 여우는 그때까지 동물나라에서 본 적이 없는 모습이었고, 우습게도 여우는 낯설다는 이유 하나로 동물나라의 왕이 되었다. 평화로운 동물나라에서 왕이 해야 할 일은 별로 없었다. 여우는 사자의 등에 올라 동물나라를 돌아보며 왕에게 주어진 권력의 맛을 즐겼다. 여우는 다른 동물들을 위해 자기가 해야 할 일을 생각하는 대신, 다른 동물들이 자기를 위해 해야 할 일을 생각해내고 그것을 실행하게 했다.

그런 중에도 왕이 된 여우가 조심스럽게 생각한 것은 다른 여우들이었다. 자신과 가장 닮은 모습을 하고 있기 때문이었다. 그는 예전에 함께 지낸 여우들에게 더 많은 일을 시키고 까탈을 부렸다.

왕이 생기면 이전보다 살기가 좋아질 것을 기대했던 동물들은 해야할 일이 늘어나자 자기들이 뽑아놓은 왕에게 의심을 품기 시작했다. 특히 여우들의 불만과 의심은 대단했다. 하루는 여우들이 사자에게 물었다.

"매월 보름이면 왕께서 무엇을 하십니까?"

"그날은 내가 휴가를 얻어 쉬는 날이라 잘 모르겠다."

"아무래도 수상합니다. 여우들은 보름날 밤에 달을 보면서 우는 버릇이 있거든요."

사자도 평소에 왕의 행동이 이상하다고 생각한 것이 한두 번이 아니었다.

"알았다. 오는 보름날 밤에 내가 왕의 뒤를 몰래 따라가 알아보겠다."

보름날이 되자 휴가를 낸 사자가 몰래 밖으로 나가는 왕의 뒤를 쫓았다. 아무런 의심 없이 산으로 들어간 여우는 높은 봉우리 위로 올라가 보름달을 올려다보면서 목을 길게 빼고 울었다. 가늘고도 슬픈 여우 소리였다. 설명이나 변명을 들어야 할 이유가 없었다. 사자는 바람처럼 달려가 울고 있는 여우를 한 입에 삼켜 버렸다.

나라가 좋은 지도자를 만나는 것은 국민의 복이다. 끊임없이 좋은 지도자가 나오기를 바라는 건 욕심일 수도 있겠지만 이만하면 이제 뛰어난 지도자가 출현할 때도 되었다. 훌륭한 지도자는 태어나기도 하지만 키워지기도 한다. 그래서 좋은 지도자는 좋은 국민이 만드는 것이라는 말까지 하게 되는 것이다. 이제는 우리 모두 바르게 보는 안목을 가질 때도 되지 않았을까?

65. [3-7]

우매한 자는 행복을 원하고 있어도
고통스러운 일만 이룰 뿐이다.
악귀에 쓰인 어떤 사람이

고통에서 벗어나고자 자살하는 것에서 보이듯이.

바른 길보다 빠른 길을 꿈꾸는 사람들이 있다. 그런 길은 대개 가진 것 모두를 거는 길이다. 도박을 하거나 투기를 하거나 약에 취해 헛것을 쫓아다니는 사람들은 하나를 갖기 전에 열을 꿈꾸고 열을 쥐기 전에 성급하게 백을 쫓는다.

이루는 것에 조급한 이들은 끝을 내는 것에서도 경솔하고 성급하다. 그래서 스스로 자기 목숨을 끊어 삶을 끝장내기도 한다. 살아야 할 이유가 없다는 것이 그들의 핑계 아닌 핑계다. 그러나 생명은 우주와도 바꿀 수 없을 만큼 귀한 것이고, 그 말보다 더 분명하고 확실하게 살아야 할 이유를 설명해주는 것은 없다.

무소유無所有마저도 집착하면 욕심이 된다. 바람을 줄이면 얽매임이 줄어들고, 얽매임이 적어지면 갈 수 있는 곳이 많아지며, 그럴 수 있을 때 비로소 편안함과 즐거움이 생겨난다. 한 번 붙잡은 것은 아등바등 놓을 줄 모르고, 붙잡을 것이 있으면 죽을 둥 살 둥 내닫기 바쁜 이들이 한번쯤 생각해 봤으면 하는 대목이다.

66. [3-8]
총명하지 않고 (너무) 직선적인 자는 자신을
망치고 다른 몇몇 (사람에게도) 해를 입힌다.
숲 속의 곧은 나무는 (그 근본으로 말미암아) 베어지고
곧은 화살이 (되어) 다른 쪽을 죽인다.

"왜? 못할 말이라도 했어?"
솔직하다는 말을 입에 달고 사는 이들이 흔히 하는 말이다. 있는 것을 있다고 하고, 없는 것을 없다고 하고, 한 것을 했다고 하고, 안 한 것을 안 했다고 하는데 뭐가 문제냐는 투로 말하는 것은 지혜로운 이의 어법이라

고 할 수 없다.

말과 글은 소통疏通을 하는 데 사용하는 도구이고, 소통은 막힌 것을 뚫어서 통하게 한다는 뜻이다. 그러므로 소통에는 반드시 통하고자 하는 내용과 상대방이 있게 마련이다. 그래서 말과 글은 곧은 것이 다가 아니다. 말과 글에 실린 내용이 상대방에게 전달될 수 있게 하는 것, 그것이 소통의 진정한 의미이자 기술이다.

부처님께서는 전법의 길로 나서는 제자들에게 "처음도 훌륭하고 중간도 훌륭하고 마지막도 훌륭하며, 내용도 있고 말도 다듬어진 설법을 하라."고 말씀하셨다.

말과 글에는 언제나 두 가지 다른 입장에 선 당사자가 있다는 것, 그것을 잊으면 말과 글 모두 소통의 도구로 기능할 수 없다는 것을 알아야 한다.

67. [3-9]

항상 타인의 이익을 생각하지 않으면
그의 행실은 가축과 같다.
다만 먹고 마시는 것은 짐승도 역시
행할 수 있으니 그렇지 않느냐?

오래전의 인류는 그들의 삶을 온전히 자연에게 의존하였다. 당연히 자연은 인류에게 두려움과 숭배의 대상이었다. 오늘날의 인류는 자연을 두려워하고 공경하는 마음을 잃어버렸다. 시쳇말로 하자면 '겁을 상실한 사람'이 되어 버린 것이다.

오늘날의 인류는 여러 가지 이기利器를 만들어낼 수 있다는 이유로 자신을 진화의 정점에 선 영물이라고 생각한다. 넘치는 자신감 때문일까, 오늘날의 인류는 '약한 자여, 그대 이름은 강한 자의 밥!'이라는 논리로 무장한 채 먹이사슬의 가장 높은 곳에 선 포식자가 되어 버렸다.

생각만 비슷해도 짐승 같다는 소리를 듣는 마당에 행동까지 닮아간다면 짐승이라는 비난을 피할 수 없다. 자신의 욕심을 줄일 줄 알고 다른 사람을 위해 일할 줄 알아야 짐승에게 부끄럽지 않은 사람이지 않겠는가!

68. [3-10]

이익과 불이익을 구분하지 못하고
지혜나 (들어서) 배움을 쌓지 못하면
다만 배나 채우는 일만 신경 쓰는
털 없는 돼지다.

'똑똑하기만 하다'는 말은 할 수 있어도 엄격하게 말해 '지혜롭기만 하다'는 말은 비문非文이다.

지혜는 총명이나 영민 같은 말과 일치하지 않으며 부정적인 함의가 들어설 자리가 없는 말이다. 지혜는 똑똑한 사람이나 우둔한 사람 모두 갖출 수 있다. 지혜는 머리 좋은 사람들이 얻기 좋은 시험점수 같은 것이 아니다. 명석한 두뇌는 지혜를 갖추는 데 특별히 유리할 것도 불리할 것도 없는 그저 기준이 다른 조건의 하나에 지나지 않을 뿐이다. 그러니 배우지 않고 나아지지 않는다면, 자신의 배고픔에 앞서 다른 사람이 먼저 한 숟가락 뜨게 하지 못한다면, 자칭 고등동물 인간으로서의 특징 하나를 스스로 버리는 것과 마찬가지다.

악업을 짓지 말고 선업을 쌓으라는 부처님 가르침 어디에도 머리 좋은 이들에게 유리하다는 언급은 없다. 따뜻한 피가 흐르고 있다면 누구라도 갈 수 있는 길, 그것이 바로 불교적 수행과 삶, 그리고 지혜의 길이다.

69. [3-11]

어리석은 자들의 가운데라면 좋아하고 까불다가
현자의 면전에서 위축되고 피하면
혹과 군덕이 없어도

윗니 있는 황소다.

'입에 쓴 약이 몸에 좋다'는 말을 뒤집어보면 입에 단 것이 몸을 망친다는 말이다.

먹거리 걱정 않고 살게 된 뒤로 의사들이 한 목소리로 하는 말이 있다. 오늘날 우리를 괴롭히는 대부분의 질병들이 우리가 지나치게 부드럽고 맛 좋은 음식을 찾는 데서 비롯된다는 것이다. 이 말을 다시 한 번 뒤집으면 거칠고 본래 맛이 달라지지 않은 음식들이 우리 몸에 좋다는 말이다. 부드럽고 맛 좋은 음식이 결국은 우리 몸을 해치듯 쉬운 것으로만 골라 가려고 해서는 결코 지혜의 길로 들어설 수 없다.

지혜로운 이는 날마다 조금씩이라도 좋은 쪽으로 나아갈 수 있기를 바라고, 비슷한 무리 속에서 늘어져 살기보다 앞선 이들 속에 끼어 배우며 변화할 수 있기를 원하는 사람이다. 그래서 게송에서도 멀쩡한 사람 모습을 하고 배우기를 꺼려하는 이를 두고 윗니 난 황소라고 틀어 말하고 있는 것일 게다.

70. [3-12]

어디든지 먹고 마실 것이 있으면 거기로 달려가지만
필요한 일이라도 부탁할라치면 도망치는 자는
말하고 웃을 줄은 알아도
꼬리 없는 개다.

일을 하다 보면 유독 눈에 거슬리게 행동하는 사람들이 있다. 게송에서 말하고 있는 것처럼 먹고 마시는 자리는 빠지지 않고 참석하면서 귀찮거나 힘든 일이라고 생각되면 이런저런 핑계를 대고 빠져나가는 이들이다. 자기 딴에는 남들 눈에 쉽게 드러나지 않을 것이라고 생각하는지 모르지만 남다른 행동은 그 다름 때문에 쉽게 눈에 띄고 만다.

개는 먹을 것 앞에서 습관적으로 꼬리를 흔들고 머리를 숙인다. 그리고 배가 부르면 편한 곳을 골라 드러누워 잠을 잔다. 두 발로 서고 걸으면서 네 발로 걷고 뛰는 개처럼 살아가는 사람도 있다. 아무리 '늘어진 개 팔자'를 부러워하는 사람들이 많은 세상이라고는 하지만.

71. [3-13]
발굽자국은 물로 채우기 쉽고
작은 창고는 재물로 채우기 쉽고
작은 땅은 씨 뿌리기 쉽듯이
우매한 자는 (작은) 지식으로 만족하기 쉬워라.

소나 말이 딛고 간 자리는 한 바가지 물로도 차서 넘치고, 한 칸짜리 창고에는 큰 항아리 열 개도 넣어둘 수 없다. 배움은 바다와 같이 넓고 깊어서 죽을 때까지 배워도 결코 끝이 나지 않는다. 배움이 얕은 사람일수록 자기 배움에 취해 함부로 거량을 꿈꾸고, 비재非才라는 상투어로 스스로 겸손함을 드러내면서도 정작 천학淺學이라는 다른 사람들의 평가를 들으면 팥죽처럼 쉽게 화를 낸다.

수레에 실린 짐이 적으면 시끄러운 소리가 나게 마련이고, 항아리가 작으면 물을 부을 때마다 안에 든 물이 거칠게 뒤집히는 법이다. 그래서 옛사람들도 '교만은 천박함에서 나오고, 오만은 무지에서 나온다'고 했다.

자신의 배움이 아직도 멀었다고 생각해야 겸손해질 수 있고, 이만하면 되었다고 생각하지 않아야 정진의 힘이 떨어지지 않는다. 배우는 사람은 겸손과 정진으로 겉과 속을 채울 수 있어야 한다. '큰 바다에 던져진 좁쌀 한 톨[滄海一粟 창해일속]', 오만해지려야 오만해질 수 없는 학인을 위한 경구다.

72. [3-14]

교만함을 갖춘 어리석은 자의 승낙은
비록 크다 할지라도 실패하게 된다.
한 걸음의 땅을 주겠다던
(아수라의 왕) 바리Bali가 삼계三界를 잃었듯이.

아주 오래전, 기운이 왕성해진 아수라왕이 삼계를 차지한 적이 있었다. 모든 천신들이 크게 걱정하고 있을 때 비슈누가 말했다.

"내가 삼계를 도로 찾아오겠다."

말을 마친 비슈누는 신통력으로 자기 몸을 아주 작게 만든 뒤에 아수라왕을 찾아갔다. 비슈누는 공손한 태도로 수행에 필요한 작은 땅 한 조각만 허락해줄 것을 아수라왕에게 요청하였다. 아수라왕은 변신한 비슈누를 내려다보며 거만하게 말했다.

"나는 삼계를 모두 가졌다. 필요한 만큼 말하거라."

비슈누는 더욱 공손하게 대답했다.

"딱 세 걸음만큼만 주시면 충분합니다."

아수라왕은 깊이 생각해볼 것도 없다는 듯 선선히 허락해 버렸다. 비슈누는 아수라왕의 말이 끝나자마자 신통을 부려 몸을 크게 불리기 시작했고, 한 발을 땅에 디딘 채 나머지 한 발로 무색계 꼭대기를 딛고 섬으로써 두 번째 걸음을 떼어놓지도 않은 상태에서 삼계를 모두 차지해 버렸다. 후회하기에는 이미 때가 늦었지만 아수라왕은 삼계를 모두 내놓을 수밖에 다른 도리가 없었다.

적을 가볍게 여기는 장수는 절대로 싸움에서 이길 수 없다. 자만은 토끼를 거북이 앞에 무릎 꿇게 했으며, 겸손과 정진은 거북이가 토끼를 이길 수 있게 했다. 겸손한 사람은 이익을 얻고 자만에 빠진 사람은 손해를 보는 것이 세상 이치다.

73. [3-15]

우매한 자가 마음속에 화를 품고 있으면
해를 끼치기도 전에 표정에 먼저 (보인다).
못된 개는 적이 보이면
물기도 전에 짖는 것처럼.

행동보다 말이 앞서는 사람이 있다. 그러나 간절한 소망을 품은 사람은 그것을 헤프게 드러내지 않는다. 한을 품고 복수를 다짐한 사람이라면 더더욱 그 한을 가슴속 깊은 곳에 감춰둘 줄 알아야 한다. 아무 데서나 보복을 말하고 쉽게 분한 기색을 드러낸다면 복수의 길은 점점 더 멀어질 뿐이다. 게송에 나오는 못된 개가 바로 이런 사람이다.

궂은일을 당해도 낙심하지 않아야 다시 일어설 수 있고, 좋은 일을 만나도 삼갈 줄 알아야 더 큰일을 이룰 수 있지 않겠는가!

74. [3-16]

어리석은 자가 쌓은 (것이라고는) 고통 자체를
경험한 행위뿐 행복한 경험이 아니다.
여기저기 돌아다니며 살펴보는
구두쇠의 보물을 (탐내는) 쥐처럼.

'돈은 버는 사람 복이 아니라 쓰는 사람 복'이라는 말을 평생을 가난하게 사셨던 어머니께 들으면서 자랐다. 그 시절 고생을 모르고 자란 사람이 몇이나 될까마는 어머니는 당신의 가난이 유난스러웠다고 생각하셨다. 그런데도 자식 중에 유독 돈 모으기에 집착하는 당신 딸을 볼 때마다 '모으기만 하는 돈은 네 돈이 아니다'라는 말씀을 버릇처럼 되뇌셨다.

돈이 없어 당하는 어려움보다 돈을 모으려는 집착이 더 고통스럽고 무섭다는 것을 말년의 어머니께서 자식 걱정으로 날밤을 지새우는 것을 지켜보면서 배웠고, 베풀어서 생기는 즐거움이 모아서 생기는 즐거움보다 더 크다는 것을 어머니께서 세상을 뜨신 뒤 주변의 다른 어른들을 만나면서 배웠다.

'사람은 재산을 모으려다 죽고, 새는 먹이 때문에 몸을 망친다[人爲財死 인위재사, 鳥爲食亡 조위식망]'는 말처럼, 매달리는 것이 한 가지 늘어나면 삶은 반드시 그만큼 더 바빠지고 옹색해진다. 돈보다 법法을 더 귀히 여길 줄 아는 이가 부러운 이유는 그가 자신의 삶을 여유롭고 복되게 만들 줄 아는 지혜를 갖추었기 때문이다.

75. [3-17]
어리석은 자의 주변에서는 현자보다
광대가 특히 우월하다.
광대는 음식과 재물로 공경 받지만
현자는 빈손으로 (돌아) 간다.

오래전, 민방위교육을 받을 때였다. 관에서 하는 교육의 질이 그다지 높지 않았던 당시에는 실질적인 민방위 훈련보다 체제 홍보를 하는 날이 더 많았다. 이름뿐인 교육은 반나절 업무를 작파하고 교육장에 나온 사람들의 마음을 채워주지 못하기 일쑤였다. 한번은 몇 년 동안 교육장을 왕래하며 얼굴을 익힌 담당자에게 물어보았다.
"이런 교육을 꼭 받아야 합니까?"
담당자의 대답이 엉뚱했다.
"이제는 아무도 민방위 못 없앱니다."
무슨 말이냐고 다시 물었다.
"전국에 민방위 때문에 먹고 사는 사람들이 한둘이 아니니까요."
교육을 받는 자리에 교육의 본질이 자리하지 못했던 것처럼, 오늘날의 종교계 역시 저마다 자비와 사랑으로 구원과 내세를 내세우고 있지만,

무성한 말들이 삶 속에서 실천되는 경우는 극히 드물다. 게송에서처럼 바르지 못한 수행자가 어리석은 추종자들을 만들어내는 꼴이다.

신통을 입에 담고 구원을 장담하는 사람이라면, 법이 아니라 그 자신을 통해서만 왕생극락을 이룰 수 있다고 말하는 사람이라면, 그는 결코 바른 길잡이일 리가 없다. 그러니 바르게 살라는 가르침을 외면한 채 삿된 이를 좇아 신통이란 말에 속고 구원이란 환상에 눈먼 사람은 중요한 게 무엇인지 모르는 어리석은 사람이다.

맑은 물이라야 자정自淨의 능력이 있는 법이다. 크든 작든 크기는 상관없다. 다른 사람보다 먼저 자기가 물을 맑히는 사람이 되어야 할 일이다. 이럴 때만 광대가 아닌 현자에게 제대로 된 공양을 올릴 수 있을 것이다.

76. [3-18]
공덕이 없는 자들은
공덕을 갖춘 자를 더욱더 미워한다.
눈의 나라에서는 '겨울철에 나는
수확은 흉한 징조다'라고 널리 알려졌듯이.

『아마데우스』는 천재 작곡가 볼프강 아마데우스 모차르트의 짧은 일생을 다룬 영화로, 모차르트의 재능을 애증으로 지켜본 궁정 작곡가 살리에리가 과거를 회상하는 장면으로부터 이야기가 시작된다. 살리에리는 영화 속에서 어린 모차르트의 천부적인 재능에 질투심을 느낀 나머지 모차르트가 젊은 나이에 죽음에 이르도록 영향력을 행사한다. 그러나 모차르트가 세상을 떠난 뒤 그의 삶은 평탄할 수 없었고, 그 또한 인성의 파멸이라는 가혹하고 고통스러운 길을 걷게 된다.

살리에리가 모차르트를 처음 만났을 때 경쟁하고 질투하고 미워하는 마음을 갖는 대신 재능으로 가득한 어린 천재를 이끌어줄 선배가 될 생각을 했더라면, 그는 어쩌면 모차르트의 성공을 가능케 한 스승으로 추앙받게 되었을지도 모른다. 그러나 가혹한 운명은 그를 질투심으로 들끓게 했고, 그는 운명이 이끄는 파멸의 길로 빠져들었다. 어린 모차르트보다 재능이 모자라다는 것을 인정하기 싫었던, 방자한 모차르트에게 배우는 것은 상상할 수도 없었던 살리에리는 궁정 지휘자라는 자리에 어울리지 않게 음악적인 재능에서 모차르트에게 뒤졌을 뿐만 아니라 인생의 경륜자로 가져야 할 포용의 힘도 갖추지 못한 범부의 길을 스스로 걸어갔던 셈이다.

부러워하면 지는 것이라고 말하지만 부러워함으로써 패자가 될지언정 질투와 원망을 마음속에 담아 자기 삶을 스스로 무너뜨릴 일은 아니다.

77. [3-19]

공덕을 그릇되게 배웠던 자 몇몇은
제대로 배웠던 자를 특히 해치려 한다.
(목이 부어 생긴) 혹이 없으면 어떤 작은 섬에서는
수족이 손상된 결함이 있는 자라 (해치려) 하듯이.

주의와 주장이 넘치는 세상이다. 그런 주의와 주장의 바탕에는 '내 것이 옳고 네 것은 그르다'는 생각이 깔려 있다. 귀는 닫아두고 입만 열려 있는 주의와 주장이라 "네가 문제이니 네가 바뀌어야 한다."라고 말하면 어김없이 "너나 잘하세요!"라는 불퉁스러운 대답을 듣게 마련이다.

바르지 않아서 가르침이 있는 것이지만 바른 가르침이라고 언제나 바르게 전해지고 제대로 실천되는 것은 아니다. 바른 가르침을 바르게 전하지 않는 것도, 바른 것을 배우고 배운 대로 살지 못하는 것도 잘못된 것이다.

무지는 조언과 비난을 구별하지 못한다. 조언이 바람을 담아 건네는 사랑의 말인 것과 달리 비난은 상대를 인정하고 싶지 않은 사람이 미워하는 마음을 담아 뱉는 말이다. 비난은 비난으로 끝나버리는 값싼 말이지만 조언은 바른 행동을 이끌어내는 귀한 가르침이다.

78. [3-20]

작법作法¹을 손상되게 행하는 자들은
작법을 완벽하게 행하는 자들을 업신여긴다.
쭈따Cuta²라는 나라에 가면
두 다리를 가진 자를 사람으로 여기지 않듯이.

79. [3-21]

작법을 그릇되게 이룬 자 몇몇은
완벽하게 작법을 이룬 자를 비난한다.
개의 머리를 가진 (못생긴) 자들이
'잘생긴 얼굴을 (보고) 여자네'라고 멸시하듯이.

앞에 나온 50번 계송 해제에서도 언급한 『잡아함 정구경』에 들어 있는
이른바 하구식下口食, 앙구식仰口食, 방구식方口食, 유구식維口食이 생각나는
대목이다. 그것들은 각각 농작물 경작 등 고개를 아래로 떨구어 밥과 옷을
구하는 것, 고개를 들어 하늘을 보며 해와 달, 별 등을 점쳐서 옷과 밥을
구하는 것, 권력에 아부하는 등 말재주를 부려서 옷과 밥을 구하는 것,
그리고 주술이나 점 따위로 옷과 밥을 구하는 것을 가리킨다.

정구淨口는 사리불 존자가 위의 네 가지 바르지 않은 공양을 하지 않는다
는 것을 알고 난 뒤에 청정한 삶을 사는 부처님 제자들에게 보시하여
복을 지을 것을 사람들에게 알리기 위해 여러 곳을 돌아다녔다. 보시의
공덕은 바르게 출발하여 바르게 이룰 때 큰 힘을 내는 것인데, 위의 네

---

1 작법으로 번역한 딴뜨릭 혹은 티벳 불교 전통 예식을 뜻하는 중요한 개념인 '초가cho
ga'는 매우 복잡하게 정형화되어 있다. 인도 원류의 불교에 대해서 강조점을 찍었던
싸꺄 빤디따는 당시의 그릇된 작법의 풍조에 대해서 이처럼 신랄하게 비난하고
있다.
2 인도에 있다고 알려진 다리가 하나만 있는 자들이 사는 나라라고 한다.

가지 예에 드는 청정하지 않은 공양과 보시는 하는 자와 받는 자 모두 공덕을 쌓기는커녕 무너지게 한다.

정구淨口는 자신이 물어본 사리불 존자 한 사람에게 공양하고 보시하라는 말 대신 청정한 삶을 살아가는 부처님 제자 모두에게 보시하라고 했다. 사리불 존자 한 사람의 청정한 삶이 부처님을 따르는 수행자 전체의 청정성을 대표한 셈이었다.

불자라면 누구나 불자에게 어울리는 삶을 살아야 한다. 불자로 살아가는 데 재승在僧과 재가在家를 구별할 하등의 이유가 없다. 불법이 힘을 잃게 되는 데는 두 무리의 불자 모두에게 허물이 있어서다. 어느 한쪽만 잘못 살아 그리 되는 것이 아니다.

80. [3-22]

사명邪命으로 재물을 모은 자 몇몇은
가난한 현자를 특히 해치려 한다.
원숭이들이 사람을 붙잡고
'이 꼬리 없는 것아'라고 놀리며 (해치려) 하듯이.

바르게 살기가 참으로 쉽지 않은 세상이다. 큰 바다의 파도처럼 끝도 없이 밀려오는 유혹들은 대부분 바르지 않은데도 살아가는 데 필요하다고 일컬어지는 것들이다. 바르게 가지 않으면 가고자 하는 목적지에 이를 수 없다고 배운 것과 달리 그것들은 어떻게든 가보자고 하는 것들이다.

드물지만 한눈팔지 않고 바른 길을 가는 사람들도 있다. 그러나 어떻게든 가보자고 하는 사람들에게는 이런 사람들이 눈엣가시다. 자기가 바르지 않은 길을 가고 있다는 것을 아는 것도 괴로운 판에 자기 옆에서 바른 길을 말없이 가고 있는 사람을 봐주기가 쉽지 않기 때문이다.

바른 길로 바르게 가는 사람을 닮아보고 싶어 가던 길을 바꾸는 사람들도 있지만, 대부분은 바른 길로 가는 이를 그릇된 길로 끌어들이려고 하거나 뜻대로 안 되면 바른 길을 가는 이에서 비난과 모함을 늘어놓는다. 세상 사는 이치를 모른다느니, 함께 사는 사람들을 생각해서라도 그렇게 빡빡하게 살아서는 안 된다느니, 한마디로 요령부득이고 앞뒤가 꽉 막힌 꽁생원이라는 말들이 그것이다.

그런 사람들이 자주 하는 말이 있다.

"그렇게 산다고 세상이 알아줍니까?"

안 알아줘도 좋다. 지금 가고 있는 길이 바른 길인데 다른 무엇을 더 필요로 하랴!

81. [3-23]

업業에 의해서 핍박 받은 경우라면
현자라도 어리석은 자들 가운데 유랑한다.
(이런 경우는) 바람이 몰고 다니던 말리까Malikā[3]
(꽃) 향기가 쓰레기더미 중에서 바람에 (날리는 것과 같다).

꽃에게는 꽃의 본성이 있다. 그러나 꽃이라고 꽃밭에서만 꽃을 피우지는 않는다. 꽃씨는 흙 위에도 떨어지고 돌 위에도 떨어지며 때로는 썩은 거름 위에도 떨어질 수 있다. 그래서 어떤 씨앗은 싹을 틔우고 자라 꽃을 피우지만, 어떤 씨앗은 싹도 틔워보지 못한 채 말라버리고, 또 어떤 씨앗은 거름 속에서 함께 썩어 꽃이 아닌 거름이 되기도 한다.

꽃의 본성을 발현하지 못한 것은 꽃일 수 없다. 거름 속에 묻혀서도 꽃으로 피어나야 꽃일 수 있는 것처럼 현자도 어디서나 현자의 품성을 지니고 있을 때 현자일 수 있다. 현자를 현자이게 하는 것은 핏줄이나 졸업장이나 자격증 같은 것이 아니라 그 사람이 풍기는 향기이기 때문이다.

꽃의 씨앗이라도 거름 속에 떨어져 썩으면 거름이 되어 버리는 것처럼

---

3   향기가 아름다운 꽃으로 재스민의 일종이라고 한다. 【주석서】에 따라 음차를 적었다.

현자도 어리석은 무리와 함께 섞여 살다 보면 어리석은 이들의 행동에 물들기 쉽다. 이쯤 되면 누구라도 짐작할 수 있겠다. 자주 가야 할 곳이 어떤 곳이고 자주 봐야 할 것이 무엇이며 자주 만나야 할 사람이 누구이고 자주 해야 할 일이 무엇인가를.

82. [3-24]

과실過失들을 애써 저지르려는 자는
공덕을 근본적으로 좋아하지 않는다.
악한 자는 여과포濾過布와 같아서
악한 것은 잡지만 선한 것은 버린다.

직장에서 돌아온 딸아이가 아내에게 집에 소금 좀 사두었느냐고 물었을 때 무슨 말인지 감이 잡혔다. 소금이 불티나게 팔리고 있다는 소식을 들으면서도 우리 부부는 남의 일처럼 손을 놓고 있었는데, 딸아이의 눈에는 부모의 그런 태평이 불안해 보였던 모양이다.

"왜 일본 때문에?"

태연한 아비의 물음에 딸아이는 조심스럽게 고개를 끄덕였다.

"그럴 필요 없다. 평생 먹을 소금을 미리 사둘 작정이 아니라면."

평소대로라면 모두가 갖고도 남는 게 소금인데 남보다 더 많은 소금을 쟁여두는 것이 무슨 의미가 있을 것인가? 부처가 되는 것도 마다하고 원생願生을 살아가는 보살들도 있는데 그깟 소금 한 포대 다른 사람들에게 양보하지 못할 것도 없다. 밖에서 오는 재앙은 아무것도 아니다. 자기 안에서 일어나는 탐욕과 성냄과 무지라는 재앙에 비하면.

83. [3-25]

선악을 분별하는 지혜가 없고
현자의 면전에서는 (얼굴을) 다른 쪽으로 (돌려서) 가고

음식과 재물에 대한 잡담만으로 (세월을) 보냈다면
다리가 두 개인 가축이라 불린다.

스승의 가르침을 잘 따르지 않던 수행자가 병을 얻어 죽은 뒤에 등에서
나무가 자라는 물고기가 되었다. 무거운 나무를 등에 지고 다녀야 했던
물고기는 배를 타고 물을 건너는 스승 앞에 나타나 지난날 저지른 잘못을
눈물로 참회하며 등에 있는 나무를 없애줄 것을 호소하였다. 제자의 사연을
들은 스님은 수륙재를 베풀어 물고기의 등에서 자라던 나무를 뽑아낸
뒤 그 나무로 물고기의 형상을 조각하여 도량에 걸어놓고 게으른 제자들을
경책하는 도구로 사용하였다. 목탁의 원형인 목어에 관한 전설이다.
　우리나라 국민들이 지난 한 해 구입한 책이 두 권에도 미치지 못했다는
통계 결과가 발표되었다. 그것도 11년 만에 나타난 최저 실적이라는 소식이
다. 높아지고 커지는 나라의 경제적 역량과 역행하는 수치가 하필이면
독서와 관련된 것이라니 한편으로는 부끄럽고 또 한편으로는 안타까운
마음을 금할 수 없다.
　좋은 책이 창고와 서가에서 먼지를 뒤집어쓰는 곳에서는 '사람이 책을
만들고, 책은 사람을 만든다'는 말이 힘을 쓰지 못할 것이고, 그런 사회는
당연히 좋은 사람의 출현에 목말라질 수밖에 없다. 공자도 낮잠을 자며
공부에 게으른 제자 재여宰予에게 '썩은 나무에는 도장을 새길 수 없다[朽木
不可雕也, 후목불가조야]'고 호통치며 나무랐다.
　배움에 대한 수요와 공급이 메말랐다고는 생각하지 않는다. 그래서 더욱
어떤 삶에 보탬이 될 가르침이고 배움인가 하는 것이 중요하다. 부처의
눈에는 부처 아닌 것이 없고, 개 눈에는 똥 같은 것만 보이는 법이다.
등 따시고 배부른 것만 추구하는 두 발 가진 짐승으로 살지 않으려면
사람답게 살아갈 가르침을 부지런히 따라가야 한다. 오죽하면 부처님의
두 마디 유훈 중 하나가 '게으름 피우지 말고 열심히 나아가라[不放逸精進,
불방일정진]'는 것이었겠는가!

84. [3-26]

우매한 자들이 많이 모였어도
위대한 일을 이룰 수 없다.
갈대를 많이 묶었어도
집의 대들보가 (되어 집을) 지탱하기 어렵다.

수도권에 있는 한 자치 단체에 운행도 못하는 모노레일이 있다. '월미은
하레일'이라는 거창한 이름으로 800억 원이 넘는 큰돈을 들여서 세운 이
시설은 다시 3백억 원을 더 들여 철거할 계획이라고 한다.

일을 벌인 사람들의 배움이 부족했을 리 없고, 이런 일을 벌이기 전에
나랏일 한번 해보지 않은 이들도 아니었을 것이다. 그러나 사태가 이 지경
에 이르고 만 것은 떡보다 고물에 더 신경을 쓰는 조직의 병폐와 무관하지
않다.

소인小人이란 덩치가 작거나 배움이 부족한 사람을 이르는 말이 아니다.
나와 남 모두에게 이로운 방법을 찾기보다 남을 희생해서라도 나를 챙기는
탐욕에 눈 먼 이를 가리키는 말이고, 일이 이뤄지는 데 힘을 보태기보다
힘을 보탤수록 일이 어그러지게 만드는 이를 가리키는 말이다.

풀을 묶은 것은 풀단일 뿐 동량일 수 없다. 고양이 같은 사람을 뽑아
생선을 맡기고, 사자 같은 사람을 보내 참새나 쫓는 일을 하게끔 하고
있지는 않은지 새삼스럽게 우리 주변을 다시 돌아볼 일이다.

85. [3-27]

분별없는 것으로부터 일의 완성이
생겨났어도 빼어나다고 누가 여기겠는가?
벌레들이 만든 자국이
글자처럼 생겨났어도 서예가가 (쓴 것이) 아니듯이.

글자를 배우지 않은 어린아이가 연필을 쥐고 방바닥에 길게 줄을 그었다고 해서 그것이 숫자 '1'을 뜻하는 것은 아니다. 이처럼 살다 보면 의지나 기대와 상관없이 이루어지는 일들이 있다.

지혜로운 이는 어떤 일을 성취하든 그것이 자기 혼자 힘으로 이룬 것이 아니라는 것을 알아서 자랑하지 않지만, 어리석은 이들은 그것을 마치 자신이 혼자 이룬 것처럼 떠벌리기 일쑤다. 그래서 겸손한 이는 칭찬과 존경을 받고, 그렇지 못한 이는 사람들의 놀림거리가 되고 손가락질을 받는다.

자기 힘으로 이룬 일도 교만하면 득이 되지 않을 것인데 하물며 우연이나 행운으로 이루어진 일에 대해 어떻게 오만한 생각을 가질 수 있겠는가!

86. [3-28]

지혜가 하찮은 자의 제멋대로 (지껄이는) 말이나
길들지 않은 준마나
전쟁터에 떨어진 칼 등은
누구의 친구가 될지 확실하지 않다.

한 여인이 처음 얻은 아기의 재롱이 하도 귀여워 두 번째 아이를 갖고 싶은 마음이 간절해졌다. 그녀는 점을 잘 친다는 사람을 찾아가 물었다.

"좋은 방법이 있는데 시키는 대로 하겠는가?"

여인은 망설이지 않고 대답했다.

"아기를 더 낳을 수 있다면 무슨 일이든 하겠습니다."

"하늘에 제사를 지내야 한다."

"제물은 어떤 것을 써야 하나요?"

"당신의 첫 아기를 죽여 그 피를 바쳐야 한다."

점쟁이의 말을 듣고 돌아온 여인이 잠든 아기를 안고 나가려고 하는데 지혜로운 이가 그녀 앞을 막아서며 말했다.

"아직 생기지 않은 아기를 위해 태어난 아기를 죽이는 것은 어리석은 일이오."

『백유경百喩經』에 나오는 이야기다. 좋은 것도 정말 좋은 것인지 깊이 생각해 보아야 한다. 좋다고 하는 것이 자신과 남에게 모두 나쁠 수도 있고, 자기에게는 좋지만 다른 사람에게는 나쁠 수도 있으며, 자기에게는 나쁘지만 다른 사람에게는 좋을 수도 있기 때문이다.

빠른 실행보다 앞서야 할 것은 깊이 생각해보는 것이다. 서두르다 보면 궁해지고 궁해지면 어쩔 수 없이 탁해지는 법이다.

87. [3-29]
지혜가 없는 어리석은 자들은
많이 (있어도) 적의 영향을 받는다.
한 무리의 힘센 코끼리 떼가
지혜를 갖춘 한 마리 토끼에게 얌전해지듯이.

산속에 작은 연못이 하나 있었다. 연못은 바닥이 훤히 드러나 보일 만큼 물이 맑아서 낮에는 구름이 와서 한가로이 노닐고 밤이 되면 달과 별이 내려와 속삭이다 가곤 했다. 연못 주변에서는 사시사철 과일나무가 열매를 맺었고, 형형색색의 꽃들이 자라는 넓은 풀밭에는 털빛 고운 토끼들이 살고 있었다.

어느 해 유난히 더운 여름날, 코끼리 떼가 더위를 피해 사방을 돌아다니다가 연못을 발견하고 들이닥쳤다. 과일나무들이 넘어지고 풀밭은 망가지고 연못은 금방 흙탕물로 바뀌었다.

높은 곳으로 몸을 피한 토끼들은 코끼리들이 떠나기를 기다렸다. 하지만 코끼리들은 목을 축이고 나서도 연못을 떠날 생각을 하지 않을 뿐만 아니라 용기를 내서 찾아간 토끼들이 하는 말도 귀담아듣지 않았다. 코끼리들이 떠나지 않는 한 연못은 끝내 맑아질 수 있을 것 같지 않았다. 그러던 어느 날, 꾀주머니라는 별명을 가진 토끼가 어른 토끼들 앞으로 나아가 말했다.

"말로 해서는 물러가지 않을 것입니다. 오늘이 좋은 때이니 저를 도와주십시오."

꾀주머니 토끼는 큰 나무 위로 올라가 코끼리들이 나타나기를 기다렸다. 밤이 되자 코끼리들이 물을 마시러 연못으로 몰려왔다.

"멈춰라! 더 이상 연못으로 들어서지 마라."

물속에 발을 담그려던 코끼리들이 깜짝 놀라 걸음을 멈췄다.

"나는 달에서 온 사신이다. 하늘과 땅에 있는 모든 토끼들은 달님의 식구들이다. 너희들이 토끼들을 괴롭히는 것을 보고 달님께서 매우 화가 나서 나를 이곳에 보내셨다. 지금 당장 토끼들에게 연못을 돌려주고 이곳을 떠나라. 만약 그렇지 않으면 오늘밤 다시 태양을 내보내 너희들을 모두 더위에 타 죽게 할 것이다."

더위를 무서워하는 코끼리들에게 그보다 더 무서운 말이 없었다. 하늘에서 들려오는 소리는 계속 이어지고 있었다.

"너희가 말을 듣지 않으면 지금부터 달님이 조금씩 작아져서 나중에는 밤이 되어도 시원한 기운이 생기지 않게 할 것이다."

코끼리들이 고개를 들어 하늘을 바라보니 과연 달 속에 토끼가 들어 있었고 달 모양도 둥글었던 한쪽 구석이 조금 줄어든 것처럼 보였다. 두려워하는 마음이 생긴 코끼리들은 지금 당장 연못을 떠나겠다고, 떠난 뒤로는 다시 이곳으로 돌아오지 않겠다고 나무를 향해 맹세했다. 하늘에서 들려오는 소리가 한결 부드러워졌다.

"내가 지금 달님께 돌아가 너희가 한 말을 그대로 전하겠다."

코끼리들은 물 마시러 온 것도 잊은 채 서둘러 연못을 떠났다. 보름날인 다음날, 달은 둥근 얼굴로 나타나 온 세상을 밝게 비추었다. 코끼리들도 다시 둥글어진 달을 보면서 마음을 놓았고 다시는 연못을 찾아오지 않았다.

연못은 다시 토끼들의 낙원이 되었다.

88. [3-30]
지혜가 없는 자의 재산이란
보통 자신에게 (맞는) 조그만 이익일 뿐이다.
원하는 만큼 젖을 짤 수 있는 암소라지만
송아지가 (모두) 마시는 (경우는) 드물다.

TV를 보던 딸아이가 말했다.

"이○○ 회장 배당금이 천 억이래요."

딸아이의 눈은 평소에 그만하면 미인이란 소리 듣겠다 싶을 정도로 커져 있었다. 문득 어린 날의 풍경 한 장면이 떠올랐다. 장터 가까운 곳에서 아이들 몇이 둥글게 모여 1억이 얼마나 큰 숫자인가에 대한 한 아이의 설명을 듣고 있었다. 그 아이는 우리가 어쩌다 손에 쥐어보는 1원짜리 동전을 트럭 한 대에 가득 채워야 1억이 될 수 있다고 했고, 1억은 한 사람이 평생을 걸쳐서도 셀 수 없을 만큼 큰 숫자라고 했다.

그로부터 반세기가 지나 살림의 규모가 그때보다 백 배 가까이 커졌다는 지금도 마음속에 있는 숫자 '1억'은 그 크기가 달라지지 않았고, 초연함과는 달리 이 아무개가 받는다는 배당 소득의 크기를 실감하지도 못한다.

나누면 그 몫이 작아져도 작은 몫을 합치면 큰 숫자가 되는 법이다. 송아지가 먹어야 할 어미소의 젖을 빼돌려 우유를 만들어내는 것처럼, 수 만 명 사원들의 노동의 대가로 나눠졌어야 할 눈에 띄지 않을 만큼 작은 양을 특정한 한 사람, 또는 죽에 맞는 몇 사람들이 뭉칫돈으로 받아간다면 그것은 정당한 분배라는 허명으로 위장한 탐욕에 지나지 않는다.

나무가 커지면 바람을 불러 모으고, 돈이 많아지면 근심도 따라 늘어난다는 진부한 이야기를 해서 무엇하랴? 끼니를 굶는 학생을 도와달라는 안내 편지를 받은 오늘 같은 날, 더욱 마음이 무거워진다.

89. [3-31]

어리석은 자들은 현자(를 만나더)라도
공경할 것인지 확실하지 않다.
해가 매우 밝게 떠올리도
(어둠을 좋아하는) 마귀들은 도망치지 않겠는가?

공자는 '아침에 도를 들을 수 있다면 저녁에 죽어도 좋다[朝聞道夕可死矣 조문도석사가의]'고 했다. 산다는 것에 대해, 그리고 배운다는 것에 대해 깊이 생각해보게 하는 말이다.

"그런 말 들으면 배가 부르냐?"고 묻는 사람들도 간혹 있지만 그런 말을 들을 때마다 "배가 고프면 아무 생각도 안 하십니까?"라고 되묻고 싶다. 그렇게 말하는 사람들은 약속이나 한 것처럼 돈의 위력과 중요성을 강조한다. 돈이 있으면 귀신도 부릴 수 있다느니, 돈 없이는 한 발짝도 못 움직이는 세상이라느니, 아무튼 그런 사람들의 돈 숭배는 신앙 이상이다. 그렇다고 돈이 그들의 마음을 편안하게 해주는 것 같지도 않다. 그들은 습관적으로 "됐어!"라고 말하는 버릇이 있는데, 단 하나 예외가 있는 것이 돈에 대해 말할 때다. 돈에 대해서만은 언제나 "아직……."이라고 말하기 때문이다.

도를 추구하는 사람과 돈을 따르는 사람의 차이란 이런 것이다. 도에 대해 들으면 죽어도 좋다고 생각하는 사람이 있는 반면에, 돈을 갖게 되면 죽어도 좋다고 말하는 사람은 없다. 그래서 도는 사람을 가볍게 하고 돈은 사람을 더욱 무겁고 추하게 만드는 모양이다.

90. [3-32]

어리석은 자가 모은 재물들에
친척을 위한 생각이 어찌 있으랴?
고통과 악명만으로

쥐처럼 모았다가 죽으리.

돈에 대한 집착은 부모와 자식, 형제와 자매 사이도 몰라보게 만든다. 그래서 그런지 사람들은 '피 같은 돈'이고 '목숨보다 귀한 돈'이라는 말을 쉽게 입에 담는다.

축재를 꿈꾸는 이들은 힘들여 쌓은 재산의 주인이 되기를 바랄 테지만, 거꾸로 자신도 모르는 사이에 돈의 노예가 되어 부림을 당하고 만다. 그렇지 않고서야 부모가 자식을 믿지 못하고, 자식이 부모를 신뢰하지 않고, 형제와 자매가 반목하며, 친구가 친구를 몰라보는 일이 생길 까닭이 없다.

냄비 바닥 태우듯 애태워 돈을 모으고, 모은 것이 아까워 끌어안은 채 죄업을 쌓고, 두고 가기 아까워 노심초사하다가 결국 눈을 감는 것, 욕을 먹는 부자들이 하는 짓이란 대개가 이런 것들이다. '나는 절대 그러지 않겠다'고, '부자가 되기 전에도 되고 나서도 착하게 살겠다'고 다짐하는 이가 있다면, 그리고 그런 다짐 따라 부자가 되는 것보다 선행에 바탕한 삶을 살아가는 이가 있다면, 그는 이미 착한 부자가 된 것이나 마찬가지다. 착한 부자가 사는 모습이란 지금의 가난한 '나'와 별반 다르지 않다.

"쓰고도 남으니 나는 부자다."

어느 자리에선가 뵈었을 때 청전 스님께서 하신 말씀이 생각난다.

91. [3-33]

악한 자들이 모인 곳에서
공덕을 갖춘 자가 어찌 존경 받을까?
독사들이 사는 땅 쪽에는
밝은 등불이라도 빛을 줄 수 없다.

선과 악이든 선과 불선이든 세력과 세력이 충돌하는 세상은 다름 아닌 '나'의 안이다. '나'의 밖에 선과 악, 선과 불선이 따로 있는 것이 아니라 바로 '나'라는 것 안에서 그 둘이 충돌하고 싸운다. 그리고 어느 쪽에 더 끌리느냐에 따라 승패가 결정된다. 이끌려 간다는 말은 사실 정확한 표현이 아니다. 왜냐하면 바로 자기가 자기를 이끄는 동시에 세상을 이끄는 것이기 때문이다.

현자는 공경 따위를 마음에 두지 않는다. 현자는 자기가 공경받지 못하는 것에 대해 화를 내기보다 선한 것을 모르고 그것을 배울 줄 모르는 이들에게 오히려 연민의 마음을 낸다. 그리고 그런 마음을 일러 선한 마음, 부모의 마음, 불보살의 마음이라고 한다.

옛사람들은 독사가 지나가면 초목이 메마르고 나쁜 사람이 지나가면 백성이 괴롭다고 자식들을 가르쳤다. 이기는 것보다 바르게 사는 것을 더 중요하게 본 것이다. 오늘을 사는 우리 부모들은 스스로에게 물어야 한다. 자식을 키우는 부모로서 이기는 것과 바르게 사는 것에 대한 제대로 된 입장을 갖고 있는지를.

92. [3-34]
재산이 있어도 악업에 의해서
구두쇠는 행동의 자유가 없다.
잘 익은 포도를 먹을 때
부리에 부르트는 병이 항상 생기는 (새[4]처럼).

어느 시인의 통장에는 언제나 2백만 원이 들어 있는데 자기가 죽었을 때 뒷일을 부탁하는 비용이라고 한다. 더러 그보다 많은 액수가 남아 있을 때도 있지만 그럴 때는 그 돈을 빼서 자기보다 더 필요한 사람에게 쓴다고 한다. 그런데도 그의 삶에는 시와 술과 노래가 끊이지 않고, 좋은 벗과 마음 주는 동식물이 부지기수다.

● ●
4   원문에는 없으나 【주석서】에는 '디디ldi ldi'라는 새의 특징이라고 적혀 있다.

햇빛에 반짝이는 강물을 보고도 마음이 뛰고, 씨 뿌린 밭에서 새싹을 틔운 채소가 걱정되어 밤길을 재촉해 집으로 돌아가고, 짜장면 한 그릇 먹고 나서도 맛 자랑으로 밤을 새우며, 보고 싶은 사람이 있으면 도회지든 산골이든 멀다 않고 찾아간다. 그 시인이 사는 모습을 보고 얼마쯤 알 것 같았다. 돈은 버는 재미보다 버리는 재미가 더 크다는 것을. 돈이란 쥐고 있을 때 자유로워지는 것이 아니라 놓아버렸을 때 비로소 자유로울 수 있다는 것을.

"가진 것이 있어야 보시라도 하지!"라는 말은 그래서 옳은 말이 아니다. 쌓아둘 만큼 가진 것이 많아진 뒤에 보시를 하는 것이 아니라 가진 것을 나누어 쌓이지 않게 함으로써 비로소 얻을 수 있는 것이 자유이고 보시일 것이기 때문이다.

93. [3-35]
언제나 타인에게 보호받을 필요가 있는
자는 언제 어떻게든 잘못된다.
'거위가 (물고 있는 막대기에) 매달린
거북이가 땅에 추락했다'는 이야기처럼.

아주 오랜 옛날, 백조 두 마리와 거북이 한 마리가 작은 연못에서 함께 살고 있었다. 어느 해 여름, 오랫동안 비가 내리지 않아 연못이 바닥을 드러내자 백조들이 연못을 떠나겠다고 말했다.

"지금까지 함께 산 세월이 얼마인데 어떻게 그리도 무정하게 떠난다는 말을 할 수 있지?"

함께 떠나지 못할까 봐 걱정하던 거북이가 한 가지 꾀를 내서 백조들에게 말했다. 백조 두 마리가 양쪽에서 막대기 끝을 물고 날아가면 자기가 막대기 가운데를 물고 함께 갈 수 있다는 것이었다. 연못을 떠난 백조와 거북이가 어느 마을 위를 지나가고 있을 때였다. 한 무리의 아이들이 하늘을 날아가는 백조와 거북이를 보고 외쳤다.

"와! 저기 하늘을 봐. 백조들이 거북이를 데리고 간다. 백조들이 머리가 좋은가 봐."

그 말을 들은 거북이는 화가 났지만 참을 수밖에 없었다. 말을 하려면 입을 벌려야 하는데 막대기를 물고 있어서 그럴 수가 없었다. 또 다른 마을 위를 지나가고 있을 때였다. 이번에도 아이들이 하늘을 날아가는 백조와 거북이를 따라가며 소리를 질렀다.

"와! 백조가 거북이를 데려간다. 백조들이 정말 영리하구나."

셋이서 함께 하늘을 날아가는 것은 자기가 생각해낸 것인데, 그렇지 않아도 억울한 생각으로 가득 차 있던 거북이는 더 이상 참을 수가 없었다.

"이 방법은 내가 생각해냈단 말이야!"

입을 벌려 말하자마자 거북이는 물고 있던 막대기를 놓쳐버렸고, 잠시 후 퍽 하는 소리와 함께 땅에 떨어져 죽고 말았다.

대학생이 된 뒤에도 과외를 받는 학생들이 있다고 한다. 자녀의 성적에 대해 이의를 제기하는 학부모의 전화를 받아보았다는 한 교수는 "화가 나는 것이 아니라 어처구니가 없었다."는 자신의 경험담을 쓸쓸한 표정으로 털어놓았다. 모두가 교육에 대한 부모의 과도한 열성이 낳은 폐해다.

인생에서 중요한 것은 편한 길을 가는 것이 아니라 올바른 길을 가는 것이다. 그러나 오늘날 대부분의 부모들은 자신의 자녀들이 바른 삶보다 편한 삶을 살 수 있기를 바란다. 요즈음의 부모들은 세상을 좀 더 많이 살아봤다는 이유로 자신들이 자녀의 앞날을 결정하려고 한다. 하지만 이 세상 그 어디에도 편하게만 갈 수 있는 길은 없다. 또 그 길을 오랫동안 걸어갈 사람은 부모가 아닌 자녀다. 세상은 점점 더 빠르게 변할 것이고, 지금 좋아 보이는 길이 이후에도 여전히 좋은 길이라는 보장은 그 누구도 할 수 없다. 더구나 좋아 보이는 길이라 하더라도 그것이 누구에게나 어울리는 길은 아니다. 좋은 길만 골라 자식을 그 길 위에 올려놓으려고 하는 부모보다 어떤 길이라도 지치지 않고 걸어갈 수 있게 자녀를 키우는 부모들이 더 많은 세상이 되기를 바라는 게 불가능한 꿈만은 아니잖은가.

94. [3-36]
선악을 알지 못하고 베풀었던 은혜를 잊고
경이로운 말씀을 경이롭게 받아들이지 않고
직접 본 것을 다시 묻고
두려워하고 (남의) 뒤를 따르는 것은 어리석은 자의 징표다.

지혜롭지 못한 자가 곧 어리석은 자를 뜻하지는 않지만 어리석은 자의 모습을 풀어보면 대략 게송 속 여섯 가지다.

지혜가 얕고 배움이 적어 선과 악을 분별할 줄 모르고, 자기 이익을 지키느라 크고 작은 은혜를 잊거나 오히려 원수로 갚고, 귀한 가르침을 만나고도 공경할 줄 모르거나 배우려 하지 않고, 들은 것은 물론이고 겪은 것까지도 믿지 못하여 번번이 되물어보고, 겁 많고 소심해서 어려움을 만날 때마다 도망칠 생각만 하며, 생각 없이 남의 뒤만 쫓아다니며 한평생을 허송하고 마는 것이다.

게송을 대충대충 읽은 이라면 자신에게는 해당되는 것이 없다고 여기고 말겠지만 게송의 내용을 음미하며 읽은 이라면 스스로 되돌아볼 것이 한두 가지가 아니라고 생각할 것이다. 눈을 감으면 눈앞에 있는 황금도 알아보지 못하고, 늦잠을 자면 하루가 반토막이 나고 마는 법이다.

95. [3-37]
비겁한 놈은 입으로만 적을 물리치고
먼 거리에서 보이면 고함치고
싸움터에서 마주치면 합장하다가
자기 집에 도착하면 거만하게 말한다.

사람은 오래 겪어봐야 그 속을 알 수 있다. 속임수가 뛰어난 사람은 한두 사람을 넘어 세상을 속일 수도 있기 때문이다.

바르게 생각하고 바르게 말하며 바르게 사는 것 같아 보이는 이가 있었다. 뜻있는 이들까지 입을 모아 찬사를 보내던 사람이었다. 그랬던 그가 말을 바꿔 타고 전장으로 나가면서 뱉은 변이라는 게 고작 "고향을 위해 일하려다 보니 힘이 필요하다고 생각했다."라는 한마디였다.

그는 자신이 살아온 이력이 곧 힘이라는 것을 믿지 못했고, 겁을 먹다 보니 주먹이 커 보이는 이웃집을 기웃거리게 되었고, 급기야는 평생 쌓아온 자신의 이력을 진창에 쏟아버린 뒤 돌아섰을 것이다. 그는 '옥돌로 깨어지는 한이 있어도 온전한 기왓장이 되지는 않을 것'이라는 기개와 배짱을 갖지 못했고, '바람이 거세야 굳센 풀을 알고, 어려운 때라야 영웅이 나타난다'고 하는 말의 무서움을 무시해 버렸다.

하마터면 쑥대를 대나무로 잘못 알 뻔했으나 '잠시 어려운 때를 만나 살아보는 것이 어찌 약이 아닐까?'라는 말로 스스로를 위안해본다.

96. [3-38]
비겁한 놈은 의논할 때는 용감하고
과세課稅하였으면 재산을 (빼돌릴) 계산만 하고
반드시 가야 되는 (일이) 생기면 잔병에 걸리고
싸움터에서는 멀리서부터 소리치고 시킨다.

회의할 때 말솜씨로는 혼자서라도 못할 일이 없을 것 같아 보이다가도 실제로 몸을 부딪쳐가며 일해야 할 때가 되면 말과 달리 겉돌기만 하고, 그러다가 일을 마친 뒤 상벌을 가릴 때가 되면 또다시 현란한 말솜씨를 뽐내는 이들이 있다.

혼탁한 시절에는 그런 사람들이 세를 얻어 판의 주인공이 되고, 조직을 멍들게 해놓고도 남보다 일찍 높은 곳에 오르는 게 흔한 일이었다. 그들은 살아남는 데는 귀신같아서 '무릎 꿇고 사느니 서서 죽겠다'는 기개로 살지 않는다. 비겁하다 해도 좋고 겁쟁이라 해도 좋다는 식이다. 그들이 바라는 것은 오직 한 가지, 욕되게라도 오래오래 살아남는 것이기 때문이다.

97. [3-39]
우매한 자는 작은 승리에 만족하고
만약 졌으면 동료에게 원한을 품고
의논하러 모였으면 다투려고 일어나고
비밀리에 의논한 일이라면 뒤에서 말한다.

말 잘하는 사람이 돋보이는 세상에서 말을 가려 하라는 당부는 시류를 거스르는 것일 수도 있다. 그러나 말을 잘 하는 것과 말을 많이 하는 것은 다르다. 지혜로운 말은 하고 싶은 것보다 적게 하고, 이것저것 중에서 가려서 하고, 하는 것만큼이나 안 하는 것 또한 중요하다는 것을 알고 하는 말이다.

입 무거운 사람이 좋아 보인 때는 많았지만 말 잘하는 사람을 부러워해본 적은 많지 않았다. 구시화문口是禍門, 입이 곧 화를 불러들이는 문이라는 말을 일찍부터 듣고 자랐다. 그런 까닭에 '너만 알고 있으라'고 하는 말이 '나만 아는 일'이 아닌 것을 안다. 소문이라는 것이 언제나 그런 식으로 전파되는 것이기 때문이다.

　　　말하기 좋다 하고 남의 말 말을 것이
　　　남의 말 내 하면 남도 내 말 하는 것이
　　　말로써 말 많으니 말을 말까 하노라.

어려서 배운 작자를 알 수 없는 시조 한 수다. 세상 소문의 종결지가 되고 싶은 바람 때문에 옛사람도 저런 시를 지어 읊었을 것이다.

98. [3-40]
전쟁터에서는 (무기를) 장식품처럼 깨끗하게 닦다가
적과 마주치면 자기 쪽 (뒤)에 숨고
(마지못해 싸우러) 가면 적보다 아군 쪽을 더 두렵게 만들고
(제) 무기를 적의 무기가 되게 내던진다.

드러난 적보다 더 무서운 것은 드러나지 않은 적, 곧 자기편인 줄 알았는데 배신하여 적이 된 사람들이다. 형편이 좋을 때는 같은 편인 것처럼 행동하다가 사정이 나빠지면 적과 내통하여 뒤통수를 때리는 사람, 친구를 팔아서라도 자기 목숨을 구하는 사람, 이것저것 가리지 않고 죽는 것보다 사는 것을 최우선의 가치로 여기는 사람, '아무것도 믿지 않는다. 오직 나 자신만 믿는다'고 거리낌 없이 말하는 사람, 배신의 주인공은 대부분 그런 사람들이다.

사태를 바르게 보는 것은 그런 사람과 그렇지 않은 사람을 알아보는 것에만 있지 않다. 자기 안에도 선악의 양면성이 존재하기 때문이다. 그래서 남보다 먼저 자신을 살펴야 하는 것이고, 누구보다 자신을 먼저 새사람으로 거듭나게 해야 하는 것이다.

99. [3-41]
(자기) 군대가 진격할 때는 후미에 모였다가
(이긴 뒤) 회군할 때는 그것의 선두가 되고
먹고 마실 것이 보이면 은근슬쩍 끼어들고
어려움이 보이면 (모든) 방법으로 도망친다.

'우는 아기 젖 준다'는 말이 통용되는 사회에서 남보다 먼저 말하고

남보다 더 강하게 요구하는 것이 손해를 보지 않는 방법일 수는 있겠지만, 문제는 적당하고 정당한 요구의 수준을 넘어 다른 사람의 것을 줄여서라도 자기 몫을 늘리는 데까지 나아가는 것이다.

그러나 '세상에 절대 공짜가 없다'는 진리(?)에 따르자면, 그와 같은 악착은 그다지 유효한 삶의 방편이 되지 못한다. 억지로 끌어당긴 것은 제 힘에 풀려 빠져나가기 마련이고, 그러지 못하게 하려면 자신이 더 많은 힘을 써야 하기 때문이다.

공짜가 없다는 말은 곧 인과因果와 응보應報의 다른 표현이기도 하다. 바람이 아무리 커도 내 공이 아닌 것은 내게 오래 머물지 않고, 아무리 교묘한 거짓말로 꾸며도 받아야 할 과보를 피할 수는 없다.

100. [3-42]

(이런) 악한 자의 성상性相에 대하여
설명할 내용이 많아도
나쁜 구토물의 우물에서 누가 끌어내리오!
이 구토물을 현자가 어찌 경험하리!

악취가 나는 화합물을 사용하는 곳에서 일한 적이 있었다. 처음에는 역한 냄새 때문에 일터로 들어가는 것이 곤욕스러웠지만 언제부턴가 냄새를 잊고 일할 수 있게 되었다. 지독한 냄새조차 의식하지 못하게 되는 것처럼 나쁜 일을 꾸미고 못된 일을 하다 보면 나중에는 자기가 무슨 짓을 저지르고 있는지 알지 못하게 된다. 무슨 일이든 익숙해지고 나면 그에 대한 감각이 무뎌지기 때문이다.

내가 자라던 시골집에서는 어린아이가 용변을 보면 집에서 키우던 강아지를 불렀다. 아이가 눈 똥이 강아지에게는 요깃거리였기 때문이다. 그러나 강아지라면 모를까 인간의 배설물을 맛있는 식사라고 할 사람은 없다. 요즘 들어 다른 사람의 흠을 들어 말하는 것조차 자기 업장에 좋지 않겠다고 생각하는 날들이 많다. 좋은 말만 하고 살기에도 모자란 일생 아닌가 하는 생각과 함께.

101. [3-43]

(다만) 입술을 움직였다는 것으로 신호를 주고
(타인이) 이야기할 때면 눈을 감는 것
(성자의) 전기傳記를 들으면 끙끙거리며 (숨 쉬기를) 잃어버리는 것
(이 가운데) 무엇을 나타냈어도 (제일) 하등의 징표다.

못난 것투성이라는 겸손한 말 속에 '그래도 내가 너보다 낫다'라는 비수를 감춰두지 않고, 선인의 말씀을 들을 때 침 튀기는 것까지도 놓치지 않고 보고 들어 배우겠다는 각오라면 금생에 어리석은 사람으로 살아가지 않을 것은 확실하다 하겠다.

어리석은 사람에 대해 말하는 마흔세 개 게송을 읽는 동안 겉으로는 대범한 척했지만 하루도 부끄럽지 않은 날이 없었다. 어리석은 이에 대한 이야기는 끝났지만 말이 되고 글이 되어 버린 것들로 인해 앞으로도 마음 편히 지낼 날이 드물 것이다.

제4장 뒤섞인 행실에 대한 검토 ─ 관혼잡품觀混雜品

102. [4-1]

하찮은 자는 재산이 커도
가난한 명문가에 압도된다.
굶주린 호랑이의 포효 소리에
원숭이가 나무 꼭대기에서 떨어지듯이.

지혜는 가야 할 때와 서야 할 때를 살펴 알게 하지만 무지는 갈 때와
설 때를 분간하지 못하게 한다.

가고 싶을 때 가고 서고 싶을 때 설 수 있으려면 가속기와 제동기를
함께 갖추고 있어야 하고, 그 두 가지를 용도에 맞춰 제때에 사용할 수
있어야 한다. 지혜로운 이와 달리 어리석은 사람은 둘 중 하나를 갖지
못했거나 둘 모두를 가졌더라도 올바른 사용법을 알지 못한다. 지혜로운
이는 빨리 가면서도 안전하게 가고 느리게 갈 때도 조급해하지 않는 데
반해, 어리석은 이는 날마다 불안해하고 애를 태운다.

물통 하나 없이 뜨거운 사막을 걸어가는 어리석은 사람이 어떻게 오아시

스가 있는 길을 골라 걸으며 사막을 건너가는 지혜로운 사람을 당할 수가 있겠는가!

103. [4-2]
어리석은 자의 공덕은 겉에 드러나 있고
현자의 공덕은 마음속에 숨겨져 있다.
지푸라기는 물 위에 뜨지만
보석은 (물) 위에 놓아두었어도 가라앉듯이.

아는 것을 안다고 말하기 어려운 것은 알고 있는 것이 정말로 바른 앎인가 하는 의구심 때문만이 아니라 그것을 입 밖으로 드러내도 될 만큼 가치 있는 것인가를 함께 살펴봐야 하기 때문이다.

누구라도 말과 행동이 달라질 때가 있을 수 있다. 그런데 어떤 사람은 그런 자신을 돌아보면서 부끄러워하고, 어떤 사람은 그것을 인식조차 하지 못하며, 또 어떤 사람은 그런 줄 알면서도 태연히 그 짓을 반복해댄다.

아는 것을 몸으로 살아내지 못하면서 입으로만 지식을 전하는 이들이 있다. 그런 가르침은 마치 눈먼 사람이 눈 어두운 사람을 이끄는 것과 같아서 자신은 물론 다른 사람까지 어두운 구렁으로 빠트리기 십상이다.

앎을 삶으로 만들어내는 이들의 언행은 무겁고 조용하다. 못난 사람일수록 평등平等이라는 말에 집착하여 차별과 다른 차이差異까지도 인정하려 하지 않지만, 산 밖에 산이 있고 사람 밖에 또 사람이 있다는 것을 아는 사람은 삼감을 자기 행실의 근본으로 삼는다. 앎이 늘어날수록 두려움도 따라 늘어 말과 행동이 조심스러워지는 까닭이다.

104. [4-3]
작은 공덕을 가진 자들은 아만我慢이 크지만
현자가 되었으면 겸손하게 처신한다.

계곡물은 항상 크게 떠들썩하지만
바다가 떠든다고 어찌 이르랴!

어쩌다 사람들 사이에 오가는 이야기를 듣다 보면 신문이나 방송에서 읽고 본 것들이 태반이고, 때로는 그것들 때문에 분위기 흉흉한 언쟁이 벌어지기도 한다. 목숨을 걸고라도 자기 생각을 지켜야 할 때가 있고, 자기 생각과 다른 생각이 있다는 것을 알아야 할 때도 있다. 그런데 사람들은 목숨을 걸어야 하는 일에는 마음을 두지 않고, 하찮고 사소한 일에 핏대를 세우고 침을 튀겨가며 언쟁을 벌인다.

자신의 무지를 감추기 위해 얕은 지식을 요란스럽게 드러내 보이고, 자신이 선무당인 것도 모르면서 아무데서나 함부로 나서고, 따를 때와 나설 때조차 분간하지 못하면서 자리 욕심을 내는 사람들에게 붙여주고 싶은 것이 있다. 바로 '어리석은 사람'이라는 이름표다.

105. [4-4]
하찮은 자들이 성자에게
멸시하는 짓을 하지만 성자는 (그렇지) 않다.
사자가 여우 무리를 잘 보호해도
여우 자신은 여우의 동류同類끼리 다툰다.

아이들하고는 다투지 않던 어른이라도 어른을 만나서는 다툴 때가 있다. 그런 사람이 다툴 생각을 내려놓을 때는 자기보다 더 어른 같아 보이는 어른을 만났을 때다. 다툼은 그렇게 고만고만한 사이에서 일어난다. 다툼을 벌이면서도 고만고만하다는 말을 듣고 발끈한다면 그는 아직 다툼과 승리의 경계를 벗어나지 못한 사람이다.

여우가 까분다고 여우를 상대로 다툼을 벌이는 사자는 없다. 자신을 사자로 착각하는 여우는 있을 수 있어도 자기가 혹시 여우는 아닐까 하고 의심하는 사자는 없기 때문이다.

가리왕에게 온 몸이 찢기는 고통을 당할 때에도 부처님은 '나'라는 생각을 하지 않았다고 경전은 전한다. 여우 앞에서 늠름한 사자처럼, 가리왕 앞에서 초연했던 부처님처럼, 성자라면 범부 앞에서 그렇게 할 수 있어야 하지 않겠는가?

106. [4-5]
성자가 화를 냈어도 공손하게 대하면 부드러워지지만
(화를 냈던) 하찮은 자를 공손하게 대하면 더욱더 뻣뻣해진다.
금은은 딱딱해도 녹일 수 있지만
개똥을 녹이려면 악취만 난다.

화를 내는 것에도 종자가 있다. 어긋난 길을 가는 제자에게 내는 스승의 화는 제자가 잘못을 깨닫고 바른길로 돌아올 때 봄눈 녹듯 사라져 버린다. 스승이 낸 화가 제자를 사랑하고 아끼는 마음에서 비롯되었기 때문이다. 그러나 무뢰배들이 내는 화는 그렇지 못하다. 그들이 내는 화는 다른 사람을 위하는 마음에서 출발한 것이 아니라 자기의 번뇌와 집착에서 일어난 것이기 때문이다.

스승의 화가 서릿발을 닮았다면 무뢰배의 화는 날 선 비수와 같다. 겉모습만 보자면 둘 모두 날카롭기 그지없다. 그러나 잠깐 동안의 햇살에도 녹아 없어지는 서릿발과 달리 날카로운 칼끝은 언제나 피를 부르는 흉기라는 사실을 잊지 말아야 한다.

107. [4-6]
현자에게는 모든 공덕이 갖추어져 있으나
어리석은 자들에게는 오로지 과실過失들만 있다.
여의보로부터는 모든 필요한 것들이 생겨나지만

독사로부터는 모든 죄악만 발생한다.

다리가 편찮은 스승을 두 제자가 모셨다. 둘은 날마다 연로한 스승의 다리를 한쪽씩 맡아 주물렀는데 언제나 서로에 대한 불만과 원망이 많았다. 하루는 사형이 출타한 틈을 타서 사형이 쓰는 안마 도구를 사제가 발로 밟아 분질러 버렸다. 밖에서 돌아온 사형이 그것을 알고 사제가 사용하는 안마 도구를 갖다가 절벽 밑으로 던져 버렸다. 범부들은 그렇게 서로에게 득이 되지 않는 일을 주고받는다.

사는 모습이 청정하고 배운 것이 넓고 깊은 사람, 말과 행동이 어긋나지 않는 사람, 사람마다 그 삶을 칭찬하며 배우고 싶어 하는 사람, 그런 사람을 스승으로 모시고 싶다. 스스로 그런 쪽에 가까워지려고 노력한 뒤에야 이뤄질 수 있는 바람일 것이다.

108. [4-7]
그릇된 것을 수행하는 자는 (고요한) 숲 속에 머물면서도 잘못되지만
성자는 인가에 머물면서도 수행한다.
숲의 맹수는 폭력적이지만
말은 인가에 머물면서 유순한 것에서 보이듯이.

개에게 개라고 하고 늑대에게 늑대라고 하는 것은 욕이 아니다. 사람에게 개 같다고 하거나 늑대 같다고 말할 때 욕이 되는 것이다. 개가 개답게 살 때 개라고 하고, 늑대가 늑대답게 살 때 늑대라고 하는 것처럼, 사람 또한 사람답게 살아갈 때 비로소 사람 소리를 들을 수 있다. 성자가 때와 장소를 가리지 않고 한결같은 까닭은 언제나 사람답게 살아가는 것에 대해 생각하고 그에 따라 행동하기 때문이다. 다른 사람을 원망할 까닭이 없다. 개가 되고 늑대가 되고 사람이 되는 것 모두가 자기 선택에 따라 이루어지는 것이기 때문이다.

사람이라는 자각과 '지금 하려고 하는 일이 사람으로서 할 일인가?' 하는 생각을 놓치지 말아야 할 일이다.

109. [4-8]
지고한 사람은 자기 과실을 보지만
악한 자는 남의 과실을 찾는다.
공작은 자기 몸을 살펴보지만
올빼미는 남에게 흉조凶兆만 보낸다.

지혜로운 이는 자기를 보고 어리석은 이는 다른 사람을 본다. 지혜로운 이는 아직도 가야 할 길이 남아 있다고 생각하는 반면 어리석은 사람은 이만하면 됐다고 멈춰버린다.

티벳의 한 고승이 몸과 말과 마음으로 짓는 세 가지 업과 관련하여 좋고 선한 생각이 일어날 때는 하얀 돌을, 선하지 않은 생각이 일어날 때는 검은 돌을 탁자 위에 놓아가며 수행했다. 처음에는 탁자 위가 검은 돌투성이였던 것이 수행이 깊어질수록 차츰차츰 하얀 돌이 늘어나더니 마침내는 검은 돌이 하나도 놓이지 않게 되었다고 한다. 다시 한 번 자신의 허물을 되돌아보는 '반구저기反求諸己'의 뜻을 떠올리며, 다른 사람에게 부드럽고 자신에게 엄격하라는 '대인춘풍待人春風, 지기추상持己秋霜'의 의미를 되새겨본다.

110. [4-9]
성자는 부드러움으로 자신과 남을 돌보지만
악한 자는 (성정이) 딱딱하여 자신과 남을 고통스럽게 한다.
과일나무는 자신과 남을 보호하지만
마른 나무는 딱딱하여 자신과 남을 태우듯이.

발로 걸어가는 길이 오로지 하나일 수 없듯이 입으로 말하는 것과 머리로 생각하는 것 또한 유일할 수 없다.

지혜는 어떤 때를 만나면 어떻게 해야 한다고 답안지에 쓰인 것을 외워 아는 것이 아니다. 지혜는 언제 어디서 무슨 일을 하더라도 그 결과가 사리이타自利利他, 자기와 남을 함께 이롭게 하는 것을 살필 줄 아는 것이다.

111. [4-10]

재물이 있을 때면 모두가 친구지만
만약 (재물이) 쇠퇴하면 모두가 원수다.
보주寶珠로는 멀리서부터 (사람들이) 모이지만
마른 호수라면 누구라도 방치하듯이.

부잣집에서 태어난 아들이 있었다. 부친이 살아 있을 때 그의 집은 찾아오는 사람들의 발길이 끊이지 않았고, 부친은 물론 가족들 모두가 사람들의 칭송과 추앙을 받으며 살았다. 그러나 그가 미처 성년이 되기 전에 부친이 세상을 뜨고 난 뒤에 남은 가족들은 재산관리인이 된 숙부의 학대를 받으며 살아야 했다. 숙부 편으로 돌아선 하인들까지도 그의 가족에게 등을 돌렸다. 그러나 아이는 재산을 잃은 대신 불법을 얻었다. 그가 바로 『십만송』의 저자이며 티벳 밀교의 큰 스승으로 일컬어지는 밀라 레빠 존자다.

'가난하면 시장에 살아도 물어보는 이가 없지만, 돈이 있으면 산속에 살아도 친척들이 찾아온다'는 말에서 보듯 돈을 쫓고 권력을 추종하는 세상의 인심이란 게 본디 그런 것이다.

나누려는 마음을 내지 못하게 하고, 오래 갖고 싶지만 절대로 오래 가질 수 없고, 가졌을 때조차도 끝끝내 만족할 수 없는 것이 돈과 명성과 권력의 특징이다. 그것보다 더 우리의 삶을 불행으로 몰고 가는 것이 또 무엇이겠는가!

112. [4-11]

어리석은 자는 재산을 얻었으면 행복하지만
고상한 사람은 모든 것을 주었으면 행복하다.
나환자는 (상처를) 긁으면 행복해지지만
현자는 나병을 두렵게 쳐다보는 것처럼.

피부 질환을 앓아본 사람이라면 가려운 곳을 긁을 때의 시원함을 모르지
않겠지만 순간적인 시원함을 쫓다 보면 증상이 더욱 악화되고 만다.

돈을 벌지도 말고 갖지도 말자고 하는 말이 아니다. 선인들이 말하듯
돈을 버는 목적이 모으기와 갖기보다 쓰기라는 것을 잊지 말자고 하는
말이다.

지어진 모든 것이 연기 같고 물거품 같다는 것을 알고, 재물에 대한
탐착이 괴로운 윤회의 삶을 벗어나지 못하게 하는 쇠사슬인 것을 알고,
올바른 벌기와 함께 즐거운 쓰기에 대해 알며, 다른 사람의 아픔을 내
자신의 아픔과 하등 다르지 않게 느끼는 사람이 되었으면 좋겠다. 추위하는
이에게 옷을 입히고 배고픈 이에게 밥을 먹여서 다른 사람의 즐거움을
자신의 즐거움으로 느끼는 사람이 되었으면 좋겠다.

113. [4-12]

위대한 인물에게는 해를 입혀도 친구가 되지만
하찮은 자에게는 해를 입히면 해가 된다.
불 난 숲의 바람은 불길을 더욱 키우지만
그것은 작은 불을 끈다.

고대 인도에 월광이라는 이름을 가진 왕이 있었다. 월광왕은 말과 행동
이 다르지 않았고 백성을 아끼고 사랑하는 마음 또한 그침이 없었다. 신민
들 또한 한마음으로 왕을 섬겼고, 온 나라 구석구석까지 풍요와 평화의

기운이 미치지 않는 곳이 없었다.

이웃 나라 왕은 월광왕을 시기하고 질투하여 그의 목을 바치는 자에게 나라의 절반을 떼어주겠다고 선포하였다. 소문을 듣고 한 사악한 바라문이 나섰다. 그러나 그는 목적을 이루기는커녕 왕에게 머잖아 나쁜 일이 생길 것이라는 꿈을 꾼 월광왕의 신하에게 붙잡히고 말았다. 바라문이 붙잡히던 날 밤 월광왕의 꿈에 한 천신이 나타나 말했다.

"마왕의 사자가 궁궐 앞에서 붙잡혔다. 그대가 보시바라밀 공덕을 원만하게 이룰 수 있는 기회였는데 안타깝도다."

꿈에서 깬 월광왕은 붙잡힌 바라문을 데려오게 한 뒤 그에게 바라는 것이 무엇이냐고 물었다.

"대왕의 머리입니다."

그 말을 듣고 대왕이 크게 웃으면서 말했다.

"좋다. 앞으로 이레 뒤에 내 머리를 그대에게 주겠다."

말을 마친 월광왕은 이 사실을 온 나라에 알리고 자기 몸을 바치는 보시를 온 백성이 한마음으로 즐겁게 받아들일 것을 당부했다. 어떤 이는 놀라 쓰러졌고, 어떤 이는 보옥으로 왕의 머리를 오백 개나 만들어 왕의 목숨과 바꾸자고 했지만 바라문은 거절했다. 약속한 날이 되자 왕의 권속과 백성들이 광장으로 모여들었다. 그 모습을 보고 있던 바라문이 월광왕에게 말했다.

"대왕의 권속과 백성들이 이렇게 많은데 제가 어떻게 대왕의 머리를 잘라 무사히 돌아갈 수 있겠습니까?"

월광왕은 모여 있던 사람들을 흩어지게 한 뒤, 바라문과 둘이서 깊은 숲 속으로 들어갔다. 두 사람이 커다란 나무 밑을 걸어가고 있을 때였다. 월광왕이 스스로 자기 목숨을 내놓으려고 하는 것을 본 나무신樹神이 화가 나서 바라문의 뒷덜미를 잡아당겼다. 버둥거리던 바라문이 손에 쥔 칼을 놓쳐버리는 모습을 본 월광왕이 나무신에게 말했다.

"내가 지금까지 이 나무 밑에서 내 머리를 999번이나 보시했다. 오늘

1,000번을 채워 원만한 보시를 이루려고 하니 그대는 이 길을 막지 말라."

마침내 바라문이 칼을 휘둘러 왕의 목을 내려치자 월광왕은 땅에 떨어진 자신의 머리를 집어 그에게 주었다. 그러자 순식간에 하늘에 상서로운 기운이 퍼지더니 하늘사람天人들이 나타나 외치는 소리가 온 세상에 울려 퍼졌다.

"월광왕은 이제 대보살이 되었노라."

월광왕의 목이 당도하기를 기다리던 이웃 나라 왕은 그 말을 듣고 나서 화가 치밀어 죽어버렸고, 탐욕에 눈이 멀었던 바라문은 백성들의 원성이 무서워 다시는 세상에 얼굴을 내놓을 수 없게 되었다. 질투에 눈이 먼 이웃 나라 왕과 사악한 바라문이 갈 곳은 무간지옥밖에 없었고, 그들을 기다리고 있는 것은 끝도 없이 이어지는 고통이었다.

『본생담』에 나오는 월광왕의 보시 이야기에서 알 수 있는 것처럼, 위대한 인물은 어떤 어려움을 만나도 그것을 수행의 기회로 삼는 반면, 나약한 이들은 그럴 때마다 주저앉아 버리거나 처지를 원망하는 마음을 내고 만다. 목을 바칠 수는 없더라도 목을 가져가겠다는 사람에게 악한 마음을 내지 않을 수만 있어도 더 바랄 게 없겠다.

114. [4-13]
'이 사람은 친우親友이고 이 사람은 적이다'라고 말하며
우매한 자들은 각자를 나누지만
총명한 이는 모두에게 자비롭다. 왜냐하면
이익을 줄 이가 누구인지 확실하지 않기 때문이다.

분명한 호불호는 그만큼 강한 반작용을 대동하고 돌아온다. '좋은 말은 문밖을 나가지 못해도 나쁜 말은 발 없이도 천 리를 간다'는 말처럼, 자신의 입 밖으로 나간 나쁜 말은 빠르게 상대방에게 전해지고, 그 반작용은 더

빠르고 크게 자신에게로 되돌아온다.

관포지교管鮑之交라는 말을 만들어냈을 만큼 관중과 포숙의 우정은 깊은 데가 있었다. 포숙은 한때 자신의 정적의 편에 섰던 관중을 영입하여 제나라를 춘추시대의 패자로 만들었고, 관중은 벗의 도움을 받아 자신의 뜻을 펼칠 수 있었다.

'나를 낳아준 이는 부모지만, 나를 알아준 이는 포숙이다[生我者父母 생아자부모, 知我者鮑叔兒也 지아자포숙아야]'라고 했던 관중의 말은 여러 가지를 생각하게 한다. 자기보다 유능한 친구를 윗사람에게 천거할 용기를 갖고 있는가? 한때는 적이었다 하더라도 바른 뜻을 펼치기 위해 망설임 없이 함께 일할 수 있는가? 큰 성공을 맛본 뒤에 사심 없이 벗의 공을 치하할 수 있는가?

115. [4-14]
공덕을 갖춘 이는 공덕을
좋아하지만 공덕을 갖추지 않는 이들은 (그렇지) 않다.
꿀벌은 꽃을
좋아하지만 쇠파리는 그렇지 않듯이.

빗나간 교육관은 그릇된 인생관을 만들고, 그릇된 인생관은 뒤틀린 삶을 만든다. 우리는 지난 세월 '무엇이 되어야 한다!'는 것에 대해서만 듣고 자랐을 뿐, '어떻게 살아야 할 것인가?'에 대해서는 제대로 배우지 못한 똑똑한 바보와 영리한 사고뭉치들을 숱하게 겪어보았다.

가수를 꿈꾸는 아이에게 책 읽기를 권하고, 광고인이 되겠다는 학생에게 독서가 답이라고, 땅을 파고 살아도 책에서 멀어지지 말라고 말하는 이들이 있어 그나마 다행이다. 모두가 단단해지려고 애쓰는 한편에서 무르게 살아 보고 싶어 하고, 앞에 서서 빠르게 달려가려고만 하는 사람들 속에서 뒤처져 천천히 걸어가고 싶어 하며, 휘둘러 피를 보는 칼의 힘보다 가늘고 짧은 침의 효용을 알아보는 사람들이 실은 이 세상의 빛이요 소금이다.

같은 물을 마셔도 젖소는 우유를 만들고 뱀은 독을 만든다. 또 같은 꽃에 앉아도 꿀벌들은 사람에게 꿀을 주지만 혼자 사는 파리는 그럴 수가 없다. 우유를 만드는 소가 되고 싶거나 꿀을 따는 벌이 되고 싶은 사람은 부지런히 책을 읽을 일이다.

116. [4-15]

현자는 현자들 가운데에서라면 (더욱) 아름답다.
어리석은 자가 현자를 어찌 이해하랴?
향나무는 금보다 값지지만
어리석은 자가 숯덩이로 만드는 것을 보라.

고수는 한눈에 고수를 알아본다. 고수를 알아보지 못하면 고수가 아닌 것처럼 현자를 알아보지 못하는 사람도 현자가 아니다. 살 떨리게 무서운 말이다.

스스로 어리석다고 생각하는 사람보다 오히려 그 반대로 생각하는 사람이 더 많은 세상이다. 그러나 자신이 생각하는 그대로가 자신일 수 없고, 다른 사람이 뭐라고 하든 그 모습 또한 자신의 진면목일 수 없다. 지혜로운 사람은 그것을 알기 때문에 자신은 물론 남들에게도 휘둘리지 않을 수 있다.

다시 한 번 문자 너머 게송에 담긴 속뜻을 읽는다. 전단향의 가치를 알아보는 사람은 금보다 귀한 전단향을 함부로 쓰지 않는다. 지혜로운 이는 향으로 쓸 수 있는 자리를 찾으려고 애쓰지만 어리석은 자는 당장의 이익을 쫓아 전단향을 숯으로 만들어 팔아버린다.

117. [4-16]

현자는 스스로 분별하여 이해하지만

어리석은 자는 명망名望을 따른다.
개 (한 마리)가 짖기 시작하면
이유 없이 다른 놈들이 달리듯이.

지금처럼 미디어가 발달하지 않았던 시대에도 소문이 퍼지는 속도는 무섭도록 빨라서 아침에 알게 된 사건이 하루도 못 가 온 동네에 퍼지는 건 흔한 일이었다.

생각이 깊은 사람은 자기가 들은 말을 남에게 전해도 탈이 나지 않을지를 먼저 생각하지만, 그렇지 않은 사람은 앞뒤 가리지 않고 자기가 듣고 본 것을 다른 사람들에게 자랑하듯 떠벌린다.

> 三人行必有我師 삼인행필유아사
> 擇其善者而從之 택기선자이종지
> 其不善者而改之 기불선자이개지

> 세 사람이 함께 가는 중에도 내게 스승 될 만한 이가 있으니
> 좋은 것은 택해서 그것을 따르고
> 좋지 못한 게 있으면 그것으로 나를 고친다. (해제자 졸역)

『논어』「술이」편에서 말하고 있는 것처럼 지혜로운 이는 환경과 상황에 상관없이 배우는 자세를 잃지 않는다. 그러면서도 지혜로운 사람은 남이 하는 말에 생각 없이 고개를 끄덕이지 않고, 남이 하는 것을 허겁지겁 따라하지도 않는다.

118. [4-17]
현자는 매우 쇠약해지더라도
선설善說을 설명하여 타인을 기쁘게 한다.

어리석은 자는 재산을 많이 모아도
다만 말싸움爭論으로 자신과 타인을 괴롭힌다.

새옹지마塞翁之馬에 얽힌 고사는 굴곡진 우리 삶을 여실하게 보여주는
드라마다. 변방에서 난세를 살아야 했던 노인은 담담하게 말한다. 이 세상
에 변하지 않는 것은 없고, 그 자체로 기쁨이며 슬픔인 것도 존재하지
않는다고.

감옥살이가 어떤 사람에게는 수양의 방편이 되는 반면에 다른 누구에게
는 죄과를 더 늘리는 범죄 학습의 시간이 되기도 한다. 강진의 귀양살이가
없었다면 다산의 위대한 저작들 가운데 대부분이 세상 빛을 볼 수 없었을
것이고, 제주도의 귀양살이가 없었다면 추사의 세한도 또한 세상에 나오지
못했을 것이다.

지혜로운 이는 형편을 따지지 않고 지혜를 늘리는 선택을 한다. 그러나
어리석은 사람은 아무리 좋은 환경에서도 어리석은 짓만을 골라서 저지르
고 만다.

119. [4-18]
어떤 이는 말로써 이룬 것을 헤아리지만
몇몇은 말없이 일을 (이루려고) 애쓴다.
나쁜 개는 적을 (보고) 짖지만
왜가리와 고양이는 소리 없이 잠복하듯이.

오래전, 먼바다로 나갈 때 필요한 주문을 많이 알고 있는 사람이 있었다.
주문 속에는 암초나 소용돌이를 만났을 때 취해야 할 행동들이 들어 있었
다.

그가 한 번은 보물을 찾으러 떠나는 상인들을 따라 큰 바다로 떠났다.
그런데 보물이 묻혀 있다는 곳에 도착한 지 얼마 지나지 않은 어느 날

돌연 항해사가 죽고 말았다. 상인들은 주문을 잘 외우는 그에게 배를 맡겼다. 그러나 직접 배를 몰아본 경험이 없는 그는 우왕좌왕하다 배와 함께 모두를 물속에 잠기게 하고 말았다. 말하기는 쉬워도 몸으로 행하기는 언제나 어려운 법이다.

『예기禮記』「잡기雜記」편에서 말하는 군자오치君子五恥, 즉 '군자가 부끄러워해야 할 다섯 가지' 중에 '말만 하고 그에 맞게 행동하지 않는 것[有其言無其行 유기언무기행]'이 있다. 실천 없는 배움이라면 우리 삶에 무슨 도움이 될 수 있겠는가!

120. [4-19]
성자와는 (거친) 논쟁을 해도 이득을 보지만
악한 자와는 친밀하게 지내도 해를 입는다.
신들은 화를 내도 유정을 보호하지만
사신死神은 미소를 띠지만 다른 쪽을 죽이듯이.

요즘 아이들 대다수가 약한 단맛을 느끼지 못한다고 한다. 어려서부터 단맛에 길들여진 탓에 양치질이 생활화된 문명생활을 하면서도 튼튼한 치아를 가진 아이들의 숫자가 많지 않다는 말도 들린다. 단맛의 이로움이 아주 없는 것은 아니지만 그 또한 '지나쳐서 좋을 것이 없다'는 가르침에서 벗어나지 않는다.

『꽃으로도 때리지 말라』는 제목으로 책을 쓴 이가 있는가 하면, '매를 아끼면 아이를 버린다'는 격언도 있다. 우리가 조심해야 할 것은 어느 한 가지 도그마에 사로잡히는 것이다.

'꽃으로도 때리지 말라'고 했다고 해서 회초리 드는 일을 죄악시하거나 '매를 아끼면 아이를 버린다'고 했다고 해서 폭력을 정당화하는 이들이 문제다. 아이에게 안 되는 것을 안 된다고 가르치고, 어버이가 자기 자신을 때리듯 아픈 마음으로 자녀의 종아리에 회초리를 대는 것을 나무라고 탓할 일은 아니다.

선인들은 '몸에 좋은 약은 그 맛이 쓰다'고 하는 한편으로 '웃으며 다가온 사람 중에 선한 사람이 드물다'고도 했다.

121. [4-20]

성자는 보물과 같아서
항상 변함이 없지만
악한 자는 저울과 같아서
조금만으로도 오르내린다.

많지 않은 인연 중에 유난히 믿음을 주는 사람이 있었다. 눈만 뜨면 죽자 살자 붙어 다닌 것도 아니었고 둘 사이에 무슨 대단한 이로움을 주고받은 것도 아니었지만 그에게만은 모든 것을 털어놔도 될 것 같은 두터운 신뢰를 주는 사람이었다.

그와는 반대로 보면 볼수록 믿을 사람이 아니라는 느낌을 주는 사람도 있었다. 스스로를 영특하고 판단에 빈틈이 없다고 생각하는 것과 달리 사람들은 그가 유난스러울 만큼 잇속을 따지는 것을 미더워하지 않았고, 그가 웃으면서 다가왔다 소리 없이 멀어지는 것도 좋아하지 않았다.

다이아몬드의 성정과 상징을 좋아하는 사람은 좋은 일에든 나쁜 일에든 들뜨지 않지만 다이아몬드 그 자체를 욕심내는 사람은 기쁜 일과 슬픈 일을 가리지 않고 사건 자체에 휩쓸리고 만다. 의로움은 이로움에 대해 알지 못하는 무지와 달리 이로운 줄 알면서도 그릇되게 취하지 않는 것이다.

122. [4-21]

동지는 멀리 있어도 혜택을 주지만
동지가 아닌 자는 가까이 (있어도) 더욱더 멀어진다.

진흙에서 태어난 (연꽃은 가까운) 진흙에 의해 물들지 않았고
그 자신 (멀리 있는) 태양에 의해 언제나 보호받는다.

공명조共命鳥라는 새가 있었다. 한 몸에 두 개의 머리를 가진, 사람 얼굴에
새의 몸을 하고 있다는 전설 속에 나오는 새다. 그런데 왼쪽 머리가 보기에
항상 오른쪽 머리가 더 맛있는 열매를 먹는 것 같았다. 어떤 머리에 달린
입으로 먹든 한 몸에 이롭기는 마찬가지였지만 그런 생각을 하게 된 이후
왼쪽 머릿속에 쌓이는 건 이유 없는 질투였다.

'내가 맛있는 열매를 못 먹을 바에는 차라리 독이든 과일을 먹어버릴
테다.'

왼쪽 머리가 나쁜 생각을 한 끝에 저지른 결과는 한 몸을 가진 두 머리의
죽음이었다.

사람의 만남도 마찬가지다. 인연이 있으면 천 리 밖에 살아도 애타게
그리워하게 되지만 인연이 없으면 가까운 곳에 살아도 서로 미워하며
싸우게 된다.

자기가 다른 사람보다 낫다고 생각하는지, 자기가 다른 사람보다 하나라
도 더 갖는 게 옳다고만 생각하는지, 무엇을 하든지 자기가 이겨야 한다고
생각하는지, 이따금 스스로에게 물어보면 알 수 있다. 자신이 지금 잘
살고 있는지를.

123. [4-22]
스스로 부끄러워하는 마음慚心을 가지는 동안
그때 공덕은 최고의 장식품이다.
(그러나) 참심에 시비가 붙었으면 공덕 그 자체가
사방에 했던 일이라는 것은 악명의 증가뿐이다.

종교와 철학 모두 오랜 세월 부끄러움을 아는 것이 사람됨의 바탕이라고

가르쳐 왔다.

有罪則懺悔 유죄즉참회
發業則懺愧 발업즉참괴
有丈夫氣象 유장부기상
又改過自新 우개과자신
罪隨心滅 죄수심멸

허물을 참회하고
잘못한 일에 부끄러워할 줄 알면
장부의 기상이 있다 할 것이니라.
잘못을 고쳐 스스로 새롭게 되면
죄업은 그 마음을 따라 없어지느니라. (해제자 졸역)

서산휴정 선사가 쓴 『선가귀감禪家龜鑑』에 나오는 말이다. 참회懺悔와
참괴慚愧는 물론이고 참慚과 참慚, 괴愧와 회悔 등에 대해 말하는 방식은
조금씩 다르지만, 이미 저지른 잘못에 대해서는 마음 깊이 뉘우치고, 이후
로는 같은 잘못을 거듭해서 저지르지 않겠다고 다짐하며, 수행을 통해
그릇된 것을 좋은 것으로 바꿔가면서 새사람이 되어야 한다는 것이 그
요체다.

사람이라서 잘못을 저지를 수 있고 사람이라서 잘못을 고칠 수도 있다.
정말로 큰 잘못은 스스로도 잘못이 무엇인지 모르는 것이고, 누군가 자신의
잘못을 지적해 줘도 그것을 겸허하게 받아들이지 않는 것이다.

누구라도 잘못을 저지를 수 있다. 그러나 잘못된 것을 알고 난 뒤에
그것을 고치는 것은 아무나 할 수 없다. 스스로 자신을 들여다볼 줄 아는
사람, 다른 사람이 해주는 말을 귀 기울여 들을 줄 아는 사람, 자기가
저지른 부끄러운 짓을 뉘우치고 고칠 줄 아는 사람, 그런 사람이 바로

배운 사람이고 바르게 아는 사람이며 바르게 살아가는 사람이다.

124. [4-23]

성자에게는 부탁하지 않아도 잘 가르쳐 주지만
하찮은 자에게는 물어도 잘못되게 설명해 준다.
보살을 업신여겼어도 (그는) 어여삐 여기지만
죽음의 신은 경배해도 죽이는 자이다.

부처님께서 전생에 원숭이로 살면서 보살도를 행하실 때였다.

어느 날, 소를 찾아 숲에 들어온 목동이 숲 속에서 길을 잃어버렸다. 숲 속을 헤매다가 갈증을 느낀 목동은 과일을 따려고 나무 위로 올라갔다가 가지가 부러지면서 벼랑으로 떨어지고 말았다. 목동은 떨어지는 순간에 손을 뻗어 나뭇가지 하나를 붙잡았는데 발밑 아득한 곳에 시퍼런 계곡 물이 거칠게 흐르고 있었다. 목동은 깊은 산중이라는 것도 잊고 있는 힘껏 살려달라고 외쳐대기 시작했다. 마침 멀지 않은 곳에 있던 원숭이 보살이 그 소리를 듣고 달려와 벼랑 중간에서 나뭇가지를 붙잡고 있는 목동에게 외쳤다.

"내가 당신을 살려주겠소. 그런데 내가 힘이 세지 않아서 당신을 업고 올라올 수 있을지 모르겠소 그래서 내가 먼저 당신 몸무게와 비슷한 바위를 등에 지고 산을 올라보겠소."

원숭이 보살은 물가로 내려가 사람만한 돌을 골라 등에 지고 산을 오르기 시작했다. 바위를 지고 산 위로 올라가는 데 성공한 원숭이 보살은 바위를 내려놓은 뒤 벼랑으로 내려가 돌 대신 목동을 등에 업고 다시 벼랑을 오르기 시작했다. 마침내 벼랑 끝 정상까지 올라온 원숭이 보살은 목동을 바닥에 내려놓고 지쳐 쓰러지면서 목동에게 말했다.

"맹수가 우리를 노릴지도 모르니 잠깐만 망을 봐주시오."

말을 마친 원숭이 보살은 깊은 잠에 빠져들었다. 잠든 원숭이 보살을 지켜보고 있던 목동은 갑자기 허기를 느꼈다. 그러자 마음속에서 나쁜 생각이 일어났다. 그는 슬며시 일어나서 큰 바위를 집어 들고 잠든 원숭이 보살의 머리를 향해 힘껏 내리쳤다. 그러나 바위는 원숭이 보살의 머리를 빗나가 다른 곳에 떨어졌고, 깜짝 놀라 잠을 깬 원숭이는 금방 모든 사정을 알아챌 수 있었다.

"은혜를 원수로 갚다니 부끄러움이 무엇인지 모르는 어리석은 사람이구나."

숲 속에서 또다시 길을 잃고 헤맬 것이 두려워진 목동은 원숭이 앞에 엎드려 살려달라고 빌었다. 돌아서려던 원숭이 보살이 마음을 바꿔 목동에게 말했다.

"좋다. 길은 알려주겠다. 그러나 이번에는 네가 앞장서서 걸어라."

그렇게 멀찌감치 떨어져서 원숭이 보살이 일러준 대로 길을 찾은 목동은 마침내 숲 밖에 있는 집으로 가는 길에 이르게 되었다. 숲 속에서 원숭이 보살의 목소리가 들려왔다.

"나는 네 목숨을 구해주었다. 그런데 너는 반대로 나를 해치려고 했다. 집으로 돌아가거든 백 번 천 번 너의 잘못을 뉘우치거라."

목동은 적막해진 숲을 향해 연신 허리를 굽혀 절한 뒤 집으로 돌아갔다.

자신의 안위를 돌보지 않으면서까지 다른 사람을 위할 수 있어야 보살행이라 할 수 있고, 은혜를 원수로 갚으려는 것에 대해서까지도 화내지 않고 자비심을 낼 수 있어야 비로소 보살도라 이름 지을 수 있는 모양이다.

125. [4-24]
어떤 이에게 이득이 되지만
그 일이 다른 이에게 해가 될 수도 있다.
달이 뜨면 수선화
꽃봉오리 열리지만 연꽃 (봉오리) 닫히듯이.[1]

이로움을 살필 때 잊지 말아야 할 것이 해로움이다.

'이로움이 있으면 반드시 폐단이 있다[有利必有弊 유리필유폐]'는 말이 있는 것처럼 이로움과 해로움은 언제나 서로에게 의지해서 발생한다. 이 세상 모든 것은 변하지 않는 것이 없을 만큼 상호의존적이고, 이로움과 해로움도 그 자체로 절대적이지 않다. 이로움은 해로움의 상대적인 어둠 속에서 빛을 내고, 해로움 역시 해로움 그 자체만으로는 생겨날 수 없다.

범인들에게는 이로움을 취하고 해로움을 피하는 것이 상식이다. 그러나 지혜로운 이들은 이로움이나 해로움을 그 자체로만 보지 않는다. 어리석은 사람은 이로움을 취하고 해로움을 피하는 한 가지만 따르지만, 지혜로운 이는 해로움을 취하여 이로움을 얻는 것과 이로움을 버려서 해로움을 피하는 것까지 함께 알고 있다. 바깥의 경계가 고정되어 있지 않은 것과 마찬가지로 지혜로운 사람의 관점 역시 언제나 유연하고 활짝 열려 있기 때문이다.

126. [4-25]

잘못된 것으로부터도 일은 성공한다.
(이런 일이) 일어났어도 현자들이 어찌 (좋다고) 말하랴?
좋게 이루려 했어도 실수할 수 있기 마련이지만
이에 대하여 현자들은 부끄러움이 없다.

진흙으로 빚은 불상 하나로 세 사람이 성불한 이야기가 있다. 재산이 많지 않은 어떤 사람이 흙으로 불상을 빚었다. 한 사람이 길을 가다가 길가에 놓인 그 불상을 보고 생각했다.

----

1   앞서 122번 게송에서 연꽃이 '해의 친구'라면 수선화(꾸무다ku mu da, 산스끄리뜨어의 음역)는 '달의 친구'라는 비유에서 왔다.

'저대로 두었다가는 불상이 비에 젖어 부서지고 말 텐데.'

그는 주위를 둘러보다가 땅바닥에 버려진 신발을 발견하고 그것을 가져다 불상의 머리 위에 얹어놓았다. 그가 떠난 뒤 또 한 사람이 그곳을 지나다 신발을 머리에 얹은 불상을 보고 생각했다.

'누가 저렇게 더러운 것을 부처님 머리 위에 올려놓았지?'

그는 불상의 머리 위에 놓여 있던 신발을 치워 버렸다. 다른 일을 했어도 맨 처음 흙으로 불상을 빚은 사람과 길 가던 두 행인은 모두 성불의 원을 이루었다.

좋은 뜻으로 시작한 일이라도 도중에 나쁜 일이 생길 수 있다. 결과를 크게 보고 중히 여기는 이들에게 과정은 그다지 중요한 게 아니다. 그래서 그들은 나쁜 뜻으로 시작한 일이라도 결과가 좋으면 그만이라고 생각하고 일을 저지른다. 그러나 지혜로운 이는 그렇게 하지 않는다. 바르지 않은 방법으로 이룬 일을 칭찬하거나 부러워하는 법이 없고, 옳은 일을 하다 생기는 실수나 실패에도 응원하고 힘을 보태기를 마다하지 않는다.

127. [4-26]
어떤 것을 얻는다는 것은 (진실로) 얻는 것이지만
(때로) 어떤 것을 얻는다는 것은 (그것이 곧) 적敵이다.
(암말이) 새끼를 배면 재물이 늘지만
암 노새가 새끼를 배면 죽음을 얻는다.

얼마 전에 조계종단 소속의 한 사찰 주지가 이혼 소송이라는 추문에 휘말렸다.

종단에서 오래전에 승려 자격이 박탈된 사람이라고 서둘러 진화에 나선 것을 보면 그가 한때나마 종단에 몸을 담기는 담았던 모양이다. 문제가 된 사찰 앞에서 피켓을 들고 시위를 벌이는 불자들이 있었던 모양인데,

오래전부터 주지의 승려답지 못한 행태를 보아온 그들은 그 지경에 이른 사태를 그대로 묵과할 수 없었다고 한다. 저열한 중생의 모습을 고상한 법복 속에 감춘 채 차마 입에 담기 부끄러운 삶을 살았던 자는 말할 것도 없고, 그때까지 그런 자를 떠나지 않고 그 옆에서 호지護持했던 이들 또한 함께 지은 악업이 적지 않다 하겠다.

부처님께서는 선지식을 알아보는 데도 지혜로워야 한다고 말씀하셨다. 바른 스승이 작공덕作功德을 가르치더라도 몸과 말과 마음으로 공덕을 짓는 이는 바로 '나'다. 가르치는 법이 법답지 않아도 배우는 사람들이 떠나야 마땅할 것인데, 하물며 행이 행답지 않을 때 무엇을 망설이겠는가? 멀리 있는 성인에게 경모의 마음을 내는 것으로는 성에 차지 않을 수 있어도 가까이 있는 악인에게는 망설이지 말고 발길을 끊어야 한다.

128. [4-27]
성자는 헤어지기 어렵고 친구 되기 쉬우나
하찮은 자는 헤어지기 쉽고 친구 되기 어렵다.
(푸른) 나무와 숯덩이의
자르고 붙이는 것의 차이를 보라.

큰사람은 솔직하고 성실하며 도량이 크다. 낙관적이고 유쾌하고 활달하며 잘 참는다. 어려움에 빠진 사람을 도울 줄 알고 지친 사람을 격려할 줄 안다. 그러나 재물과 권세의 힘 따위는 우습게 여겨도 사람은 절대로 가볍게 보지 않는다.

그와 반대로 덜된 사람은 약삭빠르고 숨기는 게 많고 속까지 좁다. 비관적이고 비판적이며 참을 줄도 모른다. 힘을 따르고 힘으로 부리는 것을 절대적으로 신봉하는 그들은 강한 자에게 약하고 약한 자에게 강하다. 언제나 자기가 더 어렵다고 말하기를 좋아하며 어려움에 빠진 사람을 보고도 따뜻한 말 한 마디 건넬 줄을 모른다.

子曰: 자왈,
君子懷德, 小人懷土, 군자회덕 소인회토
君子懷刑, 小人懷惠, 군자회형 소인회혜

공자께서 말씀하시길,
군자는 덕을 생각하지만 소인은 (연고가 있는) 땅을 생각하고
군자는 (평등한) 벌을 생각하지만 소인은 (받을) 은혜만 생각한다. (해제자
졸역)

『논어論語』「이인里仁」편에 나오는 말이다. 소인은 군자의 너른 속을 헤아
리지 못하지만, 군자는 소인의 작은 소갈머리를 가여워할 뿐이다. 큰 나무
는 잘라내도 어디서든 다시 새싹을 틔우고 가지를 뻗고 잎을 펼친다. 아무
리 작은 나무라도 그런 큰 나무를 꿈꿀 수 있다. 그러나 타버린 숯덩이는
절대로 그런 꿈을 꿀 수 없다.

129. [4-28]

약한 자라도 신중하면
위대한 인물이라도 꺾기 어렵다.
위대한 인물이라도 유유자적하다가는
약한 자들에게 지는 (경우가) 많다.

싸움에도 쉬운 상대와 거북한 상대가 있게 마련이다.
힘이 세고 행동까지 바른 사람은 함부로 건드릴 생각을 못하고, 하는
짓이 개차반인 사람은 힘이 세더라도 싸움을 걸 빌미를 주고, 힘은 약하지
만 행동이 바른 사람은 아무래도 건드리기에 켕기는 구석이 있고, 힘도
없으면서 하는 짓까지 망나니 같은 사람은 혼내줘도 된다는 당위성까지

갖춰주는 꼴이라 대중이 뜻을 모아 손봐주는 데 망설일 까닭이 없다.

마가다국의 아자따샤뜨루왕이 밧지 공화국을 공격하려고 했을 때, 부처님께서는 조언을 들으러 온 마가다국의 대신 우사禹舍에게 '아무리 작은 나라라도 위아래가 화합하여 조화를 이루는 나라는 쉽게 망하지 않는다'는 말씀으로 정신을 번쩍 들게 해주었고, 그 말을 전해들은 아자따샤뜨루왕은 결국 전쟁을 벌일 뜻을 접었다.

싸움이 힘만으로 승패가 갈리는 것이라면 세상은 희망을 가져볼 것도 없이 힘센 자들의 천하가 되어 버릴 것이다. 그러나 세상은 공평한 속에서 불공평이 자라고 불공평이 판을 치는 세상에서도 어디선가 공평이 새로운 싹을 틔운다. 생겨난 어떤 것도 영원히 쇠衰하지 않는 것이 없고, 크나큰 둑도 쥐구멍 하나로 무너지고 말듯이 패망과 추락은 순간의 방심과 소소한 나태로부터 시작된다. 그러니 최고의 힘은 육체적인 힘도 아니고 명석한 머리도 아니다. 그 힘은 다른 것이 아닌 바른 삶이다.

130. [4-29]

재산으로 부유해지면 위세 또한 증가한다.
(그러나) 재산이 없어지면 위세 또한 줄어든다.
'부자 쥐²가 (몸을 감추는) 보물을 도둑맞자
훔치는 능력을 잃어버렸다'고 들었다.

만들어진 수재秀才가 늘어나는 게 꼭 바람직한 현상만은 아니다. 천재나 수재는 확률적으로 존재하는 것이지 억지로 만들어지는 게 아니기 때문이다. 더구나 몇 명의 억지 수재를 만들어내는 일은 소수의 그럴 수 있을

---

2 '지와 직덴'이란 말 자체가 부자(직덴, dbyig sdan) 쥐(지와, byi ba)라는 뜻이지만 쥐의 이름이기도 하다. 자신의 몸을 숨길 수 있는 힘을 주던 보물을 도둑맞은 부자 쥐가 그 위세도 잃었다는 이야기다.

만한 사람들에게나 해당되는 것일 뿐, 그럴 수 없는 다수의 사람들에게는 고통을 안겨주는 일이 되고 만다.

하지 말아야 하고 하지 않아도 되는 경쟁에 목을 매다 보면 멍드는 사람들은 언제나 가진 것 없는 이들이고, 그들의 희생 위에서 이득을 취하는 자들은 경쟁과 욕망에서 승리할 수 있는 조건을 갖춘, 즉 가진 것 많은 사람들뿐이다. 돈은 돈에게 지게 되어 있고 힘은 힘에게 질 수밖에 없다. 그리고 그런 패배는 언제나 기분이 나쁘고 원한을 갖게 하며 지고도 졌다는 마음을 내지 못하게 한다.

돈이나 힘 말고도 이길 수 있는 길이 있다. 비교하지 않고 경쟁하지 않고 스스로 자기 삶의 주인으로 꽉 찬 삶을 살 수 있게 하는 것이다. 맑고 밝게 깨어서 살아가게 하는 것이다.

131. [4-30]
어떤 사람이라도 복덕을 행하면
베풀었던 것 역시 재산인 것이 빗방울 쏟아지는 것과 같다.
복덕이 없는 재산이라는 것을
모았다 한들 누가 (이를) 쓸지 생각해보라.

빈자일등貧者一燈의 예화가 가난한 이들에게 위로와 희망이라면, 부처님께 기원정사를 지어 보시한 급고독장자의 존재는 장자, 즉 큰 부자가 어찌 살아야 하는지를 모범적으로 보여주는 사례라고 할 수 있다.

그는 수시로 수행자들에게 공양을 올렸지만 그의 이름이 역사에 길이 남게 된 까닭은 승단에 대한 보시와 공양에만 있지 않다. '가진 것 없고 외로운 이들을 돌보는 큰 부자'라는 그의 이름이 말하듯, 그는 일생 동안 변함없이 사회적 약자들을 돌보는 보시행을 실천했다. 그는 돈 버는 것의 목적을 축재蓄財에 두는 대신 모아진 재물을 바르게 사용하는 데 열중했다. 그것이 장구한 세월 그의 이름이 빛을 잃지 않고 사람들에게 칭송된 이유였다.

'위로 지혜를 구하고, 아래로 중생을 제도하라'는 상구보리上求菩提 하화
중생下化衆生을 불법의 진리편이라고 한다면, '위로 공양하고, 아래로 보시
하라'는 상행공양上行供養 하행보시下行布施는 불법의 재화편이라고 할 수
있다. 급고독장자의 삶에서 보듯 그것이야말로 세세생생 큰 부자로 살
수 있는 첩경일 것이기 때문이다.

132. [4-31]
성자는 한때 쇠약해지더라도
달처럼 (다시) 차오른다.
하찮은 자는 한때 쇠약해지면
등잔불처럼 꺼진다.

성자나 범부나 삶의 여정에서 역경과 고난을 겪는 건 매한가지다. 다른
것이 있다면 역경과 고난을 대하는 각자의 태도다. 성자는 어려움을 통해
더욱더 단단한 삶을 꾸리지만 범부는 좋은 시절에 들뜨고 나쁜 시절에
주저앉는다.

인연과 어깨동무하고 나란히 가는 사람이 있는가 하면 소처럼 인연에
코가 꿰어 끌려가는 사람도 있다. 지혜로운 이들이 인연으로 생기는 모든
것을 수용하고 그와 더불어 살아가는 것과 달리 무지한 사람들은 어려움을
만났을 때 "하필 왜 나한테만!"이라고 하면서 불평과 원망을 늘어놓는다.

셰익스피어는 『줄리어스 시저』에서 시저에게 "비겁한 자는 죽기 전에
여러 번 죽지만, 용기 있는 자는 죽음을 한 번밖에 경험하지 않소."라는
명대사를 선물한다. 스스로 포기해버린 뒤 앞으로 나아가기를 바라지 않는
사람은 죽어야만 죽는 게 아니다. 자기 스스로 공덕을 갉아먹는 길, 죽을
길을 제 발로 찾아가는 것과 다르지 않으니 하는 말이다.

133. [4-32]

지혜를 갖춘 자는 적을 (오랫동안) 주목하였기에
마지막에 적을 제압한다.
경망스러운 자는 적에게 앙갚음하려 해도
어려움이 계속되어 그 끝을 (방법을) 얻지 못한다.

지혜로운 이는 크게 보고 멀리 보며 자기와 다른 사람에게 함께 이로울
수 있는 길을 모색한다. 한마디 말 때문에 원수가 되기도 하는 게 세상의
인심이지만 지혜로운 이는 적이나 원수와도 싸우려고 하지 않는다. 오히려
스스로 인내하며 연민으로 감싸 마침내 상대방을 감화시킴으로써 적을
제압한다. 그러나 어리석은 이들은 '눈에는 눈, 이에는 이'라는 복수와
보복의 논리를 따른다. 그리고 복수와 보복은 악순환의 고리를 끊어내지
못한 채 피의 역사를 만들어간다.

알면서도 실천하기 쉽지 않은 것 중의 하나가 싸움을 끝내는 것이다.
치미는 화를 참지 못해 싸움을 벌였더라도 자기가 먼저 욕설을 멈추고,
자기가 먼저 움켜쥔 멱살을 놓고, 자기가 먼저 꽉 쥔 주먹을 풀어야 싸움을
끝낼 수 있다.

> 頑者如虛空 완자여허공
> 豈能盡制彼 기능진제피
> 若息此嗔心 약식차진심
> 則同滅衆敵 즉동멸중적

완고하고 미련한 이 허공과도 같은데
어찌 그들 모두를 제압할 수 있겠는가?
화가 난 사람의 마음 가라앉게 한다면
수많은 적 내친 것과 다를 것이 없네. (해제자 졸역)

적천 보살의 『입보리행론入菩提行論』「제5 억념자각품憶念自覺品」에 나오는 열두 번째 게송이다. 무릎 꿇리는 통쾌함을 자랑하는 이도 있지만 그런 사람은 평생을 가도 어깨동무의 즐거움을 알지 못한다. 분노가 더 큰 분노를 부르고 복수가 더 진인한 복수를 키우는 것처럼 사랑도 더 큰 사랑을 낳고 자비 또한 더 큰 자비를 키운다.

134. [4-33]

현자가 매우 약한
자리를 (찾아 강한 곳을) 피하는 것은 용맹의 징표다.
사자가 으뜸가는 수소를 죽이려 할 때
뿔을 피하는 것이 어찌 무서워서랴!

피를 낭자하게 흘리며 '너 아니면 내가 죽는다'는 식으로 싸우는 자들은 어리석은 이들이고, 상처뿐인 영광은 어리석은 이들이 거머쥐는 가치 없는 다툼의 결과물이다.

이기는 사람은 우악스런 사람이 아니다. 피할 것은 피하고 가릴 것은 가림으로써 마침내 승리를 거머쥐는 이들이다. 만용은 패자를 키우고 지혜와 용기는 승자를 길러낸다. 장렬하게 죽는 것은 진정한 영웅의 본색이 아니다. 진정한 영웅은 지혜롭게 이기는 사람이고, 무엇보다 자기 자신과의 싸움에서 이기는 사람이다.

깨달음이 바깥이 아닌 자기 안에서 이뤄지는 것처럼 장애 또한 바깥이 아닌 자기 안에 있다. 자기 안에 있는 장애를 이겨내는 사람이 진정한 영웅이다. 사자가 물소의 뿔을 피하고 복서가 윗몸을 흔들어 상대의 주먹을 피하는 것을 그 누가 두려워서 그러는 것이라고 말하겠는가?

135. [4-34]

언제나 분별없이
적에게 달려드는 것은 어리석음의 징표다.
등불의 불빛을 향해 싸우러 (날아가는)
벌레를 '영웅처럼 가는구나'라고 어찌 말하랴!

고등학생이 되고 나서 첫 중간고사를 치를 때였다. 국어시험 시간에
이백과 같은 시대를 산 시인 '두보'에 대해 묻는 문제가 있었다. 의심 없이
'이두李杜'라 쓰고 시험을 마쳤다. 그런데 쉬는 시간에 다른 아이들이 하는
이야기를 듣고서야 문제를 잘못 읽은 것을 알았다. 이백과 두보는 물론
두 사람을 합해 '이두'라고 부르는 것까지 알고 있다는 자만심이 경솔한
행동을 불러온 것이었다.

신중하지 못했고 조심하는 마음도 없었으며 무엇보다 자신감에 눈이
멀어 있었다. 시험이었기 망정이지 그것이 전쟁 중의 중요한 작전 과정에서
벌어진 일이었다면 나 하나의 문제로 끝날 일이 아니었다. 병가에서는
그래서 '경적輕敵'을 '필패必敗'의 조건으로 본다.

어리석음은 그렇게 넘치는 자신감 속에 한 자리를 차지한다. 지혜로운
사람은 무턱대고 일을 벌이기보다 신중하게 생각하고 과감하게 행동한다.
장수가 내리는 명령의 권위는 겁을 먹었을 때보다 용감할 때 커지고, 용감
할 때보다 지혜로울 때 더욱 커진다. 불 속으로 날아들어 타 죽는 나방
꼴이 되지 않기 위해서라도 항상 생각하고 거듭 생각할 일이다.

136. [4-35]

악한 자는 자신이 의지했던 곳을 특히 (더) 없애고
성자는 어떤 곳이라도 의지했던 곳을 보호한다.
벌레는 자신이 의지했던 곳을 끝까지 먹어치우지만
사자는 자신의 구역을 보호하듯이.

바다를 오가며 장사하는 상인들이 있었다. 그들은 먼바다에 보물이 묻혀 있다는 소문을 듣고 그곳으로 가기 위해 가장 유능한 뱃사람을 구해 배에 태웠다. 그런데 운세를 점치던 점쟁이가 배를 띄우기 전에 반드시 살아 있는 사람을 제물로 삼아 제사를 지내야 한다는 점괘를 보여주었다. 상인들의 우두머리는 오랫동안 함께 배를 탔던 무리를 모아놓고 말했다.

"우리 중에서 다치는 사람이 나와서는 안 된다. 살아 있는 사람으로 제사를 지내야 한다면 바로 저 뱃사람을 쓸 수밖에 없다."

어렵게 구한 뱃사람을 허망하게 잃어버린 상인들은 먼바다에서 배를 다룰 줄 아는 사람도 없이 항구를 떠났고, 보물을 찾기는커녕 한 사람도 살아서 돌아오지 못했다. 그럴 수 있을까 싶게 어리석은 사람들의 예화를 들려주는 『백유경百喩經』에 실려 있는 이야기다.

아난 존자는 스물다섯 해 동안 성심으로 스승인 부처님을 모셨다. 존자의 이름이 어찌 기억력 좋은 총명함 하나로만 우리에게 기억될 수 있었겠는가? 그는 스승을 알고 스승을 따르는 무리를 알고 무엇보다 자기 자신에 대해 잘 알았던, 자신과 자신의 의지처를 보호할 줄 아는 성인이었기 때문에 오늘날까지도 우리에게 기억되는 것이다.

137. [4-36]
하찮은 자들은 (지킬) 필요가 작은 (일을) 비밀로 지키고
비밀로 지킬 필요가 (있는 일을) 필요 없이 말한다.
성자는 (지킬) 필요 없는 (일을) 비밀로 하지 않고
비밀로 지킬 필요가 (있는 일이라면) 목숨이 떨어지더라도 지킨다.

일할 때 가깝게 지낸 두 사람이 있었다. 둘 모두 이야기를 나누는 시간이 많아지면서 개인적인 속사정까지 알게 된 이들이었다. 그들이 자신들의 개인사가 다른 사람들에게 알려지지 않았으면 좋겠다고 말한 적은 없었다.

또 그들의 이야기가 오랫동안 사람들에게 알려지지 않은 것에 대해 따로 고맙다고 말한 적도 없었다. 우리는 서로 상대방의 마음을 읽었고 서로를 믿었다.

소문에 대해서만이라도 바다와 같은 사람이 되고 싶다. 모은 물을 아래로 흘려보내는 저수지 같은 사람이 아니라 천하의 모든 물을 받아들이고도 넘치거나 썩지 않는 바다와 같은 사람이 되고 싶다.

138. [4-37]
하찮은 자가 재산을 모으면 자만의 원인이 되고
성자가 재산을 모으면 겸손함의 원인이 된다.
여우는 배가 부르면 자만하여 (정신이) 어지럽지만
사자는 배가 부르면 행복하게 잠들듯이.

세기의 부호 빌 게이츠가 세 자녀에게 각각 천만 달러 정도의 유산만 남긴다는 말을 들었다. 보통 사람들에게는 천만 달러라는 액수조차 천문학적인 숫자지만, 60조 원에 이른다는 그의 재산을 감안하면 자녀들에게는 썩 성에 차는 유산이 아닐 수도 있다.

미국인들은 빌 게이츠의 나머지 재산이 사회로 환원될 것이라는 발표를 믿는 분위기였다. 그것이 말 많고 탈 많지만 신뢰를 토대로 한 미국이라는 나라의 힘일 것이고, 빌 게이츠 자신이 살면서 쌓아온 사회적 신망의 힘이기도 할 것이다. 그는 돈을 쌓아둔 채 즐기는 것으로 보지 않았고, 자식에게 넘겨주어야 할 것으로도 보지 않았으며, 번 돈은 쓰고 가야 아쉬움이 남지 않는다는 것을 알고 있는 사람이다.

역대 고승 대덕들의 삶도 그와 같았다. 그들은 수많은 제자들이 공양 올린 재물을 다른 곳으로 회향하여 더 많은 사람들이 쓸 수 있게 했다. 그리하여 헐벗고 굶주리는 이들이 옷과 밥을 얻을 수 있었고, 산간과 오지까지 부처님의 가르침이 전파될 수 있었다.

인색한 졸부들에게는 재화가 화禍를 불러들이는 씨앗이지만, 지혜로운 이들에게는 재화가 화和를 이루게 하는 바탕이 되는 것도 그런 연유에서다.

139. [4-38]
싱자와 하찮은 자의
둘의 행위(의 차이)는 습習의 힘 (때문)이다.
벌이 꽃을 찾는 것과
오리가 물로 들어가는 것을 배우는 것이 무엇 때문에 필요하랴!

도서관에 열심히 다니면 성적이 오르고 나이트클럽에 부지런히 다니면 춤 솜씨가 는다. 호기심으로 피워본 담배 한 대로 수십 년의 애연가가 되고, 한 잔 두 잔 마신 차로 평생의 좋은 벗 하나를 얻기도 한다.

성인이 성인으로 칭송받는 데는 올곧게 살고자 한 지난날의 공들인 삶이 있고, 악인이 악인으로 악명을 떨치는 데는 자신을 귀하게 여기지 않은 지난날의 막된 삶이 있다. 사람으로 태어났으면 사람답게 살아야 한다. 남들이 먹을 고기를 잡고 살아도 향기롭게 사는 이가 있고, 남들이 잡은 고기를 먹고 살아도 비린내를 풍기는 사람이 있는 것처럼, 직업이 한 사람의 됨됨이를 만드는 것은 아니다. 어디서 무엇을 하든 사람됨을 잃지 않는 이, 그가 바로 사람이라는 이름에 부끄럽지 않게 사는 사람이다.

140. [4-39]
폭군은 적과 마주치면
자기 권속眷屬에게 징벌을 가한다.
일에 성공하지 못한 어리석은 자 몇몇이
자기 스스로 (숨이) 막혀 죽듯이.

관중들이 지켜보는 경기 도중에 지시한 대로 뛰지 못하는 선수를 폭행한 감독이 있었다. 그 감독은 비단 한 경기를 놓쳤을 뿐만 아니라 선수들의 감독에 대해 존경심까지 함께 잃어버렸다. 어리석은 이들은 그렇게 순간의 분노를 억제하지 못하여 판을 엎어버리는 더 큰 실수를 저지른다.

OECD 국가 중 자살률 1위에 오른 나라가 대한민국이다. 그만큼 우리 사회가 참아내기 어려운 일들이 많이 벌어지고 극단적인 선택을 강요하는 사회인지도 모른다. 일을 그르쳐 죽고 싶을 때, 이기고 싶은 싸움에 져서 죽을 것만 같을 때, 그럴 때는 죽지 말고 차라리 죽음으로부터 도망쳐야 한다. 삼십육계주위상책三十六計走爲上策, 『손자병법』의 맨 마지막 서른여섯 번째 비책에서도 '도망치는 것이 상책'이라고 말하고 있다.

죽고 싶더라도 죽지 말고 다음 기회를 노려야 한다. 일어나야 다시 싸울 수 있고, 다시 싸울 수 있어야 승자도 될 것 아닌가!

141. [4-40]
성군은 적과 마주치면
더욱더 권속眷屬에 대한 자비심이 생겨난다.
병든 아이에 대한 특별한
연민이 바로 그 어미에게 생겨나듯이.

부처님의 전생 이야기를 담은 불전문학의 보고 『본생담』에 부처님께서 원숭이 나라 왕이었던 때 이야기가 나온다.

어느 한 해, 극심한 가뭄이 들어 원숭이들이 굶주림에 허덕이자 원숭이 왕은 몰래 무리를 이끌고 원숭이 나라에서 멀지 않은 곳에 있는 인간의 왕궁을 찾아갔다. 왕궁 안에는 인공으로 만든 호수와 정원이 있었는데, 그곳에서 자라는 과일나무들은 비가 내리지 않아도 주렁주렁 열매를 맺을 수 있었다. 원숭이가 떼로 몰려와 과일을 따먹는 것을 본 경비병들이 왕에게 보고하자 왕은 크게 화를 내며 성문을 잠그게 했다.

"원숭이들을 한 마리도 놓치지 말고 모두 잡아들여라!"

빠져나갈 길을 잃은 원숭이들이 성벽 밖을 둘러보니 거기에는 깊이를 알 수 없는 큰 웅덩이가 아가리를 벌리고 있었다. 급박한 상황 속에서 원숭이 왕은 한 가지 탈출 방법을 생각해냈다.

원숭이 왕은 우왕좌왕하는 원숭이들에게 칡넝쿨을 모아 밧줄을 꼬게 했다. 튼튼한 밧줄이 만들어지자 원숭이 왕은 밧줄의 한쪽 끝을 큰 나무에 매고 나머지 한쪽 끝을 자기 허리에 둘렀다. 그러고는 웅덩이로 뛰어내려 맞은편 큰 나무로 갔다. 그러나 밧줄의 길이가 짧아서 나무에 맬 수가 없었다. 원숭이 왕은 팔을 뻗어 나뭇가지를 붙잡은 뒤 건너편에 있는 원숭이들을 향해 소리쳤다.

"어서 밧줄을 타고 물을 건너라. 끝에 와서는 나를 밟고 가도 된다."

재촉하는 왕의 명령에 따라 원숭이들이 밧줄과 자기네 왕을 타고 성 밖으로 탈출했다. 그러나 힘이 떨어진 원숭이 왕은 정신을 잃고 쓰러져 버렸다. 병사들에게 붙잡혀 왕 앞으로 끌려간 원숭이 왕은 말했다.

"원숭이들도 생명에 대한 집착이 있어서 허기를 견디지 못하고 대왕의 정원에서 과일을 훔쳐 먹었습니다. 무리를 이끈 제게 그 죄가 있으니 살기를 바라지 않습니다. 바라건대 제 몸의 살을 바쳐 대왕의 한 끼 식사가 되고자 합니다."

왕이 그 말을 듣고 크게 감동하여 말했다.

"짐승의 우두머리가 자기 몸을 바쳐 권속들을 살리려는 모습은 옛 성군들의 그것과 다를 바 없도다. 인간세상을 다스리는 나의 인자함이 겨우 머리카락 한 올 같을 뿐인데 짐승으로서 무리를 아끼는 너의 마음은 큰 산을 넘고도 남을 만하도다."

그러고는 원숭이 왕의 포박을 풀게 한 뒤 숲 속으로 돌려보냈다.

성군이 백성을 어여삐 여기듯, 스승이 제자를 아끼듯, 부모가 자식을 걱정하듯, 크든 작든 무리를 이끄는 사람의 마음가짐은 이와 같아야 한다. 윗사람의 권한에는 아랫사람을 부리는 것만 있는 게 아니다. 그에 앞서 갖춰야 할 윗사람의 의무는 자기 몸을 버려서라도 어려움에 처한 아랫사람들을 보살피는 것이다.

142. [4-41]
성자가 악한 자와
어울리면 약해진다.
갠지스 강의 물이 매우 감미롭지만
바다에 도달하면 짜게 되듯이.

143. [4-42]
하찮은 자가 고상한 사람과 친근했으면
성자의 행위가 생긴다.
사향을 (몸에) 바른 유정에
사향의 냄새가 생기는 것을 보라.

"친구를 사귈 때는 신중해야 한다."

자랄 때 어머니께 자주 들었던 말씀으로 자식 둘을 키우면서 종종 아이들에게 일렀던 말이기도 하다. 그러나 지금은 예전과 달리 그 뜻을 조금 다르게 해석한다. 좋은 부류와 나쁜 부류라는 두 무리가 있는 것은 사실이지만, 어떤 사람이 속한 부류나 그가 처한 상황보다 그가 무엇을 지향하고 사는 지가 더욱 중요하다는 것을 알고 나서부터다.

좋은 부류에 몸을 담고 있어도 나쁜 쪽을 향하는 사람은 언젠가 나빠질 것이고, 나쁜 부류에 몸을 담고 있어도 좋은 쪽을 향하는 사람은 언젠가 좋아질 수밖에 없다. 부자와 가난한 사람은 친구가 될 수 없다거나, 우등생과 열등생이 사귀면 안 된다거나, 검사와 깡패는 친구가 될 수 없다는 말은 그래서 잘못된 말이다. 지금 속해 있는 부류나 처해 있는 상황과 상관없이 지향점이 일치하는 사람과 친구가 될 수 있다면 그가 바로 눈을 뜬 사람이고 가슴이 열린 사람 아니겠는가?

144. [4-43]
수미산은 어떤 경우에도 움직이지 않는다.
이처럼 위대한 성자는 (그 거동이) 견고하다.
버드나무 가지가 작은 (바람에) 흔들리는 것처럼
하찮은 자의 거동은 변동이 크다.

지혜로운 사람은 쉽사리 흔들리지 않는다. 생각이 바르니 행동이 어긋나지 않고, 행동이 어긋나지 않으니 걸릴 것이 없으며, 걸릴 것이 없으니 두려워하거나 동요할 까닭이 없다.

지혜로운 이의 생각과 행동에는 쏠림이 없다. 지혜로운 이는 시류에 따라 기울지 않으니 그것에 휩쓸리는 일 또한 생기지 않는다. 다른 사람에게 이로운 말을 해주기 좋은 때와 알맞은 장소를 알고, 다른 사람이 자기를 칭찬하거나 비난하는 소리에 들뜨거나 화내지 않으며, 다른 사람을 위해 베푼 선행은 돌아서면 잊어버리면서도 다른 사람이 자기에게 베풀어준 선행은 잊지 않고 갚는다.

범부들은 걸핏하면 변덕을 부리고 조급해하며 고요한 것을 참지 못한다. 명성과 잇속의 사나운 물결에 쉽게 휩쓸리고 동서남북 바람 부는 대로 맥없이 몰려다닌다.

산다는 것은 곧 선택하는 것이다. 잘 사는 이는 잘 사는 길을 선택하는 사람이고, 그렇지 않은 이는 그렇지 않은 길을 선택하는 사람이다. 눈앞의 **빠른** 이익은 대개 오래고 지루한 손해를 불러온다. 그래서 지혜로운 이들은 자기에게만 이로운 **빠른** 이익보다 자기와 다른 사람 모두에게 이로운 바른 이익을 얻으려고 한다.

그것이 자리이타自利利他이고 윈윈win-win이다. '윈윈'에서 'win'과 'win' 이 어깨동무를 하고 있는 것처럼 자리이타 또한 '나'와 '남' 사이에 이로움을 나란히 놓는다.

제5장 나쁜 행실에 대한 검토 ─ 관악행품觀惡行品

145. [5-1]

교활한 자가 듣기 좋게 말하는 것은
자기 일을 위해서지 (남을) 공경해서가 아니다.
올빼미가 (제) 명망名望으로부터 우는 것은
흉조凶兆를 보내는 것이지 (타인을) 기쁘게 하기 위해서가 아니다.

사람을 사귈 때 능력에 앞서 살펴야 할 것이 사람됨이다. 그런데도 능력
만 취할 것을 공공연하게 말하는 사람이 있다. 자기의 편협함이 자기 말을
통해 들통 나고 있다는 것을 모르고 하는 말이다. 잇속을 탐하는 교활함은
그렇게 어리석음과 다르지 않다.
　잇속을 챙기는 사람이 있는가 하면 잇속을 멀리하는 사람이 있고, 욕심
을 줄여 스스로 만족할 줄 아는 사람이 있는가 하면 지나치게 탐욕스러우면
서도 만족할 줄 모르는 사람도 있다. 배워야 한다는 말이 넘쳐나지만 제대
로 된 가르침을 찾는 사람은 드물고, 바른 길을 찾아 배웠으면서도 배운
대로 살아가는 사람은 더욱 드문 세상이다.

맑아지기보다 탁해지기 쉬운 세상이라고 하지만 그래도 세상은 쓰러지기보다 일어나기에 좋은 곳이고, 절망보다 희망을 품기에 어울리는 곳이다. 이 세상이 큰 스승들의 가르침을 본받아 살아가는 눈 밝은 이들의 청정한 삶이 있어서 유지되는 것이라고 믿는다.

146. [5-2]
악한 자는 처음에 말로 (경계를) 줄이고
마음을 놓으면 나중에 속인다.
어부가 미끼로 입을 간질거리다가
물고기들을 죽이는 것을 보라.

깊은 산속에 조그만 연못이 있었다. 물속에는 여러 종류의 작은 물고기들이 어울려 살고 있었고, 물가에는 늙은 가마우지가 죽을 날을 기다리고 있었다. 늙은 가마우지에게 물고기들은 그림의 떡이었다. 그가 하는 일이란 날마다 물속을 들여다보며 한탄이나 늘어놓는 것이었다. 그러던 어느 날, 어린 물고기 한 마리가 물가로 다가와 가마우지에게 물었다.

"왜 그렇게 슬픈 얼굴을 하고 있는 거예요? 무슨 안 좋은 일이라도 생겼나요?"

그 순간 가마우지에게 번개처럼 떠오르는 생각이 있었다.

"보아하니 연못이 곧 마를 것 같은데 어떻게 슬프지 않을 수 있겠니?"

가마우지는 짐짓 슬픈 기색을 지어 보이며 말을 이었다.

"오랫동안 이 연못에서 살아왔는데 이제 우리 모두 죽을 날만 기다려야 되겠구나."

깜짝 놀란 물고기가 다른 물고기들에게 그 소식을 알리려고 돌아갔다. 그러나 달리 뾰족한 방법을 찾아낼 수 없었던 그 물고기는 허겁지겁 가마우지에게로 돌아와 다시 물었다.

"그러면 죽을 날만 기다리고 있어야 하나요?"

가마우지는 속으로 쾌재를 부르며 말했다.

"저 산을 넘어가면 제법 큰 연못이 있는데 그곳으로 가면 우리 모두 살 수 있단다."

"우리는 가마우지 님처럼 날아갈 수가 없잖아요."

"염려할 것 없다. 내가 큰 입을 갖고 있으니 너희들을 그곳으로 옮겨주겠다."

어리석은 물고기들은 스스로 가마우지의 입속으로 들어가 그의 먹이가 되고 말았다.

사람 좋기로 소문난 한 선배가 퇴직할 때 많은 사람들이 '새로운 일을 성급하게 시작하지 말라'고 당부했었다. 그러나 그는 퇴직한 지 두어 달 만에 새 일을 시작했고, 많은 동료들이 걱정했던 대로 믿을 만하다던 사람에게 소중한 퇴직금을 몽땅 털리고 말았다. 뭔가 새로운 일을 시작해야 한다는 조급함이 그의 판단을 흐리게 만들었던 것이다.

남을 속여 자신의 이득을 챙기는 사람들은 '칭찬이 고래까지도 춤을 추게 하는 마당에 달콤한 말로 어찌 사람을 속이지 못하겠는가?'라고 하면서 다른 사람의 돈을 마치 자기 주머니 속에 들어 있는 것처럼 여긴다고 한다. 그들이 하는 말은 마치 칼날 위에 발라놓은 꿀과 같다. 그래서 달콤한 맛에 취해 핥다 보면 어느새 혀에서 피가 철철 흐르고 만다.

147. [5-3]
하찮은 자는 약소弱小한 동안
바로 그때까지는 성품이 좋다.
독가시가 다 자라지 않으면
그때까지 다른 것에 구멍을 뚫을 수 없듯이.

'성품은 타고나는 것일까, 아니면 만들어지는 것일까?'

십중팔구 잘못된 질문이라는 답을 듣게 될 것이다. 두 가지 가운데 어느 한 가지를 답이라고 딱 부러지게 말할 수 있는 것도 아니거니와, 타고나는 것이라면 자기가 지어 갖는 것인지 다른 사람이 주는 것인지를 알 수 없고, 만들어지는 것이라면 스스로 만드는 것인지 남들 때문에 만들어지는 것인지를 알 수 없기 때문이다.

'될성부른 나무 떡잎부터 알아본다'는 말도 있지만 이것도 절반의 진실에 지나지 않는다. 봄날 듣는 말 중에 가장 기억에 남는 것은 '새잎일 때는 독초까지도 나물이 된다'는 말이다. 떡잎 시절부터 가시를 드러내는 가시나무는 없다.

부드러운 잎 속에 숨어 있는 어린 가시가 시간이 흐르면서 단단하고 뾰족해지는 것처럼, 악랄한 사람도 처음에는 마음속에 품은 독기를 감추고 있다가 '이때다!' 싶을 때 비로소 날카로운 가시를 드러내 사람을 찌르고 피를 흘리게 만든다. 악랄한 사람의 마음속에 숨겨진 독기는 부드러운 잎과 같고, 듣기 좋은 말은 그 잎 속에 숨어 있는 어린 가시와 다르지 않은 것을 잊어서는 안 된다.

148. [5-4]

'마음속에 다른 생각을 하면서
말하는 것이 다르면
교활한 자'라고 이야기하는데
어리석은 자는 (이렇게 하여) 현자처럼 꾸민다.

마음속에 품은 생각과 입으로 하는 말이 다른 것, 이것이 바로 속이려고 하는 사람의 전형적인 행태다. 얻어낼 게 있어서 접근한 사람은 그것을 챙기기 전에는 절대로 헤프게 속내를 드러내지 않는다.

드러내 놓고 잇속을 추구하는 사기꾼은 굳이 언급할 필요도 없다. 하는 말마다 '국민'을 파는 정치인, 입만 열면 '사랑과 관용과 자비와 공덕'을 말하는 종교인, '너를 위해서'라고 말하는 미덥지 못한 친구, '스승을 위해서'라거나 '제자를 위해서'라고 말하는 못된 제자와 비뚤어진 교육자가 그런 사람들이다.

그러나 그렇게 살아가는 사람들의 끝이 좋을 리 없다. 그들은 스스로 자기가 꽤 똑똑하다고 여길 테지만, 그래서 자신의 단수 높은 생각과 행동을 다른 사람들이 알아채지 못할 것이라고 믿을 테지만, 모사꾼은 자기보다 수가 높은 다른 모사꾼에게 당할 뿐만 아니라 자기가 파놓은 함정에 스스로 빠지고 만다.

적지 않은 사람들이 잘못을 저지르고도 법의 그물을 요리조리 잘도 빠져나간다. 그러나 이 세상 그 누구도 촘촘하고 빈틈없는 인과의 그물을 빠져나갈 수는 없다. 그것을 스스로 꾀 많다고 착각하는 어리석은 이들만 모르고 사는 것일 뿐이다.

149. [5-5]
너무 지나치게 교활하면
잠시 성공했어도 그 끝에는 (목숨마저) 잃게 된다.
표범 가죽을 덮어썼던 당나귀가
곡식을 (훔쳐) 먹다가 최후에 다른 자에게 죽었듯이.

돌팔이라고 불리는 이들의 공통점은 언사가 화려하다는 것이다. 몸과 마음의 병을 못 고치는 게 없다고 말하는 가짜 의사들이 그러하고, 삶의 문제는 뭐든지 해결해줄 수 있다고 말하는 사이비 종교인들이 그러하다. 병을 고치고 삶의 짐을 덜어주는 본래의 목적을 망각한 이들은 치부와 축재와 명성에 더 많은 신경을 쓴다.

꼬리가 길면 밟히고 밤길을 헤매다 보면 사고를 당하게 마련이다. 오래 하는 도둑질이 들통 나지 않을 수 없고, 감추고 덮어도 썩은 냄새는 마침내 새나오는 법이다.

"남의 눈에 눈물 나게 하면 네 눈에서는 피가 흐른다."

돌팔이 소식을 들을 때마다 떠올리는, 생전에 어머니께서 자주 해주신 말씀이다.

150. [5-6]
지혜를 갖추었으면 곧바로
거짓말로 다른 쪽을 속일 수 있다.
도둑들이 개라고 (계속) 하자
염소를 들고 가던 브라만이 (염소를) 포기했듯이.

옛날 어느 산속에 산적들이 살고 있었다.

어느 날, 바라문 한 명이 제사에 쓸 염소 한 마리를 끌고 오는 것을 보고 산적 다섯이 모여 염소를 빼앗을 방법을 모의했다. 바라문이 산기슭에 이르렀을 때, 첫 번째 산적이 반대쪽에서 오다가 우연히 바라문을 만난 것처럼 말을 걸었다.

"무슨 일로 개를 끌고 산에 오르십니까?"

"개라니! 염소를 보고 개라니?"

바라문은 시답잖은 놈을 만났다는 식으로 대수롭지 않게 생각했고, 첫 번째 산적은 이상한 사람이라는 표정을 지으며 지나갔다. 두 번째 산적도 반대쪽에서 오다가 바라문에게 말을 걸었다.

"개도 제사에 쓰나요?"

"개라니! 뿔도 있고 꼬리도 짧고 굽도 있는데 개라니?"

이번에는 바라문이 펄쩍 뛰면서 화난 목소리로 말했고, 두 번째 사람은 머리를 갸웃거리며 지나갔다. 세 번째 만난 도둑에 이어 네 번째 만난 도둑까지 똑같은 말을 하자 바라문의 마음속에 화 대신 의심이 커지기 시작했다. 그러다가 다섯 번째 도둑을 만나자 이번에는 바라문이 먼저 물었다.

"길손이여, 이것이 무엇으로 보이오?"

다섯 번째 산적은 염소와 바라문을 번갈아 쳐다보다가 웃으면서 말했다.

"제가 보기에 끌고 가시는 건 개입니다."

말을 마친 산적은 바쁜 일이라도 있는 것처럼 뒤도 돌아보지 않고 산을 내려갔다. 바라문의 마음속에 남은 것은 확신이 아니라 의심이었다.

'오늘 내가 아무래도 귀신에게 홀린 모양이야. 개를 염소로 잘못 보다니!'

바라문은 잡고 있던 염소 묶은 끈을 슬며시 놓아버린 뒤 산을 내려갔고, 숲 속 지름길로 되돌아온 산적들은 주인 잃은 염소를 끌고 산채로 돌아갔다.

151. [5-7]
잘못을 내놓고 계속 짓다 보면
교활한 말로 다른 쪽을 속인다.
대천大天이 비명을 지르다가
'고성제苦聖諦'를 선언했다'고 전해지듯.

고대 인도에 한 부자가 있었다. 아쉬운 것이라고는 자식을 두지 못한 것밖에 없었던 그는 오랫동안 용하다고 소문난 곳을 찾아다니며 기도를 했고, 늦은 나이에 잘 생기고 튼실한 사내아이를 얻었다. 소원을 이룬 그는 아들의 이름을 대천大天/Mahadeva이라고 지어준 뒤, 뜻대로 이뤄주는 보물如意寶珠이 있다는 소문을 듣고 그것을 구하기 위해 먼바다로 떠났다.

아기는 다른 아이들보다 빠르게 성장하여 열 살이 되었을 때 벌써 기골이 장대한 청년이 되었다. 그러나 그때까지 보물을 찾으러 떠난 아버지는 돌아오지 않았다. 나이와 어울리지 않게 청년의 몸을 가진 대천은 어쩌다가 어머니와 정을 통하게 되었는데 아들과 정을 통한 어머니가 대천에게 말했다.

"네가 지금처럼 나와 오랫동안 살고 싶거든 네 아버지를 죽여라!"

대천은 곧바로 바닷가로 나가 기다리다가 아들이 보고 싶어 돌아온 아버지를 죽였다. 그러나 얼마 지나지 않아 어머니가 다른 남자와 정분이 난 것을 알게 되자 치솟는 질투심을 달래지 못하고 어머니마저 죽였다. 마을 사람들은 자기가 부모를 죽인 것을 모르지만 집에서 멀지 않은 곳에 사는 신통력을 지닌 아라한만은 속일 수가 없을 것이라고 생각한 대천은 아라한까지 살해하였다.

그런 일이 있고 나서 마을에 재앙이 찾아왔다. 가뭄과 홍수가 번갈아 들고 먹을 것이 귀해지자 죽는 사람들이 늘어났다. 부모의 재산을 탕진해버린 대천은 사람들이 어렵게 살면서도 덕 높은 출가 수행자들을 변함없이 존경하고 공양하는 모습을 보고 묘지에 버려진 시체에서 누더기를 벗겨 걸치고 스스로 머리를 깎은 뒤 수행자인 것처럼 행세하기 시작했다.

총명함을 타고난 대천은 삿된 법을 올바른 법이라고 속이면서 스스로 신통력을 갖추었다고 떠벌리며 돌아다녔고 사람들은 그런 그의 정체를 알아보지 못했다. 부처님의 법문을 들었던 아라한들이 세상을 떠난 뒤라 대천의 법문을 듣겠다고 찾아오는 사람들이 갈수록 늘어났다. 그를 따르는 사람이 십만을 헤아릴 정도가 되자 부처님께서 열반하신 뒤로 대천만큼 많은 제자를 거느린 이가 없다는 말이 나올 지경이었다. 마침내 그는 대중들 앞에서 번뇌와 아집을 모두 떨친 대아라한이라고 서슴없이 외쳐대기 시작했다.

많은 세월이 흐른 어느 날, 살아온 날들을 되돌아보던 대천은 비로소 자기가 잘못 살아온 것을 깨닫게 되었다. 고통이 밀물처럼 밀려오자 그는 탄식을 참기 위해 끙끙거리기 시작했다. 한밤중에 그가 내뱉는 신음 소리를 들은 사람들이 날이 밝자 그를 찾아와 물었다.

"번뇌와 고통을 끊으셨다는 대사께서 어젯밤 무슨 일로 그렇게 고통스러워 하셨습니까?"

대천은 시치미를 떼고 말했다.

"그대들이 잘못 들었다. 내가 낸 소리는 고통스러워 지른 비명이 아니라 고제와 집제, 멸제와 도제의 사성제 가운데 고제에 대한 소리였다."

대천의 대답에 고개를 끄덕이는 이들과 달리 의심을 품은 한 사람이 대천에게 고제의 업력을 보여 달라고 했다. 그러나 대천은 대답을 할 수 없었다.

"대사께서는 스스로 대아라한이라고 말씀하시지 않았습니까?"

"내가 비록 아라한이기는 하지만 아직 최고 경지의 지혜에는 이르지는 못했다. 지혜제일인 사리불도 분명하게 깨닫지 못한 때가 있었다. 그것은 오직 부처님 한 분만이 얻을 수 있는 구경열반의 경지이니라."

그렇게 말하는 동안 대천의 고통은 더욱 심해졌다.

"아라한이 되셨다는 대사께서 무슨 일로 이렇게 힘들어하십니까?"

이쯤 되자 대천은 더 이상 참을 수 없었다.

"아, 나는 아라한이 아니다. 아, 나는 아라한이 아니다."

대천이 괴로워하면서 내뱉은 말을 듣고 난 제자들은 오랫동안 속아온 것을 분해하며 썰물이 빠지듯 대천을 떠나갔다. 스스로 지은 업과로 인해 대천이 떨어질 곳은 지옥 중에서도 구원을 꿈꿀 수 없는 무간지옥이었다.

오탁악세五濁惡世라 불리는 요즘 같은 세상에 대천 같은 사람들이 적지 않을 것이다. 대천처럼 살아가는 자들만 탓할 것은 아니다. 그런 사람을 따르는 이들 또한 그와 다를 것이 없기 때문이다. 때로 떠나는 것이 지혜로울 때가 있다. 부처님께서 그러하셨고 사리불과 목건련이 그러했던 것처럼.

152. [5-8]
교활한 자가 꾸미는 달콤한 말을
시험해보지 않고서는 진심으로 믿을 수 없다.
공작의 몸매가 아름답고 목소리가 듣기 좋아도
그의 음식은 맹독이다.

잘 속이는 사람이 있는 것만큼이나 잘 속는 사람도 있다. 달콤하게 치장하여 듣기 좋게 말하는 것이 속이는 사람의 특징이라면, 입에 발린 칭찬에 쉽게 들뜨거나 허황된 바람이 이뤄지기를 바라는 것은 잘 속는 사람의 특징이다.

'열 길 물속은 알아도 한 길 사람 속은 알 수 없다'고 했다. 한눈에 척 알아볼 수 있는 사람이 없지 않겠지만 오래 두고 겪어봐도 알 수 없는 것이 사람이다. 그런 까닭에 처음 만난 이가 해주는 귀에 쏙 들어오는 말 한마디로 그 사람을 판단할 수는 없는 일이다.

하고자 하는 일이 이익과 관계되어 있을 때는 섣부르게 판단하거나 경솔하게 행동하는 것을 삼가야 한다. 자발적인 양보와 배려는 이익 추구와 상극이기도 하고, 또 아무나 쉽게 할 수 있는 일도 아니다. 그렇기 때문에 그런 일에 도드라져 보이는 사람일수록 단번에 믿기보다 오래두고 천천히 살펴봐야 한다. 중심을 잃으면 넘어지고 서두르다 보면 낭패를 보는 법이다.

153. [5-9]
교활한 자가 좋은 척 가장假裝했어도
나중에 (하는) 일이란 속이는 짓이다.
사슴 꼬리를 보였으면서도
부끄러운 줄 모르고 당나귀 고기를 팔듯이.

이름깨나 날리던 세칭 파워블로거가 곤욕을 치른 적이 있었다. 블로그를 운영하는 이들 중에 그를 닮고 싶어 한 사람이 한둘이 아니었다. 그 역시 한동안은 자신이 이뤄낸 성공에 뿌듯해했을 것이다. 그러나 안타깝게도 그에게는 명성을 얻은 뒤에 이름의 무게를 감당할 준비가 되어있지 않았다.

명성이 명성 그 자체로 더러워지는 일은 없다. 그러나 명성을 쫓아 몰려드는 이들 중에는 잇속을 노리는 무리가 있게 마련이고, 그런 사람들은 듣기 좋은 말로 상대방의 경계를 무너뜨리는 재주를 가진 이들이다. 작게 이룬 이에게는 작은 유혹이 생기고 크게 이룬 이에게는 큰 유혹이 따른다. 유혹에는 언제나 비수가 감춰져 있고 그 비수는 틈만 나면 언제든지 유혹에 넘어간 사람을 찔러 피를 흘리게 한다. 칼에 찔리면 아프고 피를 보면 더 아프다. 하지만 어쩌겠는가? 비수가 감춰진 것을 알아보지 못한 채 유혹에 빠진 것도, 웃음 속에 감춰진 나쁜 마음을 알아보지 못한 것도 모두 스스로 저지른 과오인 것을.

양 머리를 걸어놓고 개고기를 파는 것은 잘못된 일이다. 파는 이가 과욕에 빠진 사람이라면 그것을 사는 사람은 양고기와 개고기를 구분하지 못한 사람이다. 고기를 사는 사람이 양고기를 알아보는 사람이라면 개고기를 잘못 사는 일은 생기지 않는다. 그래서 나쁜 짓을 하지 않는 것만큼이나 나쁜 짓을 알아보는 안목이 중요하다.

154. [5-10]

수치심이 적은 자들은 남의 재물로
자신의 위대함을 성취하는 것처럼 (행동)한다.
(그런 자들은) 손님에게 (방석으로) 친구의 옷을 펼쳐놓고서
자신의 존경하는 표시로 생색낸다.

한 수행자가 대중들에게 말했다.

"요새 세상에 천 원도 돈입니까?"

강의를 듣고 있던 사람들이 무슨 소린가 싶어 모두 고개를 들었다.

"아이들도 받지 않으려고 한다는 천 원짜리를 복을 비는 복전함에 넣어서야 되겠습니까?"

사람들이 웃음을 터뜨렸지만 나는 웃을 수 없었다. 수행자의 말은 거기서 끝나지 않았다.

"그러면서 복은 열 배 백배로 달라고 합니다."

강의를 듣던 이들은 마치 잘못을 저지른 아이들 같은 표정으로 바뀌었고, 강단 위에 선 수행자는 그런 아이들을 질책하는 교사 같아 보였다.

수행이 바르고 법문을 바르게 하는 이라면 보시의 크기로 시주를 차별하지 않을 것이고, 공양이 흡족하지 않다 하여 그 탓을 시주자에게 돌리지 않을 터인데, 한 수행자의 그릇된 당당함 앞에 천 원짜리 지폐는 초라하고 보잘것없는 돈이 되고 말았다. 그 한 장을 구하기 위해 한겨울의 추위 속에서 길거리를 헤매고, 지하도 구석에 몸을 움츠린 채 떨고 있는 사람들이 있다는 것을 그는 알지 못하는 듯했다.

155. [5-11]
밑바닥부터 썩어 부끄러운 줄을 모르는 자들은
자신의 악명을 체면으로 삼는다.
깐치Kañcī라는 나라의 어떤 왕가에서는
아버지를 죽인 것을 (자랑하며) 승리의 북을 쳤듯이.[1]

많은 사람들이 불교가 마치 부자가 되는 것을 죄악시하고 무소유를 삶의 목표로 삼는 것으로 오해하고 있다. 그러나 부처님의 가르침은 재물의 과다에 관한 것이 아니라 바른 삶에 관한 것이다. 무소유의 삶이란 갖는 것의 기쁨이 아닌 나눔과 베풂의 기쁨, 그리고 자족의 기쁨을 아는 지혜 이상의 것이 아니다.

• •
1 【주석서】에는 왕위를 차지할 수 없어 좋은 옷을 입을 수 없는 남인도 깐치라는 나라의 8살 된 왕자가 "어떻게 하면 왕국을 물려받을 수 있느냐?"고 자신의 어머니인 왕비에게 묻자, 아버지인 왕을 죽이고 북을 울리면 된다고 가르쳐주자 그 말을 듣고 부왕을 살해한 후, 좋아서 북을 쳤다는 이야기에서 유래하였다고 적혀 있다. 【잠뻴 역】은 약간 다르다. 이 부왕을 살해하는 왕세자의 이야기는 용수의 죽음과도 깊은 관련이 있다.

부처님에게 부자와 빈자는 분별의 대상이 아니었다. 부처님께서는 부자로 사는 것의 옳고 그름에 대해서가 아니라 어떤 부자로 살아야 하는가에 대해 말씀하셨다. 간추리자면 전생에 쌓은 공덕의 힘으로 이뤄진 금생의 부귀가 크고 좋을수록 금생에도 보시를 베풀어 후생의 복전이 되게 하라는 말이 될 수 있을 것이다.

많은 사람들이 돈이 없으면 불행해지고 돈이 있어야 행복해질 수 있다고 말한다. 돈이 된다면 무슨 짓이라도 하겠다는 사람들은 행복을 버려두고 돈을 쫓는다. 그러나 돈을 들고 죽음의 문턱을 넘어갔다는 이야기는 들어보지 못했다. 연년세세 이어지는 자량資糧은 금생에 쌓는 선업의 공덕뿐이다. 깐치라는 나라에서 부왕을 죽인 왕자와 돈을 행복의 전부로 여기는 사람이 다를 것이 무엇인가!

156. [5-12]

우매한 자들이 (하는) 은혜를 갚는다는 (행동은)
어떤 때에는 커다란 해가 된다.
새끼 까치가 어미의 깃털을
뽑는 것을 보은이라고 여기듯이.[2]

옛날 어느 마을에 큰 부자가 살고 있었다. 돈으로 사람을 부리는 이들이 대부분 그런 것처럼 그의 위세는 대단했고, 그의 주변은 언제나 그의 환심을 사기 위해 몰려든 이들로 북적거렸다. 그에게는 길을 가다 아무 데나 가래침을 뱉는 볼썽사나운 버릇이 있었다. 하인들조차도 그것을 혐오스럽게 생각하여 주인이 가래를 뱉으면 서둘러 땅바닥에 떨어진 가래를 발로

---

2 이 경구에서 알 수 있듯이 까마귀와 까치에 대한 티벳인들의 생각은 우리와 정반대다. 우리는 까마귀가 울면 불길한 징조라고 하고 까치가 울면 반가운 손님이 올 징조라고 하지만, 티벳에서는 까치가 울면 불길한 징조라고 하며 까치를 어리석은 날짐승의 상징으로 여긴다.

비벼댔다.

하인 중에 행동이 굼뜬 사람이 있었는데 그는 언제나 '어떻게 하면 다른 이들보다 좀 더 주인 눈에 잘 보일 수 있을까?'하는 생각으로 노심초사하였다. 그러던 어느 날, 주인이 고개를 숙일 때 기회다 싶어 잽싸게 발을 들이밀었다. 가래를 뱉으려던 주인은 난데없이 나타난 하인의 발에 차여 입술이 찢어지고 앞니가 부러지고 말았다. 마음만 급했던 그 하인은 혹독한 매질을 당한 뒤에 쫓겨나고 말았다.

부처님의 높고 귀한 가르침을 전하는 전법의 현장에서도 가끔 이런 이들을 만난다. 출처가 불분명한 전생과 윤회와 환생에 대해 말하면서 희망과 위로, 평온과 자유가 아닌 맹목적인 추종을 종용하는 이들이다. 비록 그 뜻이 장하다 하더라도 방편이 그릇되면 결코 올바른 결과를 불러올 수 없는 법이다.

157. [5-13]
성정이 나쁜 자는 남의 깊은 은혜로
생긴 (일을) 자신의 위대함이라고 생각한다.
용이 노력하여 내린 비를
농부가 자신의 좋은 운수로 여기듯이.

가족의 규모가 단출해지고 아들딸에 대한 선호가 역전되었다고 할 만큼 세상이 많이 달라졌다. 반세기 전까지만 해도 장남과 차남을 구별하고 아들을 가르치기 위해 딸을 취업 현장으로 내보내는 것은 흔하고 당연한 일이었다.

지금 식으로 말하자면 그것은 '선택과 집중'이었다. 형의 출세를 위해 아우는 불만을 참아가며 진학을 포기했고, 어린 나이에 어울리지 않는 힘든 일을 하면서도 누이들은 오빠나 남동생의 성공을 빌며 공장의 작은 방에서 새우잠을 자곤 했다. 실패한 형이 없지 않았을 것이고, 기대에 부응하지 못한 오빠나 남동생 또한 부지기수였을 테지만 우리 살림은 그런 세월을 거치면서 오늘에 이르렀다.

한 가정에서 일어나는 이런 선택과 집중은 더 이상 찾아보기 어려운 시대가 되었지만 사회적으로는 여전히 선택과 집중이 이루어지고 있다. 그런데 그런 혜택을 받아 성장할 수 있었던 대기업들은 공룡처럼 커진 몸뚱이가 국민의 희생을 바탕으로 이루어졌다는 사실을 무시한 채 자기들에게 부여된 사회적 책무를 방기하기 일쑤다.

'물을 마실 때 그 물의 근원을 생각하라[飮水思源 음수사원]'는 말은 자신의 근본을 잊지 말라는 경계의 말과 다르지 않다. 양극화라는 말을 들을 때마다 생각하게 되는 선택과 집중, 이제 바른 길을 찾아갈 때가 되었다.

158. [5-14]

총명하지 못한 자는 업이 행한 일을
자신의 노력으로 얻은 것으로 생각한다.
개가 입천장(에 난) 구멍의 피를
골수骨髓라고 여기며 탐식하듯이.

인과응보는 지금 이곳에서의 삶을 잘 살아내는 것보다 소중한 것이 없다는 것을 단적으로 표현한 명언이다. 전생 때문에 현생을 잘살게 되었다고 하더라도 흥청망청 살아버린다면 내생을 기대할 수 없고, 전생 때문에 현생을 못살게 되었다고 대충대충 살아버려도 내생에 대한 기대를 걸어볼 수 없다.

善惡之報 如影隨形 선악지보 여영수형
三世因果 循環不失 삼세인과 순환부실

此生空過 後悔無追 차생공과 후회무추

> 선악의 과보는 그림자가 몸을 따르는 것과 같고
> 삼세의 인과는 돌고 돌아 잃는 법이 없으니
> 지금 살아가는 삶을 헛되게 보내면 뒤늦게 뉘우쳐도 따라잡을 수 없다.
>
> (해제자 졸역)

『열반경涅槃經』의 이 한 구절을 무겁게 읽어야 하는 까닭은 생사의 문제를 초월한 사람도 피해갈 수 없는 것이 바로 인과因果이기 때문이다. 인과는 무턱대고 받아들여야 하는 숙명도 아니고 그렇다고 까닭 없이 찾아오는 우연도 아니다. 인과를 아는 이는 겸손해져서 공덕을 이루고, 인과를 모르는 사람은 오만해져서 나쁜 업을 짓는다.

159. [5-15]
현명하지 못한 자들이 친족을 멸하고
상관없는 다른 자들을 부양하는 것을 (종종) 보았다.
머리를 잘라서 꼬리의 장식으로 (삼는)
미친놈이 아니고서 누가 (이런 짓을) 하랴.

맞벌이가 대세를 이루고 있다. 그 배경에는 자아실현과 가정경제라는 현실적인 문제가 두 축을 이루고 있다. 사람들은 그러느라 자녀를 다른 사람에게 맡겨 키우고, 부모를 남에게 맡겨 돌보게 한다. 다른 사람의 아이를 기르고 다른 사람의 부모를 돌보면 돈벌이가 되지만, 직접 아이를 키우거나 부모를 돌보는 것으로는 그런 계산이 나오지 않는다. 결국 문제가 되는 것은 노동에 대한 우리들 각자의 태도다.
의식만의 문제가 아니라 제도적으로 접근해야 한다고 말하는 이도 있다. 그러나 우리 스스로 갖고자 하는 것이 너무 많은 것은 아닌지, 하고 싶은 일을 내세워 하기 싫은 일을 회피하고 있는 것은 아닌지, 시선을 우리 자신에게로 돌려보면 생각해볼 여지가 많은 것도 부인할 수 없는 사실이다.

돈이 없으면 숨조차 마음 놓고 쉴 수 없는 세상에서 돈벌이의 당위성을 말하고 싶은 생각은 없다. 그러나 '지금보다는 더 많이 벌어야 한다'는 생각 하나로 살아가는 사람들이 많아도 너무 많다. 생각을 바꾸면 따라서 바뀌는 것이 세상이고 삶인데.

물정 모르는 사람이라는 핀잔을 들을 각오로 적어 보았다. 바라는 게 줄어들면 벌어야 할 돈의 크기도 줄어들 것이라는 소박한 바람과 함께.

160. [5-16]
어리석은 자들은 필요한 곳에는 주지 않고
필요 없는 곳에 아낌없이 던져준다.
나쁜 샘이 (필요 없는) 여름에는 흐르다가
봄에 필요할 때면 마르듯이.

보시布施는 '나'와 '내 것'을 비워내는 수행이다. 그런데 보시라는 말에 거부감부터 갖는 이들이 있다. 보시를 마치 다른 종교의 기부와 똑같은 것으로 생각하는 사람들이다. 그러나 불교에서 말하는 보시에는 재물로 하는 '재시財施' 외에 법시와 무외시라는 것이 더 있고, 부처님께서 말씀하신 것에 따르자면 마음으로 하는 일곱 가지 보시도 있다.

『중아함경』에 나오는 부드럽고 정다운 얼굴로 사람을 대하는 화안시和顔施, 격려와 위로와 칭찬과 사랑의 말을 전하는 언시言施, 따뜻한 마음으로 사람을 대하는 심시心施, 다정한 눈길로 사람을 바라보는 안시眼施, 몸을 써서 다른 사람을 도와주는 신시身施, 자리나 차례를 양보해주는 좌시座施, 말하기 전에 도와주거나 잠을 재워주는 찰시察施와 방사시房舍施 등이 그것이다.

세상을 바꾸는 것은 바른 가르침만이 아니라 이를 바르게 배워 바르게 살아가는 우리 각자의 실천이다. 보시야말로 '나'와 '내 것'을 비워내는 무아 실천의 가장 빠른 길이라고 생각하지 않는가.

161. [5-17]

성자의 평온한 상태에 대해서
악한 자는 더욱더 해를 가한다.
기름기를 가진 나무에는
불길이 달라붙지만 다른 (나무에는 그렇지) 않다.

보살이 몸을 바꾼 물소가 있었다. 보살의 현신이었던 만큼 물소는 성품이 온후하고 관대하였다. 멀지 않은 숲 속에 사는 한 무리의 원숭이들이 날마다 찾아와 괴롭히는데도 물소보살은 싫어하는 기색 없이 원숭이들이 하는 대로 내버려두었다. 같은 숲 속에 사는 야차가 참다못해 물소보살에게 말했다.

"원숭이들이 날마다 너를 괴롭히는데 너는 왜 가만히 있느냐? 너의 뿔은 바위라도 깨트릴 수 있을 만큼 강한데 그깟 원숭이쯤 마음만 먹으면 손쉽게 제압할 수 있지 않느냐?"

야차의 말을 듣고 물소보살이 말했다.

"원숭이들은 내 인욕바라밀을 성취하게 해주었다. 아무것도 모르는 원숭이들이 불쌍하지 않은가?"

야차는 아무 말도 못하고 숲 속으로 돌아갔다.

잘 사는 사람과 그렇지 못한 사람의 차이도 이야기 속 물소보살과 원숭이의 차이만큼이나 선명하다. 욕설을 듣고도 분한 마음을 내지 않기가 쉬운 일은 아니다. 그러나 자신이 내뱉은 욕설 때문에 자신에게도 해로움이 미치고 만다는 것을 알면서도 화를 낼 수는 없지 않은가?

162. [5-18]

거친 자는 거친 (방법으로) 길들여야지
점잖게 교화하는 것이 어찌 가능하랴?
종기는 태우고 잘라서 빼야지
점잖은 치료는 그것의 독이 된다.

예전에는 회초리를 '사랑의 매'라고 부르지 않는 사람이 없었다. 그러던 것이 언제부턴가 체벌은 교육의 수단이 아닌 감정과 폭력의 상징 같은 것이 되어 버렸다. 결국 일부 그릇된 체벌 때문에 '사랑의 매'가 퇴출되고 만 것인데 악화가 양화를 구축한 사례라고 하지 않을 수 없다.

아이를 키우고 가르치는 부모와 교사는 두 가지 표정과 손길을 지니고 있어야 한다. 온화한 표정과 화난 표정, 그리고 쓰다듬어 주는 손과 회초리를 드는 손이 그것들이다.

말없이도 전달되는 것이 사람의 마음이다. 소리를 지르고 험악한 표정을 지어 보이고 때로는 회초리까지 드는 부모와 스승의 마음을 아이와 학생이 모를 리 없다. 잘못을 저지른 아이와 학생은 꾸중을 듣고 매를 맞으며 부모와 스승의 마음을 짐작하게 되고 잘못을 저지르지 않아야 하는 이유와 당위성을 익히게 된다.

이것은 좋고 저것은 좋지 않다고 단정하는 이는 불제자의 바른 자세가 아니다. 이것과 저것을 함께 좋게 만들어 쓸 줄 아는 이, 그가 바로 부처님의 가르침을 따라 사는 바른 불제자다.

163. [5-19]

왕은 법法에 따라 (자기) 땅을 돌봐야지
그렇지 않으면 (그) 왕이 타락했다는 징표다.
태양이 어둠을 없앨 수 없으면
그것은 별에 의해 잡혔다는 징표다.[3]

부처님의 일족인 석가족이 멸망하게 된 직접적인 원인은 강대국 코살라의 비유리毘琉璃 왕을 진노하게 만든 사건이었다.

비유리 왕의 어머니는 석가족 출신의 신분이 낮은 여인이었다. 자존심 강한 석가족 사람들은 그것을 빌미로 외가를 찾아온 어린 왕자를 욕보였고, 어린 날 당한 수모를 잊지 않고 가슴속에 새겨두었던 비유리 왕자는 왕이 된 후 석가족의 영토를 침공하여 멸망시켜 버렸다. 그러나 칼로 사람의 목을 베는 것조차 귀찮아서 코끼리를 동원하여 석가족 사람들을 밟고 지나가게 했다는 비유리 왕은 석가족 침공 후 불치의 피부병을 얻었고, 그것이 화근이 되어 목숨을 잃고 말았다는 이야기가 전한다.

법에 따라 살지 않으면 법의 응징을 받는 엄정한 진리는 절대 권력을 가진 왕이라 하더라도 피해 갈 수가 없다. 무엇이든 할 수 있는 힘을 가졌을 때 생각해낸 것이 하필이면 피를 부르는 복수였던 것일까!

164. [5-20]
부덕한 행위를 (하는 자를) 왕으로 세웠던 것과
집의 지붕이 부서진 곳과
산꼭대기가 곧 무너질 곳의
(바로) 그 아래 자리들은 언제나 두렵다.

누구나 자기 생명을 귀하게 여기고 재산과 지위와 명예를 소중하게 생각한다. 그러나 세상의 이익들은 충돌하게 되어 있고, 때에 따라 소중한 것이라도 지키기와 버리기 중에 하나를 선택해야 할 경우가 있다.

문제는 사람마다 귀하게 여기는 게 다르다는 것이다. 어떤 이는 목숨을 버려서라도 지켜내야 할 것이 있다고 주장하는 반면에, 어떤 이는 다른

3   일식이란 뜻이다.

것은 다 버려도 하나뿐인 목숨만은 건져야 한다고 말하기도 한다.

　힘만 있고 부덕한 자들은 사람 귀한 것을 염두에 두지 않는다. 자기 이익에 반하는 그 어떤 것도 용납하려 하지 않는 이들은 가까이 두었던 사람이라도 눈 밖에 나면 아쉬워하지 않고 버린다. 그런 사람 밑에서 일하는 이들이 몸에 익히는 것은 무조건적인 찬성과 복종, 비굴한 웃음, 그리고 아첨이다. 그리고 그런 아랫사람 역시 참고 견디는 동안 닮고 싶지 않았던 윗사람을 닮아간다.

　일터에서 받는 연봉의 95%가 비굴함에 대한 보상이라는 자조적 표현은 그래서 더욱 일하는 사람들의 가슴을 아프게 후비는 말이다. 힘을 따를 것인지 덕을 찾아갈 것인지 그것이야말로 안목에 따른 선택의 결과가 아닐는지.

165. [5-21]
비록 지식이 있지만
천성이 악한 자는 피해라.
독사가 보석으로 머리를 장식했어도
어떤 현자가 무릎에 앉히랴.

　사람다움을 보는 데 지력보다 덕성을 더 우월한 자질로 여긴다는 말이다. '누구나 그 정도 문제는 있다'고 하거나 '그 정도 잘못도 저지르지 않고 어떻게 살 수 있느냐?'고 말하는 이들도 있다. 그러나 그런 말은 도드라지게 살고자 하는 사람이 입에 담을 말이 아니다. 어떤 조직이든 대중을 이끌 사람은 해야 할 것을 하고 하지 말아야 할 것은 하지 않는 사람이라야 한다. 덕德은 크고 바르고 베푸는 것이며, 이롭고 은혜롭고 복된 것이다. 지도자란 자기가 더 많이 갖겠다고 나서는 사람이 아니라 자기 것을 나누고 베풀어 더 많은 사람들에게 이로움이 돌아가게 하는 사람이라야 한다.

　말로는 부드러워도 마음을 독하게 쓰는 사람이 있고, 하는 말은 사나워도 마음이 따뜻한 사람이 있고, 말이 사나울 뿐만 아니라 행동까지 싸가지 없는 사람이 있는가 하면, 말이 곱고 부드러우며 마음까지 온화한 사람이 있다. 이만하면 어떤 사람이 나은 사람인지 말할 필요가 없지 않은가?

166. [5-22]

명성을 (쫓는) 왕의 견해에 따라 (처신하기) 어렵고
(그런 마음이) 생겼어도 진심으로 행하는 (경우는) 드물다.
중간에 (어정쩡하게) 머물기도 어려우니
몇몇 왕은 큰 불과 같다.

큰 배포와 도량을 타고나는 사람이 있다. 그러나 이 세상의 모든 자리와 그 자리에서 나오는 힘이 반드시 배포와 도량에 따라 주어지는 것은 아니다. 그러다 보니 높은 자리에 올라 큰 힘을 갖게 되었는데도 느끼는 것이 의심과 질투뿐인 사람들이 생기는 것을 피할 수가 없다.

호가호위狐假虎威는 호랑이의 위세에 붙어가는 여우 같은 사람을 가리키는 말이다. 다른 짐승들이 여우 앞에서 고개를 숙이는 것은 여우 뒤에 앉아 있는 호랑이 때문인데, 그것을 모르는 여우는 배를 앞으로 내밀며 턱을 높이 치켜든다.

호랑이는 새끼를 여우에게 맡기지도 않고 고개 숙여 여우 밑으로 들어가지도 않는다. 호랑이를 꿈꾸는 이라면 주인을 잘 살펴야 하고, 마땅하지 않거든 다른 사람에게 몸을 맡기기보다 차라리 혼자 가는 길을 택해야 한다. 호랑이는 날 때뿐만 아니라 죽을 때까지 호랑이로 살아가야 하기 때문이다.

167. [5-23]

악한 아내와 악한 친구
악한 왕에게 누가 의지하랴?

맹수가 (사는) 위험한 숲 가까이에
현자가 항상 머물더냐? 그렇더냐!

악처惡妻의 반대쪽에 악부惡夫가 있다. 그러나 '악부'라는 말은 쓰임이 거의 없는 낯선 말이다.

세상의 반이 남자이고 반은 여자인데 악처라는 말이 귀에 익을 정도로 아내로서 행실이 바르지 못한 여자가 많고, 악부라는 말이 귀에 낯설 정도로 남편으로서 나쁜 짓을 하는 남자가 드물지 않을 터이지만, 세상인심은 유독 여자들에게만 엄격하다. 좁혀 보자면 유교의 영향이 적지 않을 것이고, 크게 보자면 가부장적 사회의 구습 때문일 것이다.

어쨌거나 부부의 한쪽 당사자로서 역할에 충실하지 못한 남편이나 아내, 도움보다 해가 많은 친구, 많은 것을 베풀 수 있는 자리에 앉아 있음에도 불구하고 자기 한 사람의 욕심만 채우려 드는 왕이 있다면, 부부는 상대방의 사랑과 헌신을 잃고, 친구는 친구에게 믿음을 잃고, 왕은 백성들의 복종과 공경을 잃을 것이다.

결혼을 앞둔 선배들이 해준 말은 '다홍치마 때 휘어잡아야 한다'는 것이었다. 그러나 오늘까지 우리 부부가 탈 없이 오순도순 잘 살고 있는 것은 애초부터 선배들의 허튼 충고를 흘려들은 공덕이 아닐 수 없다.

168. [5-24]
자만은 공덕을 악화하고
욕망은 부끄러움을 악화한다.
권속眷屬들을 항상 편견을 (가지고 대하는 것은)
(그) 주인된 자를 악화한다.

오만은 자신의 과실을 알아보지 못하게 하는 데서 그치지 않고 다른 사람의 공덕도 알아보지 못하게 한다. 오만한 사람들은 대개 자기라는 성 안에 갇혀 타인을 우습게 여기기 때문이다.

일하는 사람을 아낄 줄 모르는 경영자도 마찬가지다. 경영자에게는 일하는 사람을 부릴 권리만 있는 것이 아니라 부리는 사람을 돌봐야 할 의무도 있다.

돈만 생각하면서 사람을 부리면 얻을 수 있는 것이 돈뿐이지만 사람을 생각하면서 사람을 부리면 돈과 사람을 함께 얻을 수 있다. 아랫사람을 돌보는 것은 자신을 돌보는 것과 다르지 않아서 부리는 사람을 아낄 줄 모르는 사람은 자신을 아끼지 않는 것과 마찬가지다. 근로자의 임금을 조금만 줄여도 자기 몫이 커진다고 생각하는 경영자가 그런 꼴이다. 욕심에 휩싸여 있는 동안에는 자기가 쥐고 있는 그 한 움큼을 풀어놓으면 여러 사람에게 그 혜택이 돌아가고, 그것이 결국 더 큰 이익으로 자신에게 되돌아오는 것을 알지 못한다.

산들이 모아준 물을 모아 배를 채운 저수지는 문을 열어 곡물을 키우는 물을 흘려보낸다. 문을 열지 않는 저수지는 넘치게 되고 결국에는 자기 배를 채운 물의 힘으로 무너지고 만다.

169. [5-25]
도움 되는 말을 하는 자는 드물고
그들보다 듣는 자는 (더욱) 드물다.
현명한 의사는 얻기 어렵고
그의 말에 따라 행하는 자는 (더욱) 적다.

부처님께서 비구 대중들과 어떤 성에 머무실 때였다. 부처님을 비롯한 비구 대중 전체가 병에 걸렸다. 의사 지바까가 대중들의 상태를 살핀 후 부처님께는 약 두 첩을 처방하고 나머지 비구들에게는 모두 한 첩씩만 처방했다.

그것을 이상하게 여긴 데바닷따Devadatta가 의사의 처방을 무시한 채 부처님과 똑같이 두 첩을 복용했다. 약을 과용한 그가 복통을 견디지 못하고 방바닥을 뒹굴자 놀란 비구들이 다시 지바까를 불렀다. 지바까는 데바닷따를 비롯한 비구들에게 말했다.

"약은 병을 치료하는 데 쓰지만 그 약을 과용해서 걸린 병에는 치료할 약이 없습니다."

부처님께서는 이런 사태를 미리 알고 있었다는 듯 데바닷따의 이마를 어루만지며 말씀하셨다.

"만약 내게 데바닷따와 라훌라 두 사람 사이에 어떤 차별이나 분별하는 마음이 없다면 데바닷따의 이 아픔이 곧 멈추도록 하라."

부처님의 말씀이 끝나자마자 데바닷따의 아픔이 깨끗이 사라졌다고 한다.

170. [5-26]
너무 지나치게 오만이 크면
고통에 계속해서 빠진다.
'사자가 큰 자만 때문에
여우의 (무거운) 짐을 들어주었다'고 들었다.

코끼리 사냥에 성공한 사자가 쓰러진 코끼리 앞에 앉아 입맛을 다시고 있었다. 그때 여우 한 마리가 다가와 겁도 없이 사자 앞에서 코끼리의 살점을 뜯어먹었다. 기분이 상한 사자가 여우에게 말했다.

"네게 이 고기를 먹을 권리가 있다고 생각하느냐? 네가 만약 죽은 코끼리 시체를 등에 지고 갈 수 있다면 너의 죄를 묻지 않을 뿐 아니라 코끼리의 머리를 네게 상으로 주마."

생각은 굴뚝같았지만 몸이 따라주지 않을 것을 안 여우가 오만한 사자를 골탕 먹일 생각으로 한 가지 꾀를 냈다.

"좋습니다. 코끼리를 지고 갈 테니 대왕님은 제 뒤에서 노래를 불러주십시오."

"노래를 하라니 무슨 소리냐?"

무슨 말인지 모르겠다는 듯 사자가 물었다.

"정말로 모르십니까?"

여우가 묻고 사자가 고개를 끄덕였다.

"옛 경전에 코끼리를 지고 가는 자는 고귀하다 했습니다. 그리고 코끼리를 질 수 없는 열등한 이들은 뒤를 따라가며 찬가를 부른다고 했는데 그렇게 해야 천신들이 기뻐한다고 했습니다."

여우의 말을 듣고 사자가 곰곰 생각해 보았다. '내가 여우를 위해 노래를 했다는 소문이라도 나면 체면이 말이 아니겠구나'라고 생각이 미친 사자가 여우에게 말했다.

"경전에서 그랬다면 백수의 왕인 내가 응당 코끼리를 지고 가야 하지 않겠느냐? 너는 내 뒤에서 노래나 불러라."

말을 마친 사자가 코끼리를 등에 지고 의기양양하게 앞서 걷기 시작했다. 여우는 사자가 시키지 않았어도 노래가 나올 판이었다.

백수의 왕이라는 호칭을 듣고 살아도 지혜가 없으면 여우보다 못한 가소로운 존재로 추락하고 만다. 힘으로 산을 뽑고 기개로 세상을 덮을 만했던 역발산기개세力拔山氣蓋世의 항우도 자만심을 다스리지 못해 천하를 잃은 뒤에 하늘과 자신을 원망하며 스스로 제 목숨을 끊지 않았던가.

171. [5-27]
까마귀들이 숨겨놓았던 것과
성정이 나쁜 자를 도와주었던 것과
나쁜 땅에 씨를 뿌렸던 것들은
기대는 많지만 되는 일은 적다.

건망증 심한 사람에게 '까마귀 고기 먹었냐?'고 놀릴 정도로 까마귀의 건망증은 옛 사람들이 보기에도 안타까운 데가 있었던 모양이다. 힘들여 물어다 감춰둔 먹이를 찾아내지 못한 까마귀는 필요 이상으로 바쁘게 살아야 했을 것이다.

바탕이 좋지 못한 사람에게 힘을 보태면 고통을 낳는다. 물에 빠진 개를 건져놓은 뒤 깨어난 개에게 허벅지를 물리는 것과 마찬가지로 바탕이 선하지 않은 사람에게 공을 들이면 돌아오는 것이 보은이 아니라 배신이다.

땅이 좋아야 수확도 풍성해지는 것을 아는 농부는 땅 만드는 일로부터 농사를 시작하지만 어리석은 농부는 땅이야 어떻든 씨 뿌리는 것부터 시작한다. 그러나 그렇게 뿌려진 씨가 제대로 싹을 틔울 리 없다. 농사만이 아니라 일관되게 삶을 관통하는 오의, 그것은 '뿌린 대로 거둔다'는 인과의 법칙이다.

땅을 파려거든 새로 만든 종이삽보다 닳았더라도 쇠로 만든 삽을 사용해야 하고, 우물에서 물을 긷고 싶을 때는 반듯한 대광주리보다 쭈그러졌어도 두레박을 써야 하며, 사람을 사귈 때는 가진 것보다 그 행하는 바를 먼저 살펴야 할 일이다.

172. [5-28]

(사전에) 조사해보지 않았던 (일은) 누구에게라도
확신을 (가지고) 충고하지 말라.
수월하게 여겼다간 실수가 생기고
의논을 하다가 적이 되는 (경우가) 많다.

사람이 사람을 믿지 못하는 이유는 자기와 다른 수많은 사람들과 어울려 살아야 하기 때문이다. 세상에는 자기 마음 같지 않은 사람이 많고, 속에 든 마음과 다른 얼굴빛으로 말하는 사람들도 많으며, 드물지 않게 은혜를 원수로 갚으려고 하는 사람들도 있다.

그렇지만 남보다 더 잘 살펴야 할 사람은 바로 자기 자신이다. 제아무리 열심히 떠들어도 그것은 다만 웅변일 뿐 대화나 토론일 수 없다. 바른 논의를 위해서는 먼저 자기 마음의 상태가 어떠한지 살펴봐야 한다. 그래야 하고자 하는 말의 옳음과 그름을 명확하게 알게 되고, 그것이 대화를 하는 상대방에게 필요하고 적절한 말인지도 알 수 있다. 그러므로 이미 잘 알려진 사실이라 하더라도 상대방의 처지에 따라 두루 살펴보고 말해야 한다. 그렇게 하지 않으면 사소한 말 한 마디로 원수가 되는 일이 생긴다.

173. [5-29]
세상에는 두려운 것이 많아도
천성이 악한 자처럼 두려운 것은 없다.
다른 악한 자들을 고칠 수 있지만
천성이 악한 자를 고치려 했다간 실패한다.

선한 마음을 타고난 사람이 있다고 믿는다면 악한 성품을 타고난 사람도 있다고 믿어야 할 것이고, 선한 마음을 타고난 사람이라도 나쁜 길로 빠질 수 있다는 것을 인정한다면 악한 성품을 타고난 사람이라도 좋은 길로 돌아올 수 있다는 가능성을 부정하지 말아야 한다.

배움이 깊지 않은 사람이 배움 깊은 이에게 가르침을 청하고, 힘자랑하기 좋아하는 이가 기운 센 사람에게 무릎을 꿇는 것처럼, 잘났든 못났든 아직 임자를 만나지 못해 그렇게 사는 것일 뿐이다. 타고났기 때문에 고칠 수 없는 성품이란 게 있을까 싶다. 그렇지 않다면 변화의 전제가 되는 무상無常을 부정하는 것이 되고 말기 때문이다.

앙구리마라Angulimāla의 일화를 생각해 보면 더욱 그렇다. 오늘날의 법 개념으로 그를 재판한다면 물어볼 것도 없이 사형이다. 그러나 부처님께서는 그를 새사람으로 만드셨다. 그것은 그가 성취에 대한 큰 열망을 갖고 있었기 때문에 가능한 일이었다.

천성이 악랄한 사람은 고칠 수도 없다는 게송을 뒤집어 읽어 보았다. 뒤집어 읽어본 게송의 내용은 고칠 수 없다고 믿는 사람들의 마음에 대해 말하고 있었다. 그럴수록 고칠 수 있다는 기대를 버리지 말아야 한다. 포기하지 않는 사람은 결국 바람을 이룬다. 살면서 반드시 이뤄야 할 일에 빠르고 느린 것이 뭐 그리 중요하겠는가!

174. [5-30]
천성이 악한 자는 백 가지 공덕으로
도와주었어도 만족시킬 수 없다.
어떤 자는 (자신이) 의지했던 자를 적으로 삼으니 이는
천성이 악한 자의 특성이다.

부처님의 사촌이었던 데바닷따는 부처님의 가르침을 따르지 않았다. 그는 자신의 추종자를 만들기 위해 승단의 화합을 깨트렸고, 자신의 후원자를 만들기 위해 왕자를 꼬드겨 부왕을 살해하게 했으며, 나아가 승단을 차지할 욕심으로 부처님의 몸에서 피까지 흐르게 했다.

오래 사귈 수 있는 사람과 그럴 수 없는 사람이 있다. 잇속에 밝은 자들이 사람을 사귈 때 보이는 행동의 특징은 오래 사귀지 않을 뿐만 아니라 끝이 좋지 않다는 점이다. '잇속을 따져가며 사람을 만나지 말라'는 말은 곧 이로움보다는 의로움으로 사람을 사귀라는 뜻이다. 사람이라면 누구나 본능에 가깝게 이로움을 따지지만 좋은 관계는 자기 쪽의 물러섬이 없이 이뤄지지 않는다. 사람을 사귈 때는 언제고 상대방을 나의 거울 보듯이 해야 할 일이다.

175. [5-31]
악한 자를 이처럼 고치려 했어도
선량한 성품이 생기는 것은 불가능하다.

숯은 애써 씻어봐야
하얀색이 (되는 것은) 불가능하다.

악행에 대해서 언급하다 보니 자꾸만 악행을 이해하려는 쪽으로 마음이 움직이고, 그래서인지 '악한 사람은 바꿀 수 없다'거나 '타고난 천성이 있다'는 말을 자꾸만 부정하고 싶어진다.

맞고 자란 아이가 나중에 커서 매를 드는 부모가 되고, 주정뱅이 부모를 둔 아이가 나중에 커서 술고래가 되며, 바람피우는 부모를 둔 아이가 나중에 바람둥이가 되기 쉽다는 말을 어린 날부터 귀에 진물이 나게 들었다. 세상이 그렇게 정해진 길을 따라 흘러가는 것이라면 삶이 살아볼 만한 것이라고 말할 수 없다. 태어난 대로 살아야 하고 주어지는 대로 입거나 먹어야 할 것이기 때문이다.

그러나 수확이 달라지는 것이 어찌 씨앗 하나만의 문제일 수 있겠는가? 풍작은 씨와 땅과 하늘과 사람의 조화로 이루어지는 것이며, 그 각각의 조합에 따라 다양한 양태의 수확이 이루어진다. 그러나 사람들은 씨와 땅을 말하고 하늘과 사람을 따로 말할 뿐, 그것이 서로 이어진 연기적 존재라는 것을 자각하지 못한다.

사람 바꾸기가 어려운 것은 사실이다. 그러나 누구도 '절대로 바뀔 수 없다'고 말할 수 없다. '태어나서 죽을 때까지 똑같은 사람으로 살아가는 이는 없다'라고 읽는 것이 오히려 게송의 속뜻에 더 가까이 다가간 독법이리라.

176. [5-32]

악한 자에 의해 버려진
그곳을 현자는 보는 것도 포기한다.
뱀에게 해를 입었던 곳 쪽에
금 목걸이가 보이더라도 도망치듯이.

가짜는 절대로 진짜를 뛰어넘을 수 없다. 그러니 가짜에게 속아 손해를 보았다면 가짜를 알아보지 못한 사람에게도 책임이 없다고 말하기 어렵다.

말법의 시대라고 하지만 불법이 스스로 쇠하여 말법의 시대가 되는 것은 아니다. 법을 대하는 사람들의 태도가 말법이라 불리는 시대를 만들어 낼 것이기 때문이다. 말법의 시대라고 바른 가르침을 따라 사는 사람이 아주 없는 것은 아니다. 단지 바른 가르침이 제대로 지켜지던 시대처럼 귀한 사람을 귀하게 대접하는 사람들의 수가 그때처럼 많지 않을 뿐이다.

속임수에 넘어가고 뱀에게 물려 본 것보다 더 중요한 것은 그러한 경험들을 어떤 방향으로 작용하게 하느냐다. 사기꾼에게 당한 경험 때문에 지혜로운 인재를 알아보지 못한 채 버려두거나 뱀에게 물린 경험 때문에 금으로 만든 구불구불한 목걸이를 보고서도 도망쳐서는 안 될 것이기 때문이다.

좋은 것을 배우고도 배운 대로 살지 못하는 것을 아쉬워한다면 모를까 바르지 못한 것이 힘을 쓰는 것을 부러워하거나 배가 고프다고 썩은 음식을 덥석 집어 삼킬 수는 없는 일이 아닌가.

177. [5-33]
섬기려면 성자에게 해라! 그렇지 않고
하찮은 자를 섬기면 과실過失의 근본이 (된다).
우유는 사람의 감로이나
뱀에게 주면 독이 늘어난다.

배운 것을 자랑하기보다 배운 대로 살고, 중생의 이익을 일의 출발점으로 삼으며, 은혜를 베풀고도 베푼 것을 마음속에 남겨두지 않는 사람이라면 그가 누구든 성자라는 이름으로 공경 받을 만하다.

바른 수행자는 다른 사람의 공경을 공경으로 갚지만, 비뚤어진 수행자는 다른 사람의 공경을 복종이라 여긴다. 바른 수행자는 사람들에게 '당신이 당신 삶의 주인'이라고 알려주지만, 비뚤어진 수행자는 '나를 통해 당신의 바람이 이뤄질 것'이라고 큰소리친다. 가르침을 받아들이는 이도 마찬가지다. 지혜로운 이는 바른 수행자가 들려주는 '당신이 당신 삶의 주인'이라는 말을 즐겁게 받아들이지만, 어리석은 이는 비뚤어진 수행자가 떠벌리는 '내가 네 삶의 인도자'라는 말을 무섭게 받아들인다. 지혜로운 이들이 주인으로서의 삶에 방점을 찍는 것과 달리 어리석은 이들은 끌려가는 삶에 방점을 찍기 때문에 이런 차이가 생긴다.

칭찬이 누구에게나 약이 될 수 없는 것처럼 공경도 누구에게나 자양滋養이 되는 것은 아니다. 바른 수행자에 대한 공경은 감로가 될 터이지만 비뚤어진 수행자를 공경하고 따르는 것은 독사에게 목을 늘이는 꼴이나 마찬가지다.

178. [5-34]

전력을 다해 의지하려 했어도
악한 자의 마음과 어찌 섞일 수 있으랴?
죽은 (자)를 어떻게든 돌보려 했어도
편하게 하는 것은 불가능하다.

옛날에 덕 높은 스님이 산길을 가다가 병들어 쓰러진 도적 두 명을 구해주었다. 스님은 온 산을 뒤져 좋은 약초를 찾아내 도적들에게 달여 먹이고 자기도 먹기 힘든 귀한 음식을 구해 도적들에게 먹였다. 기운을 챙긴 도적들은 절을 떠나지 않고 스님을 따라 예불에 참석하는 척하다가 불단에 모셔져 있던 금동불상을 훔쳐 달아나 버렸다.

부처님께서도 인연 없는 중생은 구제할 수 없다고 말씀하셨다. 그러나 짐작키로 스님은 불상을 훔쳐 달아난 도적들을 연민하는 마음으로 기도했을 것이다. 도적들 스스로 변해보겠다는 마음을 스스로 내지 않는다면 발품도 말품도 모조리 헛것이 되고 말겠지만 그래도 스님은 도적들을 위한 기도를 중단하지 않았을 것이다.

어두운 시절에 수없이 악용되었던 말, '개전의 정'이란 말을 믿는다. 그것이야말로 교화와 구제의 시발이 될 것임을 굳게 믿기에.

179. [5-35]

언제나 분란을 바라는 사람에 의해서
친구처럼 의지하던 사람도 헤어지게 된다.
물에 의해 항상 해를 입으면
바위에 금 가는 것이 어찌 일어나지 않겠느냐?

온라인상에서 횡행하는 불특정 다수의 악의적인 댓글 공격은 특별한 원한이 있어서 자행되는 게 아니다. 오히려 아무런 죄의식 없이 충동적으로 저질러지는 경향이 훨씬 더 짙다.

바로 앞 「나쁜 행실에 대한 검토(관악행품觀惡行品)」의 여섯 번째 게송에서 산적들에게 농락당하는 바라문의 경우처럼 지어낸 거짓말이라도 거듭되면 의심을 품게 되고, 한번 생긴 의심은 저절로 자라나 웬만한 믿음은 힘을 쓰지 못하게 만들어 버린다. 물방울이 계속 떨어지면 큰 바위라도 구멍이 나고, 적은 물이라도 그치지 않고 흐르다 보면 도랑이 생겨나는 법이다.

굳이 남의 말을 하려거든 흠 대신 좋은 말을 퍼뜨릴 일이다. 좋은 말은 삿대질 대신에 고운 말로 돌아오게 되어 있다. 그렇게 되지 않는다 하더라도 최소한 방망이로 때린 뒤에 홍두깨로 맞는 일은 생겨나지 않는다.

180. [5-36]

'내가 속였다'고, '잘못했다'고 (말하면서)
큰스님, 스승, 친구를 비난하는
거짓말을 한다면 그 거짓말하는 자를 진심으로 믿을 수 없다.

진실로 (믿었다간) 더욱더 두려운 일만 생겨난다.

한 스승께 똑같은 내용을 배우고도 어떤 제자는 스승을 뛰어넘는 재목이 되고 어떤 제자는 스승의 이름에 먹칠을 한다.

제자의 영민함을 시기하고 질투하는 사람을 스승으로 모셨다면 모를까, 그래서 스스로 눈 밝지 못한 것을 탓할 일이 생겼다면 모를까, 누군가를 스승으로 모시기로 마음먹었으면 의심 없이 스승의 가르침을 쫓아야 한다. 스승은 가르치는 것만 아니라 바르게 사는 법을 깨쳐주는 사람이다. 그래서 제자의 일거수일투족에 관심과 애정을 보이고 꾸중과 질책을 아끼지 않는 어른이다.

스승을 떠나지도 못하면서 있지도 않은 스승의 허물을 입에 담지 말 일이다. 스승의 공덕을 알아보지 못하는 것은 자기 과실이고, 스승의 가르침을 제대로 받지 못하는 것 또한 자신의 허물이다. 가르치는 사람의 종류도 여럿이지만 배우는 이들의 수준도 천차만별이다. 스승이 가진 공덕과 허물을 알아보지 못하는 사람, 스승의 허물만 보고 공덕은 알아보지 못하는 사람, 스승의 공덕까지 허물로 읽어내는 사람, 그리고 스승의 허물까지도 공덕으로 알고 자신의 배움으로 삼는 사람……

부처님께서는 제자들에게 일체의 선지식을 공경하라고 가르치셨고, 도반들과 화합하고 일체 중생을 자비로운 마음으로 대하라고 가르치셨다. 좋은 스승의 바른 가르침을 받아들일 준비는 되어 있는지 새삼스럽게 스스로를 돌아봐야 할 일이다.

181. [5-37]
어떤 사람은 내용이 의심스러운 것을
다른 곳에서 누가 되었든 설명한다.
진실이든 그렇지 않은 거짓이든 간에
현자는 이에 대해서 항상 주의한다.

입 가벼운 것의 폐해를 많이 보았고 말 무거운 것의 공덕을 겪어본 게 적지 않았다. 한 사람이 알게 되면 두 사람이 알게 되고, 머지않아 네댓 사람과 열 사람이 알게 된다. 더구나 요즘 같은 세상에 한 사람에게 새나간 비밀은 이미 비밀이라고 할 수도 없다.

미늘 없는 낚시로 세월을 낚던 시절, 어려운 살림을 참아내지 못하고 집을 뛰쳐나간 여인이 지아비의 출세 소식을 듣고 찾아왔을 때, 강태공은 집 나갔다 돌아온 부인에게 동이에 담은 물을 땅에 쏟았다가 다시 담아보라고 했다. 여인은 자신의 바람이 이뤄질 수 없는 것을 알고 울면서 떠났다. '엎지른 물은 다시 담을 수 없다[覆水難收 복수난수]'고 한 것처럼 한 번 입 밖으로 내뱉은 말은 거둬들일 재간이 없다. 말을 살피고 간수하는 일, 뜻을 둔 이라면 반드시 새겨둬야 한다.

182. [5-38]

성정이 나쁜 자는 재산을 중시하니
친한 친구라도 진심으로 믿지 말아야 한다.
위대한 인물들에게 뇌물을 먹기 위해서
(자신을 팔아먹은) 친구가 손해를 행했던 것이 많다.

옛날 옛적에 보살이 사슴 무리의 왕 노릇을 하고 있을 때였다. 하루는 산에서 약초를 캐던 사람이 비탈에서 미끄러져 깊은 연못에 빠졌다. 그는 숨어 넘어갈 듯 소리쳤다.

"사람 살려, 사람 살려!"

사슴 왕이 그 소리를 듣고 물속으로 뛰어들어 그를 구해주었다. 죽음 바로 앞까지 갔다가 살아난 그는 감격하여 울면서 말했다.

"제게 두 번째 삶을 주신 은혜를 무엇으로 보답할 수 있겠습니까?"

사슴 왕이 말했다.

"사람들이 내가 있는 곳을 알게 되면 나를 해치려고 할 테니 아무에게도 나를 보았다고 하지 마시오."

죽다 살아난 그 사람은 허리를 굽실거리며 산을 내려갔다. 얼마 후, 그 나라의 왕비가 꿈속에서 사슴 한 마리를 보았는데, 털이 아홉 가지 빛깔로 빛나고 뿔은 눈처럼 희어 말할 수 없이 아름다웠다. 꿈속에서 본 사슴을 잡아 옷을 지어 입고 싶었던 왕비는 자나 깨나 그 생각만 하다가 병이 나고 말았다. 왕이 몸져누운 왕비에게 말했다.

"걱정하지 마시오. 그대의 남편이 이 나라의 왕이오."

왕은 바로 전국에 영을 내렸다. 아홉 가지 색깔을 가진 사슴을 잡아 바치는 자에게 벼슬과 상금을 내린다는 내용이었다. 물에 빠져 죽다 살아난 뒤 다시 약초를 캐러 산속을 돌아다니던 사람도 그 소문을 들었다.

'하늘이 내게 주신 좋은 기회다.'

벼슬과 상금에 눈이 먼 그는 사슴 왕에게 했던 약속을 까맣게 잊어버린 채 곧바로 왕궁으로 달려가 왕에게 사슴이 사는 곳을 일러바쳤다. 왕은 사냥에 능한 군대를 이끌고 그 산을 찾아갔다. 잠을 자다가 소란스러운 소리에 깨어난 사슴 왕은 자기가 이미 사냥꾼들에게 포위된 것을 알게 되었다. 사슴 왕은 스스로 왕 앞으로 나아갔다.

"궁궐 속에 사는 왕께서 어떻게 제가 있는 곳을 아셨습니까?"

왕이 사냥 나온 사람들 속에 섞여 있던 약초꾼을 가리키자 사슴 왕이 눈물을 흘리며 왕에게 말했다.

"왕이시여, 저 사람은 얼마 전에 물에 빠져 죽을 뻔했다가 저를 만나 살아났습니다. 저 사람은 저와 헤어지면서 아무에게도 제가 사는 곳을 말하지 않겠다고 약속했습니다. 오늘 보니 저 사람은 은혜를 원수로 갚은 모양입니다."

왕은 사슴 왕의 말을 듣고 부끄러워졌다.

"내 백성 중에 그런 사람이 있었다니 하늘에 부끄러운 일이다."

왕은 약초를 캐는 사람을 호되게 야단쳐 돌려보낸 뒤 자신도 군대를 거둬 산을 떠났다. 그리고 누구도 사슴을 사냥하지 못하도록 엄명했다. 상금에 눈이 어두워 은혜를 잊었던 그 사람은 다시는 약초를 캐러 산으로 들어갈 엄두를 내지 못했다.

183. [5-39]

해를 입힐 징표를 얼굴에 드러낸
적, 이들을 무너뜨리기란 쉽다.
은혜를 베풀 듯한 표정을 얼굴에 드러낸
적, 이들을 어찌 무너뜨릴 수 있을까!

'두고 보자는 사람 무섭지 않다'는 말이 있다. 사람들은 정말로 그렇게 말하는 이를 그다지 무서워하지 않는다. '죽여버리겠다'거나 '손봐주겠다'고 공개적으로 말하고 다니는 것은 상대방에게 '준비 잘하고 기다리고 있으라'고 알려주는 것이나 마찬가지다. 「어리석은 자에 대한 검토(관우자품觀愚者品)」 서른일곱 번째 게송에서 읽은 비슷한 내용을 이번에는 한역 게송으로 읽어보자.

懦夫僅嘴說滅敵 나부근취설멸적
遠見怨敵恐叫號 원견원적공규호
戰場遇敵敬合掌 전장우적경합장
返回家中說大話 반회가중설대화

비겁한 놈은 입으로만 적을 물리치고
먼 거리에서 보이면 고함치고
싸움터에서 마주치면 합장하다가
자기 집에 도착하면 거만하게 말한다. (해제자 졸역)

조심하고 두려워해야 할 사람은 나쁜 마음을 품고 있으면서도 웃는 낯빛을 보여주고 입만 열면 마음에 드는 말만 골라 들려주는 사람이다.

다른 사람을 혼내주려고 마음먹은 뒤 그것을 제대로 실천해내는 사람은 아무렇게나 그 뜻을 드러내지 않는다. 밝은 데서 날아오는 창은 피할 수 있어도 어둠 속에서 날아오는 화살은 피하기 어렵다는 것을 알아야 한다. 헤프게 쏟아내는 위협과 웃음 뒤에 감춰진 나쁜 의도를 알아보는 것이야말로 지혜로운 안목이 아닐 수 없다.

184. [5-40]
다른 말은 현자가 고칠 수 있으나
나쁜 말을 내뱉는 것을 (고치는 것은) 불가능하다.
까마귀가 부엉이를 깎아내렸기 때문에
억겁에 걸쳐 원한을 품은 것을 보라.

아주 오랜 옛날, 숲 속에 살던 새들이 왕을 뽑기 위해 모였다. 부엉이의 이름이 맨 앞에 적혀 있었고, 많은 새들이 부엉이의 장점을 인정하는 분위기였다.

부엉이는 달빛이 없는 밤에도 사물을 똑똑하게 분간할 수 있는 밝은 눈을 가졌고, 머리 위에 있는 우뚝한 뿔은 지도자에게 어울릴 법한 위의를 갖추고 있었다. 얼굴 가득 웃음을 띤 부엉이가 당당한 걸음으로 걸어가고 있을 때, 뒤늦게 나타난 까마귀가 큰소리로 외쳤다.

"부엉이는 우리의 왕이 될 수 없습니다. 첫째, 부엉이는 옛날부터 상서롭지 못한 새로 여겼습니다. 둘째, 부엉이의 정수리에 있는 것은 뿔이 아니라 깃일 뿐입니다. 셋째, 부엉이의 눈과 부리가 노란 것은 아주 오랜 옛날에 어미의 밥을 뺏어 먹은 과보라는 말이 있습니다."

까마귀의 한마디로 부엉이는 왕이 되는 꿈을 내려놓아야 했고, 그날 이후 부엉이와 까마귀는 불구대천의 원수가 되고 말았다.

사람이 많은 곳에서 하는 말일수록 더욱 삼가고 조심해야 한다. 수행자들에게 있어서 도반은 스승과 함께 중요한 두 가지 중 하나다. 소중한 인연을 불필요한 말 한마디로 잃어버리는 일이 생기지 않도록 언제나 새기고 살피며 수행사의 본분을 지켜가아 힐 일이다.

185. [5-41]
'마음속에는 원한을 진실로 품고 있으면서도
입으로는 달콤한 말로 속삭여라'라는 것은
선인仙人 아또따의 구결[4]이지만
성자의 도리와 위반된다.

어렸을 때 살던 동네에 '염상'이라고 불리던 이가 있었다. 그는 번듯한 풍채를 지녔으면서도 박박 깎은 머리에 사시사철 검은색 긴 코트를 입고 다녔는데, 성당 앞에 살았던 나는 거의 날마다 그 사람을 볼 수 있었다. 외국인 신부님의 재떨이에서 나오는 꽁초를 받아가기 위해 그가 하루 한 번 이상 성당을 다녀갔기 때문이다.

동네 아이들이 어른들의 목소리를 흉내 내어 이름을 불러도 그는 단 한 차례도 화내는 얼굴을 지어 보인 적이 없었다. 그는 세칭 미친 사람이었다. 철없는 우리 어린 것들이 그를 우습게 여기며 놀려대는 것과 달리, 하루하루 고달픈 삶을 꾸려가던 어른들은 때로 그의 처지를 부러워하는 말을 하곤 했다. 그는 벌이를 걱정하지도 않았고 다른 사람의 눈치를 살피지도 않았다.

---

4 【주석서】에 있는 나쁜 리쉬惡劣仙人 아또따의 가르침은 다음과 같다.

> 모든 미혹迷惑하지 않은 자는 미혹하게 하고
> 미혹한 자는 항상 기만해라.

두 얼굴로 사는 것은 문명권에서 살아가는 사람들의 숙명이다. 온전한
정신으로 살고 있다고 믿고 싶은, 부러움 많고 미움 많고 분함과 원망
많은 똑똑한 바보들이 스스로 떠안은 무거운 짐이다. 선인 아또따의 구결은
성자의 도리에 위배된다. 마음을 감추는 것과 마음을 바꾸는 것은 엄연히
다른 일이 아니던가!

186. [5-42]

'독의 뿌리를 없애는 것처럼
적은 근본부터 잘라야 한다'라는 말이
『왕규론王規論』[5]에 나와 있지만
(적도) 아들처럼 보살피면 아들처럼 행동한다.

한 나라의 제왕을 교육할 때는 적에 대한 철저한 응징을 가르친다. 그러
나 부처님께서는 일체중생을 부모처럼 공경하고 자식처럼 사랑하라고
가르치셨다.

적에 대해 철저한 응징과 부처님의 가르침이 다른 말이 되게 하지 않으려
면 항상 보리심이 그 바탕에 깔려 있어야 한다. 제왕의 법도에서 가르치는
응징이 상해와 죽음 같은 처벌이 아니라야 하기 때문이다. 그러나 세상일은
그렇게 돌아가지 않는다.

世間乞者衆 세간걸자중
忍緣敵害稀 인연적해희
若不外施怨 약불외시원
必無爲害者 필무위해자

故敵極難得 고적극난득
如寶現貧舍 여보현빈사
能助菩提行 능조보리행
故當喜自敵 고당희자적

敵我共成忍 적아공성인
故此安忍果 고차안인과
首當奉獻彼 수당봉헌피
因敵是忍緣 인적시인연

세상에 얻어먹는 이가 많아도
해롭게 하는 일은 많지가 않다.
만약 내가 남에게 해 입히지 않으면
남도 내게 반드시 해 끼치지 않는다.

그러므로 적이란 얻기 매우 힘든
가난한 집에 나타난 보물과도 같아서
능히 나의 보리행 도울 수 있으니
나는 응당 그 적을 기쁘게 하리라.

적과 나 둘이서 함께 인욕 이뤄서
이와 같은 과보를 얻게 되었다.
그 과보 그에게 먼저 봉행하니
적이 바로 인욕 이룬 원인이기 때문이다.

　　　　　－『입보리행론』,「제6 인욕품」106~108번 게송(해제자 졸역)

보살은 어떤 중생에게도 해로운 일을 하지 않는다. 그래서 적이 생기지 않는다. 어쩌다 위해를 가하려는 자가 있어도 오히려 더 큰 연민의 마음을 낸다. 극단의 보살행으로 자비심을 말하는 까닭은 그 마음의 반의반만으로도 세상이 달라질 수 있다는 역설의 표현이다.

'이에는 이, 눈에는 눈' 대신에 '왼뺨을 맞았거든 오른뺨을 내밀라'는 말을 떠올리고, '세상 모든 사람이 어느 전생에서는 나의 부모'였을 것을 생각해볼 일이다.

187. [5-43]
자기 일만 이루려는
사람과 어울리는 것을 누가 할 수 있으랴?
농부가 애써 가꾸는 땅에는
다른 작물(들)이 성장할 기회를 (가지기는) 어렵다.

말끝마다 '나'를 내세우는 사람은 언제나 자기 이익을 먼저 챙기고 자기만 옳다고 생각한다. 그런 까닭에 자기와 자기 것을 중요하게 여길 뿐, 다른 사람과 다른 사람 것을 귀하게 볼 줄 모른다.

부처님께서 살아 계시던 때, 말끝마다 "내게 다오!"라고 말하는 사람이 있었다. 그러면서도 그는 결코 자기가 가진 것을 남에게 베풀지 않았다. 어느 날, 장자 한 사람이 부처님께 공양을 올린다는 소문을 듣고 나타난 그가 장자에게 말했다.

"내게도 주시오!"

부처님께서 그를 불러 말씀하셨다.

"그대가 만약 '나는 그만 되었소'라고 말한다면 여기 있는 음식을 모두 그대에게 주겠다."

부처님의 한 말씀에 그는 새로운 세상을 보게 되었다.

동서고금을 막론하고 칭송되던 것 중에 '다른 사람 돕기를 즐겁게 여기라'는 말이 있다. 제아무리 열심히 정진해서 얻어낸 것이 있다고 하더라도 '나'를 앞세운 말 한 마디로 허사가 되고 만다. 삼보에 귀의하고도 여전히 '나'를 위하고 '나'를 챙기는 일에 골몰한다면 어찌 불자라는 이름에 어울리는 삶을 산다고 할 수 있겠는가!

188. [5-44]

어떤 사람은 베풀었던 일에 보답하지 않는다.
그런 자와 친구가 되는 것이 어찌 가능하랴?
애써 (가꾸었어도) 과실果實이 성장하지 않는
땅에 농사짓는 것을 누가 할 수 있으랴!

'친구 셋이 잇따라 자기를 떠나거든 새로운 친구를 사귀지 말라'는 옛말이 있다. 새로운 친구를 사귀기 전에 그들이 왜 자기 곁을 떠났는지 먼저 그 까닭부터 살펴보라는 뜻이다. 끝내 마땅한 이유를 찾아내지 못한다면 정말로 친구 사귀기를 그만둬야 할지도 모른다.

거칠고 척박한 것을 알면서도 그 땅을 떠나지 못하는 까닭은 그보다 나은 땅이 없다고 생각하기 때문이다. 그럴 때 땅을 떠나 물로 가는 자는 지혜롭고 용기 있는 사람이다. 살 길이 땅에만 있는 것은 아니기 때문이다. 그러나 또 한편 농부는 땅을 원망하면서 농사를 포기하는 법이 없다. 이로움이 없어졌다고 친구를 떠나지 않는 이가 참된 친구인 것처럼, 하늘이 도와주지 않을 때라도 진짜 농부는 땅을 떠나지 않는다.

이로움이 사라졌어도 변함없이 알아주는 친구, 한 해 수확을 망쳤어도 결코 땅을 포기하지 않는 농부, 결국 모아지는 답은 하나다. 타인과의 사귐에 있어서도 사람됨이 으뜸이다. 자신은 과연 친구 소리 들을 만큼 갖추고 사는지 새삼스레 돌아볼 일이다.

189. [5-45]

무모한 자들의 행위는
사람들을 빨리 쇠약하게 한다.
미친 코끼리는
(그 목숨을) 빨리 끊어야지 왜 끊지 않으랴?

인도는 코끼리의 나라다. 육상동물 중에 가장 큰 덩치를 가진 코끼리의 힘은 짐작하고도 남음이 있다. 그런데도 수많은 코끼리들이 사람 손에 길들여져 사람들의 부림을 받으며 산다.

몸과 말과 마음을 다스리지 못하는 사람들, 그들은 다른 사람 때문이 아니라 스스로 짓는 업으로 인해 어려운 처지에 빠지고 만다. 높은 자리일수록 그런 사람의 폐해는 더욱 크다. 그의 잘못된 행동과 말과 생각이 많은 사람들에게 큰 영향을 미치기 때문이다.

잘 길들여진 코끼리가 사람들의 삶에 큰 도움을 주는 것과 달리 미친 코끼리는 덩치만큼 큰 패악의 원인이 되는 것처럼, 높고 귀한 자리 역시 큰 공덕을 짓는 것과 큰 악업을 짓게 하는 양면성을 갖는다. 높은 자리에 앉은 사람이 못된 짓을 저질렀을 때 어떻게 대처해야 하는지 게송에서는 미친 코끼리의 이야기로 답을 주고 있다.

190. [5-46]
하찮은 자에게 무엇을 그쪽에 베풀었든 간에
이쪽에서 필요할 때 어찌 되돌려 받을 수 있겠는가!
부젓가락은 항상 (쇳덩이를) 쥘 수 있지만
쇳덩이 이쪽에서 잡는 건 어떻겠는가?

은혜를 베풀고 갚는 데서도 오해가 생기고, 한 번 생긴 오해는 불신과 배신감으로까지 이어진다. 은혜를 베푼 사람이 베푼 것보다 돌려받은 게 적다고 생각하는 것이나 은혜를 입은 사람이 받은 것보다 더 크게 갚았다고 여기는 경우를 흔히 본다. 그래서 은혜는 은혜로 갚으라고 하는 것이고, 나눈 것이 무엇이든 나눴다는 생각조차 갖지 말라고 하는 것일 게다.

'선한 일을 많이 한 집안에는 반드시 경사스러운 일이 생긴다[積善之家必有餘慶 적선지가필유여경]'고 했다. '여경餘慶'이란 말은 선한 업을 지은 것에 대한 과보로 생기는 좋은 일이 당내는 물론 후대로까지 이어진다는 뜻이다.

푼돈을 모아야 목돈을 찾아 쓸 수 있는 것처럼 선업을 착실하게 지어 쌓아두지 않으면 나중에 찾아 쓸 좋은 과보가 없게 된다. 돈 귀한 줄 모르고 헤프게 쓰다가 노년의 삶이 팍팍해지고 마는 것처럼, 좋은 업을 쌓아두지 않으면 후대의 자손은커녕 당대의 자기 삶조차 안정을 잃어버린다.

은혜를 베푸는 것 못지않게 갚는 일도 중요하다. 자고로 은혜를 모르면 군자가 아니라고까지 하지 않았던가!

191. [5-47]
악한 자가 '(나는) 다른 (사람의) 일을 해주는 자'라고 말하는 것은
거짓된 핑계일 뿐이니 죄를 행하는 것이다.
다른 (사람의) 일을 가식적으로 해주기 위해서
어느 현자가 자기 스스로 훼손할까?

아직도 1,500원짜리 자장면을 파는 착한 가게가 있다. 그 집의 자장면 값은 지난 스무 해 동안 겨우 500원이 올랐을 뿐이다. 그렇다고 그 집만 가격이 오르지 않은 재료를 썼을 리는 없다.

많은 사람들이 삶 그 자체의 중요함을 생각하기보다 큰 뭉칫돈과 대박의 기적을 더 꿈꾼다. 일하는 즐거움과 벌이의 고마움은 저만치 밀쳐둔 채 화폐 가치로 환산되는 노동만을 생각하는 사람들도 부지기수다.

집안에 월급쟁이 한 사람만 있어도 부러울 게 없던 시절이 있었다. 그 한 사람의 월급쟁이도 대가족의 부양을 커다란 보람으로 알고 살았다.

그 시절 사람들은 순박했고 무엇보다 작은 것에도 감사할 줄 알았다. 지금은 성인 가족 가운데 한 사람이라도 벌이를 갖지 않으면 걱정거리가 되고 만다. 씀씀이가 이전과 비교할 수 없을 만큼 커졌기 때문이다. 쓰기 위해 돈을 벌어야 하고 돈 버는 것 때문에 모두가 걱정을 해야 될 처지라면 돈은 언제나 걱정의 뿌리일 뿐 행복의 씨앗이 될 수 없다. 그런데도 사람들은 돈만 있으면 행복해질 수 있을 것으로 잘못 알고 있다.

비열한 사람도 입으로는 중생을 위한다고 말한다. 그러나 그의 행동은 자신이 한 말을 따르지 않고, 어쩌다 시늉을 내서 하는 행동도 그가 하는 말만큼 바르지 않다. 평생을 말과 행동이 다르지 않게 살기가 쉬운 일은 아니지만 적어도 가식을 떨치기 위해 노력하는 데 게으르지는 말아야 할 것이다.

192. [5-48]
많이 남아 있는 빚, 적의 남아 있는 흔적
악법들과 악명
나쁜 혈통과 악행들은
(일부러) 증가시키지 않아도 자기 스스로 늘어난다.

좋은 일과 나쁜 일이 있는 것은 분명하지만 좋은 일과 나쁜 일을 제대로 분간해내기란 쉬운 일이 아니다. 송사는 억울함 때문에 일어나고 싸움도 옳다는 주장 때문에 벌어진다. 좋은 사람인 줄 알았던 이가 나쁜 짓을 저지르는 것을 많이 보았고, 나쁜 사람으로 생각했던 이가 알고 보니 배울 게 많은 좋은 사람이었던 때도 적지 않았다.

빚을 지고 사는 일과 척을 지고 사는 일, 나쁜 말을 입에 담고 사는 일, 그릇된 이익을 위해 법을 어기는 일 가운데 남이 시켜 그렇게 되는 일은 하나도 없다. 모두가 자기 이익과 필요에 의해 스스로 발 벗고 나서서 저지르는 것들이다.

혼탁해 보이는 세상이 곧장 멸망의 나락으로 떨어지지 않는 이유는 눈에 띄지 않는 곳에서 바르게 살아가는 사람들이 있어서다. 이렇게라도 세상을 굴러가게 하는 힘, 그것은 드러나지 않는 곳에서 바른 가르침을 삶으로 살아내는 사람들이 만들어내는 것이라고 나는 믿는다.

제6장 자성의 형식에 대한 검토── 관자성품觀自性品

193. [6-1]

자기 자신이 지도자로 뽑혔어도
그것의 책무를 아는 자는 드물다.
남을 보는 눈이 있어도
자기 스스로를 보려면 거울이 필요하듯이.

크기를 떠나 조직의 지도자에게 힘이 생기면 그는 진심이든 거짓이든 사람들의 찬사와 공경을 받게 된다. 또 지도자가 되고 나면 고언을 해주는 사람이 줄어드는 것과 함께 자기 말에 동조하는 사람이 늘어나게 마련이다. 들어야 할 고언이나 충고는 줄어들고 듣지 말아야 할 아부와 칭찬이 늘어나면서 지도자는 부지불식간에 자신의 과실을 보지 못하는 사람이 되고 만다.

증자曾子는 '하루에 세 번 나 자신을 돌아본다[吾日三省吾身 오일삼성오신]'고 했다. 남을 위해 일을 도모하면서 충성스럽지 않은 것은 없었는지, 벗을 사귀면서 믿음직스럽지 못한 점은 없었는지, 그리고 배우면서 제대로 익히지 못한 것은 없었는지를.

수행자라면 바깥을 보는 대신 자신의 몸과 말과 마음을 살필 수 있어야 한다. 그리하면 다른 사람의 잘못을 보려고 하는 것이 자신의 허물 때문이 라는 것을 알게 된다. 바깥에 보이는 모든 것이 곧 내 마음의 현현顯現이기 때문이다.

194. [6-2]
한쪽 (분야에) 지식을 갖추고 있어도
모든 일을 아는 것은 어렵다.
아주 밝은 눈이라도
소리를 들을 수 없듯이.

좋은 집안에서 태어나 학식과 용모까지 두루 갖춘 사람이라 하더라도 세상 사람 대부분이 아는 것을 모를 수 있고, 세상 사람 대부분이 할 수 있는 일을 못할 수도 있다. 그래서 제 아무리 잘난 사람에게도 으뜸의 적은 바로 오만이다.

'하심下心'이란 말이 있다. 단순하게 풀면 '마음을 내려놓다'는 뜻이지만, '마음'이 하는 것은 한 마디 말로 두루뭉술하게 넘어갈 수 있는 게 아니다. 왜냐하면 턱을 쳐들고 배를 내미는 오만의 싹을 잘라버리라는 뜻으로 하는 말이기 때문이다.

수행자에게 '하심'이 강조되는 것은 그만큼 그들의 삶에 오만의 독이 스미어 있거나 깃들 수 있다는 것을 가리킨다. 세상을 바꿀 힘을 잘 키우고 있는지, 그 힘을 사람들과 잘 나누고 있는지를 살펴야 하는 수행자에게 반성과 참회라면 모를까 오만은 가당치도 않은 일이다.

195. [6-3]
솔직하게 말하는 것이 과실過失을 이루고

돌려서 말하는 것이 공덕을 갖출 수 있다.
어떤 지름길은 (도둑이) 재물을 (노려) 두렵지만
오른쪽으로 휜 하얀 소라가 좋은 것이듯.

"나는 네가 세상에서 가장 아름다운 여인이라고 생각하지는 않아. 그렇지만 내게 세상에서 너보다 더 아름다운 여인은 없어."

그녀는 입술에 침도 바르지 않고 하는 거짓말이라고 하면서도 얼굴은 웃고 있었다. 세월이 흘렀다. 그녀가 성년이 된 딸아이와 다투고 있었다. 두 사람에게 다툼이 벌어진 까닭을 물어본 뒤에 아내에게 말했다.

"당신 생각이 틀렸네."

그 한 마디로 만사휴의萬事休矣, 삼십 년 넘게 들인 공이 순식간에 무너져 버렸다.

'나는 당신이 언제나 옳다고는 생각하지 않아. 그렇지만 자식을 생각하는 어머니의 입장이 어떤 것인지는 알겠어.'

악의 없는 거짓말이라도 할 수 있어야 했다. 아내가 나에게 가진 많지 않은 불만 중의 한 가지는 모든 일에 지나치게 진지하다는 것이다. 매 맞을 줄 알면서 참말로 대답하고, 기분 나빠할 것을 모르지 않으면서 솔직하게만 말한다는 것이다. 사실을 말하더라도 때를 맞추지 못하면 말한 효과가 없고, 참말이라도 말하는 태도가 나쁘면 거짓말보다 더 나쁜 결과를 초래할 수 있다.

변재辯才는 단순히 말만 잘하는 재주가 아니다. 말을 잘하는 것뿐만 아니라 이익이 되게 말할 줄 알고 이익이 될 때에 말할 줄 아는 것이다.

196. [6-4]
복덕이 없으면 어떤 공덕을 갖춘 자는
그 공덕 자체로 말미암아서 자기 스스로 해를 입는다.
진주를 품은 조개들이

진주 자체로 말미암아 목숨과 분리되듯이.

배움은 사람에게 없어서는 안 될 공기와도 같은 것이다. 배움이 바로 삶을 바꾸는 동력이기 때문이다. 그러나 공기는 생명 유지에 필수불가결한 것인 동시에 이 세상 모든 물질을 태우고 썩히는 작용을 하고, 당연히 그 자체로 선하거나 악한 고유의 성질을 갖지 않는다.

배움 또한 공기와 같아서 모두에게 보탬이 되는 선한 성질이 있는 반면에 모두에게 괴로움을 안겨주는 악한 성질도 있다. 어떤 사람이 다른 사람이 겪는 괴로움이야 어찌 되든 오로지 자기 한 사람만을 위해 배운 것을 써먹는다면, 그런 배움은 자신의 삶까지도 망치게 하는 독이 되어 버린다.

수행자도 예외는 아니다. 자기 발로 바른 가르침을 찾아간 이라면 더 물을 것 없이 그 삶이 바르고 옳아야 할 것이지만, 중생을 위한다는 명분을 내세워 자기 이익을 도모하려 한 사람은 욕된 삶을 피할 수 없게 된다.

배우지 않고도 지혜롭게 살아가는 이가 있는가 하면 배우고도 오히려 지혜로부터 멀리 떨어져 어리석게 살아가는 이들이 있다. 그래서 옛 사람들이 그토록 애타게 지식과 지혜의 차이를 강조한 것이리라.

197. [6-5]
공덕을 갖춘 자에게라도 지나치게 의지했다가는
대부분 싫증 낼 가능성이 있다.
사탕수수가 아주 달아도
계속 먹다 보면 대부분 물리듯이.

부처님 가르침을 만나고 난 뒤로도 절에 가는 일은 드물고, 법회나 예불에 참석하는 일은 더욱 드물어 불자라는 이름을 달고 사는 것이 부끄럽기 짝이 없다. 그런데도 게송을 읽는 순간 스님들 곁에 딱 붙어서 따라다니는 수선스러운 이들의 모습이 떠올랐다.

살을 대고 살아가는 부부 사이에도 지켜야 할 거리가 있는 것처럼 어떤 관계든 지나치게 가까워서 좋을 것은 없다. 신심을 내서 배우겠다는 마음을 낼 때도, 그 신심을 굳게 지켜 가겠다는 마음을 낼 때도, 반드시 자기 몸을 어떤 이의 몸 곁에 가까이 두어야만 하는 것은 아니다.

똑같이 스무 해 넘게 부처님을 모시고도 아난 존자는 부처님의 가르침을 후세에 전했고, 선성善星 비구는 아만이 늘어나 사견을 세우며 부처님을 떠났다. 선성이 이룬 불법의 성취가 작지 않았음에도 불구하고 오히려 그것이 독이 되어 부처님의 공덕을 바로 볼 수 없게 만들어 버린 것이다.

非要事不得 비요사부득
遊州躡縣 유주엽현
與俗交通 여속교통
令他憎嫉 영타증질
失自道情 실자도정

요긴한 일이 아니면
이 마을 저 마을로 다니며
속인들과 교제하여
다른 사람에게 미움을 받고
자기의 도 닦는 마음을 잊지 않도록 해야 한다. (해제자 졸역)

『초발심자경문初發心自警文』에 나오는 위 구절은 친근하고 공경할 것으로 되 지나치지 않아야 할 것에 대해 말하고 있다.

친할 만큼만 가깝고 공경할 만큼만 떨어진 거리, 필요할 때 언제든지 찾아가 만나고 떠나 있어도 처음 느낌을 잊지 않는 거리, 그렇게 멀지도 가깝지도 않은 자리를 지키는 것이 중요하다. 자신이 아직 작은 그릇이라고 여길수록 더욱 그렇다. 붙어 다니는 스승을 향한 마음의 기울기가 클수록 스승의 허물에 실망하고 비방하기도 쉬워질 수 있기 때문이다.

'지나치지 않을 만큼의 거리를 지키는 것', 그것이 자타를 함께 지켜내는 바른 방법이고 재가자로서 출가자를 외호外護하는 바른 길이다.

198. [6-6]
천성이 착한 사람들이라도
항상 시달리다 보면 악의가 생겨난다.
향나무는 차갑지만
(자꾸) 문지르면 불이 붙듯이.

결혼 후 19년 동안 이어지던 남편의 폭력에 시달리던 아내가 남편을 살해하고 자수한 사건이 있었다. 스물을 갓 넘긴 아내와 결혼한, 그녀보다 열네 살이나 많았던 남편은 한번도 일정한 직업을 가져본 적이 없었다. 그러고도 술만 마시면 아내에게 욕설과 폭행을 일삼았고, 아이가 생겨난 후에도 남편의 포악한 성정과 행동은 바뀌지 않았다. 살림과 육아의 책임은 고스란히 여인의 몫이 되었지만 그녀는 자신이 선택한 삶이라는 생각으로 고통스러운 세월을 견뎌냈다.

사건이 일어난 날에도 남편은 술에 취해 욕설과 폭행을 자행하다가 급기야 주방에서 흉기를 가져와 아내와 아이를 위협했다. 아이에 대한 부정父情을 의심하게 하는 일을 수없이 보아왔던 그녀는 술 취한 남편이 아이를 해칠 수도 있겠다는 생각에 남편을 칼로 찌른 뒤 경찰을 찾아가 자수했다.

지역의 여성단체에서는 즉각 그녀에 대한 구명운동을 펼치기 시작했다. 죄에 대한 벌은 '합당'과 '적합'의 범위를 벗어나지 않아야 한다는 법의 정신에 따라 법원은 여인에게 징역 3년에 집행유예 5년과 사회봉사명령 2백 시간을 선고했다. 살인을 크나큰 죄로 치는 법원에서조차 남편의 폭력이 아내의 방어 본능을 불러일으켰다고 본 것이다.

법원의 선고가 살인의 악업을 씻어주는 것은 아니다. 그녀의 남은 삶이 고통의 세월로 점철될 가능성 또한 아주 없지 않다. 그럼에도 불구하고 여인이 지난 세월의 무게에 짓눌리는 일 없이, 남은 세월 미안해하고 고마워하며 살 수 있기 바란다.

199. [6-7]

왕이 아주 많아도
법에 따라 다스리는 (왕은) 아주 적다.
하늘에는 별들이 많아도
해와 달처럼 밝게 빛나는 것은 없다.

"법대로 해라!"
좋게 해석해야 할 이 말을 좋은 뜻으로 해석하는 사람이 많지 않을 것이다. 법조문에 나와 있는 대로 하자는 선의의 뜻으로 하는 말이 아닌 줄 알기 때문이다.

지구상에 있는 2백여 개가 넘는 나라 가운데 문자적으로나마 법치法治를 말하지 않는 나라는 없다. 그러나 법이 표명하고 추구하는 바에 따라 평등하고 정의롭게 법의 정신을 구현하고 있는 나라가 많지 않은 것이 엄연한 현실이다. 통치자와 그를 추종하는 무리가 입으로는 법을 말하면서도 실제로는 초법적인 존재가 되려는 의도를 버리지 않는 사회에서 법은 사문화되고 법의 정신은 퇴색한다.

세간의 법치가 흔들리고 있는 것처럼 말법의 시대라는 작금에 부처님의 가르침도 흔들리고 있는 것일까? 그렇지는 않을 것이다. 바르게 깨달은 단 한 사람의 출현으로도 세상이 달라지는 것을 분명하게 본 우리 아닌가!

200. [6-8]

어떤 자는 해를 가할 수 있지만

그는 (또한) 이익을 줄 수도 있다.
머리를 자를 수 있는
왕이 왕국을 줄 수 있듯이.

성현도 사람이라는 소리를 들을 때가 있다. 하물며 범부로 살면서 어찌 허물 없기를 바라겠는가? 바람이 있다면 허물이 생겼을 때 그것이 허물인 것을 알고 망설임 없이 고칠 수 있었으면 하는 것이다. 빠르기는 문제가 되지 않는다. 다른 사람들이 바뀌는 것을 본 뒤에 따라할 수만 있어도 상관없다.

내가 아는 어떤 사람은 사회생활을 시작한 지 일 년도 되기 전에 남들의 배가 넘는 사유서를 써야 했다. 그때 그에게 일을 가르쳐준 선배가 그에게 해준 말은 '일 배우기를 두려워하지 말라'는 것이었다. 그는 선배가 해주는 말을 의심하지 않았고, 선배가 가르쳐주는 것들을 빠짐없이 노트에 적어두 었다.

학교에 다닐 때 반성문 한 번 써본 적 없었던 그는 사유서 쓰기를 마치 사직서 쓰는 것처럼 두려워했다. 그럴 때마다 그 선배는 또 '실수한 것만큼 네 실력이 는다고 생각하면 된다'고 말해주었다. 일 년쯤 지났을 때 그는 선배의 말대로 함께 입사한 동료들보다 더 많은 종류의 일을 할 수 있는 사람이 되었고, 그가 노트에 적어 정리해둔 작업 내용은 현장 사람들을 가르치는 교본의 바탕이 되었다.

좋은 일도 나쁜 일도 하지 않고 사는 것은 술에 취해 혼몽하게 지내는 것과 다르지 않다. 무엇이든 저지르는 사람이라야 바른 길을 가는 스승을 만나 크고 좋은 일을 할 수 있다. 통일 전쟁을 치르면서 수많은 인명을 살상했던 아쇼까 대왕이 나중에는 불살생의 가르침을 펴는 불교를 인도 땅 너머 세계 각지로 전파하는 왕이 되었고, 지금까지 인도 역사에서 유일 무이한 전륜성왕으로 칭송되고 있는 것은 결코 우연히 이루어진 일이 아니다.

201. [6-9]

지혜와 공정함을 갖춘 신하에 의해서
왕과 백성의 모든 일은 성취된다.
굳은 화살을 명사수가 쏘았으면
어떤 것이든 노렸던 목표물에 명중되듯이.

역사상 시대를 풍미한 제왕과 충신열사가 수도 없이 많았지만 제왕들은
쓸 만한 인재가 없는 것을 안타까워했고, 인재들은 자신을 써주는 명군이
없는 것을 한탄하며 불우한 삶을 살았다.

송나라 때 정치가이자 문학가였던 범중엄范仲淹은 '천하의 걱정거리를
다른 사람보다 먼저 걱정하고, 온 세상이 즐거워한 뒤에 즐거워하겠다[先天
下之憂而憂 선천하지우이우, 後天下之樂而樂 후천하지낙이락]'고 자신의 명
저 『악양루기岳陽樓記』에서 말했다.

솜씨 좋은 궁사가 쏜 화살은 과녁 말고 다른 것을 맞히지 않는다. 솜씨
좋은 숙수는 칼을 탓하지 않고, 아궁이 잘못된 것을 입에 담지 않는다.
불자가 불법 말고 말할 게 무엇이며 불법 말고 행할 게 무엇이겠는가!

202. [6-10]

왕 스스로 (돌볼) 생각이 없으면
(백성은 물론이고) 전지자全知者라도 존경하지 않는다.
삶의 근기가 빠져나간
시체가 아름다워도 누가 가지랴!

자신을 높이는 데 관심이 큰 지도자에게 인재 발굴과 등용의 중요성을
이해시키기란 쉬운 일이 아니다. 그런 유형의 지도자는 대부분 일 잘 하는
사람보다 말 잘 듣는 사람을 골라 쓰고, 그렇게 뽑힌 사람들은 대개가

그 나물에 그 밥이 되고 말기 때문이다.

지도자에게 요구되는 중요한 덕목 가운데 한 가지가 인재를 발굴하고 그들의 성장을 돕는 일이다. 그리고 이 점에서 자리가 주는 힘을 일하는 데 쓰는 지도자와 누리기만 하는 지도자가 갈린다. 자리가 주는 힘을 헌신의 도구로 삼는 지도자는 그야말로 멸사봉공滅私奉公하는 자세로 권력에 집착하지 않지만, 자리가 주는 힘을 특권과 혜택의 도구로 여기는 지도자는 조직보다 개인을 앞세우고 권력에 집착한다.

시대가 달라지고 조직도 많이 달라졌지만 조직의 풍토는 크게 바뀐 것 같지 않아 보인다. 사람들은 여전히 자신을 이을 후진을 키우는 일보다 자리를 보전하는 데 더 힘을 쏟고, 낮은 자세와 높은 자세를 구분하지 못한 채 잇속만을 밝히는 일이 줄어들지 않고 있다.

아랫사람의 성장을 도와주는 사람이 자신도 잘 크는 법이다. 이러니저러니 해도 일은 사람이 하는 것이고, 기술 중에 최고의 기술은 사람을 잘 쓰는 기술이기 때문이다.

203. [6-11]

많은 사람이 하나로 마음을 모으면
약소한 자라도 큰일을 이룬다.
'개미라는 곤충이 무리를 이루어
사자 새끼를 죽인다'는 이야기처럼.

재개발지역으로 지정된 산동네에서 세입자로 살아가는 가난한 사람들이 권력의 비호를 받는 막강한 재력가를 상대로 힘겨운 투쟁을 벌이고 있을 때, 활동을 돕던 시민운동가 한 사람이 세입자들에게 말했다.

"이길 수 없는 싸움이라고 생각하십니까?"

체념한 듯 고개를 끄덕이는 주민들에게 그가 말했다.

"그들이 여러분을 이길 수 없는 게 한 가지 있습니다. 바로 머릿수입니다. 문제는 분열되지 않는 것입니다."

힘의 총화는 숫자에 따라 달라지지만, 그에 못지않게 중요한 것이 모두가 한 방향으로 나아가는 것이라는 말이었다. 드라마는 현실과 달리 세입자들이 승리하며 끝을 맺었다.

'한 사람이 소 한 마리를 먹을 수는 없지만, 천 명은 소 천 마리를 먹어치운다'는 옛말이 있다. 한 사람에게 백 근은 무거운 무게지만, 백 명에게 백 근은 마치 새의 깃털과도 같다. 피라미드, 만리장성, 보로부드르, 앙코르와트, 그리고 칸얼징 같은 불가사의하다고 여겨지는 모든 것들이 사람의 손으로 이뤄진 것들이다. 그런가 하면 '고용 일흔이 감 하나만 못하다'는 말도 있다. 큰 힘을 가졌어도 수에 밀려 지는 경우가 있는가 하면, 아무리 많은 숫자에도 겁먹지 않고 이겨내는 탄탄한 한 사람도 있다.

종교 현장에서도 똑같은 일이 일어난다. 한 사람이 못하는 일을 여러 사람이 한마음으로 해내는 일이 있는 반면에, 여럿보다 더 큰 힘을 한 사람의 올바른 수행자가 발휘하기도 한다. 그래서 이야기는 다시 한 번 반복된다. 세상을 바꾸는 것은 떼거리나 패거리의 힘이 아니다. 세상 바꾸기는 하나의 힘으로 시작하는 것이고, 하나 된 힘으로 이뤄내는 것이다.

204. [6-12]

용기가 없어 노력하기 포기한 사람은
능력을 갖추고 있어도 나약해진다.
코끼리는 매우 큰 힘을 가지고 있어도
작은 코끼리 몰이꾼에게 종복처럼 부림을 당하듯이.

사람들이 부러워하는 복을 타고났으면서도 자기 삶을 살아내지 못하는 이들이 있다. 원인이 있어서 결과가 나타난다는 말대로라면 그들은 분명 이전에 좋은 삶을 산 사람들일 것이다. 그러나 복을 받은 다음에 복을 받게 된 원인을 잊어버린 그들은 다시는 그와 같은 복을 받을 수 없는 삶을 살아간다.

자전거를 앞으로 나아가게 하는 것은 자전거의 상표가 아니라 자전거 위에 올라 앉아 페달을 돌리는 사람의 힘이다. 비싸고 이름이 알려진 자전거라 하더라도 자전거를 탄 사람이 페달을 돌려주지 않으면 그 자전거는 앞으로 나아가지 못하고 넘어지고 만다.

게송에서 보는 것처럼 육상동물 중에서 가장 덩치가 큰 코끼리라 할지라도 사람에게 길들여진 뒤로는 과일 몇 개와 풀 몇 단에 자기가 가진 능력과 힘의 크기를 잊어버린 채 울타리 없는 감옥 속 같은 삶을 살아간다.

삶은 '누구처럼'이라거나 '누구만큼'이라는 식으로 계량될 수 있는 것이 아니다. 저마다 다르게 자기 삶을 살아내야 하는 것이기 때문이다. 그래서 생각해야 하는 것이 다른 사람 아닌 자기 자신의 삶이다.

앞으로 나아갈 수 있다면 기어가는 것은 결코 부끄러운 일이 아니다. 달릴 수 있는데 달리려고 하지 않고 기어갈 수 있는데 기어보려고 하지 않는 것, 그것이 가다가 멈춰버리는 것보다 훨씬 더 부끄러운 짓이다. 자신에게 어울리는 삶을 아낌없이 살아내는 것, 그런 삶이야말로 정말로 '아름답다'는 말에 부끄럽지 않은 삶이다.

205. [6-13]

자신감을 (가지고) 크게 노력하면
위대한 인물들이라도 극복할 수 있다.
하얀 소라는 몸통이 아주 작아도
큰 악어를 죽이는 자이다.

이백李白이 한때 산에 들어가 학문을 익힐 때였다. 하루는 공부에 싫증을 느낀 이백이 산을 내려가다가 냇가에서 도끼를 바위에 갈고 있는 노파를 보고 물었다.

"무슨 일로 도끼를 갈고 계십니까?"

"바늘을 만들려고 한다오."

이백이 기가 막혀 다시 물었다.

"어느 세월에 도끼를 갈아서 바늘을 만듭니까?"

노파가 도끼를 갈던 손을 멈추고 말했다.

"하다가 그만두지 않는데 왜 바늘 될 날이 오지 않겠소?"

말을 마친 노파는 다시 손을 놀려 도끼를 갈기 시작했고, 뒤통수를 얻어맞은 것 같은 충격을 받은 이백은 집으로 가려던 발길을 돌려 산으로 올라갔다. 도끼를 갈아 바늘을 만든다는 뜻의 마부작침磨斧作針이란 사자성어는 이렇게 해서 만들어졌다. 산을 퍼서 옮겨 놓으려 했던 우공이산愚公移山의 주인공 우공도 자자손손 이어가며 한 삽 한 삽 퍼내다 보면 결국 큰 산이라도 옮길 수 있다고 믿으면서 흙 나르는 일을 멈추지 않았다.

시선詩仙 이백을 깨치게 한 노파의 주름진 손을 떠올리고, 산을 옮기겠다는 어리석은愚 노인에게 공公이라는 존칭을 붙인 겸손함을 생각한다. 배움이 책 속에만 들어 있지 않고 귀인에게서만 받는 게 아니라는 가르침일 것이다.

머리 깎고 물들인 옷을 입었으면 그에 맞게 살아갈 수 있어야 하고, 불자가 되었으면 속까지 철저하게 불자일 수 있어야 한다. 신심이 모자라면 도끼에 물이나 조금 묻히다 말고, 정진하지 못하면 산에 구멍이나 몇 개 내다 말고, 가짜는 그렇게 이루는 것 하나 없이 흙탕물 놀이나 하다가 한 생을 마치게 될 것이다.

206. [6-14]

위대한 인물은 거만하게 일할 필요 없고
약한 자가 거만하게 일해서 무슨 이득이 있겠는가?
(값진) 보석은 말로 선택할 필요 없고
가짜 보석은 선전해 봐야 누가 사겠는가!

'가짜'는 '진짜'가 아니라는 말이다. 그 말 속에는 진짜를 알아볼 줄 알아야 하고 가짜에 속지 말아야 한다는 뜻이 들어 있다. 그런데도 가짜라는 것을 알면서 가짜를 구해 쓰는 사람들이 있다. 가짜를 갖고서라도 진짜인 것처럼 보이고 싶은 바람을 가졌기 때문이다.

연기演技를 업으로 삼는 사람들까지도 동안童顔을 꿈꾸는 세상, 그런 사람들이 어떻게 주름살의 가치와 아름다움을 알아볼 수 있을 것인가? 턱을 깎아 브이라인을 만들어도 변하는 것은 겉모양뿐, 마음을 바꾸지 않고서는 새로운 세상을 결코 만나지도 보여주지도 못할 것인데.

207. [6-15]

위대한 인물의 재물은 항상하고
악한 자의 원만은 악화된다.
해는 항상 빛을 주지만
달은 차면 기운다.

성자는 돈이 들어오는 길을 막아두지 않고 흘려보내야 할 길을 열어두고 산다. 성자는 돈을 부정하지 않는다. 성자는 들어오는 것을 거절해야 할 돈을 알아보는 사람이고, 들어온 돈을 가둬두려고 하지 않는 사람이다. 성자는 황금을 돌로 보지 않으며 황금을 황금으로만 보지도 않는다. 성자는 황금을 마치 흘러가는 물처럼 여길 줄 아는 사람이다.

범부는 언제나 남는 장사를 생각하지만 성자는 오로지 '누구에게 이로운가?'라는 한 가지를 염두에 둔다. 범부가 돈 그 자체를 볼 때 성자는 돈의 흐름을 보고, 범부가 물길을 막아 가두려고 할 때 성자는 반대로 막힌 곳을 뚫어 길을 낼 생각을 한다. 비울 수 있는 공간이 있어야 그릇이 되고, 채운 그릇은 비워진 뒤에라야 다시 채울 수 있다는 것, 성자는 언제나 그것을 잊지 않는다.

해와 달을 비교해서 말하고 있지만 그것이 해와 달의 본성은 아니다. 비유는 언제나 대표적인 한 측면을 예로 들어 하는 말이기 때문이다. 기울고 차는 달의 속성은 진리를 깨우치게 하는 방편이 되기도 하고, 그 진리를 보지 못하게 하는 장애물이 되기도 한다. 그것이 비유이고 방편이다. 세상에 변화하지 않는 것이란 아무깃도 없다.

208. [6-16]
폭군이 (자기) 지위를 지나치게 (높이) 찬양하면
그것의 마지막은 (자기 지위를) 잃어버리는 원인이 (된다).
계란을 하늘로 던졌으면
(땅으로 떨어져) 그 자체가 부서지지 다른 무엇이 생기겠는가!

꽃 피고 새 우는 햇볕 좋은 봄날이라도 높은 산의 꼭대기는 여전히 얼어붙어 있다. 그곳은 햇볕이 지상보다 더 강렬하게 내리쬐고 있는 곳이다.
권력을 추구하는 사람들은 발밑의 따뜻한 대지를 우습게 여기고 찬바람 씽씽 부는 높은 산만 좋아하는 것이 아닌지 항상 되돌아볼 일이다.
수행자라고 해서 다를 것이 없다. 교만은 필패의 첫걸음이다. 다재다능하고 후덕한 사람이라도 오히려 교만을 삼가고 경계하는데 재주 없고 덕마저 없는 이가 오만한 게 어디 가당키나 한 일인가!

209. [6-17]
대부분의 사람은 자기 자신과
비슷한 무리에게 해를 입는다.
햇살이 비치면
다른 빛들이 사라지듯이.

야생의 세계에서 발정기를 맞은 수컷들은 자기의 온갖 자랑거리를 겉으로 드러내며 암컷에게 접근한다. 백수의 왕이라는 사자도 예외가 아니다. 수컷이 몇 마리인가는 중요하지 않다. 가장 용맹한 수컷 한 마리만이 의미가 있을 뿐이다. 사자는 건드릴 생각조차 해볼 수 없는 무적의 존재다. 그러나 이빨과 발톱을 드러내 놓고 싸워야 하는 상대가 동족이라면 상황이 달라진다.

세상에는 다양한 지역에 다양한 형태의 종교가 있고, 불교 역시 그 안에서 자기 몫의 권리를 주장하고 있다. 주지하는 바와 같이 대부분의 종교들은 교단 형성과 함께 종교의 순수성을 상실하는 방향으로 흘러왔다. 경영자들이 근로자들에게 경영 환경의 악화를 입버릇처럼 떠들어대듯 종교계에서도 교세의 위축을 우려하는 소리들이 끊임없이 흘러나오고 있다. 그러면서 그 이유를 타종교의 탐욕스러운 영역 확장 탓으로 돌린다. 그러나 부처님께서 경계하신 것처럼 종교는 다른 세력의 억압을 받아 위축되는 것이 아니라 가르침에 따라 살아내지 못해 스스로 쇠락하고 무너진다. 그리고 그것은 특정한 종교 하나만의 문제가 아니다. 불교에서 보면 불교계가 문제인 것이고, 기독교에서 보면 기독교계가 문제인 것이고, 종교라는 측면에서 보면 종교계가 문제인 것이다.

멱살을 잡고 드잡이하는 사람들이 알아야 할 것은 "못 놔?"라고 말하기 전에 자기가 먼저 잡고 있던 멱살을 놓는 것이다.

210. [6-18]
이익을 준 자라면 적이라도 가깝게 지내고
친구라도 해를 입혔으면 멀어져라.
(먼) 바다의 보석은 (비싼) 가격에도 사지만
(자기 배) 속의 통증은 약으로 들어내듯이.

종교도 문화의 산물이다. 한 지역의 경계를 넘어갔던 종교가 다른 지역에서 포섭과 습합의 과정을 거치면서 뿌리를 내리고 다시 확산되는 과정을 밟은 것이 세계 종교의 역사다. 내 것만이 옳다고 말하는 것은 그래서 억지다. 어느 것으로부터도 영향을 받지 않은 세계 종교란 있을 수 없고, 우리가 알고 있는 어떤 세계 종교도 그렇게 하지 못했다.

내 것보다 나은 것이 있으면 배워서 내 것으로 만들기를 주저하지 말아야 하고, 내 것이라도 해로운 것이 있으면 없애기를 망설이지 말아야 한다. 원수라고 척진 대로만 살아야 하는 것이 아니고, 친구라고 해서 못 볼 것까지 봐주면서 살아야 하는 것도 아니다.

불교를 미신이나 마찬가지라고 비방하는 불교계 바깥에 있는 사람들도 잘못이고, 다른 종교를 근본부터 잘못된 것이라고 부정하려는 불교계 일부의 시각도 바르지 않다. 지적받고 질책의 소리를 들어야 할 것은 바르게 살라고 가르치는 종교 그 자체가 아니라 비뚤어진 방향으로 가르침을 전하는 잘못된 사람들이다.

경쟁이라고 말하는 것도 우습지만 군이 해야 한다면 살아가는 모습으로 하면 된다. 사람이든 돈이든 땅이든 세력이든 그것의 크기를 다투는 게 종교의 본령은 아닐 테니 말이다. 원수라는 말에도 친구라는 말에도 현혹되지 말아야 한다. 자기 몸에 있는 것이라고 해서 그 누가 고통의 뿌리인 종기를 그대로 놔두려고 하겠는가?

211. [6-19]

(어떤 자는 집) 안에 조금이라도 재물이 쌓이면
밖으로 자만의 면모를 보인다.
물이 완전히 가득 찼을 때
구름이 움직이며 천둥소리 크게 내듯이.

한국의 해외 고가 브랜드 수입 규모가 일본을 앞질렀다는 소식이다. 국력이 커지다 보면 어쩔 수 없이 나타나는 성장통과 같은 현상일 것이라는 자위도 해보고, 또 큰 재난을 맞은 일본의 국내사정 때문에 그리 되었을 것이라고 여기기도 해보지만, 어쩌자고 나타나는 현상마다 좋지 않은 것만 일본을 따라 하는지 모를 일이다. 모서리에 찧어봐야 아픈 것을 알고, 달궈진 뚝배기를 만져보고 나서야 뜨거운 것을 배우게 되는 아이들처럼, 별의별 짓거리를 다해 봐도 결국 사람이 좋아지는 것만 못한다는 것을 알아챌 즈음에야 이런 성장통의 기세가 비로소 수그러들 수 있을 것이다.

지혜로운 이들이 오히려 어리석어 보이고 명장의 손을 거친 작품이 오히려 졸렬해 보이는 법이다. 지혜란 것이 본래부터 요란스러움과는 거리가 멀고 좋은 작품 또한 화려한 꾸밈이 없어서 그럴 터이다. '졸부'는 빼기는 데서 그 지갑의 얄팍함이 드러나고, '천학'은 자랑하는 데서 얕은 배움이 드러나는 법이다. 한 푼을 가졌으면서 열 푼을 가진 것처럼 기세등등한 졸부, 한 되 분량의 배움으로 말이나 섬의 시늉을 내는 천학, 그리고 깊이도 없이 외양으로만 행세하려는 수행자 모두 마찬가지다.

'졸업은 끝이 아니라 새로운 시작'이라는 말을 누구나 귀에 진물이 나게 들었을 것이다. 죽는 것조차도 끝일 수 없는 삶을 살면서 어떤 것이 끝이 될 수 있겠는가? 운전면허증이 운전의 완성을 보증하는 것이 아닌 것처럼 모든 완성은 이제 겨우 시작을 알리는 징표일 뿐이다.

212. [6-20]
모든 공덕을 갖춘 자 드문 것처럼
아무런 공덕도 없는 자 또한 드물다.
과실過失과 공덕이 섞여 있는 것에서
공덕이 더욱 중요하니 현자는 (이를) 의지한다.

그 누구도 정신적으로든 육체적으로든 완전할 수 없다. 사람은 날 때부터 배우기 시작하고 사는 동안 배우다가 그 끝을 보지 못하고 세상을 떠난다. 그러니 사람으로서 가져야 할 바람직한 바람은 완성이 아닌 끊임없는 배움이라야 한다.

한구석도 모자란 데가 없는 사람을 찾아보기 어려운 것처럼 한 점 돌아볼 가치조차 없는 사람 또한 있을 수 없다. 사람 몸을 받아 세상에 오기가 그리도 어렵다고 하는 것처럼 이 세상 누구 하나 이룬 공과 쌓은 덕 없이 사람 몸을 받아 이 세상에 왔을 리 없다. 몸을 준 부모는 다르다고 할지라도 사람 몸을 받아 이 세상에 왔다는 점에서 우리 모두는 평등하고 고귀하다.

바르게 살지 못하는 사람을 뉘우치게 하고 돌아서게 만들지는 못할망정 바르지 못하다 하여 내치라고 하지는 않았는지 아이를 키우면서 했던 말과 행동들을 돌아본다. 놀지 마라, 어울리지 마라, 가까이하지 마라……. 자비를 배운 부처님 제자로서 했던 말들과 짓들이라는 게 참 욕먹어도 싸지 싶다.

213. [6-21]

맨 처음부터 적이거나
친구인 경우는 확실하지 않다.
음식도 소화되지 않으면 독이 되고
독이라도 지혜롭게 쓰면 약이 된다.

누군가 다른 사람이 내게 적이나 친구가 될 수 있는 것처럼, 나 또한 다른 사람의 삶을 허물어뜨리거나 탄탄하게 해주는 적이나 친구가 될 수 있다.

선택의 기준이 '이로움'인 것은 맞다. 중요한 것은 이로움의 종류가 어떤 것인가 하는 점이다. '이로움'이라는 말 앞에도 '좋다'거나 '나쁘다'라는 수식어가 붙는다. 혀에는 달콤하지만 몸에는 해로운 것이 있게 마련이고, 또 아무리 이로운 것이라 하더라도 지나치면 반드시 부작용을 동반한다. 신약을 개발하는 과정에는 동물실험을 통해 치사량을 알아보는 단계가 들어 있는데, 그것은 곧 모든 약의 바탕이 독과 다르지 않음을 설명하는 것이기도 하다.

한약재 중에 부자附子라는 것이 있다. 한방서에서는 부자를 신열유독辛熱
有毒, 즉 '맵고 열이 있으며 독이 있다'고 정의하고 있지만 강심과 강장을
비롯한 여러 가지 종류의 약효가 있어 중용되는 약재로 꼽힌다.

사람 역시 악한 것도 선한 것도 아니다. 그러니 악하다거나 선하다는
구분에 크게 신경 쓸 일이 아니다. 중요한 것은 나를 만난 사람이 나를
어떻게 좋게 써주느냐 하는 것이고, 내가 만난 사람을 내가 어떻게 좋게
쓰느냐 하는 것일 테니까.

214. [6-22]

어디라도 업業에 부합하면 거기에는 재물이 모인다.
업의 화합이 없는 그것은 쇠약해진다.
집에 잡아두었어도 애착이 없는
백조가 호수에서 쫓겨 왔으나 되돌아가듯이.[1]

우리 모두 빈부와 귀천으로 나누어진 삶을 살아가게 마련이다. 문제는
그것에 한 꺼풀 덧씌워진 탐욕이다. 그래서 잘나가고 있는데도 더 잘나가고
싶어 하고, 배부르게 살면서도 더 배불러지려 하고, 스스로 귀한 줄 모르고
더 귀해지기를 바라며 살아가는 것이다.

잘나가는 것 같던 사람이 낙마했다. 그는 제대로 살피지 못한 자신에게
책임이 있다고 하면서 물러나 자숙의 시간을 갖겠다고 했다. 그가 특별한
사람이라서 생긴 일이 아니다. 그런 일은 누구에게라도 일어날 수 있다.

• •
1 이 경구의 비유에 대한 설명은 【한역본】에만 들어 있는데, 집안에서 편히 지내는
   것에 애착을 느끼지 못하고 자유롭게 살던 호수로 되돌아가는 야생 조류에 대한
   이야기로, 전체적으로 업장에 맞고 맞지 않는 것에 대한 예로 직역하면 그 비유가
   명확하게 와 닿지 않는다. 비바람이 몰아치는 호수에서 쫓겨 온 백조가 편한 집을
   버리고 다시 돌아가는 경우로 보고 직역했다.

우스운 것 같아도 세상은 그렇게 헐렁하지 않고, 그런 세상에서 다른 사람들의 도움 없이는 어느 누구도 자신의 꿈을 이룰 수 없다. 그 사람이 '재기할 수 있을까?' 하는 문제는 전적으로 그가 살아온 지난날과 앞으로 살아갈 모습에 따라 결정될 것이지만, 타인의 관심 속에 살아가는 사람들의 생존 법칙 제1조는 '받은 것보다 훨씬 더 크게 감사하며 살아야 한다'는 것이다.

허물을 만들지 않는 것만으로는 잘 사는 삶이라 할 수 없다. 다른 사람이 저지른 허물을 물고 늘어지지 않아야 조금 잘 사는 삶이고, 자신은 물론 다른 사람도 잘못을 저지르지 않고 살아가게 할 수 있어야 비로소 선업을 지으며 잘 사는 삶이라고 할 수 있을 테니 말이다.

215. [6-23]
현자들은 학문을 돈을 주고서라도 배운다.
어리석은 자는 (공짜로) 학문을 가르쳐 주어도 피한다.
대부분의 사람은 병에 (걸리면) 약을 먹지만
몇몇은 (일부러) 목숨을 끊으려 한다.

배움의 중요성은 아무리 강조해도 지나침이 없다. 배워서 갖춘 앎 또한 배움의 결실이라 그 자체로 비난하거나 비난 받을 까닭이 없다. 문제가 되는 것은 배움에 대한 왜곡과 앎에 대한 근거 없는 배척이다.

노자는 지식을 의심했지만 공자는 지식을 권장했다. 지식에 대한 두 사람의 견해를 종합해보면 '배움과 앎의 바른 활용'이고, 그것을 다시 풀어보면 노자가 지식의 부정적인 면을 걱정한 반면에 공자는 지식의 긍정적인 면을 더 크게 보았다.

공자는 '아침에 도를 깨치면 저녁에 죽어도 좋다[朝聞道夕死可矣 조문도 석사가의]'고 했을 만큼 지극한 호학의 기질을 드러냈고, 장자 역시 '내 생은 끝이 있으나 앎은 끝이 없다[吾生也有涯而知也無涯 오생야유애이지야

무애]'고 하면서 배움에는 끝이 없음을 강조하였다.

구더기 생기는 것을 염려하여 장을 담그지 않는 이가 없는 것처럼 앎의 부작용을 염려하여 배우려 하지 않는 사람은 없다. 마찬가지로 삶이 고해苦海라는 말 때문에 삶보다 죽음을 먼저 생각하는 이가 있다면 그야말로 어리석은 사람 중에 어리석은 사람이라고 해야 할 것이다.

216. [6-24]
모든 자유는 행복이고
모든 부자유는 고통이다.
공통(의 관심사)는 쟁론爭論의 근원이고
약속을 하는 것은 속박의 근원이다.

누구나 자유롭기를 원한다. 그러나 재물을 쫓고 자리를 쫓는 사람에게 그런 바람이 성취되는 것은 불가능하다. 제한된 것을 두고 그것을 갖고 싶어 하는 사람들이 벌일 경쟁과 충돌을 피할 수 없기 때문이다.

속박이 있는 한 자유로울 수 없고, 다툼을 벌이는 한 미운 마음을 갖지 않을 수 없다. 그럼에도 우리는 다툼이 벌어지는 경쟁의 마당에서 자유롭기를 바라고 고통의 현장에서 안락할 수 있기를 꿈꾼다. 모두가 재물과 명예와 권력을 향해 달려가면서 자유로워지겠다고 아우성이다.

자유는 용기 있는 사람의 것이다. 갖고 있거나 가지려고 했던 것을 내려놓을 수 있는 사람만이 진정한 자유인이 될 수 있다. 그래서 바른 수행자는 충돌이 발생하지 않는 쪽으로 서원을 세운다. 보리심과 자비심을 바탕으로 한 서원은 다툴 까닭이 없다.

들개처럼 살면서 자유롭다고 말하는 사람들이 있다. 막행막식莫行莫食이 마치 깨달음의 징표라도 되는 것처럼 말하는 이들이다. 그러나 그 말이 어찌 사람답게 살고 싶어 하는 사람에게 가당키나 한 말이겠는가?

217. [6-25]

안에 모든 공덕을 갖추고 있어도
복장이 나쁘면 모두가 깔본다.
'박쥐는 총명하였으나 깃털이 없어
모든 날짐승에게 쫓겨났다'는 이야기처럼.

人靠衣裝馬靠鞍.
馬子にも衣裝.
Fine feathers make fine birds.
La belle plume fait le bel oiseau.
Kleider machen leute.

중국어 · 일어 · 영어 · 불어 · 독어 등 생각나는 몇 나라 말을 찾아보았
다. 어디든 사람 사는 곳에서는 한결같이 우리말의 '옷이 날개다'와 같은
말이 있었다.

『춘향전』에 나오는 이몽룡이 암행어사가 되어 남원 관아에 나타났을
때, 사람들은 그의 남루한 옷차림만 보고 겨우 엉덩이 하나 걸칠 만한
자리를 내주었다. 술과 노래로 흥청거리는 잔치판에서 이몽룡은 탁주 한
잔을 마신 뒤 시 한 수를 지어 놓고 자리를 떴다.

金樽美酒千人血 금준미주천인혈
玉盤佳肴萬姓膏 옥반가효만성고
燭淚落時民淚落 촉루락시민루락낙
歌聲高處怨聲高 가성고처원성고

금빛 술잔에 맛 좋은 술 뭇 사람이 흘린 피요
옥쟁반에 기름진 안주 만백성의 기름이라.

촛농이 떨어질 때 백성들 눈물 쏟고
노랫소리 높은 곳에 원망소리 높아라. (해제자 졸역)

눈치 빠른 자들은 이몽룡이 써놓고 간 시를 보고 슬금슬금 자리를 떴지만, 사또 변학도는 이몽룡의 해진 옷 속에 감춰진 마패를 알아보지 못한 채 술잔을 기울이다가 봉고파직을 당했다.

수행자에게 가장 중요한 것은 법대로 사는 것이고, 그것을 보여주는 것 중의 하나가 복장이기에 정결하고 단정한 옷차림을 강조하는 것일 테다. 그렇다고 겉으로 드러나는 모양새를 강조하는 것이 꼭 바람직한 것만은 아니다.

먹물 들인 옷 색깔만 중요한 게 아니다. 짓고 입고 빨고 깁는 것에 이르기까지를 모두 좋아하는지, 남보다 더 드러나 보이기를 좋아하는 것은 아닌지를 살피는 마음이 훨씬 더 중요하다. 때와 장소에 맞고 본분에 어울리는 것보다 더 보기 좋은 옷차림은 없다. 값비싼 비단 옷을 최고로 꼽는 사람들도 있을 테지만 햇볕 냄새 폴폴 나는 무명옷을 최고로 치는 이들도 있다.

218. [6-26]
부적절한 자리에서 지나치게 솔직하면
자신과 타인 쌍방에게 손해다.
(곧은) 화살이 다른 쪽을 죽이거나
또는 자기 스스로 부러지듯이.

먼 길을 같이 가기로 약속한 대장장이와 목수가 산을 넘어가다 인적이 드문 곳에서 산적을 만났다.

"꼼짝 마라!"

산적은 두 사람을 꿇어앉힌 뒤 먼저 목수의 짐을 뺏고 옷을 벗게 했다. 그동안 대장장이는 잽싸게 숲 속으로 도망쳤다. 그리고 동료를 구해줄 요량으로 몰래 되돌아왔다.

"내게 금이 있소. 목숨만 살려주시오."

목수가 다급하게 소리치자 산적은 금을 내놓으라고 다그쳤다. 목수는 벗어둔 옷을 헤쳐 조그만 금판을 산적에게 보여주었다. 산적은 의심스러운 눈길로 진짜냐고 물었다.

"도망친 사람이 대장장이라 나보다 쇠를 더 잘 알 것이오. 그러니 그 사람을 붙잡아 물어보시오."

산적은 목수에게 빼앗은 옷과 짐을 챙겨들고 으름장을 놓았다.

"내가 돌아올 때까지 꼼짝도 하지마라!"

그리고 대장장이를 찾으러 숲 속으로 들어가는 척하다가 잽싸게 달아나 버렸다. 산적이 도망치는 모습을 본 대장장이도 목수를 남겨둔 채 혼자 산을 내려가 버렸다.

정직이나 솔직함도 때와 장소에 어울릴 때라야 그 가치가 빛을 낸다. 목수가 산적에게 거짓말을 했던 것은 아니지만 저 살자고 동행을 팔아넘긴 행동을 칭찬하기는 어렵다. 무턱대고 정직하고 솔직하기만 한 사람은 호랑이 앞에서 제가 알고 있는 호랑이 가죽의 장점을 낱낱이 떠들어대는 자다.

정직은 날아가는 화살과 같다. 화살은 목표물을 맞힐 수도 있지만 빗나갈 경우 다른 것을 다치게도 한다는 것을 항상 명심해야 한다.

219. [6-27]

빗물과 강물은 바다로 흐르고
심心과 식識은 지혜로 물들고[2]

2 심과 식으로 번역한 '로blo'와 '릭rig', 즉 '로릭(심식, 心識)'은 보통 티벳의 불교 논리학因明을 가리키는 단어다. '로'는 일반적으로 정신 혹은 마음 작용을 수식하는 데 쓰이고 '릭빠'는 지식, 지혜, 학문 등을 가리킨다. 【한역본】은 이를 '로당 릭빠blo dang rig pa', 즉 현자를 풀어쓴 것으로 보고 지자智子로 번역했으나 문장의 구조상

재물과 사람은 왕에게 모이고
따뜻하고 습한 땅에는 숲이 생겨난다.

게송은 바다와 지혜와 국왕과 땅에 대해 이야기하고 있다. 작은 시내가
모여 강을 이루고, 바다는 세상의 온갖 강들이 토해내는 물을 받아들인다.
나라 안에 있는 사람과 자연 그 어느 것도 왕의 것이 아닌 것이 없던
시대에도 왕이 무도해지면 하늘과 백성이 왕의 소유를 인정하지 않았다.
바르게 보고 바르게 생각하며 바르게 살아가는 사람은 꽃처럼 향기를
뿜어내 주변 사람들까지 향기로운 삶을 살아가게 한다. 지혜는 아는 것
하나만을 가리키지 않으며, 지혜로운 이의 지혜는 자기 한 몸의 이로움을
위해 쓰이지도 않는다. 지혜의 특성은 하나에서 열까지 가림 없고 걸림
없이 실천을 통해 구현된다. 구족具足이라고 하는 말은 두루 잘 갖춘 것을
뜻한다. 앎이 곧 삶이 되게 살아가는 것, 그것이야말로 생동하는 지혜라고
할 만하지 않은가?

220. [6-28]
여름의 샘물, 들불
구름에 (가린) 해와 보름달,
총명하지 못한 자의 지식, 나쁜 친구는
필요할 때 나타날지 확실하지 않다.

장마철만 되면 콸콸 솟다가 철이 지나자마자 순식간에 물이 줄어버리는
샘물은 사람들 살림에 별다른 보탬을 주지 못한다.
우물은 제 안에 있는 물을 다른 사람이 마실 수 있게 하는 것을 사명으로

● ●

맞지 않다. 【잠뻴 역】은 이 둘을 풀어썼다. 말미에 쓰인 동사 '고('go)'에는 물들다는
뜻과 함께 얻는다는 뜻도 있다.

한다. 그러나 우물이라는 이름만 가졌을 뿐 바깥 환경에 따라 쉽게 바닥을 드러내버리는 우물은 갈증을 풀려고 찾아온 생명에게 아무런 도움을 주지 못한다. 먹장구름 속에 숨은 해와 달도 요긴한 농사철을 맞은 농부와 캄캄한 밤길을 가는 사람들에게 보탬이 되지 못하기는 마찬가지다.

나서는 일마다 그르치고 도와주는 일마다 어그러지게 하는 사람도 있다. 안타깝게도 그들은 때를 탓하고 사람을 원망할 뿐 정작 자기 자신이 그러한 사람인 것을 알지 못한다. 물어야 할 때와 가르쳐야 할 때를 분간하지 못하는 그들은 자신을 속이 꽉 찬 이삭이라는 착각 속에 산다. 그러나 남들이 보는 그는 작은 바람에도 나풀거릴 만큼 머릿속에 든 것이 없는 사람이다.

크든 작든 은혜를 갚을 줄 모르는 사람, 행동이 말을 따르지 못하는 사람, 다른 사람을 칭찬하기보다 자기자랑이 더 많은 사람, 이로움이 생길 것 같으면 앞뒤 가리지 않고 뛰쳐나가는 사람, 다른 사람을 위하는 일은 작은 것도 실천하지 않으면서 자기를 위한 일은 나쁜 짓도 서슴지 않고 저지르는 사람, 그런 사람들에게 좋은 영향 받기를 바라는 것은 가뭄에 말라버린 우물 앞에서 시원한 샘물이 솟아나기를 바라는 것과 무엇이 다를 것인가?

221. [6-29]

어리석은 자는 말을 적게 하면 보기 좋고
왕은 심처深處에 머물면 보기 좋고
마술은 가끔 보면 보기 좋고
진귀한 보물은 드물면 값이 비싸다.

요즘 TV 연예 프로그램들은 거의 모두 출연자가 많고 출연자마다 말과 말 사이에 생기는 작은 틈까지 파고 들어가 한 마디씩 하기 바쁘다. 순발력 넘치는 말들의 경연장이 되어 버린 TV가 정말로 '바보상자'가 되어 버린 느낌이다.

문자향文字香이라는 아름다운 별명을 가진 글도 쓰는 양이 많아지면 향기가 옅어지는 판에 입으로 내뱉는 의미 없는 말수를 줄이는 것의 중요성은 더 말할 것이 없다. 말이 많아지면 반드시 실수가 생긴다. 오죽하면 '혀는 화를 불러들이는 뿌리'라고 하면서 경계하라고 했겠는가?

청전 스님도 한 법문에서 '만병의 근원이 탐식에 있다'고 했다. 그런데도 우리는 '적게 먹어야 배고프고, 배가 고파야 맛을 느낄 수 있다'는 진리를 곧잘 잊고 지낸다. 한 나라의 왕도 자기 모습을 감춰 위신력을 키우고, 돌멩이도 흔하지 않아야 보물이 될 수 있는 것처럼 수행자도 마땅히 말 한 마디 한 마디를 가려할 줄 알아야 한다.

222. [6-30]

너무 지나치게 애정을 품으면
그 자체가 원한의 원인이 된다.
세상 대부분의 쟁론은
(인간) 관계 자체에서 발생하는 것이 많다.

사랑이 지나치면 고통의 원인이 된다. 그래서 '사랑' 앞에 '눈 먼'이나 '건강한' 같은 수식어를 붙이는 것인지도 모르겠다. 사랑은 이성 간에만 그런 것이 아니라 동성 간의 우정에서도 마찬가지다. 장자는 사귐에 대해 이런 말을 남겼다.

> 君子之交淡如水 군자지교담여수
> 小人之交甘如醴 소인지교감여례
> 군자의 사귐은 담담하기 물과 같고
> 소인의 사귐은 달기가 단술 같다.

가만히 있을 공자가 아니다.

　　君子淡以親 군자담이친
　　小人甘以絶 소인감이절
　　군자는 담담하니 가까이하고
　　소인은 달콤하니 끊어야 한다.

무명의 선인도 한 마디 덧붙였다.

　　結交新友 莫忘舊友 결교신우 막망구우
　　새로 친구를 사귀면서 오래된 친구를 잊지 말라.

　부처님도 당신의 설법을 듣고 귀의하겠다는 한 외도에게 옛 스승을
변함없이 공경하라고 하면서 그를 제자로 받아들였다. 수행하는 사람에게
위의 어떤 말도 버릴 것이 없다. 지나침과 편벽함이 함께 없어야 하는
까닭은 스승 한 사람만 귀한 것이 아니고 도반 한 사람만 귀한 것이 아니기
때문이다.

　　수처작주 입처개진 隨處作主 立處皆眞
　　머무는 곳이 어디든 주인이 되라. 지금 있는 그곳이 참된 세계니라.

　『임제록』에서 말하고 있는 것처럼 수행자는 스승과 도반을 떠나 언제
어디서든 홀로 설 수 있고 홀로 나아갈 수 있어야 한다. 그것이 수행자가
가야 하는, 법등명法燈明과 자등명自燈明의 길이다.

223. [6-31]
아주 심하게 다투었어도

더욱더 친해지는 이유가 되는 가능성이 있는데
쟁론을 한 끝에 대부분
화해를 하는 (경우를) 많이 보았다.

살다 보면 재앙인 줄 알았던 일이 복으로 바뀌고, 행운인 줄 알았던 일이 불행의 씨앗이 되어 버릴 때가 적지 않다. 변방의 늙은이 새옹塞翁은 말을 잃어버리고도 손해라고 생각하지 않았고, 아들의 다리가 부러졌을 때에도 재앙을 만났다고 한탄하지 않았다. 나중에는 마을 사람들도 새옹의 태도가 옳았다는 것을 알고 고개를 끄덕거렸다.

병에 허물어지는 사람이 있는 반면에 병을 통해 더욱 튼튼해지는 사람이 있고, 싸운 뒤에 상종 못할 원수가 되어 버리는 사람이 있는가 하면 싸움을 통해 좋은 친구를 만나는 사람도 있다.

『삼국지연의』에 나오는 조조와 관우의 사례에서 보는 것처럼 목숨을 걸고 싸우는 전장에서도 서로에 대한 흠모의 정이 생길 수 있는데, 하물며 학문의 전당이나 스포츠의 현장에서 호적수 한 사람쯤 갖는 것은 당사자 서로에게 복이라면 모를까 화가 될 수는 없는 일이다.

사람들이 흔히 갖는 바람 중에 '독주의 편안함'이 있다. 그러나 그런 편안함은 결국 자신에게 독이 되고 만다. 젊은이는 언젠가 늙은이가 되고 기록도 언젠가는 깨지고 만다. 고수가 있어서 하수가 배울 수 있고, 깨고 싶은 기록이 있어서 분발할 수 있는 것 아니겠는가?

224. [6-32]
인색한 자의 재물들과
질투하는 자의 우정과
악한 자의 지식은
있어 봐야 기쁨이 생겨날 수 없다.

바르게 배우고 바르게 아는 사람은 배운 것의 표피적·문자적 의미에 매몰되지 않는다. 배워서 알게 된 것을 자양으로 삼아 배움과 삶의 간극을 줄여나가기 때문이다. 막행막식莫行莫食이란 말로 표현되는 것이 바로 그런 사람들의 행行이다. 융통의 간극이 큰 사람은 좋은 일이라고 하는 것에서도 나쁜 면을 보고, 나쁜 일이라고 하는 것에서도 좋은 점을 읽어낸다. 경험과 배움이 똑같은 사람을 만들어내지 않는다는 것쯤은 누구나 아는 사실이다. 그런데도 우리는 곧잘 말에 속고 글에 속고 행동에 속아 그것을 잊는다.

세상에는 그럴듯해 보이는 이야기들이 많다. 왕의 자식이 왕이 되고, 군인의 자식이 군인이 되고, 도둑의 자식이 결국 도둑이 된다는. 그러나 아니다. 절대 아니다. 왕 노릇을 하는 사람이 진정한 왕이고, 군인 노릇을 하는 사람이 진정한 군인이며, 도둑도 그 이름에 어울리는 짓을 하는 사람이 되는 것이다. '부모의 삶으로 자식의 삶이 결정된다'는 말을 퍼뜨리는 이들은 그 말을 다른 사람들이 믿어주기를 바라는, 지키고 숨길 것 많은 사람들이다.

똑같이 고생스러운 유년을 보낸 사람 중에서도 누구는 인색한 사람이 되고 또 누구는 너그럽고 관대한 사람이 된다. '아끼지 않으면 돈을 모을 수 없다'는 똑같은 경험과 배움을 가졌으면서도 어떤 사람은 자기 자신에게까지 모은 돈 한 푼 마음대로 쓰지 못하는 사람이 되는 반면에, 어떤 사람은 자기 삶을 반추하며 어려운 이웃을 위해 모은 돈을 나누는 삶을 사는 사람이 된다. 질투심 많은 사람과 바탕이 착하지 않은 사람의 지식은 다른 사람들에게 해가 되기 쉽다. 질투심 많은 사람의 지식은 불처럼 나와 남을 함께 태워버리고, 착하지 않은 사람의 지식 역시 도적의 주머니 속에 든 칼과 같아서 자신은 물론 남에게도 해를 끼칠 수 있다.

그리하여 앎은 다시 실천의 문제로 되돌아간다. 공자는 『논어』에서 '아는 사람은 좋아하는 사람만 못하고, 좋아하는 사람은 즐기는 사람만 못하다 [知之者不如好之者 지지자불여호지자, 好之者不如樂之者 호지자불여낙지자]'고 했다. 즐길 수 있는 사람이 완전히 얻은 사람이라는 말이다. 자기가

먼저 너그러이 베푸는 사람이 되고, 자기가 먼저 남을 칭찬하는 사람이
되고, 자신의 앎이 자기 삶을 일구는 힘이 되게 살아가는 사람이 되어야
할 일이다.

225. [6-33]
탐욕스러운 자는 재물로 기뻐하고
오만한 자는 (남의) 칭찬으로 만족하고
어리석은 자는 자신과 같은 부류로 기뻐하고
성자는 진리를 말하는 것으로 만족한다.

많은 사람들이 세태를 살피고 그 흐름과 함께할 수 있기를 바란다. '나'의
삶을 내팽개친 채 '무리'의 삶에 휩쓸려 살기를 더 바라기 때문에 생기는
현상이다.

돈과 명성을 다른 무엇보다 더 귀하게 여기는 자들은 한패라고 믿고
싶은 사람들 속에 있어야 마음을 놓지만, 그 패거리는 뭉치고 흩어지기를
바람 부는 날 게 눈 감추듯 해치운다. 그래서 탐욕스러운 자들은 재물을
밝히며 모였다가 흩어지고, 오만한 사람들과 어리석은 사람들은 서로가
잘났다고 싸우다가 흩어진다.

누구나 부처가 될 수 있다. 부처는 부처라고 찬양해도 들뜨지 않고,
부처가 아니라고 깎아내려도 화를 내지 않는다. 개는 개고 사자는 사자인
것처럼 부처도 그냥 부처다.

성격이 다를 때 다른 것을 알고, 인연이 다를 때 다른 것을 알고, 근기가
다를 때도 다른 것을 아는 것, 그것이 올바르게 아는 것이고 지혜로운
삶을 향해 나아가게 하는 첫걸음이다.

226. [6-34]
악한 자의 공덕과

말재주가 부족한 자의 지식과
폭군의 은혜들은
다른 사람들에게 혜택의 기회를 (주기) 어렵다.

무너지는 공교육과 늘어나는 사교육비 부담을 걱정하는 소리들이 높다. 그러면서도 대다수 학부모들은 진창 같은 교육환경에서 발을 뺄 엄두를 내지 못하고 문제를 개선하려는 의지를 드러내지 못한다. 그랬다가는 당장에 자기 자식에게 불이익이 닥칠지 모른다는 두려움 때문이다.

뛰어난 승부사는 상대방의 의도를 따라가기보다 상대방이 자신의 의도를 따라오게 만든다. '싸움에서 이기는 길은 적군이 원하지 않는 때와 장소와 방법으로 싸우는 것'이라는 병법의 한 구절을 교육 현장에 적용해 보면 의외로 쉽게 답을 찾아낼 수 있다. 원래 교육이란 종이 위에 정답을 적게 하여 그 효과를 알아보는 것이 아니었다. 물고기를 잡아 입에 넣어주는 것이 아니라 물고기 잡는 법을 가르쳐주는 것과 같은 것이었다. 두렵고 걱정스러운 것이 당연하지만 학부모의 걱정과 조바심 때문에 정작 중요한 것을 놓칠 수는 없는 일이다.

지식의 양보다 선한 바탕이 튼튼한 사람, 용감하고 대범한 사람, 무엇보다 포악하고 오만한 권력에 힘없이 무릎 꿇지 않는 사람으로 저마다의 자녀를 키워내는 통 큰 학부모를 꿈꿔본다. 게송에서 말하는, 다른 사람에게 혜택의 기회를 주라고 가르치기보다 경쟁만을 미화하고 정당화하는 교육 현실이 참담해서 해보는 생각이다.

227. [6-35]
누구에게나 재산 있는 자의 말은 아름답다.
재산이 없으면 진리의 말이라도 방치한다.
향산香山에서 생산되었으면
(향나무가 아닌) 나무 조각이라도 값이 비싸다.

게송에서는 재산의 중요성을 강조한다. 달리 말해 아무리 좋은 뜻을 가진 말이라도 그 말을 받쳐주는 조건을 갖추지 못하면 방치되고 만다는 뜻이다.

한동안 '도가니'란 영화 한 편으로 세상이 들끓었던 때가 있었다. 영화의 소재가 된, 교사가 장애를 가진 학생을 성폭행한 사건이 발생했을 때 지역에 있는 시민단체에서 줄기차게 수사를 요청했음에도 불구하고 사건은 유야무야 없던 일이 되어 버렸다고 한다.

그러다가 사건을 다룬 소설이 나와 많은 사람들에게 읽히고, 영화가 된 소설 속 이야기를 접하고 나서 분노한 시민들의 목소리가 높아지자 뒤늦게 법을 다루는 사람들이 법안을 제출하고, 좀 더 이른 시기에 사건을 다뤘어야 할 사람들이 재조사에 착수하는 등의 소란 끝에 해당 교육법인은 설립 인가가 취소되기에 이르렀다. 법이 그 자체로는 사회 정의를 실현하는 도구가 되지 못한다는 것을, 법도 결국 사람들의 바른 부림을 받을 때라야 본연의 역할을 해낸다는 것을, 그러므로 시민 한 사람 한 사람이 바르게 깨어 있어야 비로소 사회 정의가 제대로 실현될 수 있다는 것을 '도가니' 소동은 여실하게 보여주었다.

귀담아들어야 할 것은 돈 많고 힘 가진 사람들의 말이 아니라 진리의 말이다. 왜냐하면 돈과 힘을 가진 사람들은 돈과 힘을 지키는 데 필요한 말만 골라서 하기 때문이다. 지극한 정성에는 하늘도 감응한다는 말은 돈 있으면 귀신도 부린다는 말 앞에서 결코 기가 죽지 않는다. 기왕에 할 거라면 귀신보다 하늘을 움직이는 게 낫지 않겠는가!

228. [6-36]

말이 많음은 실수를 저지르는 원인이다.
말이 없음은 실수를 피하는 근본이다.
앵무새는 말로 인해서 새장에 갇혔지만

(다른) 날짐승들은 벙어리 (같지만) 행복하게 날아다닌다.

'말은 잘한다'는 표현은 말을 갖고 노는 사람, 실천이 뒤따르지 않는 사람을 비아냥거리는 것이고, '말을 잘한다'는 표현은 때와 장소에 맞춰 알아들을 수 있는 말로 설명하는 것을 가리킨다.

침묵은 금이다. 말하지 않으면 귀신도 모른다. 말에 대한 가르침은 두 갈래로 나뉜다. 한쪽에서는 말을 줄이라고 가르치고, 다른 한쪽에서는 말이야말로 설득을 위한 가장 강력한 무기라고 가르친다. 지혜로운 답은 아마도 저 둘 사이 어디쯤에 있을 것이다. '말을 잘하는 사람'은 말하기 전에 깊이 생각하고, 입을 열어 득得이 될 때 입을 열고, 입을 닫아 득得이 될 때 입을 닫는다.

말도 맛처럼 깔끔한 게 좋다. 알아듣기 쉬운 말을 놔둔 채 꾸미고 덧칠하고 불리고 늘려서 좋을 게 없다. 말이 적어서 보는 손해는 말이 많아서 생기는 손해를 절대로 넘지 않는다.

229. [6-37]
어떤 사람이 적을 속이지 않고
항상 은혜를 베풀었으며
적 또한 그를 속임 없이
존경하니 (이는) 진실의 위대함이다.

고대 인도에 장수長壽라는 이름을 가진 왕이 있었다. 장수왕은 선정을 베풀어 백성들의 칭송이 자자했다. 그에게는 장생長生이라는 이름을 가진 아들이 하나 있었다. 그런데 이웃 나라 왕이 군대를 몰아 장수왕의 나라를 공격하기 시작했다. 전쟁이 벌어지면 인명의 손상이 생길 것을 염려한 장수왕은 스스로 왕위를 내놓고 아들과 함께 산중으로 들어가 은신하였다.

이웃 나라를 병탄하는 데 성공한 악왕惡王은 곧바로 장수왕에 대한 현상금을 내걸었다. 그 소식을 들은 장수왕은 평소에 보시를 많이 하던 바라문을 찾아가 자신을 잡아가라고 했다. 바라문이 말을 듣지 않자 장수왕은 다시 한 번 자신의 보시를 받아주기를 간청했다. 장수왕은 또한 아들 장생에게 절대로 복수를 생각하지 말라고 당부했다. 그러나 장수왕이 죽고 난 뒤 아버지의 억울한 죽음에 분을 참지 못한 장생은 복수를 다짐하며 신분을 감추고 악왕의 군대로 들어가 지혜와 실력을 드러내며 왕을 지키는 호위무사가 되었다.

어느 날, 사냥을 나간 악왕이 산속에서 길을 잃고 헤매다 지쳐서 호위무사 장생의 무릎을 베고 잠이 들었다. 장생은 다시 찾아올 수 없는 호기라고 생각하며 칼을 뽑아 들었다. 그러나 그때 아버지 장수왕의 유언이 귓전을 울렸다. 칼을 칼집에 꽂았다가 다시 뽑기를 세 차례나 거듭한 끝에 장생은 아버지의 뜻을 따르기로 결심하고 칼을 칼집에 꽂았다.

악왕은 잠을 자다가 장수왕의 아들을 만나는 꿈을 꾸었다. 소스라치게 놀라 깨어보니 온몸이 땀에 젖어 있었다. 하도 괴이하여 악왕이 꿈에 본 일을 장생에게 말하자 장생이 악왕 앞에 무릎을 꿇고 말했다.

"제가 장수왕의 아들 장생입니다. 복수를 작정하고 대왕의 시종이 되었지만 끝내 선왕의 유언을 저버릴 수 없었습니다. 저는 오늘로 복수할 마음을 접고 대왕을 용서하기로 했습니다."

감동한 악왕은 장생의 손을 잡고 지난날의 악행을 참회하였다. 궁으로 돌아온 악왕은 신하들을 불러 모은 뒤 산에서 있었던 일을 들려준 뒤에 말했다.

"내가 얼마나 큰 악행을 저질렀는지 이제야 알았노라. 나는 군사를 거둬 내 나라로 돌아갈 것이고, 이 나라는 죽은 장수왕의 아들 장생이 왕이 되어 다스리게 될 것이다. 앞으로 나는 장생왕과 형제처럼 지낼 것이며 두 나라 사이에 전쟁은 더 이상 일어나지 않을 것이다."

『증일아함경增壹阿含經』「고당품高幢品」에 실린 이야기로, 부처님께서는 마지막에 이런 게송을 읊으셨다.

怨怨不休息 원원불휴식
自古有此法 자고유차법
無怨能勝怨 무원능승원
此法終不朽 차법종불후

원한을 원한으로 갚으면 그치지 않나니
옛날부터 이런 법이 있어 왔다.
원한을 없애면 원한을 이길 수 있나니
이 법은 끝내 녹슬지 않으리라. (해제자 졸역)

용서 없이 원한은 풀리지 않고, 풀리지 않은 원한을 가슴에 품은 채 화해할 수는 없는 일이다. 원수보다 자기 자신을 위해 하는 것이 진정한 용서이고, 용서는 화해를 낳는 어머니와 같다.

230. [6-38]
힘이 없는 자가 성냄으로 무슨 이득이 (있겠는가)?
힘을 갖춘 자의 일에 성냄이 무슨 필요가 (있겠는가)?
그러므로 일을 성취하는데
성냄이란 의미 없고 자신만 불태운다.

화를 내는 것은 누구에게도 보탬이 되지 않고 일을 해결하는 데 어떤 도움도 되지 못한다. 분노란 이로움은 없고 해로움만 있는 감정이기 때문이다.
게송에서 말하는 것처럼 능력 있는 사람은 화낼 필요 없이 일을 이루고, 능력 없는 사람이 내는 화는 아무런 효용이 없다. 『입보리행론』 「제6 인욕품」의 첫 번째 게송에서도 화를 내는 것의 폐해를 경계하고 있다.

一瞋能摧毀 일진능최훼
千劫所積聚 천겁소적취
施供善逝等 시공선서등
一切諸福善 일체제복선

한 번 내는 화로도 무너져 버린다.
천 겁 동안 쌓아온
보시와 선서께 올린 공양 등
일체의 복과 선한 공덕이. (해제자 졸역)

　이로운 것을 지키지도 못하면서 해로운 것을 버리지 못한 채 걸핏하면 화를 내고 있지는 않은지 언제나 스스로 살피고 돌아봐야 할 일이다.

231. [6-39]

베풀어서 (사람들이) 몰려들면 적이라도 모이지만
베풀지 않으면 친구라도 스스로 피한다.
암소의 젖이 끊기면
송아지는 붙잡아도 도망친다.

　보시布施는 사사로운 마음 없이 하는 선한 행위다. 다른 사람에게 보시하는 사람이 있는가 하면 누군가 다른 사람의 보시가 필요한 사람도 있지만 '이런 것이 보시'라고 정해진 것은 없다. 필요를 느끼는 사람에게 필요한 것을 필요한 때에 내주는 것이 바로 보시이기 때문이다.
　보시는 한 마디 따뜻한 위로의 말일 수도 있고, 한 모금 시원한 물일 수도 있고, 앉아 있던 자리에서 일어나 양보해 주는 출퇴근길의 자리일 수도 있고, 추위에 떨고 있는 사람의 목에 내 것을 풀어 둘러주는 목도리일 수도 있고, 웃음일 수도, 어깨동무일 수도, 삯을 받지 않고 해주는 한나절의 봉사일 수도 있다.

금전으로 환산된 가치를 입에 담을 때 보시는 그 향기를 잃고 만다. 재물만 보시할 수 있는 게 아니다. 힘으로 사귄 사람은 힘이 미처 다 떨어지기도 전에 소원해지고, 돈 냄새를 맡고 달려든 사람들은 돈이 미처 바닥나기도 전에 흩어져 버린다.

보시는 아름다운 마음으로 하는 아름다운 행위다. 자기가 가진 어떤 것이든 다른 사람에게 보탬이 되게 사용하는 것, 다른 사람이 친구이든 원수이든 상관 않고 하는 것, 그것이 보시를 바르게 실천하는 길이다.

232. [6-40]

어떤 일에 능통한 자가
다른 일도 잘 안다는 확신은 없다.`
물에서 우유를 분리하는 것을 잘 아는
백조가 (물에) 비친 (자기) 몸을 먹이라고 생각하듯이.

한 사람이 모든 것을 다 잘 할 수는 없다. 그리고 그것은 생명의 유무와 상관없이 만물이 서로 어울려 살아가야 하는 이유이기도 하다.

누구에게나 장점과 단점이 있다. 장자도 오리에게는 학을 부러워하지 말라고 했고, 학에게는 오리의 좋은 점을 갖고 싶어 억지를 부리지 말라고 했다. 머리를 가진 사람은 머리를 쓰면서 살고, 힘을 가진 사람은 힘을 쓰면서 살고, 말재주가 좋은 사람은 말에 의지해서 살고, 글재주를 가진 이는 글 쓰는 재주에 기대 살아가면 된다. 중요한 것은 자신의 장점이 무엇인지 알아차리는 것이고, 그것을 긍정적으로 활용할 수 있게 생각하는 것이며, 더하여 그것으로 자기는 물론 다른 사람까지 이로울 수 있도록 사는 것이다.

세상에 아무짝에도 쓸모없는 사람은 없다. 다만 그렇게 생각하는 사람들이 있을 뿐이다. 그런 것을 알면서도 스스로에게 묻는 '나는 과연 누군가에게 꼭 필요한 사람인가?'라는 질문에 선뜻 고개를 끄덕일 수 없다. 그것이 꼭 쓸모의 크기에 대한 기대치가 높아서만은 아닐 것이다.

233. [6-41]

항상 사랑으로 돌보는
주인은 하인을 얻기 쉽다.
연꽃이 (핀) 호수에는 백조들이
(일부러) 불러 모으지 않아도 자기 스스로 모이듯이.

사람들마다 '지금은 자기 PR의 시대'라고 말한다. 자신을 드러내 다른 사람들에게 알려야 하고, 그것도 다른 사람보다 좀 더 잘 알려야 한다고 강조하는 셈이다. 그러나 소문을 내서 알리려고 하다 보면 과장과 왜곡을 피할 수 없게 된다.

가장이든 사장이든 왕이든 성직자든 간에 누군가를 이끌어야 하는 사람이 갖춰야 할 것은 말솜씨에 앞서 솔선하는 행동이다. 지도자라는 자리에 있거나 지도자가 될 꿈을 가진 이라면 다른 사람에게 따라오라고 말하기보다 따라서 해보고 싶게 행동하고, 자기가 가진 뒤에 남은 것을 다른 사람들에게 나눠주려고 하기보다 나눠준 뒤에 남은 것을 갖겠다고 생각하는 사람이 되어야 한다.

234. [6-42]

재물을 갖춘 자가 (적절하게) 행동하고
지혜롭게 된 자가 (더욱더) 수련하고
위대한 인물이 하찮은 자들을 잘 보살피는
(이) 세 가지는 다른 (사람에게는) 행복이고 자신에게는 이익이다.

누구나 자기 자신을 위해 배우고 배운 것을 풀어낸다. 그러나 바르게 배운 이는 자기 한 사람만을 위해 배운 것을 사용하려 하지 않고, 자기 꿈을 이루기 위해 다른 사람의 꿈을 짓밟지 않는다. 짓밟지 않을 뿐만 아니라 오히려 나누고 베푸는 쪽을 택한다.

콩을 심으면 콩이 자라고 팥을 심으면 팥이 자라는 것처럼 좋은 업을 쌓으면 좋은 결과가 맺어지고 좋은 결과는 다시 좋은 출발의 원동력이 된다.

자기 것을 다른 사람과 나눠본 적이 없는 사람은 나누는 기쁨이 쟁이는 즐거움보다 더 크다는 것을 결코 알지 못하고, 돕는 것이 곧 도움을 받는 것이라는 사실을 깨닫지 못하고, 주는 것보다 받는 것이 더 많다고 하는, 보시의 즐거움을 아는 이들이 하는 말을 이해하지 못한다.

한 사람이라도 배가 고파 우는 사람이 없게 하고, 한 사람이라도 추위에 떠는 사람이 없게 하고, 한 사람이라도 억울해하며 우는 사람이 생기지 않게 하는 데 조그만 힘이라도 보탤 수 있으면 그것으로 고맙고 만족해야 할 일이다. 절집을 키우는 데 이름 올리지 않으면 어떻고, 새로 세우는 탑에 이름 새기지 않은들 무엇이 아쉽겠는가!

235. [6-43]
복덕의 힘福力에 의한 일의 성취는
햇빛이 다른 것에 의지하지 않음과 (같고)
노력의 힘에 의한 일의 성취는
등잔의 불빛이 다른 모든 것들에 의지하는 것과 (같다).

사람들마다 '하면 된다'는 말을 입에 달고 살아도 노력과 상관없이 되지 않는 일이 있고, '돈만 있으면 귀신도 부릴 수 있다'는 말이 횡행해도 돈으로 어찌해볼 수 없는 일이 있게 마련이다.

'사람은 다만 일을 도모할 뿐, 그 일을 이루는 것은 하늘이다'라는 말도 알고 보면 사람 말고도 무수한 요인들이 어우러져 일을 이뤄지게 한다는 말에 다름 아니다. 하늘이라는 것이 구체적으로 지시되는 대상이 아닌 까닭이다.

사람마다 자기가 지은 대로 살아간다. 그리고 그것은 통장 안에 모아둔 돈을 빼 쓰는 것과 다르지 않다. 각자가 갖고 있는 통장의 종류가 다르고, 통장 안에 들어 있는 금액의 크기가 천차만별인 것처럼, 우리가 만들어내는 '삶의 통장' 또한 각자의 품성과 능력에 따라 크고 작고 좋고 나쁜 것으로 나뉘게 되고, 그에 따라 누구는 여유롭고 평화로운 삶을 사는 반면에 누구는 허덕이며 신산辛酸한 삶을 살게 된다.

어디서든 선업의 인연이 있으면 흥성하게 되고, 업의 인연이 다하거나 없어지면 쇠퇴하고 마는 것에 어느 누가 그렇지 않다고 말할 수 있을 것인가!

236. [6-44]
위대한 인물들에게 의지하면
하찮은 자들도 큰일을 달성한다.
큰 나무에 의지한
덩굴이 나무 꼭대기까지 (기어올라) 가는 것을 보라.

맹자의 모친은 아들의 교육을 위해 세 번이나 사는 집을 옮겼다. 일찍이 '치맛바람'이라는 유행어를 탄생시킨 이 땅에 사는 어머니들의 자녀 교육에 대한 열성도 결코 맹모에 못지않다.

그러나 우리 사회의 교육열은 건강하지 못하다. 인성함양이라는 교육 본연의 가치가 무참히 짓밟힌 채 성공과 출세의 보조수단으로 전락해버렸기 때문이다. 그런 속에서 아이들은 저마다 가진 소질과 능력을 계발啓發하는 것이 아니라 시험 성적 하나로 줄 세워져 공부하는 기계가 되어가고 있다.

사람들이 돈 있고 힘 있는 곳으로 몰려드는 까닭은 큰 나무에 기대
하늘 높이 오르고 싶어 하는, 그다지 튼튼하지 못한 줄기와 뿌리를 가진
넝쿨 같은 이들이 그만큼 많기 때문이다. 그러나 큰 나무를 휘감고 올라가
나무처럼 발밑을 내려다볼 수 있게 되었다고 해서 넝쿨이 곧 큰 나무가
되는 것은 아니다. 더구나 넝쿨은 큰 나무에 기대 높은 곳에 올랐으면서도
여전히 혼자서는 바로 서지 못하고 당연히 다른 넝쿨의 의지처가 될 수도
없다. 그뿐만이 아니다. 넝쿨은 결국 건강한 나무까지 시들어 죽음에 이르
게 한다.

넝쿨과 큰 나무의 관계만 언급한 이 게송에는 큰 나무로 자랄 수 있는
아직 어린 나무들에 대한 이야기가 빠져 있다. 멀리서 보고 닮아갈 수는
있어도 큰 나무 밑의 작은 나무는 결코 큰 나무로 자랄 수 없다. 그래서
크게 되고 싶은 어린 나무는 제 스스로 새로운 땅에 뿌리를 내린다. 자녀를
큰 인물로 만들고 싶은 부모라면 깊이 새겨 읽어야 할 게송 아닌가!

237. [6-45]
공덕을 갖춘 자에게 과실過失이 있어도
공덕을 좋아하는 이들은 기꺼이 머문다.
(가뭄 끝에 내린) 비가 집에 해를 입혀도
세상 사람들에게는 기쁨이 생겨난다.

허물 많은 사람을 가까이 하지 않으려는 게 세상인심이다. 그러나 허물
하나 없이 완벽한 사람은 없다. 좋은 사람과 나쁜 사람이라고, 공덕 많은
사람과 공덕 없는 사람이라고 구분하는 것은, 한 사람에게서 그 둘의 점유
율이 어느 쪽으로 기울어 나타나는지를 가리키는 것일 뿐이다. 달리 말하면
장점만 가진 사람이 없는 것처럼 단점만 가진 사람 또한 없다는 뜻이다.

지혜로운 이는 그래서 어떤 사람이 공덕을 갖추었다고 해서 무조건
받아들이지 않고, 허물이 많다는 소문을 들었어도 무턱대고 내치지 않는다.

그러기보다 어느 쪽이 되었든 배울 것을 찾아내고 찾아낸 것으로 자기에게 모자란 부분을 채워 나간다. 허물을 몰라보거나 공덕에 눈머는 것 모두 어리석기는 마찬가지, 그 둘을 조화로 볼지언정 한 가지로 다른 한 가지를 매도하지 말라는 뜻이다. 알아차린 데서만 지혜가 드러나는 것이 아니라 알아차린 뒤에 하는 행동과 말과 생각에서도 지혜는 드러난다. 허물로 트집을 잡아 공덕을 해치지 않고 공덕에 가려 허물을 보지 못하는 잘못을 저지르지 않는 것이 잘 깨어 있는 사람이 하는 일이다.

산과 들을 떠돌던 원시 인류에게 정착의 삶을 제공했던 곳이 범람이라는 위험 요소가 있던 큰 강大河이었다. 구더기가 있다고 장에게 욕설을 퍼붓는다면 얼마나 어리석은 짓이겠는가!

238. [6-46]

공덕이 없으면 복장이 좋아도
현자들에게 기쁨이 생겨나게 할 수 없다.
준마駿馬라도 보법步法을 갖추지 못하면
아주 보기 좋아도 값이 싸듯이.

우리나라는 성형수술에 관한 한 세계적인 강국이며 대국이다. 외모를 중시하는 사회 풍토가 만들어낸 결과이며 현상이다.

안성기라는 배우를 좋아하는 이유는 한두 가지가 아니지만 그중에 빼놓을 수 없는 한 가지는 그의 얼굴에서 세월 따라 늘어가는 주름을 보는 맛 때문이다. 세월이 그대로 아름다움이 될 수 있다는 것을 보여주는 그의 골 깊은 주름은 선행의 현장에서 환하게 웃는 모습과 특히 잘 어울린다. 그런데 그런 세월의 흔적을 지우려고 돈을 들이는 사람들이 있다. 돈을 주고도 살 수 없는 세월의 훈장을 거꾸로 돈을 들여 지워버리는 사람들이다.

빅토르 위고는 '속에 든 아름다움 없이 겉에 꾸민 어떤 아름다움도 완전하지 못하다'고 했다. 삶은 쓰고 또 쓰어서 쓴맛을 단맛으로 만드는 것이다. 분을 발라 하얘진 얼굴 이상으로 땀 흘린 뒤 맑아진 얼굴도 곱다.

얼굴에 생긴 주름 하나 사랑하지 못하고 희어진 머리카락 한 올 마음 편히 받아들이지 못하면서 어떻게 이웃과 세상을 마음 편히 껴안을 수 있을 것인가!

239. [6-47]

재물을 갖춘 자는 어리석은 자 가운데 많고
용감한 것은 맹수들 사이에서 많지만
선설善說은 (오직) 현자들 사이에서만 나오고
성자는 이 세상에서 드물다.

부자가 되기를 바라는 사람도 있고, 싸움에서 이기기를 바라는 사람도 있다. 그러나 지혜로운 이는 부자가 되는 것도 싸움에서 이기는 것도 바라지 않는다. 눈물을 먹지 않고 커지는 재물이 없고, 피와 상처를 딛지 않고 이뤄지는 승리가 없는 것을 알기 때문이다.

"지난 세월이 참 허망합니다. 돌이켜보면 왜 그리 삶을 허비하면서 살았을까 싶습니다. 다시 책을 읽기 시작하면서 이제야 공부의 참 재미를 알아가고 있습니다."

마치 소년 같은 얼굴의 한 노학자께서 들려주신 말씀이다. 존경스러운 삶을 살아오신 분의 그 말씀을 듣는 순간, 허망을 말하기에 앞서 부끄러움 때문에 얼굴이 달아올랐다. 선설善說을 말할 수 있기를 꿈꾸지 않는다. 다만 귀한 가르침을 알아들을 귀라도 조금 열릴 수 있기를 바랄 뿐이다.

240. [6-48]

누구든지 그가 가지고 있는 것
(바로) 그것에 의해 그의 명성은 얻어진다.

현자의 명성은 지혜로 그리고
용사는 (그 명성을) 용맹함으로 듣는 것처럼.

인문人文이란 인물과 문물을 아우르는 말이고, 인류의 문화와 자연의
질서를 통틀어 이름하는 것이다. 인문에서는 세월을 무시할 수 없어서
나이든 사람이라면 누구나 장편 소설 몇 질의 소재가 될 만한 삶의 내력을
갖게 마련이다.

사람은 저마다 다른 재능과 호불호를 가지고 있다. 그러므로 자연스러운
삶에 어울리는 것은 세상이 어떤 방향으로 흘러가든 각자 자기가 좋아하고
잘 하는 일을 하는 것이다.

"일 못하는 상사들을 흉보는 동안 너희들도 그것을 배운다. 차라리 일
잘하는 선배들을 부러워하면서 배워라."

모여서 상사 흉을 보는 후배들을 볼 때마다 해준 말이었다. 험한 말을
입에 담지 말라고 가르치는 까닭은 어떤 것을 보고 어떤 것을 입에 담느냐
에 따라 삶이 바뀌기 때문이다. 칭찬을 많이 하는 사람은 칭찬받을 일을
하고, 흉을 많이 보는 사람은 책잡힐 일을 저지르며 산다.

의사나 판검사 되기를 꿈꾸는 사람들이 많지만 의사가 많은 도회지에서
도 죽는 사람은 있게 마련이고, 판검사들이 모여 사는 동네라도 도둑은
든다. 세상에 할 일은 너무나 많고, 잘할 수 있는 일도 사람마다 다르다.
좋아하고 잘하는 일이라야 밤을 새우면서도 즐겁게 해낼 수 있다. 행복한
삶이 내 몸 가장 가까운 곳에 있다는 것을 결코 잊어서는 안 된다.

241. [6-49]
위대한 인물들이 공경하는 일을
하찮은 자들은 업신여긴다.
위대한 시바大自在天의 왕관을 장식하는
달을 아수라가 음식으로 삼키듯이.

무슨 의도를 갖든 다른 사람을 돕는 행위가 중요하다고 생각한 때가 있었다. 그러나 그렇지 않았다. 주는 사람이 동정하는 뜻을 갖고 있으면 받는 사람의 기분이 좋을 리 없고, 받는 사람이 대놓고 얻어먹겠다고 달려들면 주는 사람이 곱게 생각할 리 없다는 것을 늦게야 깨달았기 때문이다.

세상 모든 일이 화합으로 일어나지 않는 것이 없다. 아름다운 공양과 보시가 이뤄지기 위해서도 주는 자와 받는 자, 그리고 주는 것이 모두 바르고 깨끗해야 한다.

갠지스 강에 있는 모래알의 숫자만큼 많은 탑을 세우는 것보다 부처님의 가르침 한 구절을 바르게 전하는 공덕이 더 크다고 말하는 까닭은, 바라는 게 있어서 탑을 세우고 절을 짓는 것보다 다함 없는 공경심으로 초 한 자루 밝히는 공덕이 더 크다고 말하는 까닭은, 공양과 보시를 하고자 하는 그 정성이 훨씬 더 중요하다고 보기 때문이다.

큰사람이 한마음으로 바른 보시를 행하여 자신의 공덕을 증장시키는 것과 달리 속 좁은 사람들은 그것을 단지 '얼마짜리냐?'로 환산하느라 바빠 공덕 아닌 악업을 쌓고 만다. 공덕의 크기가 재물에 의지하여 결정된다면 그 무엇이 갠지스 강의 모래알 숫자만큼 많은 탑을 세운 공덕을 따를 수 있겠는가?

242. [6-50]
지식이 책 안에만 남아 있는 것과
성취하지 못한 밀주密咒와
건망증 환자의 배움 등은
필요할 때 속이는 (경우가) 많다.

서가를 볼 때마다 빼내야 할 책이 많다는 생각을 한다. 책 욕심이 많아서 책을 사들이고는 있지만 책다운 책을 만나기가 참으로 어렵고 좋은 책을 만나도 그 안에 든 귀한 뜻을 얻어내기는 더욱 어렵다.

책을 읽고 뜻을 얻으면 삶이 바뀌어야 하는데 실상은 그렇지 못하다. 읽을 때는 변화의 필요성에 크게 공감하다가도 책을 덮고 나면 읽기 전과 별반 달라진 것 없는 일상으로 돌아가기 일쑤다. 책 속에 남겨진 채 삶으로 체화되지 않은 길은 내 길이 아니다. 책은 내 삶을 위한 도구에 지나지 않는 것이고, 지혜는 나의 삶을 통해 성취하는 것이다. 그러므로 책을 외우기만 하는 것은 바른 깨침보다 못하고 바른 깨침 또한 바른 실천보다 못하다. 백 번을 읽으면 저절로 뜻이 통한다는 말대로 다독의 이로움이 아주 없지는 않을 테지만, 아는 것과 사는 것을 비교해 볼 때 다독의 가치를 아무리 높게 쳐도 바른 삶을 따라갈 수는 없다.

바른 삶의 지침을 담은 경전 안의 문자도 바른 삶과 비교할 수 없을 것인데, 하물며 이루지 못한 자의 주문이나 삿된 가르침을 전하는 자의 그릇된 가르침이야 더 말해 무엇하랴.

243. [6-51]

지혜와 재물로 흥성해도
게으른 자가 더 높아지기는 어렵다.
(뿔 달린 짐승의) 귀가 처음 태어날 때는 (높이) 있어도
뿔이 더 높아지는 것을 보지 못하였는가?

한때 잘나가던 탤런트가 있었다. 데뷔하자마자 주연 자리를 꿰찬 그는 대부분의 연기 지망생들이 거친다는 무명의 고달픈 시절도 겪어보지 않았다. 앞길 탄탄해 보이는 여배우와 결혼도 했다. 그러나 그의 좋은 시절은 그리 오래가지 못했다. 이혼 소식이 들려온 뒤 그의 이름은 사람들의 기억 속에서 점차 사라지기 시작했다.

꽤 긴 시간이 흐른 뒤 TV에 나타난 그는 지난날 가는 곳마다 스포트라이트를 받던 유명 배우가 아니었다. 고정된 직업도 없이 찜질방을 전전하는,

화려한 날들의 기억조차 지니기 버거워하는 쓸쓸한 중년으로 변해 있었다. 명성은 아침이슬처럼 사라져 버렸고, 부모로부터 물려받은 백억 대의 유산 또한 그의 손에 푼돈으로도 남아 있지 않았다. 사람들이 그렇게도 갖고 싶어 하는 잘생긴 얼굴과 타고난 재능, 그리고 아쉬울 것 없는 풍족한 재물이 그에게는 약이 아니라 독이었다. 그는 잘못 산 지난날을 후회하며 울고 있었다.

얼마나 갖고 시작하느냐는 그다지 중요하지 않다. 남이 어떤 길을 가든 내가 갈 길을 가고, 다른 사람이 무슨 재능을 가졌든 내가 가진 장점을 보며, 누구도 닮지 않은 나만의 꽃을 피워낼 수 있어야 한다.

타고난 재능이 있다고 자랑할 것도 아니고 타고난 재능이 없다고 기죽을 일도 아니다. 세상에 재능을 타고나지 않은 사람은 없다. 다만 자기가 가진 재능을 세상이 알아주지 않는다는 편견과 타고난 재능을 꽃피워보려고 노력하지 않는 게으름만 있을 뿐이다.

244. [6-52]

개돼지에게 달콤한 냄새와
맹인에게 등불과
소화 불량자에게 (좋은) 음식과
어리석은 자들에게 법法이 무슨 필요가 (있으랴)!

사람들이 좋아한다고 향기 좋은 꽃을 꺾어 개나 돼지에게 주거나, 시력에 이상이 없는 사람들이 그렇게 한다고 해서 어두운 밤길을 가는 앞 못 보는 사람에게 손전등을 들려주지는 않는다. 마찬가지로 맛 좋고 영양이 풍부하다는 이유로 체한 사람에게 질기고 기름진 음식을 내놓는 것이나, 마땅한 도리라고 하면서 마음을 닫아버린 사람에게 들려주는 이야기가 좋은 영향을 끼칠 리 만무하다.

개와 돼지는 향기 좋고 아름다운 꽃을 짓밟고 그 위에서 뒹굴 뿐이고,

앞 못 보는 사람에게 손전등은 거추장스러운 짐이 될 뿐이다. 또 소화능력이 떨어진 사람에게 기름진 음식은 상태를 더 악화시킬 뿐이고, 알아듣지 못하는 사람에게 바른 가르침은 듣기 싫은 잔소리가 되고 말 뿐이다.

바른 가르침을 만나지 못하고도 삶을 바르게 살아내는 사람이 있는가 하면 바른 가르침을 만났으면서도 어그러진 삶을 살아가는 사람이 있다. 그래서 법을 전하는 사람들은 언제나 간절한 마음이어야 하고 알아듣지 못하는 사람에 대해 더 큰 연민의 마음을 낼 수 있어야 한다.

245. [6-53]

공덕을 갖춘 자와 순금
전쟁터의 용사와 좋은 말
명의名醫와 좋은 장식품은
어디를 가나 언제든지 (잘) 팔린다.

대부분의 의사와 판검사와 종교지도자들이 맨 처음 그 길로 들어설 때는 병든 사람을 돕고, 사회적 약자의 이익을 지키고, 기댈 곳 없어 방황하는 사람의 안식처가 되겠다는 바람을 품는다. 그러나 의사가 생명보다 돈을 쫓고, 판검사가 약자보다 강자의 권익을 먼저 살피고, 종교지도자가 돈과 권력을 함께 가지려는 생각을 갖게 된다면 자기가 본래 가진 바람은 물론 자신의 존재를 규정하는 직업으로서의 명패 역시 빛을 잃고 만다.

다른 금속이 섞이지 않아야 순금이 되고, 잘 달릴 수 있어야 준마가 되고, 전쟁터에 나아갔을 때 두려움을 떨칠 수 있어야 용사가 되고, 다른 어떤 것보다 목숨이 중요하다는 생각을 지켜낼 때 심의心醫가 되고, 반짝이는 것 이상으로 불변의 순일성을 유지할 수 있어야 귀한 보석이 된다. 사람도 마찬가지다. 잘 사는 사람은 어디서든 사람으로도 또 직업인으로도 도리를 지키며 살아간다.

'남달리 뛰어나고 훌륭하다'는 의미의 '영특英特'한 사람들이 힘을 얻고,

대중들이 그런 사람의 삶을 따라 힘을 내서 살아가는 세상은 그리 먼데 있지 않다. '너'보다 '나'가 먼저 깨어나면 된다. 중요한 것은 문제를 '너'에게서가 아니라 '나'에게서 찾아내려고 노력하는 것이고, 그것을 배우는 것이 지혜로 들어서는 출발점이다. 그리고 그것을 흔들림 없이 몸으로 살아내는 이들은 어디서나 사람들이 그 가치를 알아본다. 순금이나 용사나 준마가 빛을 잃지 않는 것처럼.

246. [6-54]

지혜와 노력을 갖춘 자
그가 성취하지 못할 일이 무엇이랴?
'나쁜 적들의 열두 군대를
빤따바 형제들이 격퇴했다'[3]고 들었다.

'정의가 이기는 것이 아니라 이기는 것이 정의'라고 강변하는 사람들이 있다. 그런 자들은 이기기 위해 수단과 방법을 가리지 않을 뿐만 아니라 '자신만의 정의'를 구현하기 위해 불의를 저지르는 것도 마다하지 않는다. 그러나 목전의 작은 승리를 쫓는 사람들은 결코 최후의 승자가 되지 못한다.

> 泰山雖高是亦山　태산수고시역산
> 登登不已有何難　등등불이유하난
> 世人不肯勞身力　세인불긍노신력
> 只道山高不可攀　지도산고불가반

태산이 높다 하되 하늘 아래 뫼이로다.

3　인도의 영원한 대서사시 『마하바라따』에서 따온 이야기다.

오르고 또 오르면 못 오를 리 없건마는
사람은 제 아니 오르고
뫼만 높다 하더라.

예전에 학교를 다닌 이들이 한번쯤 달달 외워보았을 「태산가泰山歌」는
조선 전기의 문인 양사언이 지은 것으로, 한시보다 고시조로 우리에게
더 잘 알려진 작품이다. 아무리 힘들어도 한 걸음 한 걸음 나아가는 그
발걸음 끝에 어찌 산봉우리가 나타나지 않을 것인가?

쉬지 않고 나아가는 발걸음이 정진이라면 산 가장 높은 곳에 올라 내려다
보는 발아래 풍경은 지혜다. 산에 올라보고 싶다는 바람은 누구나 가질
수 있지만 누구나 산정에 오를 수 있는 것은 아니다. 끈기 없는 바람으로는
아무것도 이룰 수 없다.

247. [6-55]

대부분 아이의 행위는
이어져 온 가문의 (법도를) 따른다.
뻐꾸기 새끼가 매의
오가는 백 가지 길을 (배울) 가능성은 매우 적다.

드넓은 중원 대륙을 처음으로 통일함으로써 '첫 황제'라는 뜻의 '시황始
皇' 칭호를 썼던 사람도 아비를 닮지 않은 못난 아들 탓에 애써 쌓은 위대한
업적을 2대도 이어가지 못했다.

농사를 짓고 살던 진승陳勝이란 사람은 '왕후장상에 어찌 종자가 있을
것인가[王侯將相寧有種乎 왕후장상영유종호]?'라고 하면서 진秦나라 멸망
의 기폭제가 된 난리를 주동했고, 그가 한 말은 우리 역사 속에서도 만적이
라는 한 노비의 입을 통해 민중에게 널리 알려졌다. 왕후장상과 그 그늘에
서 이득을 얻으며 살아가는 사람들에게는 눈이 뒤집힐 노릇이었을 테지만

이보다 더 인간에 대한 명확한 선언은 일찍이 그 예를 찾아보기 어렵다.

부처님께서도 바라문이라는 종성을 내세워 말하는 이에게 말씀하셨다. 바라문은 혈통에 의해서 되는 것이 아니라 바라문다운 행위 때문에 될 수 있는 것이라고 한 사람이 다른 사람보다 존귀해질 수 있는 것은 가문이나 혈통 때문이 아니라 오로지 그 사람의 행동과 말과 생각이 남달라서다. 그러므로 이룬 자 이뤘다고 느긋해할 수 없는 일이고, 가진 것 없는 자 가진 게 없다고 주저앉을 일이 아니다.

맹모삼천지교孟母三遷之敎라는 말도 있다. 맹자의 모친이 아들의 훈육에 알맞은 곳을 찾아 세 차례나 사는 집을 옮겼다는 고사에서 전래된 말이다. 이 말도 그 속내를 알고 보면 맹자가 부모에게서 이어받은 혈통 하나만으로 성인의 반열에 오르는 공부를 이뤄낸 게 아닌 것을 알 수 있다.

가족이나 가문의 범위를 굳이 전통적으로 해석할 필요는 없다. '일일생활권'이니 '지구가족' 같은 말이 일상의 용어가 된 지 이미 오래다. 가르침과 배움이 한 집에 사는 가족 구성원끼리만 주고받을 수 있는 것은 아니다. 배울 것이 지천에 널려 있고 따르고 싶은 스승도 도처에 있는 세상이다.

붓다와 예수와 마호메트, 공맹과 노장은 물론 역사가 기록한 수많은 천재와 영웅들까지도 변함없이 뛰어난 자질을 자신의 후손에게만 물려준 이는 없었다. 불법을 만난 이후 누구라도 스스럼없이 자신을 불자佛子라고 부르는 것에서 보듯 생물학적인 부모만 부모가 되는 것은 아니며 스승의 경우에는 더 말할 나위가 없다.

사람 앞에 다른 말을 붙여 꾸밀 필요가 없다. 우리 모두는 하늘이기도 하고 우주이기도 하고 부처이기도 하다. 그러나 여기서도 간과하지 말아야 할 것이 있다. 과유불급過猶不及, '지나침은 모자람만 못하다'는 만고불변의 격언이다.

248. [6-56]
산과 강, 코끼리, 말

나무와 빛, 진귀한 보석
남자와 여자 등은 같은 종류라도
빼어난 것과 미천한 것의 차이가 있다.

글이라는 게 참 우습다. 의심 없이 읽으면 틀린 구석이 없어 보이다가도 비딱한 시선으로 읽으면 바른 글도 비뚤어진 것으로 읽힌다.

산과 강, 코끼리와 말도 어느 것이 낫고 어느 것이 못하다고 할 수 없을 것인데, 하물며 산 중에서는 어떤 산이 으뜸이고 강 중에서는 또 어떤 강이 제일이라고 칭하는 게 '과연 옳은 것인가?'라는 생각을 할 수도 있다.

말馬은 먼 길을 가봐야 그 힘을 알 수 있고, 사람은 오래 겪어봐야 그 마음을 알 수 있다고 했다. 그러고도 아는 것은 아는 것이 아니다. 왜냐하면 여전히 아는 것이 모르는 것보다 더 많을 수 없기 때문이다. 모르는 게 아는 것보다 많아서 안다 할 수 없는 것이라면, 다 알지도 못하면서 좋고 나쁜 것을 가려 말하는 것 역시 우스운 꼴이 되고 만다.

가려서 말하자면 그렇다는 것이다. 팔뚝의 힘이 세다고는 말할 수 있어도, 달리기를 잘한다고 말할 수는 있어도, 머리가 좋다고 말할 수는 있어도, 말을 남보다 잘한다고 할 수는 있어도, 어떤 사람이 다른 어떤 사람보다 나은 사람이라고 말하기란 쉬운 일이 아니다. 아니 그것은 쉽다거나 어렵다는 차원의 일이 아니다.

의사가 건강이 부실한 사람에게 등산을 권유할 때, 그에게 좋은 산은 세계에서 가장 높은 에베레스트가 아니라 집 근처의 나지막한 산인 것처럼, 사막을 건너다 목이 마른 여행가에게 필요한 것은 갠지스 강의 물이 아니라 가장 가까운 오아시스의 물인 것처럼, 언제 어디서든 자기에게 절실하게 필요한 것보다 더 중요한 것은 없다. 그래서 누구만큼이라거나 누구처럼이라고 비교의 기준을 내세우는 이가 있다면 바르게 배우고 바른 길을 안내하는 바른 사람이라고 할 수 없다.

좋고 나쁜 차이는 모양에 따라 생겨나지 않는다. 차이라고 하는 것은

크든 작든 아름답든 그렇지 않든 간에 그것의 효용이 어떠한가 하는 것에서
만들어지기 때문이다. 차이라면 자신과 다른 사람을 함께 이롭게 하는
선택을 하는가, 아니면 다른 사람은 물론 자신의 운명마저 구렁텅이에
빠지게 하는 선택을 하는가의 구별뿐이다.

249. [6-57]
복덕을 갖춘 자의 한마디 말이라도
약소한 자들은 견디기 어렵다.
'가우다Gauda왕의 한마디 말이
바다의 왕을 속박했다'는 이야기처럼.[4]

말에 실리는 힘의 종류에는 여러 가지가 있다. 돈 때문에 얻은 힘도
있을 것이고, 권력을 쥐어 갖게 된 힘도 있을 것이며, 살아온 이력만으로
생긴 힘도 있을 것이다. 그러니 문제는 '힘' 그 자체가 아니라 '어떤 사람이
어떤 종류의 힘을 갖추고 있느냐' 하는 것이다.
힘에는 건설적인 것과 파괴적인 것이 있고, 긍정적인 것과 부정적인
것이 있으며, 행복한 결실을 맺게 하는 힘이 있는 반면에 불행한 결과를
초래하는 힘도 있다. 그런데 어떤 종류의 힘이 되었든 힘을 가진 이의
말은 주변에 영향력을 미칠 수밖에 없고, 힘의 종류와 크기에 비례하여
그 영향력이 집안을 벗어나고 마을을 벗어나고 나라를 벗어나 온 세계에
미치는 경우도 있다.
그런데 자기가 가진 힘의 크기와 용도에 대해 잘 알지 못하는 사람들이
있다. 그릇의 크기에 어울리지 않는 힘을 가진 이들은 많은 사람을 위해
쓸 수 있는 힘을 소수를 위해 사용하고, 힘을 써야 할 알맞은 때를 놓쳐

• •

4   이 이야기는 동인도의 왕 라마빠라Ramapāla가 섬을 공격하기 위해서 '바다를 둘러
쌓으라!'는 명령을 내리자 바다가 묶였다는 이야기에서 비롯되었다.

힘을 쓰고도 바람직한 결과를 얻지 못하고, 쓸데없이 고집을 피우다 그나마 힘을 써볼 기회마저 놓쳐버린 채 일을 망쳐버린다.

알고 보면 누군가를 위하지 않는 일은 없다. 하고자 하는 일이 최선은 아닐지라도 차선은 될 수 있어야 하고, 나쁜 일을 피할 수 없는 경우라 하더라도 최악의 선택은 되지 않아야 하고, 이익이 생길 때는 보다 많은 사람들에게 그 이익이 돌아갈 수 있게 하며, 손해가 생길 때에는 짐을 져도 될 만한 사람들이 나눠서 짊어지게 할 수 있을 때 비로소 '누구를 위해서'라고 말할 수 있는 일이 될 수 있다.

250. [6-58]

일을 (애써) 노력하면 모두 성취할 수 있어도
성공한 일은 (대부분) 복덕의 힘福力에 의지한다.
상인이 바다에서 찾지 못한
보석이 왕의 (보물) 창고에 놓여 있듯이.

옛날 인도에 작은 나라를 다스리는 왕이 있었는데 밤마다 먼 곳에서 들려오는 소리를 들었다.

"대왕이시여! 대왕이시여! 대왕이시여!"

똑같은 소리는 밤마다 세 차례씩 들려왔는데 그 소리에 잠에서 깬 왕은 다시 잠들 수 없었다. 잠을 자기가 두려워진 왕은 소문난 점술가를 불러 그 연유를 물었고, 점술가는 왕에게 상금을 많이 걸고 담대한 사람을 뽑아 궁 밖을 지켜보게 하라고 했다.

소문을 듣고 한 남자가 궁궐로 들어왔다. 어려서 부모를 잃고 혼자서 어렵게 살고 있는 젊은이였다. 그날 밤, 청년은 왕이 준 큰 칼을 들고 궁 밖을 지켰는데 밤이 깊어지자 과연 왕이 들은 것과 똑같은 소리가 들려왔다.

"대왕이시여! 대왕이시여! 대왕이시여!"

청년은 소리가 들려오는 곳을 향해 큰소리로 외쳤다.

"누구냐? 당장 나와 정체를 밝혀라!"

목소리가 대답했다.

"나는 땅 속에 묻혀 있는 보물이다. 나는 밤마다 왕을 불렀고 왕이 대답만 하면 그의 창고로 들어갈 참이었다. 그런데 겁을 낸 왕이 내 부름에 답하지 않았다. 보아하니 그대가 나와 인연이 있는 모양이다. 나 말고도 일곱 형제가 더 있는데 내일 우리 형제들이 모두 너의 집으로 가겠다."

청년은 다시 물었다.

"너희를 맞으려면 어떻게 해야 하느냐?"

"청소를 깨끗이 하고 향과 꽃과 그릇을 갖춰두어라. 도사 여덟 명이 너의 집을 찾아가면 방망이로 그들의 머리를 내려치고 '담장으로 들어가라'고 고함치면서 담장 쪽으로 몰면 된다."

날이 새자 청년은 궁궐로 들어가 왕에게 아뢰었다.

"밤중에 소리를 내는 요괴를 물리쳤으니 이제 걱정하시지 않아도 됩니다."

왕이 하사한 상금을 받아 집으로 돌아간 청년은 땅 속에서 들려온 말대로 집안을 깨끗이 청소한 뒤 여러 곳에 향과 꽃과 그릇을 마련해두었다. 그리고 평소에 가지 않던 이발소에 들러 머리를 단정하게 다듬었다. 과연 도사 여덟 명이 그의 집을 찾아왔다. 청년은 도사들을 집안으로 맞아들인 뒤 문을 닫고 음식을 내놓았다. 그런 다음 도사들이 식사를 마칠 때를 기다렸다가 방망이로 그들의 머리를 내리치면서 소리쳤다.

"담장 안으로 들어가라!"

그러자 도사들이 모두 금화가 가득 들어 있는 항아리로 변했다. 그런데 그 모습을 몰래 지켜보던 이가 있었다. 그동안 한 번도 오지 않던 사람이 이발소를 찾아온 것을 이상하게 여긴 이발사였다. 이발사는 자기도 부자가 될 수 있겠다는 기대에 부풀어 그가 본 대로 집안을 청소하고 향과 꽃과 그릇을 갖춰둔 뒤 도사들을 초청해서 집안에 들였다. 그러고는 음식을 차려 대접한 뒤 방망이로 도사들을 내리쳤다. 그러자 피범벅이 된 도사들이 비명을 지르면서 집 밖으로 뛰쳐나갔다. 이유 없이 몽둥이질을 했던 이발사는 관청으로 끌려가 문초를 당했다. 사건의 전말을 전해들은 왕이 청년의 집을 찾아가 창고 문을 열게 했다. 그런데 창고 안으로 들어간 왕이 재물을 보고 욕심을 내는 순간 항아리 안에 들어 있던 금화가 모두 뱀으로 변해버렸다. 왕은 마음을 바꿔 청년에게 말했다.

"이것은 너의 복이다. 앞으로 누구도 네가 가진 것을 빼앗을 수 없을 것이다."

여의주如意珠는 인도 전설에 나오는 왕이 가진 일곱 가지 보물 가운데 한 가지를 말하는데 왕이 될 인연이 있어야 가질 수 있는 물건이다. 좋은 왕인가 나쁜 왕인가 하는 것은 여의주를 가진 이후의 일이다. 얻는 데까지의 인연과 얻고 난 뒤의 인연이 다르기 때문이다.

갖고 싶다고 해서 아무나 가질 수 있다면 그것은 여의주가 아닐 것이고, 한 번 주인이 되면 영원히 주인이 될 수 있다고 믿는 것 또한 인연법에 어긋나는 일이다.

모래뿐인 사막에서 원유가 나오는 것은 사실이지만 모래가 있는 곳마다 원유를 생산할 수 있는 것은 아니다. 오랜 세월 모래 밑에 원유의 재료를 쌓아둔 곳이라야 비로소 모래 아래 깊은 곳에서 유용한 원유를 뽑아 올릴 수 있다. 복덕도 마찬가지다. 쌓아둔 선업 없이 좋은 과보가 생겨날 리 없다. 사막의 모래 밑에서 원유가 나오는 것은 사실이지만 그렇다고 아무 데서나 모래를 쥐어짜 기름을 만들 수는 없는 노릇 아닌가!

251. [6-59]
어리석은 자의 애증은 그 모습相으로 알 수 있고
능숙한 자의 애증은 그 반대로 보인다.
개가 짖으면 물려는 모습이지만

사신死神이 웃으면 죽이려는 모습이듯.

법 없이도 살 사람이라는 평판을 듣던 사람과 십 년 가까이 함께 일하는 동안 단 한 번도 그가 화내는 것을 보지 못했다. 화내는 것을 못 본 것뿐만 아니라 다른 사람 흉을 보는 것도 본 적이 없다. 언제나 웃는 얼굴을 하고 있는 것은 아니었지만 안색이 부드럽고 말은 느렸다. 동료들 가운데 누구도 그가 꾸며서 그렇게 하는 것이라고 말하지 않았다.

그런 그를 부러워했으면서도 나는 오랫동안 감정을 너무 쉽게 얼굴에 드러낸다는 소리를 듣고 살았다. 희로애락을 쉽게 얼굴에 드러낸다는 것은 자기 안에 강력한 '나'가 있기 때문이고, 꾸며서 희로애락을 잘 드러내지 않는 것도 자기 안에 '나'라는 것의 의도가 숨어 있기 때문이다.

된 사람이나 큰사람은 칭찬이나 비난의 소리를 듣고도 낯빛이 평소와 달라지지 않는다. 옛일을 적다 보니 인연을 더 길게 이어오지 못한, 화내는 얼굴을 본 적이 없는 옛 동료가 그립다. 그는 지금도 분명 어디에선가 보기 좋은 얼굴로 나이 들어 살고 있을 것이다.

252. [6-60]
재물의 최고는 곧 베풂이고
행복의 최고는 곧 마음의 편함이고
장식의 최고는 곧 배움이고
친구의 최고는 곧 속이지 않는 자이다.

저수지는 봄 농사를 위해 겨울 동안 물을 가둬두는 곳이고, 통장은 꺼내 쓸 날을 위해 번 돈을 모아두는 것이다. 둘 모두 모아두는 것만큼이나 중요하게 생각하는 것은 때와 용도에 맞게 모아둔 것을 꺼내 사용하는 것이고, 사용할 때는 비우는 것에 대한 두려움보다 빼서 쓰는 즐거움을 더 크게 보는 것이다.

설명할 수 있고 설명으로 알아들을 수 있는 마음은 본래 그 한 마음이 아니다. 그럼에도 불가에서는 직지인심直指人心과 견성성불見性成佛을 가르친다. 마음을 제대로 볼 수 있어야 깨달을 수 있다는 뜻이다. 바로 보지 못한 채 우리가 마음이라고 알고 있는 것, 바로 알지 못한 채 마음이 시키는 것이라고 믿고 있는 것, 그런 것들 때문에 우리는 번뇌에서 자유로울 수 없고, 번뇌에서 자유로울 수 없어서 괴로움이 그치지 않고, 번뇌와 괴로움에 매여 지내니 괴로운 삶을 살 수밖에 없다.

분수를 지키고 족함을 알면 이겨내야 할 마음의 몸집도 따라 작아진다. '만족할 줄 아는 사람은 언제나 즐겁다[知足者常樂 지족자상락]'고 한 것은 수많은 선각자들이 우리에게 제시한 편안하고 즐겁게 살 수 있는 처방이었다.

또 하나 스승과 도반에 대해 수행을 완성하는 전부라고 해도 지나치지 않다는 부처님의 말씀처럼 평생을 배우면서 벗과 함께하는 것도 중요하다. 스페인의 작가 그라시안은 '친구를 갖는다는 것은 또 하나의 인생을 갖는 것'이라고 했다. 그러나 친구라고 해서 다 좋은 것만은 아니다. 사랑하는 친구도 미워하는 친구도 진실한 친구도 거짓된 친구도 모두 친구라는 이름으로 함께하기 때문이다. 진실과 성실은 우정의 기본이다.

그러니 알아야 한다. 설령 세상이 잘못 가고 있다고 하더라도 그것을 멈추게 하려면 제도보다 사람에서부터 시작해야 하고, 사람이라면 다른 사람 아닌 바로 '나' 한 사람으로부터 먼저 시작해야 한다는 것을.

253. [6-61]

재물로 말미암아 힘들어하지 않는 자 누가 있으랴?
항상 행복하게 사는 자 누구랴?
모든 행복과 고통은
여름과 겨울처럼 서로 바뀐다.

'돈이면 귀신도 부릴 수 있다'고 믿는 사람들이 많다. 그러나 그만큼의 돈을 벌기 위해서는 남보다 더 악착스러워져야 하고, 모은 돈을 지켜내기 위해서는 눈에 핏발을 세우며 살아야 한다. 사실 귀신을 부릴 수 있을 만큼 많은 돈은 버는 것에서부터 쓰는 것 사이를 즐거움만큼의 고통과 번뇌로 채워 이룬 것이다. 그럼에도 불구하고 돈은 주인이라고 하는 사람의 편을 들어주지 않는다. 돈은 돈 그 자신이 주인일 뿐, 어디에고 매이려고 하지 않는다. 돈이란 물꼬를 통해 흘러가는 물과 다르지 않다. 물이 흘러가는 땅은 결코 마르지 않는다. 그러나 차고 넘치는 물이 결국에는 홍수라는 재앙을 불러오는 것처럼 필요 이상으로 많아진 돈은 그 자체가 괴물이다.

복은 언제나 화禍에 의지하여 일어나고 화는 언제나 복과 함께 찾아온다. 새옹지마塞翁之馬라는 고사가 들려주는 것처럼 좋은 일과 나쁜 일은 꼬여 있는 새끼줄처럼 번갈아 찾아오는 법이다. 복이 어찌 복으로만 영원할 것이며, 화가 어찌 화로만 끝까지 이어질 수 있을 것인가?

254. [6-62]
약소한 자들이 위대한 인물의 이름
다만 (그것만) 붙잡고 있어도 다른 것들에게 보호받는다.
앙구리마라의 이름만 붙잡아도
어지간한 악마들에게 보호받는다고 전해지듯이.

앙구리마라는 부처님 시대 사위국 대신의 아들로 태어났다. 부친의 뜻을 따라 나라 안에서 으뜸가는 바라문의 제자로 들어간 그는, 그러나 유혹을 거절당한 스승의 아내로부터 모함을 받게 되었고, 이성을 잃은 스승에게 이레 안에 천 명을 죽여 그들의 손가락으로 목걸이를 만들면 범천왕이 될 수 있다는 거짓된 가르침을 받았다. 스승에 대한 믿음이 굳건했던 그는 999개의 손가락을 모을 때까지 피에 주린 악귀처럼 사람들을 죽여 온 나라를 공포의 도가니로 몰아넣었다. 그가 한참 사람을 죽이고 돌아다닐 때는 길마다 사람들의 통행이 끊겼고, 요괴들조차도 앙구리마라와 친분이 있다고 말하면 그 사람을 함부로 하지 못했다는 말이 나돌 정도였다고 한다.

그런 그의 앞에 어머니가 나타났다. 어머니 손에는 아들에게 주려고 가져온 밥이 들려 있었다. 하지만 하나 남은 손가락 생각으로 가득 차있던 그에게는 자신의 친어머니도 눈에 들어오지 않았다. 자식이 어미를 알아보지 못한 채 생명을 해하려는 절체절명의 순간, 그 앞에 나타난 부처님은 "끝도 없는 죄악을 저지르고 어떻게 범천왕의 바람을 이룰 수 있겠느냐!"는 말씀으로 그의 잘못된 행위를 나무랐고, 그때서야 스승의 잘못된 가르침을 따라온 것을 알게 된 앙구리마라는 부처님께 귀의한 뒤 마침내 아라한이 되었다.

어린 짐승이 어미 뒤에 몸을 숨겨 자신을 지켜내는 것처럼, 사람도 불리한 처지에 놓일 때마다 본능적으로 자기보다 강한 자의 이름을 빌어 자기가 처한 위기에서 벗어나려고 한다. 불자라면 누구나 입과 몸에 익은 '나무아미타불'이라는 주문 역시 단 한번만이라도 이 주문을 외우면 언제 어디서든 모습을 드러낸 부처의 안내를 받아 서방정토로 갈 수 있다는 믿음과 함께 오랜 세월 불교 신앙의 탄탄한 토대가 되었다.

그러나 간절하고 사무치는 마음 없이 단지 습관적으로 반복하는 주문은 아무런 효력을 내지 못한다. 그래야 한다는 가르침을 맹목적으로 따르는 것도, 마음속에 서방정토라는 목적지가 우선되어서도 소용이 없다. 말 그대로 단 한 차례 불보살의 이름을 입에 올리더라도 땅을 울리고 하늘을 움직일 수 있어야 한다. 일행一行으로도 만행萬行을 부끄럽게 할 수 있는 것, 그것의 시작은 걸릴 것 없이 절절하고 사무친 마음 하나다.

255. [6-63]
(어떤) 유정이 누구와 관계를 맺고 있으면

(그것은) 이전 일의 업業에 의한 행동이다.
독수리가 다람쥐를 데리고 다니고
수달이 부엉이를 공양하는 것을 보라.[5]

괜스레 보기만 해도 설레는 사람이 있는가 하면 주는 것 없이 미운
사람이 있고, 일생을 같이 할 줄 알았으나 멀어진 사람이 있는가 하면
생각도 못한 사람이 오랫동안 함께하는 수도 있다. 곧 만날 줄 알았으나
끝끝내 다시 만나지 못한 사람이 있고, 다시 만날 것을 생각도 못하다가
어느 날 문득 만나게 된 사람도 있다.

만나고 헤어지는 인연에서 우리는 한 치 앞도 내다보지 못한다. 누겁의
세월에 걸쳐 얽히고설킨 우리 삶의 복잡하고 다단하고 은밀한 은원의
내력을 생각해보면, 이것은 이상한 것이 아니라 오히려 당연한 것이다.

모든 인연을 반드시 알아야 할 것 같지도 않다. 세상일이라는 게 알아서
약이 될 수도 있지만 반대로 병이 될 수도 있고, 몰라서 병이 될 수도
있지만 거꾸로 약이 되기도 하기 때문이다. 좋은 씨앗을 뿌리면 좋은 싹이
돋고 나쁜 종자를 뿌리면 나쁜 싹이 돋는다.

옛사람도 '좋은 것이나 나쁜 것이나 인연 없이는 모이지 않는다'고 하지
않았던가!

256. [6-64]

재산 모으기를 원하는 자들이
(재산을) 늘렸으면 베풂이 (그 재산을) 지키는 것의 최상의 방법이다.
맑은 물을 (조그만) 연못에 붓기를 원하면
(계속) 길어내야 다른 (물을) 연못에 다시 채울 수 있듯이.

---

5 과거의 업장을 통해 금생今生의 일이 이루어진다는 것에 대한 이 우회는 【한역본】에만
   설명되어 있다.

부처님 재세 시 등이 휘게 일해야 겨우 입에 풀칠이나 할 수 있을 정도로 가난한 여인이 있었다. 그러나 그것도 젊은 날의 이야기였을 뿐, 나이 들어 쇠약해진 몸으로는 하루 한 끼 해결할 돈도 벌기가 어려웠다. 어느 날, 그녀가 자신의 처량한 신세를 한탄하며 우물가에서 울고 있었다. 그때 마침 그곳을 지나던 가전연 존자가 노파의 울음소리를 듣고 걸음을 멈춘 뒤, 우는 사연을 듣고 나서 말했다.

"보시를 하시오."

울음을 멈춘 노파가 말했다.

"존자시여, 제게는 돈도 먹을 것도 없습니다."

그러자 존자가 노파에게 이르길,

"목마른 사람에게 주는 한 모금의 시원한 물도 보시가 될 수 있소."

노파는 우물에서 맑은 물 한 그릇을 떠서 존자에게 바쳤다. 물 한 그릇을 시원하게 비운 존자는 노파에게 법문을 들려주었다.

"보시는 재산이나 물질로만 하는 것이 아니라오. 무엇이 되었든 정성스러운 마음으로 베푸는 것이 보시라오."

존자가 마을을 떠난 뒤 바로 세상을 뜬 노파는 죽은 지 49일도 되지 않아 도리천의 천인으로 태어났고, 그녀 뒤에는 언제나 천녀 5백 명이 따라다녔다.

물 빼는 곳이 없는 연못은 새로 들어오는 물을 맞아들일 수 없고, 맑은 물을 새로 받아들이지 못하는 연못은 결국 썩어서 못쓰게 된다. 새는 곳이 생기면 빈틈없이 막으라고만 가르치는 세상이다. 그러나 작은 구멍을 막다 보면 큰 문을 열어야 할 때를 놓친다. 이것은 방풍과 방음이 잘되는 집이라고 해서 다 좋은 집이 아닌 것과 같은 이치다. 자고로 좋은 집이란 통풍이 잘 되는 집을 뜻하고, 우리는 그런 집을 '숨 쉬는 집'이라고 부른다.

아무리 좋아 보여도 작은 재물은 작은 연못의 물처럼 작은 것일 뿐이다.

연못을 채운 물이 썩지 않게 하려면 연못의 크기를 떠나 물을 비우고 채우는 일이 반복되어야 한다. 작은 연못이라서 더욱 아껴야 할 이유는 없지 않은가?

제7장 부적절한 행위에 대한 검토── 관불합리품觀不合理品

257. [7-1]

하인이 자만심이 큰 것과
고행자가 크게 근신謹愼하는 것과
왕이 법에 따라 행동하지 않는 것
(이런) 세 가지는 부적당한 것을 따르는 것이다.

이치에 맞지 않게 사는 사람들이 위의 세 가지 유형만은 아닐 것이다. 이전에 노래방 도우미를 한 적이 있다고 말하는 여인이 TV 뉴스 화면에 나타났다. 그녀는 등을 보이고 앉아 수입이 줄어 살기 어렵다고 하면서 결혼한 것이 후회스럽다고 말하고 있었다.

돈이 있으면 어떤 즐거움이라도 살 수 있다고 생각하는 사람들, 돈을 벌기 위해서라면 불법이라도 저지르지 못할 것이 없다고 생각하는 사람들, 그리고 불법이 자행되는 것을 알면서도 뒷돈을 받고 눈감아주는 자들 때문에 일어나서는 안 될 일들이 우리 주변 도처에서 일어나고 있다.

삶의 법칙은 오묘한 것 같지만 의외로 간단해서 어떤 일도 대가 없이 편하고 쉽고 빠른 것을 허락하지 않는다. 편한 것을 먼저 취하면 고생스러운 것이 나중에 따라오고, 쉬운 것을 먼저 고르고 나면 뒤에 남는 것은 어려운 것일 수밖에 없으며, 빠르다고 간 길의 끝에서는 반드시 더 늦게 가야 하는 길이 나타나게 마련이다.

일하는 사람은 일하는 사람으로, 부리는 사람은 부리는 사람으로, 출가한 사람은 출가한 사람으로, 나라를 다스리는 사람은 나라를 다스리는 사람으로, 스승은 스승으로, 제자는 제자로, 부모는 부모로, 자식은 자식으로 모두가 그렇게 자신이 있어야 할 자리에서 자신이 할 일을 하며 사는 것, 그것이 높고 좋고 귀하게 사는 것이다.

258. [7-2]
할 능력이 없는 일을 시작하고
많은 자들과 싸우고 힘센 자와 쟁론爭論하고
여자들에게 얼빠지고 악한 자와 친구가 되는
(이런) 다섯 가지는 빨리 없애야 할 원인이다.

한 사람이 위에서 말하는 다섯 가지를 모두 가졌다면 말할 것도 없으려니와 그 가운데 단 한 가지만 갖고 있어도 그의 삶은 결코 순탄할 수 없을 것이다.

종류를 떠나 자기가 잘할 수 있는 일을 해야 하고, 적의 숫자도 가능한 한 적어야 한다. 친구는 많아도 그 숫자가 많게 느껴지지 않지만 원수는 단 한 사람만 있어도 적다고 느껴지지 않기 때문이다.

참을 줄 아는 사람은 승패를 떠나 싸움 자체를 멀리한다. 이성異性 문제에서 우리는 하나를 얻는 대신에 나머지를 버리는 선택을 한다. 친구도 마찬가지다. 마음이 아닌 물질과 목적이 매개가 되어 맺어진 우정은 오래갈 수 없다. 오래가지 않을 뿐만 아니라 때로는 친구인 줄 알았다가 원수가 되어 돌아서기도 한다.

259. [7-3]

재산은 없으나 최고의 음식과 옷을 바라고
다른 사람에게 빌붙으면서도 자만심만 크고
논전論典에 대해 알지 못하면서도 쟁론하기를 바라는
(이런) 세 가지는 중생들의 웃음거리 대상이다.

설날 연휴에 처가에 모인 사람들 대부분이 패딩 점퍼를 입고 있었다.
벌이가 좋은 동서 부부의 옷이 유독 눈에 띄어 한마디 하자 동서는 가족들
에게 그런 옷을 입히기 위해 허리가 휘어진다고 짐짓 엄살을 부렸다. 그런
중에 두 사람, 호주에서 온 이종사촌 부부의 옷차림이 평범해서 우리의
눈길을 끌었다. 두 사람이 입은 옷은 오래전에 우리가 입었던 짙은 갈색의
두껍고 무거운 겨울옷이었다.

겨울이 더 춥게 느껴지는 이유가 추위 때문이 아니라 입고 있는 옷
때문이라면, 삶이 더욱 고달파진 이유가 입고 싶은 따뜻한 옷이 없어서라
아니라 그 옷을 샀기 때문이라면, 그 삶은 분명 방향이 잘못된 것이다.

게송이 출가와 재가를 가려 한 말은 아니겠지만 재가자보다 출가 수행자
를 대상으로 말하는 게 좋겠다. 의식주의 문제와 하심의 문제, 그리고
부처님의 가르침에 대한 이해와 논변과 실천의 문제에 있어서 출가 수행자
만큼 밀접하게 관계된 이들이 없겠기 때문이다.

공성空性의 도리를 알았거든 탐욕과 집착을 떨쳐낼 수 있어야 하고, 자존
을 지키면서도 비굴하지 않아야 하고, 자긍을 가지면서도 오만하지 않아야
하며, 외우는 앎이 아니라 살아 숨 쉬는 깨침으로 중생을 무명과 무지로부
터 깨어나게 해야 한다. 이것이야말로 언제 어디서나 포기할 수 없는 부처
님 제자의 사명 아니겠는가?

260. [7-4]

좋은 것이 있어도 다른 악한 것을
악한 자는 궁색하게도 탐한다.
'울금화鬱金花[1]가 고기다'라고 말하는
자칼을 빼고 다른 누가 (이런 헛된) 희망을 (품으랴)!

업業의 씨가 자라 보報의 삶을 만들어내는 것이라면, 우리가 하루하루 짓는 좋고 나쁜 업에 따라 우리의 삶이 극락의 꽃밭이나 지옥의 불구덩이 또는 얼음구덩이가 될 것이다. 도시에 산다고 해서 모두가 세련된 도회인으로 살아가는 것은 아니듯, 또 시골에 산다고 해서 모두가 농사를 짓고 살아야 하는 것은 아니듯, 그 길은 '어디에서 사느냐?'보다 '어떻게 사느냐?'에 따라 갈리게 된다.

벌레라는 이름으로 불려도 누에와 구더기가 다른 것처럼, 사람의 겉모습을 타고났어도 살아가는 모습이 서로 다르면 그 과보가 달라질 것이 당연하다. 오늘을 어떻게 살았는지에 따라 내일이 달라질 것이고, 올 한 해를 어떻게 살았는지에 따라 내년 한 해가 달라질 것이며, 이번 한 생을 어떻게 살았는지에 따라 다음 생이 달라질 것이다.

다음 생까지는 몰라도 이번 생을 시궁창으로 만든 사람은 시궁창을 남길 것이고, 꽃밭으로 만든 사람은 꽃밭을 남길 것 아니겠는가?

261. [7-5]

위대한 인물들에게는 적보다도
자신의 권속眷屬이 해를 가하는 (경우가) 많다.
사자 몸의 벌레를 제외하고

● ●

1 티벳어의 '깡쉬 메똑kang shu'i me tog'을 【한역본】에서는 울금화鬱金花라고 번역했다.
산스끄리뜨어의 낌쉬까kiṃśuka의 꽃으로 【잠뺄 역】에 따르면 그 꽃은 살코기처럼
붉은 색이다.

다른 동물이 어찌 (사자를) 먹을 수 있으랴!

부처님께서 말씀하신 정법과 상법과 말법의 시대는 부처님의 가르침보다 더 나은 가르침이 나타나거나 외도들의 부당한 공격을 받아 그리 되는 것이 아니다.

불교가 타 종교의 성장과 발전으로 인해 위축되는 것이 아니라 불교인이 잘못 살아 그런 결과를 불러들이는 것이기 때문에, 그렇게 되지 않으려면 불자들이 잘 배우고 잘 살아야 한다는 게 부처님의 가르침이었다. 불자 말고 불교를 멍들게 할 사람이 누구일 것이며, 부처님 제자 말고 부처님의 바른 가르침을 일으켜 세울 이 그 누구이겠는가!

262. [7-6]
주인된 자가 자신에게 해를 가하면
그를 보호해줄 자가 누구랴?
빛이 (자신의) 몸을 어둡게 하면
그것을 보는 다른 방법은 없다.

부처님께서 세상에 오셔서 터뜨린 첫 번째 선언, 천상천하유아독존天上天下唯我獨尊은 비할 바 없이 위대한 당신의 존재적 선언인 동시에 우리 한 사람 한 생명 모두의 존귀함에 대한 선언이기도 하다.

잊을 만하면 뉴스 시간을 채우는 소식이 있다. 학교 폭력 문제가 그것이다. 도무지 아이들 세계에서 일어나는 일이라고 믿을 수 없는 사고와 사건들은 사실 어른이라는 토양에서 만들어지는 아이들의 일이다. 그러나 미래를 위해 희생해야 할 시기가 학창시절이라고 말하는 부모들, 스스로 가르치는 직업에 종사하는 직업인으로 안주하려는 교사들, 그리고 과도한 경쟁을 부추겨 반사이익을 얻으려는 사람들의 숫자는 좀처럼 줄어들 기미를 보이지 않는다.

이런 세상에서 우리 아이들을 구할 수 있는 것은 무리에서 문제를 일으키는 학생을 제외시켜버리는 강화된 처벌이 결코 아니다. 우리 가운데 어느 누구도 버리고 갈 사람이 없다는 것을 알아야 하고, 어려운 때일수록 더불어 사는 세상을 일으켜 세워야 한다. 방관자가 많은 사회는 스스로 치유할 능력을 잃은 병든 사회다.

아이들에게 '~해서라도 ~하는 사람이 되라'고 가르치기보다 '~하느니 차라리 ~하는 사람이 되라'고 가르치는 학부모와 교사가 더 많은 세상을 꿈꾸는 게 과연 허망한 바람이기만 할까?

263. [7-7]

법을 수행하는 자가 평온하게 머무는 것을
방해하는 것은 매우 악랄한 짓이다.
자신을 보호하려고 온 분을 죽이는 자를
'영웅이다'라고 누가 (크게) 외치랴!

욕망이 삶의 원동력이라고 말하는 자들은 욕망의 끝을 채워 행복한 삶을 이루려고 한다. 그와 달리 행복은 욕망의 충족보다 욕망의 절제를 통해 이뤄지는 것이라고 믿는 이들이 있다. 바로 수행자들이다. 그러나 그렇게 살기를 바라는 이들을 해치는 게 있는데 그중의 하나가 잘못된 방법으로 수행자를 돕는 것이다.

'외호外護'는 글자 그대로 '바깥에서 지켜주는 것'을 뜻한다. 그러나 현실은 그렇지 못하다. 배운 대로 살지 못하는 수행자를 도와주고 지켜주는 사람들에 의해 외호라는 말이 오용되거나 남용되는 일이 비일비재하기 때문이다.

수행자에게 폭력과 욕설과 강탈만 문제가 되는 것은 아니다. 가재가 게를 편들 듯 사정을 살피지 않고 자기편이라고 편을 드는 외호가 더 큰 문제다. 잘못된 방법으로 지키는 사람은 보호자가 아니라 해치는 자다.

때로는 지켜주지 않는 것이 오히려 바르게 지켜주는 방법이라는 엄정한
사실을 외호를 하는 이도 받는 이도 명심해야 한다.

264. [7-8]

악한 자는 자신에게 이익이 아니더라도
다른 쪽에 해를 가한다.
독사는 음식으로 공기를 먹어도
다른 쪽을 보면 죽이지 않더냐?

잘 사는 길에 대해 말한 선현들이 셀 수 없이 많았고, 그 길을 따라
간 사람들 또한 헤아릴 수 없이 많았다. 그런데도 세상은 여전히 자기
이익 한 가지만을 쫓아 사는 사람들로 넘쳐나고, 그들은 자기가 왜 그렇게
살고 있는지에 대해 깊이 생각하지 않는다.

예의와 배려는 '나'의 자리 한편에 '남'이 앉을 자리를 마련해두는 일이
다. 당연히 예의와 배려에 대해 아는 사람은 내가 살기 위해 남을 죽여야
한다고 생각하지 않고, 남보다 높아지기 위해 남을 딛고 올라서도 된다고
생각하지 않는다. 하나만 잘되고 나머지는 잘될 수 없는 사회는 잘된 하나
마저 끝내 잘못되어 공멸하고 마는 사회다. 깨어있는 이는 언제나 많은
사람이 함께 잘되는 세상을 꿈꾼다.

평화로운 세상은 맛 좋은 것을 먹을 때 돌아가신 부모님을 떠올리고,
때맞춰 밥 먹을 때 굶는 이들을 생각하는, 그래서 한 끼 식사 거르지 않게
사는 것까지도 감사할 줄 아는 이들이 만들어간다.

265. [7-9]

탐욕을 '행복이다'라고 생각해도
(이런) 행복이라는 (생각과) 행위는 다만 고통의 원인이다.
술을 마시고 '행복하다'라고 생각하는 것, 그것은

(술에 취해) 해롱거리는 짓을 행복이라 생각하는 것이다.

큰 서원을 세우고 살아가는 사람에게 탐욕스럽다고 손가락질할 사람은 없다. 서원과 탐욕은 목표와 추구하는 방법이 다르기 때문이다. 그런데 안타깝게도 우리 주변에는 탐욕을 서원처럼 여기는 사람들이 많다.

탐욕은 아흔아홉을 가졌으면서도 백에서 모자란 하나를 바라보게 하고, 하나가 채워져 백이 된 이후에는 다시 천이라는 더 큰 것을 바라보게 한다. 탐욕이 괴로움의 뿌리가 되는 까닭이다.

불교의 오계五戒 가운데 다섯 번째 '불음주不飮酒'는 앞에 나오는 네 가지 근본계와 그 성격이 조금 다르다. 살아 있는 생명을 죽이지 말고, 주지 않은 남의 것을 훔치지 말고, 바람직하지 않은 음행을 저지르지 말고, 거짓말을 하지 말라는 윤리적 가르침들과는 그 궤가 다르기 때문이다.

술이나 약물은 사람을 가장 빠른 시간 안에 짐승처럼 행동하게 만들어 버린다. 사람이 사람인 것을 잊으면 앞의 네 가지 계가 무력해지고 만다는 점에서 술이나 약물은 배운 대로 바르게 살아보려는 사람들에게 가장 위험한 방해물이다. 술로 얻는 즐거움은 즐거움이 아니고, 근심이나 괴로움 또한 술로는 그 근본을 다스릴 수 없다. 술에서 깨어나면 즐거움이 사라지고 술기운이 떨어지면 근심과 괴로움이 다시 일어나기 때문이다.

잘 마시는 술은 약이라고 말하는 이들도 있다. 그러나 그 말은 정말로 잘 마실 수 있는 사람에게나 어울리는 말이다. 밥도 많이 먹으면 병이 되고 마는 판에 술에 대해서야 더 말할 게 무엇이겠는가!

266. [7-10]
공덕을 갖춘 자를 세상 (사람들은) 존경한다.
공덕은 노력하는 힘精進力에 달려 있다.
노력하여 공덕을 성취하지 못한 채
다른 사람에게 교만을 (떨어봐야) 무슨 이익이 (있겠는가)!

세상에 앎을 갖고 태어나는 사람은 없다. 그러므로 사람들 사이에서 앎의 차이가 있다면 그것은 오직 체득하는 속도의 차이가 있을 뿐이다. 더 나아가 앎을 받아들이는 속도가 빠른 사람 중에서도 게으른 사람이 있고, 남보다 그 속도기 느린 사람 중에서도 부지런한 사람이 있다. 그럼에도 세상 사람들은 그것을 자세히 살펴보지 않는다. 그래서 사람들은 흔히 타고나는 것 하나로 알 수 있는 사람과 그럴 수 없는 사람으로 나눠버리는 실수를 범한다.

'과골삼천踝骨三穿'이란 말이 있다. 복사뼈에 세 번이나 구멍이 생길 정도로 공부에 전념한 스승 다산의 모습을 떠올리면서 제자 황상이 자신의 게으름을 다그치는 글 속에 적어둔 말이다. 황상은 평생 동안 스승의 가르침을 잊지 않고 열심히 정진한 끝에 아전의 아들이라는 신분상의 벽을 넘어 경화세족京華世族의 문장가들에게까지 인정을 받는 시인이 될 수 있었다.

忍已需精進 인이수정진
精進證菩提 정진증보리
若無風不動 야무풍부동
無勤福不生 무근복불생

인욕으로 정진을 개발해야 하나니
정진 속에 깨달음이 있기 때문이다.
바람 없이는 움직임도 없는 것처럼
노력 없이 공덕은 생겨나지 않는다.
　　　　　　　　　－『입보리행론』, 「제7 정진품」 1번 게송(해제자 졸역)

먹지 않으면 배가 고픈 것처럼 배우지 않으면 무지에서 벗어날 수 없다.

늦잠을 자면 하루가 어그러질 뿐이지만 공부를 게을리하면 일생이 틀어지기 쉽다. 정진 또 정진하기를!

267. [7-11]
사람들은 오래 살기를 바라고
늙는 것을 두렵게 여긴다.
늙음을 두려워하고 오래 살기를
바라는 것은 어리석은 자의 그릇된 견해邪見다.

옛날 어느 마을에 늙지 않고 오래 살기를 바라는 부자가 있었다. 그는 오래 살 수 있는 비방을 알려주면 자기 재산의 반이라도 줄 수 있다는 생각으로 인근에서 의술로 명성이 자자한 바라문을 찾아갔다.
"늙지 않을 방법이 있으면 알려주시오. 돈이라면 얼마든지 줄 수 있소."
부자의 말을 들은 바라문은 이 빠진 잇몸을 드러내고 웃으면서 말했다.
"나도 오랜 세월 그것을 찾다가 이렇게 늙어버렸소."

任誰所謂活 임수소위활
唯心利那頃 유심찰나경
衆生不了彼 중생불료피
故自知極少 고자지극소

汝愛久存活 여애구존활
而不樂衰老 이불락쇠로
噫同類衆生 희동류중생
見汝行爲善 견여행위선

누구나 살아 있다 말을 하지만

마음이 만든 찰나의 생일 뿐인데
사람들은 그것을 알지 못하고
스스로 아는 사람 아주 드물다.

그대들 오래 살기 좋아하면서
기운 줄고 늙는 것은 좋아하지 않으니
오호라 다를 것 없는 중생들이여!
다 아는 척 잘못 사는 네 자신을 보아라.
　　　　－『중관사백론中觀四百論』, 「제1 명파상집방편품明破常執方便品」
　　　　　　　　　　　　　10, 11번 게송(해제자 졸역)

무상의 도리를 아는 이들은 길고 짧은 수명으로 애태우지 않는다. 오래
살아도 더 오래 사는 것에 비하면 형편없이 단명한 것이 되고, 짧게 살아도
더 단명한 것에 비하면 장수하는 것이 된다.
어리석거나 현명한 생각의 차이, 그것이 행복과 불행을 가른다. 늙는
것을 싫어하면서도 오래 살 수 있기를 바랄 것이 아니라 늙어갈 수 있는
것까지라도 감사할 줄 알아야 한다.

268. [7-12]
어떤 자가 현자와 계속 있으면서
그로부터 공덕을 얻지 못했으면
그 사람은 악귀에 쓰였거나
또는 악업에 의해 핍박받은 것이다.

어떤 사람이 지장보살의 서원에 대해 들었다.

地獄未空 지옥미공

誓不成佛 서불성불

衆生度盡 중생도진

方證菩提 방증보리

지옥을 모두 비우기 전에는

결코 성불하지 않겠습니다.

중생들 모두 구제한 뒤에

보살의 깨달음 이루겠습니다. (해제자 졸역)

그 말을 듣고 난 뒤 그는 다시 불법을 배우려고 하지 않았고, 가르침을 준 스승도 찾아보지 않았다. 친구가 그에게 그 까닭을 물었다.

"지장보살의 서원을 들어보았는가? 지옥의 중생들을 모두 구제한 뒤에야 성불하겠다고 했으니 내가 지장보살보다 먼저 성불할 수 있을 것 같아서 그랬다네. 나는 이제 기다리기만 하면 되는 것 아닌가?"

머리를 풀어헤친 얼굴빛 검은 형상만 악귀가 아니다. 우리가 품고 있거나 겉으로 드러내는 바르지 못한 생각과 말과 행동이 바로 악귀의 형상이다.

269. [7-13]

어떤 자가 재물을 지니고 있으면서도

쓰거나 주지 않는다면

그 사람은 병이 들었거나

또는 생각해볼 것도 없이 아귀餓鬼다.

지인 중에 자식들의 헤픈 씀씀이 때문에 애를 태우는 사람이 있었다. 어려서 고향을 떠나 도회생활을 시작한 그의 으뜸가는 경제 개념은 '쓰지 않는 것'이었다. 그러나 그렇게 해서 경제적 여유를 갖춘 이후에도 그의 씀씀이는 달라지지 않았고, 노년은 물론 세상을 뜨기 직전까지도 더 벌어야 할 것이 남아 있다고 생각하며 살았다.

돈을 쥐고도 참아야 할 때라고 생각하면서 끼니를 거르는 부자라면, 한 푼이 생겼을 때 한 끼니를 해결하는 사람보다 잘 살고 있다고 말할 수 없다.

아귀는 목구멍이 너무 작아서 물과 음식을 눈앞에 두고도 끝내 갈증과 허기를 해소할 수 없다고 한다. 타인은커녕 자기 자신에게조차 한 끼 밥을 제공하기 아까워하는 사람에게 어떻게 보시의 공덕을 기대할 수 있겠으며, 그런 사람의 삶이 아귀보다 나을 것이 무엇이겠는가!

270. [7-14]
교법教法을 알고 있으면서도 수행하지 않으면
그의 법으로 무엇을 할 수 있으랴?
곡식이 풍년이더라도
맹수에게 기쁨이 어찌 생기랴!

책에서 읽고 들어 알게 된 것들이 어째서 내 생활을 바꾸는 힘이 되지 못하는지 한동안 궁금했다. 앎이 곧 내 것일 수 있었던 세속에서의 경험으로는 번뇌와 무지의 뿌리가 얼마나 단단하게 내 안에 고착되어 있는지 알지 못했던 것이다.

불법에 대한 이해의 넓이와 깊이가 달라지면서 알게 된 것은 수행을 통해 골격뿐인 앎에 근육을 붙여줘야 한다는 것이었다. 그렇게 하지 않으면 앎은 앎 그대로 남고, 그런 앎은 삶에 보탬이 되기는커녕 오히려 장애가 되고 만다는 가르침의 뜻도 알게 되었다.

보고 듣고 배우는 것은 보지 못하던 안목을 갖추는 것이며, 수행은 눈을 뜬 사람이 앞으로 나아가게 하는 두 발이라고 했다. 쌍안양족雙眼兩足이라고 한 것처럼 두 눈과 두 발 없이 어떻게 앞을 향해 제대로 나아갈 수 있겠는가!

271. [7-15]

(악)업에 의해 핍박받는 유정에게는

재물이 있어도 (그는 이것을) 쓸 수 없다.

까마귀는 굶주려도 (음식을) 숨기니

배부르게 먹는 것을 어떻게 할 수 있으랴!

문명文名이 꽤 높은 시인이라고만 해두자. 시인들은 배가 고프다고 하니 그가 인기만큼 돈을 많이 벌었을 것이라는 생각도 하지 말자. 그렇더라도 그가 통장 잔고 상한을 2백만 원으로 정해두고 사는 품은 예사롭지 않다. 그마저도 자신의 죽음이 남에게 끼칠 폐를 생각해서 마련해둔 비상금이라고 말하는 그는, 나이와 어울리지 않게 소년 같은 웃음이 일품이다.

삽이나 괭이를 쓰지 않고 단지 호미로만 짓는다는 그의 남새밭 농사는 혼자 먹고 살기에 넘칠 만큼 풍요롭다. 그러니 그의 일상은 애당초 호의호식과는 거리가 멀고, 많지 않은 그의 벌이는 자신과 이웃의 어려운 사람을 위해 값지고 의미 있게 쓰인다.

돈을 벌어 쌓아두느라 필요 이상의 헛힘을 쓰지 않으니 시가 보이고, 아름다운 시 한 구절의 대가로 들어온 돈은 쌓이기 전에 갈 곳을 찾아가니 화폐와 벌어 쓰는 사람의 입장 모두 효용의 극치라 할 수 있다.

단지 모으는 것만이 목표인 돈벌이는 모인 돈의 힘이 돈을 번 사람과 주변 사람을 함께 불행하게 만든다. 목표의 끝이 될 줄 알았던 모은 돈이 새롭고 더 큰 목표의 출발점이 되어 버리기 때문이다.

백 원을 벌고도 행복해하는 사람이 있는 반면에 만 원을 벌고도 이웃이 번 더 큰 돈을 생각하면서 한숨짓는 이가 있다. 벌이에도 성찰이 필요한 까닭이다.

272. [7-16]

쓰거나 주는 것을 할 수 없는
그런 재물로 부자라고 생각한다면
(차라리) 산을 금이라고 생각하여
부자가 되는 것이 제일 쉽다.

부자라는 호칭은 쌓아둔 돈이 많다는 것만으로는 생겨나지 않는다. 대중에게 존경 받는 부자에게는 돈이 모이고 풀리는 것에 남다름이 있다. 돈은 그 자체로 귀한 것이 아니다. 약속한 교환가치가 발휘될 때 비로소 돈일 수 있기 때문이다. 금고 안에 넣어두기만 하거나 은행 안에서 제 몸 불리기만 하게 해서는 문자 그대로 '종잇조각'에 불과한 물건이 되고 만다.
 '피땀 흘려 모은 돈이 어떻게 종잇조각과 같을 수 있느냐?'고 반문하는 사람이 있을지도 모르겠다. 그러나 피땀보다 더한 것을 흘려서 번 돈이라도 쓰임이 없다면 종잇조각 이상의 가치를 가질 수 없다. 땅 한 뙈기 갖지 않은 사람이라도 목 좋은 곳을 골라 '이 땅은 내 것'이라고 생각할 수는 있겠지만 그런 땅은 자신과 다른 사람에게 아무런 작용도 일으키지 못한다. 돈도 마찬가지다. 어머니도 그것을 알았는지 욕심 많고 인색한 이웃을 보면 우리 어린 것들에게 "돈은 버는 사람 복이 아니라 쓰는 사람 복이란다."라고 말씀하셨다. 게송을 읽을수록 생전의 어머니 목소리가 귀에 쟁쟁하다.

273. [7-17]
법과 법 아닌 것非法을 말하는
식자는 매우 많아도
그것을 알고 실천하는 자는
이 세상에 매우 드물다.

앎의 수요가 커진 세상에서 배움을 통해 스스로 '안다'고 생각하는 이들이 이전보다 훨씬 많아졌고, 스스로 남을 가르칠 수 있다고 생각하는 이들의 숫자도 크게 늘었다. 그러다 보니 생긴 폐해가 가르치고 배우는 일이 가벼워진 것이다. 가벼워졌다는 것은 앎이 앎으로만 그쳐버리는 것을 말한다.

중국 신문학의 개조로 추앙 받는 루쉰魯迅은 격변기를 맞은 자국의 청년들에게 "지금 청년들에게 필요한 것은 말이 아니라 행동이다."라고 외쳤다.

떳떳한 삶을 살고 있는가? 다른 사람의 좋은 일에 함께 기뻐하고 있는가? 다른 사람이 아파할 때 함께 눈물 흘리는가? 자신의 말과 글과 행동이 다른 사람들을 행복하게 하는가?

오늘의 수행자들이 자기 자신에게 물어봐야 할 말들이다.

274. [7-18]

(좋은) 가문과 몸매, 젊음을 갖추었어도
공덕이 없으면 아름다운 것이 아니다.
공작의 깃털이 (보기) 좋아 마음에 들어도
위대한 인물의 장식에 그 가치가 무엇이랴?

'업業'은 선악善惡이 갈려도 그 결과로 받게 되는 '보報'에는 선악이 없다. 선업의 과보라고 하는 것들은 소위 귀한 집 자녀로 태어나거나 아름다운 미모를 갖고 나는 것들이다. 그러나 '부자의 자식'이라거나 '잘 생긴 얼굴' 그 자체는 선한 것도 악한 것도 아니다. 단지 세상의 욕망이 그것을 선한 것으로 보고 싶어 하는 것일 뿐이다.

젊어서는 마음씨 착한 사람보다 좋은 결혼 상대자가 없다는 어른들의 조언을 귀담아듣지 않는다. 아름다운 겉모습이 변함없이 지속될 것이라는 허망한 믿음을 버리지 못하는 까닭이다.

(어떤) 사람이 (좋은) 가문, 몸매, 문혜聞慧 등을 갖추었어도

지혜와 지계가 결여되어 (있으면) 존경받지 못합니다.

그렇지만 누구라도 이 두 공덕을 갖추고 있으면

바로 그에게 다른 공덕(들)이 결여되어 있어도 (다른 사람들이 그를) 공경

합니다.

               - 용수보살의 『친구에게 보내는 편지』 28번 게송(역자 졸역)

  시들지 않는 미모를 본 적이 없다. 그러나 지혜와 복덕의 향기가 한 생을 넘어 역사가 되고 가르침이 된 것은 잘 알고 있다. 성현이 사람들에게 추앙을 받는 이유도 그들이 태어난 가문이 훌륭해서가 아니고, 그들의 얼굴이 잘 생겨서도 아니며, 그들이 가진 돈이나 권력 때문만도 아니다. 그들의 몸과 마음과 말씨가 향기롭기 때문이고, 그 향기가 세상을 평화롭고 향기롭게 만드는 힘으로 작용했기 때문이다.

  다이아몬드는 반짝이는 것만으로 귀한 보석이 된 게 아니라 투명하고 단단한 그 품성 때문에 최고의 보석이 되었다. 금강석 같은 지혜와 덕을 갖춘 성인이 무슨 이유로 공작의 깃털 따위로 치장하려 하겠는가!

275. [7-19]

가짜 코^{2}와 (돈을 주고) 산 아들

빌린 장식품과 훔친 재물

스승 없이 (배운) 지식 등은

있어도 다른 사람들이 쳐주지 않는다.

하늘에 있는 별을 따는 것만큼이나 어려운 일이 새로 생겼다. TV에

---

2 가짜 코라고 번역한 '나이 참sna yi tshab'의 '참'은 주로 대표, 대리인을 뜻하는데, 용례에 '가치假齒(소참, so tshab)'가 있어 가짜 코라고 번역했다. 의미상으로는 가진 것은 없으면서도 콧대만 세우는 것을 가리킨다.

출연하는 중년 여성 연예인들의 본래 모습을 보는 것이다. 남에게 보여주는 것을 업으로 삼는 사람들이라고는 하지만 웃어도 웃는 것 같지 않고 울어도 우는 것 같지 않은 그들의 얼굴을 보고 있자면 안쓰럽다는 생각을 떨칠 수 없다.

고대 티벳에 가정에서 분란을 일으킨 여인의 코를 자르는 풍습이 있었던 모양이다. 코를 잘린 모습으로 사람들 앞에 나설 수는 없는 일, 천으로 얼굴을 가리고 다니거나 가짜 코를 만들어 붙이는 이들이 생겨났을 테지만 그런다고 사람들의 놀림이 그치는 것은 아니었을 것이다.

가짜 코처럼 빌린 물건이나 훔친 물건은 끝내 자기 것이 될 수 없고, 그릇된 이에게 배운 잘못된 가르침은 우리 삶을 바른 길로 안내하지 못한다. 재물과 배움 모두 우리 삶을 좋은 쪽에서 나쁜 쪽으로 나아가게 할 수도 있고 나쁜 쪽에서 좋은 쪽으로 방향을 틀게 할 수도 있다. 재물과 배움 모두 양보다 질이 더 좋아야 하고, 질보다 쓰임이 더 좋아야 하는 까닭이다.

276. [7-20]

어떤 사람이 은혜에 보답하지 않는 자라면
그는 다른 사람들보다 (먼저) 자신을 해친다.
(흑마술로) 흉조凶兆를 완성했던 몇몇 과실過失이
적보다도 먼저 자신에게 일어나듯이.

리처드 도킨스가 『이기적 유전자』에서 '유전자가 생물의 번식을 위해서 있는 것이 아니라 유전자의 번식 로봇으로서 생물이 있는 것'이라고 한 것과 달리 매트 리들리는 『이타적 유전자』에서 '이기성의 궁극의 실현은 이타성을 통해서 이루어지는 것'이라고 했다.

선한 업이 즐거운 결과樂果로 이어지는 것은 그 행위가 이익의 대상을 폭 넓게 잡아 원망이 생길 여지를 줄였기 때문이고, 악한 업이 괴로운 결과苦果로 연결되는 것은 그 행위가 단 한 사람의 이익을 만들어내기 위해 여러 사람의 이익을 해쳤기 때문이다.

민심이 곧 천심이라고 했다. 이타적 이기인 보은이 사람들에게 칭송의 소리를 듣게 하는 것과 달리 이기적 이기인 배은은 사람들에게 원망의 소리를 듣게 하고, 칭찬이 은혜를 아는 사람에게 긍정적인 힘을 준다면 원망과 비난은 은혜를 잊은 사람에게 부정적인 기운을 미친다.

배은은 눈앞에 보이는 당장의 이익을 얻게 하는 대신 자신을 망치게 하고, 보은은 당장은 손해가 될지 몰라도 길게 보면 자신에게 이득이 되어 돌아온다. 둘 가운데 어떤 것을 행하며 살 것인지 명확하지 않은가!

277. [7-21]
재물이 모인 것을 보았어도
부적당한 곳에서 (왔으면) 누가 받으랴?
"양들이 만나 싸우며 (흘린) 피를 핥던
여우의 머리가 깨졌다."고 들었다.

향후 한 십 년쯤 팀의 주력이 될 것으로 큰 기대를 받았던 선수가 있었다. 야구는 '투수놀음'이라는 말이 있을 정도로 투수의 비중이 높은 경기라서 이름이 알려진 투수는 보통 사람들이 상상하기 어려울 만큼 많은 연봉을 받는다.

그런 그가 승부조작에 연루되어 받은 돈 몇 백만 원 때문에 선수 자격을 잃어버렸다. 단 한 차례 잘못된 생각으로 그는 수십억 원의 금전적 손해와 더불어 선수로서의 명예, 그리고 자신이 평생 동안 가장 잘할 수 있는 일을 잃었다. 더욱 안타까운 것은 그가 아직 나이 서른도 되지 않은 젊은이라는 사실이다.

'사행심射倖心'은 요행을 바라는 마음이다. 하지만 요새는 '사행'이란 말에 '산업'을 덧붙여 쓰기까지 한다. 이른바 도박이나 복권 같은 것들이다.

요행의 판에서는 순수한 땀과 정직한 노력이 설 자리를 잃는 대신 술수와
잔꾀, 유혹과 협박 같은 것들이 판을 치게 마련이다.

처음에는 그의 젊은 나이가 안타까웠다. 그러나 생각해 보니 젊어서
오히려 다행이라는 생각도 든다. 그는 아무나 함부로 쓸 수 없는 비싼
수업료를 치렀다. 그가 실수를 통해 제대로 얻은 것이 있다면 잃어버린
돈과 명예쯤 별것이 아닐 수도 있다. 젊은 날 겪은 크나큰 좌절이 그의
남은 삶에 큰 약이 되기 바란다.

278. [7-22]
(사람) 관계에서 약간의 체면치레 때문에
다른 사람을 형세에 따라 저버리지 마라.
(그러다가) 인드라帝釋天는 물론이고 측근인 다른 신들도
녹나무 냄새처럼 (빨리) 도망쳤다.[3]

'알 만한 나이가 되었다'는 말처럼 조심스러운 것도 없다. 일을 하거나
사람을 만나기에 충분히 지혜로워진 것이 아니라 그런 말을 할 만큼 자기
견해에 대한 집착, 즉 아상我相이 커졌다는 말이 될 수도 있기 때문이다.

듣기 좋은 말이나 이간질에는 대개 말하는 이의 속셈이 도사려 있게
마련이다. 그러나 듣는 사람이 교만한 마음 때문에 그것을 알아차리지
못한다면 말하는 사람이 이익을 챙기는 것과 달리 듣는 이는 화를 입는

• •
3 녹나무는 열기熱氣를 다스리는 약용으로 쓰이는데 냄새는 좋으나 빨리 사라진다고
   한다.
      내용의 요지는 자만심과 이간질하는 말에 속아 다른 천신들을 무시하던 '신들의
   왕'인 제석천인 인드라와 다른 천신들이 아수라非天들을 무시하다가 싸움에서 패해
   도망쳤다는 이야기다. 6도道 중생 가운데 아수라는 많은 선업을 쌓았으나 교만심과
   시기심의 습기가 남아 있는 하늘 사람으로 천신을 향한 질투심 때문에 매번 천신에게
   싸움을 건다고 한다.

결과를 초래하기 쉽다. 그렇다고 모든 말과 사람을 의심하는 마음으로 듣고 만나라는 뜻은 아니다. 잘 듣고 깊이 생각하고 바르게 행할 수 있어야 일과 사람 모두를 지킬 수 있다. 권능의 상징인 천신들의 우두머리 제석천왕이라도 이간질하는 소리에 귀를 기울이고 의심하는 마음으로 권속들을 대한 결과 아수라들이 쳐들어왔을 때 도망치는 신세로 전락했다고 한다.

법이 잘 지켜지게 하는 데 엄격함 하나만 필요한 것은 아니다. 무리를 이끄는 이는 명심해야 한다. 지나친 용서는 반드시 나쁜 사람을 만들어낸다는 것, 작은 실수라도 법 시행의 희생으로 삼지는 않아야 한다는 것, 그리고 그 두 가지 사이에서 어느 쪽으로도 치우치지 않는 균형, 즉 중도를 지켜내는 일이다. 법은 때로 처벌보다 유예를 통해 더 잘 지켜지게 할 수 있는데, 그럴 수 있기 위해 지도자에게 필요한 것은 힘보다 지혜와 자비로운 마음이다.

279. [7-23]
항상 함께한 친구를 버려두고
몇몇 새로운 자를 믿지 마라.
'부엉이의 왕이 까마귀의
장관을 믿었다가 망했다'는 이야기처럼.

부엉이 나라와 까마귀 나라는 오랫동안 원수로 지냈다. 두 나라 군대는 잠시도 쉬지 않고 싸웠다. 싸울 때마다 지고 돌아오는 군대를 보고 까마귀 나라 왕은 한 가지 계책을 냈다. 똑똑한 부하를 하나 골라 털을 모두 뽑아버린 뒤 인적 없는 황량한 벌판에 버려두게 한 것이다.

부엉이 나라 군대가 벌판을 지나가다가 깃털을 뽑힌 채 울고 있는 까마귀를 보고 연유를 물었다.

"저는 줄곧 부엉이 나라와 까마귀 나라가 화해해야 한다고 주장했습니다. 그 말을 듣고 화가 난 까마귀 나라 왕이 저를 이렇게 만들어 버렸습니다.

의지할 곳 없는 저를 거둬주시면 충성을 바치겠습니다.”

부엉이 나라 왕은 속임수라고 반대하는 신하들의 말을 듣지 않은 채 자기가 마치 배포 큰 사람이라도 되는 것처럼 털 뽑힌 까마귀를 부하로 받아들였다.

목숨을 건진 까마귀는 부엉이 나라 왕에게 듣기 좋은 말로 왕의 환심을 얻은 끝에 부엉이 나라의 재상이 되었다. 그는 재상이 되자마자 부엉이들의 둥지를 고치는 정책을 추진했다. 그는 마른 나뭇가지와 부드러운 풀로 둥지를 지어 바람이 잘 통하게 하면 부엉이들이 풍습병에 걸리지 않게 될 것이라고 주장했다.

야행성 조류인 부엉이들이 깊은 잠에 빠져있던 어느 날, 대낮에 까마귀 군대가 횃불을 들고 쳐들어와 부엉이들의 둥지마다 불을 붙였다. 부엉이 군대는 변변한 전투 한 번 벌여보지 못한 채 전멸하고 말았다.

오래된 벗은 큰일이든 작은 일이든 함께 도모한 일에서 제 잇속을 먼저 따지려고 하지 않고, 친구의 잘못을 바로잡아주기 위해서라면 듣기 싫은 말이라도 삼켜버리지 않는다. 그런데 간혹 옛 친구의 묵은 맛을 저버리는 이들이 있다. 입에 달고 귀에 솔깃한 새 친구의 말에 마음을 빼앗겨 버리는 자들이다.

좋은 술일수록 오랜 세월에 걸쳐 맛과 향이 우러나는 것처럼 우정도 함께하는 세월 동안 마음과 말과 몸을 비비고 섞으며 깊어진다. 오래된 친구를 묵었다고 버릴 게 아니고 새로 사귄 사람을 참신하다고 믿을 게 못 된다고 하는 데는 다 그럴 만한 이유가 있다. 옛 격언을 새삼스레 떠올려 본다.

‘벗과 술은 오래된 것일수록 좋다.’

280. [7-24]
악한 자는 애써 (가깝게) 지내려고 했어도

자신의 사람이 되지 않는다.
물을 아무리 끓여도
불처럼 타오르는 것은 불가능하다.

젊어서는 세상에 흰색과 검은색 두 가지 색깔만 있는 줄 알았다. 나이가 들어가면서 흑백 말고도 다른 색깔들이 참 많다는 것을 알게 되었다. 요즘 들어서는 생각이 또 달라졌다. 하얀 것도 하얗다고 할 수만은 없고, 검은 것도 반드시 검지만은 않다는 생각을 하게 된 것이다.

물을 종이 위에 부을 때와 돌 위에 부을 때는 차이가 있다. 종이는 물에 젖고 풀리기도 하지만 돌은 아무리 물을 부어도 끝내 젖지도 풀리지도 않는다. 짧게 보면 그 말이 맞다. 그러나 변화는 그 어떤 것에 대해서도 포기할 수 없는 진리다.

중국 속담에 이르기를 '좋은 일을 따라 하기는 산을 오르는 것과 같고, 나쁜 일을 따라 하는 것은 산이 무너지는 것과 같다[從善如登 종선여등, 從惡如崩 종악여붕]'라고 했다. 어렵더라도 해봐야 하는 일이 있는가 하면 쉬워서 더욱 조심해야 할 일도 있다. 그러니 게송에서 '사람이 변하는 것'에 대해 한 말은 어려워 보여도 못할 일이 없다는 뜻과 함께, 마음을 굳게 먹어도 쉽게 해내지 못하는 일 또한 있다는 두 가지 함의로 읽을 수 있겠다.

한 마디를 듣고도 열 가지를 알아서 고치는 사람이 있는가 하면 열 마디를 듣고서도 단 한 가지조차 고쳐내지 못하는 사람도 있다. 그래서 더욱 사람은 쉽게 변하지 않는다는 말과 함께 누구라도 언젠가는 변할 수 있다는 말도 더불어 새겨 읽어야 한다.

누겁의 생애 동안 부처님의 호적수로 살았고 마침내는 부처님을 해치려고 하다가 무간지옥으로 떨어져 버린 데바닷따조차도 마침내 성불의 기별을 들었다고 경전은 전한다. 불자라면 '변화'의 가능성을 의심하지 말아야 할 것이고, 그 변화가 마침내 불국토를 이루는 원동력이라는 것 또한 잊어서는 안 될 것이다.

281. [7-25]

원인을 분석하는 것으로 성냄은
약간만 (그 이유를) 알고 없애면 이해가 된다.
이유 없이 누군가가 성을 내면
그것의 없앨 방법을 누가 알 수 있으랴!

분노와 증오 모두 '나'와 '내 것'에 관계되어 생겨난다. '나'를 다치게
했다거나 '내 것'에 손해가 생겼다고 여길 때 자신 또는 다른 사람들을
향해 악한 감정을 품는 것이 분노이고 증오이기 때문이다.

우리는 버릇처럼 다른 사람의 말이나 행동이 자신의 화를 촉발시켰다고
생각한다. 그러나 분노는 자기가 보고 듣고 생각한 것들로 인해 자기 안에
서 일어나는 오로지 자기 자신에게 해가 되는 감정일 뿐이다. 십 년 공부
도로아미타불이 되는 것도 아깝다고 하는 판에 수천 겁의 세월 동안 쌓아온
온갖 선행의 창고를 단 한 차례 터지는 화의 불길로 태워버린다면 그보다
더 큰 손해가 없다.

털끝만큼만 다쳐도 왈칵 터지고 마는 알량한 자존심에게 한 마디 해주고
싶다. '나'라는 것은 애당초 있지 않았고, 지켜야 한다고 생각하는 '나'의
자존심 같은 것은 더더욱 없는 것이라고.

282. [7-26]

적의 능력을 알기 전에는
약소한 자라도 깔보지 마라.
(조그만 바닷새) 따띠바Tadibha를 깔보다가
가루다에게 바다가 무너졌다.

작은 구멍 하나로 큰 둑이 무너지기도 하는 것처럼 싸움에 나선 이의 방심放心은 전장에서 경계해야 할 가장 해롭고 두려운 적이다. 두려워하지 않는 것과 두려워할 줄 모르는 것은 엄연히 다르다. 두려워하는 것은 경계하고 삼가는 마음인 반면 두려워할 줄 모르는 것은 자만이 만들어내는 방심이다.

역사상 수많은 큰 나라와 큰 기업과 큰사람이 방심 때문에 무너졌다. 방심하는 이들의 공통점은 살피지 않고 듣지 않고 생각하지 않는 것이다. 이기는 것이 습관이 되어 버린 사람들에게 찾아올 것은 최초의 그리고 결정적인 패배뿐이다.

살피고 헤아리는 사람에게는 수가 생긴다. 막힌 곳을 뚫고 맺힌 곳을 풀고 나면 등을 돌렸던 사람들도 돌아서서 다가오게 되어 있다. 큰일이라고 해서 어찌 작은 일로 바뀌지 않을 것이며, 볼품없다고 여긴 사람이 언제까지나 볼품없는 사람으로만 머물고 말겠는가? 작고 어린 아이가 언젠가는 성인이 될 수 있다는 것을 아는 사람은, 아니 자기 또한 이전에는 어린아이였다는 것을 잊지 않는 사람은 지금의 모습으로 다른 사람을 함부로 재단裁斷하지 않는다.

283. [7-27]

복덕이 끝나 가면 나쁜 마음惡心이 생기고
가뭄이 끝나 가면 나쁜 아들이 생기고
재산이 끝나 가면 탐욕이 생기고
목숨이 끝나 가면 죽음의 징표들이 나타난다.

맹자는 항산恒産이 있어야 항심恒心도 있을 수 있다고 했다. 일정한 재산이 있어야 한결같은 마음이 생길 수 있다는 뜻이다. 그는 그럴 수 있는 사람을 선비라고 불렀다. 의식주에 부족함을 느끼지 않는 이는 무슨 일을 하든지 서두르거나 변칙적인 방법을 취하지 않는다. 문제는 지금 이 곳에서 만족할 수 있느냐 하는 것이다.

천 원이 행복의 조건이 될 수 없다고 생각하는 사람은 일억 원을 두고도 똑같은 생각을 할 수밖에 없다. 왜냐하면 크기 자체가 절대적인 기준이 될 수 없는 데다가 행복 또한 돈의 크기를 바탕으로 느끼는 감정이 아니기 때문이다.

나쁜 생각이 일어날 때마다 다른 사람 아닌 자기 자신을 먼저 돌아보아야 한다. 더 크고 더 많은 것을 추구하고 있는 것은 아닌지, 희생이라는 미명 아래 내일을 위해 오늘을 참아내고 있는 것은 아닌지. 그렇게 할 때만이 게송에서 말하는 여러 가지 나쁜 징표들을 살필 수 있고, 살필 줄 아는 이는 저질러놓고 후회하는 어리석은 일을 하지 않는다.

284. [7-28]
자신이 악한 행위를 하지 않았으면
인드라帝釋天라고 해도 비난할 수 없다.
샘이 자기 스스로 마르지 않으면
흙으로 눌러봐야 어찌 (그치는 것이) 가능하랴!

밤늦은 시각에 운전을 하다 보면 가끔 음주운전을 단속하는 경찰들을 만날 때가 있는데, 그때마다 내 몸과 마음에 반사적으로 나타나는 반응이 있다. 운전을 할 때보다 마음이 한결 느긋해지고 긴장해 있던 어깨와 허리도 편하게 펼쳐지는 것이다. 단속하는 경찰관 앞에서 내 몸과 마음이 그렇게 편안해질 수 있는 까닭은 내 몸이 음주와 아무런 상관이 없다는 믿음이 내 안에 있기 때문이다.

국회의원 당선자 두 사람이 성추문과 논문 표절에 관한 소문 때문에 곤욕을 치른 적이 있었다. 한 사람은 자진해서 자신을 후보로 만들어준 당을 떠났고, 또 한 사람은 여론의 추이를 지켜보겠다고 하면서 시간을 끌다가 모양새를 구기고 말았다. 한 가지 확실한 것은 세상에 떠도는 말보다 당사자 자신이 알고 있는 엄연한 사실이다. 진실과 거짓은 언젠가는 정체가 드러나게 되어 있고, 어떤 거짓말도 사실과 시간의 힘을 이겨내지 못한다.

285. [7-29]
같지 않은 일을 무수히 벌여놓고
끝마친 일이 하나도 없으면
대부분 잡생각이 많은 자로 마을 사이의
개처럼 계속해서 배회한다.

'우물을 파도 한 우물을 파라'는 말은 여기저기 찔끔찔끔 헛심만 쓰지 말고 한 자리에서 물이 나올 때까지 깊게 파라는, 무슨 일을 하든지 한 가지에 매진하라는 뜻으로 쓰는 말이다.

어느 것 한 가지를 뛰어나게 잘하는 사람이 있는 반면에 뻬어나지는 않지만 무엇이든 그럭저럭 잘해내는 사람도 있다. 어찌되었든 헛된 욕심으로 재능이 없는 분야에 뛰어드는 사람이나 작은 재능을 큰 능력으로 착각하는 사람 모두 잘할 수 있는 분야에서 전력을 다하는 사람을 이길 수 없다.

소라도 잡을 것처럼 대들었다가 닭도 잡지 못하고 물러나 웃음거리가 되기보다 닭조차 못 잡을 줄 알았더니 소까지 잡더라는 탄복을 들을 수 있어야 하고, 그러려면 자기가 잘할 수 있는 분야에서 끝장나는 씨름판을 벌여야 한다. 이것이 게송의 비유처럼 '마을 사이를 개처럼 배회하지 않는' 삶을 사는 자세이자 일을 이루려는 바른 자세다.

286. [7-30]
업의 힘에 이끌리면
총명한 자도 잘못된 길로 간다.
외도外道의 빼어난 수행자

시바가 미친 금행禁行을 하듯이.[4]

업력業力을 굳이 생물학적 생멸의 경계를 넘어서는 힘으로 말하고 싶은 생각은 없다. 이것이야말로 언설로 설명할 수 없는 종교의 영역이 될 것이기 때문이다. 그러나 업이라는 게 몸에 익은 습관과 무관하지 않은 것만은 분명한 사실이다.

어떤 사람을 두고 재승박덕才勝薄德하다고 한다면 그 사람이 지닌 재주에 비해 덕이 모자라다는 뜻으로 하는 말이고, 이때의 '재才'는 좋은 뜻보다는 나쁜 뜻의 '재주'에 더 가깝다. 말하자면 상황 판단과 잇속 계산이 빨라서 자기가 손해 볼 일을 피하는 데 능숙한 것을 말한다.

세상 돌아가는 형편을 남보다 빨리 알아챈 결과로 누리는 삶을 살 수 있었던 사람들, 짧은 일신의 영광 뒤에 만대의 자손들을 오명 속에 살게 했던 사람들, 그들도 역사 속에서 지식인이라는 이름으로 명멸했다.

바른 삶을 살라고 바르게 가르치는 일, 부모와 스승과 선배와 친구로서, 자식과 제자와 후배와 벗으로서, 나는 오늘 과연 그 일을 잘 해내고 있는가?

287. [7-31]

어떤 사람이 불법不法을 자행하면
일시적으로는 성공했어도 (결국에는) 실패한다.
(마왕) 사라사Sārasa가 불법을 자행하여
모든 땅을 차지했으나 사자에게 죽었듯이.[5]

●●
4   이 비유는 온몸에 재를 바른 시바의 모습을 연상하면 될 것이다.
5   이 비유는 힌두의 비슈누에 대한 가장 유명한 일화 중의 하나인데 브라만에게 안과 밖, 낮과 밤, 위나 아래, 사람도 짐승도 죽일 수 없다는 약속을 받아낸 뒤 삼계를 차지한 마왕 사라사Sārasa가 안과 밖이 아닌 문턱 위에서, 낮과 밤도 아닌 새벽에, 머리가 하늘로도 땅으로도 향하지 않은 수평인 가운데, 사람도 아니고 짐승도 아닌 비인비수非人非獸의 몸을 빌린 비슈누에게 죽었다는 이야기다. 여기서는 사자라고

바라는 게 있지만 이뤄지지 않아도 상관없다고 하면서 속 편하게 지내는 사람, 바라는 것이 있으면서도 노력은 하지 않고 속만 태우는 사람, 바라는 게 있으면 수단과 방법을 가리지 않고 반드시 이루고 마는 사람, 바라는 것을 이루기 위해 가능한 일들을 찾아 성실하게 행하는 사람 등 세상에는 바람과 이룸을 두고도 생각과 행위가 다른 여러 부류의 사람들이 있다.

법조문 자체가 지고지선한 것은 아니다. 그러나 법이 정의와 평등을 구현하기 위한 사회적 규약이라는 공감대가 있는데도 불구하고 법을 어겨가면서 이룬 것을 성공이나 성취라 부르는 것은 합당하지 못하다. 세상의 어떤 것도 언젠가는 반드시 부서지는 때가 오는 것처럼, 법을 어겨서 이룬 것을 향유하는 기간이 길어질수록 그 반동으로 찾아오는 파탄의 충격 또한 더 크고 강력할 것은 자명한 이치다. 군이 인류의 오랜 역사를 들춰낼 필요도 없다. 우리가 직접 겪어본 현대사만으로도 충분히 알고도 남음이 있기 때문이다.

이룸을 욕심내기 전에 바람을 떠올려야 하고, 바람을 떠올릴 때는 바람을 갖기 전의 여러 조건들을 생각해봐야 한다. 그런 다음 이룸보다 더 큰 파멸이 보이거든 그 바람을 내려놓아야 한다. 결말이 뻔한데도 법을 어겨가면서까지 바람을 이뤄야 할 까닭이 무엇이겠는가?

288. [7-32]

지나치게 상념이 많은 자가
많은 일을 벌이면 자기 자신을 잃는다.
왕이 생각하는 바가 커서
(자기) 왕국을 잃는 (경우는) 매우 많다.

• •

적고 있는데 우리의 해태상을 연상하면 된다.

고미숙의 『동의보감』을 읽다가 과유불급過猶不及의 의학적 변형인 태과불급太過不及을 만났다. 과유過猶와 태과太過는 글자의 모양과 배치만 다를 뿐, '지나친 것은 오히려'라는 뜻에서 조금도 벗어나지 않는다.

선무당 사람 잡는 것 같은 작은 총명은 진실로 총명한 것이 아니고, 생각이 없는 것도 문제지만 생각이 너무 많은 것도 일을 그르치는 원인이 된다. 머리를 쓰는 사람이 자기 꾀에 빠지고, 능력에 비해 큰일을 꿈꾸는 사람이 일을 망치고, 몸에 좋다는 약을 남용하는 사람이 몸을 다치며, 지나치게 즐거움을 쫓던 사람이 결국에는 괴로운 지경을 만나게 되는 법이다. 세상을 관통하는 이치, '중도'라는 부처님의 가르침을 되뇌어본다.

289. [7-33]

지나치게 재물을 (많이) 모은 자의
바로 그 재물이 자신의 사신死神이다.
망하는 것은 대부분 부자에게
일어나지만 거지는 행복하게 노닌다.

'LA폭동'이라 이름 붙여진 사건이 일어난 지 스무 해가 지났다. 사건의 발단이 된 것은 흑백 간의 인종갈등이었지만, 그 불똥이 떨어진 한인사회는 오십 명이 넘는 사망자와 이천 명이 넘는 부상자, 그리고 3억 달러가 넘는 경제적 피해를 입고 말았다.

근면이 죄가 될 리 없었고, 아끼고 모으는 게 잘못일 수 없었다. 한인사회 구성원 대부분이 오랫동안 그런 생각으로 살았고, 번 돈을 모두 자기 소유로 삼는 것을 잘못이라 여기지 않았다. 그러나 그러한 근면과 인색이 오히려 화를 불렀다. 부를 형성하는 데 바탕이 되었던 이웃 흑인사회는 바로 옆에 살면서도 이웃이 되지 않으려는 배타적인 한인사회를 자기네 이웃으로 여기지 않았다.

아픔을 겪은 뒤 한인사회는 흑인사회를 이웃으로 대하기 시작했고, 흑인

사회는 자연스럽게 한인사회와 이웃이 되어 가까워졌다. 번 돈에 대한 독점적 소유권을 내려놓은 한인들은 비로소 근면과 검약 또한 나눔과 부양의 바탕 위에서 탄탄해질 수 있다는 것을 알게 되었다.

이 땅의 부자와 가난한 사람들이 모두 인색하기만 했던 것은 아니다. 경주의 최 부자는 근검과 과욕寡慾과 나눔을 통해 재부와 명성을 후대까지 이어갈 수 있게 했다. 12대 3백 년을 넘게 지켜온 경주 최 부잣집의 가르침은 이른바 '육훈六訓'이라는 이름으로 오늘까지 전한다.

1. 과거를 보되 진사 이상의 벼슬길에 나가지 마라.
2. 재산은 일만 석 이상 지니지 마라.
3. 과객을 후하게 대접하라.
4. 흉년이 들었을 때는 땅을 사지 마라.
5. 며느리들은 시집온 후 3년 동안 무명옷을 입어라.
6. 사방 백 리 안에 굶어 죽는 사람이 없게 하라.

이미 부자라고 생각하는 사람은 물론이고 부자 되기를 꿈꾸는 이들도 그 뜻을 깊이 새겨둘 만한 내용이다.

290. [7-34]

지나치게 강맹한 자라면
(제 스스로) 죽을 준비를 행하는 것이다.
전쟁터에서 목숨을 잃었던 대부분은
강맹한 자에게 일어났던 (경우가) 많다.

힘이 없는 사람이라도 용기를 내야 할 때가 있고, 힘을 갖춘 사람이라도 용기를 내려놓아야 할 때가 있다. 용기란 때와 장소에 어울리게 발휘해야 마땅한 덕성이기 때문이다.

시대를 불문하고 용기를 미덕으로 칭송해온 것을 감안하면 강맹한 것은 허물이 아니다. 문제는 그 앞에 붙는 '지나치게'라는 수식어일 터인데 여기서도 과유불급, '지나쳐서 좋을 게 없다'는 원칙은 변하지 않는다.

용기가 미덕인 것은 누구도 부인할 수 없지만 분별없이 함부로 날뛰는 용맹, 즉 '만용'은 그 자신뿐만 아니라 그와 관련된 주변 사람들까지도 다치게 한다. 엄격하게 말하자면 다툼에는 승자가 있을 수 없다. 덕성의 고양이란 측면에서 보자면, 개인 사이에 벌어지는 싸움은 물론이고 나라끼리 벌이는 전쟁에서도 작게 진 쪽과 크게 진 쪽이 생길 뿐이다.

진정한 용기는 다툼을 전제로 하지 않고, 참된 용기는 폭력을 동반하지 않으며, 바른 용기는 가진 힘의 크기에 의지하지 않는다. 무엇보다도 용기는 승리와 패배를 염두에 두고 발휘하는 미덕이 아니다. 그래서 지혜와 용기를 갖춘 이들은 때로 이기는 것보다 지는 것을 택하기도 한다. 당장의 패배가 오래가는 승리라는 것을 꿰뚫어볼 때다.

291. [7-35]
재물과 지혜, 위세 등은
복덕을 갖춘 자를 도와준다.
복덕이 없으면 그 모든 것들을
자기 스스로 잃어버리는 원인이 된다.

어느 때부턴가 '졸부猝富 같다'는 말이 돈 많은 사람을 비아냥거리는 말로 쓰이기 시작했다. 재물을 모으는 방법이 상식 밖인 데다가 모은 재물을 사용하는 방법 또한 세인들의 비난을 받기에 충분한 사람들 때문이었다.

가진 것은 부자인데 살림은 그렇지 못한 사람이 있는 것처럼 하나의 현상에는 천차만별의 다양한 특징들이 존재하고, 업業과 인因의 결과로 나타나는 보報와 과果라 하더라도 그 자체로는 선한 것도 악한 것도 아니다. 이미 나타난 재물과 명예와 권세는 중립적이다. 그렇기 때문에 어떤 이는 그것을 토대로 삼아 더욱 선한 삶을 가꾸면서 살아가지만 또 어떤 이는 그것을 타락의 근간으로 삼아 더욱 악한 삶을 꾸리고 만다.

어제가 오늘보다 중요할 수 없는 것처럼 오늘보다 더 중요한 내일도 있을 수 없다. 오늘을 잘 사는 것이 좋은 어제와 아름다운 내일을 만들어낸다. '복덕을 갖춘 삶'이란 다른 것이 아니다. 바로 업보와 인과를 알아 오늘을 충실하게 살아내는 삶이다.

292. [7-36]
현자는 무슨 일을 하든 간에
자신의 복덕을 살펴보아야 한다.
두쟁시門諍時[6]에 복덕이 원만한 자는
백 사람 가운데에서도 드물다.

지혜로운 사람은 무엇을 하든 자신의 복덕을 살피는 데 게으르지 않다. 복덕이란 말에 저항감이 생긴다면 능력이나 분수라고 바꿔 생각해도 된다. 복덕을 살피라는 것은 복 받을 만한 일을 하면서 살고 있는지를 스스로 돌아보라는 뜻이다.

지혜로운 이는 스스로 자신을 살필 줄 알고 어리석은 이는 덩달아 남을 따라 행동한다. 지혜로운 이가 일을 시작하기 전에 살피는 것과 달리 어리석은 이는 일이 벌어진 뒤에야 들여다본다. 사람의 몸을 받아 세상에 온 것이 같으면서도 타고난 능력과 환경이 다른 것은 이전에 쌓아둔 복덕의 크기와 내용이 다르기 때문이다.

6 두쟁시라고 직역한 '쬐두rtsod dus'는 '쬐덴두rtsod ldan dus'의 줄임말로 사꺄무니 부처가 세상에 온 후 43만 2천 년을 가리킨다고 하는데, 금생今生이라고 번역해도 큰 무리는 없을 듯하다. 한문에서는 쟁시諍時라고 번역했다. 해자해보면 분별로 논쟁 혹은 쟁변하는 시기라는 뜻인데, 세간의 여러 진리에 대한 법 등에 대한 쟁론이나 논의가 있는 시기라는 뜻이다. 산스끄리뜨어로는 까리유가kaliyuga라고 한다.

이른바 행운이나 천복天福이라고 하는 것들도 하늘이나 남이 내게 거저 준 것이 아니라 자기가 살면서 지어둔 것을 자기가 되찾아 쓰는 것이다. 그래서 복덕을 많이 쌓은 사람이 크게 이룰 터전을 받고, 쌓아둔 복덕이 적은 사람이 크게 이루기 어려운 바탕을 받는다. 지금 무슨 복덕을 쌓으며 살고 있는지 스스로 살펴볼 일이다.

293. [7-37]
나쁜 연못을 물로 채우려고 하면
한쪽이 어찌 되었든 부서지는 것처럼
어떤 자에게 재물이 갖추어졌어도
그를 (이을) 자손은 매우 드물다.

사람과 저수지가 닮은 데가 있다. 크기가 어떻든 저수지가 뭇 생명을 살리는 물을 담고 있는 것은 사실이지만, 넘치는 물은 저수지 자신과 여러 생명을 파괴해버리기도 한다. 저수지의 물처럼 사람이 갖는 재물도 자기 그릇에 알맞은 양이 있다.

윤리적으로 보는 '소유'와 '무소유'는 반대말이 아니다. '소유'는 자기에게 필요한 만큼 갖는 것을 뜻하고, '무소유'는 자기에게 필요한 이상으로 갖지 않는 것을 뜻하기 때문이다. 우리나라 초등학교 고학년 학생들이 '돈'을 행복의 가장 중요한 요소로 생각한다는 조사 결과를 읽으면서 아이들을 탓할 일이 아니라고 생각했다. 다다익선多多益善의 맞은편에 과유불급過猶不及이 있다는 것을 가르치지 않고, 소유를 말하면서 '필요한 만큼'을 보여주거나 가르치지 않는 어른들의 삶이 투영된 결과라고 생각했기 때문이다.

'조금 더'를 추구하는 사람의 삶이 조금 더 행복해질 수 있으리라고 믿지 않는다. 조금 더 모으기 위해 고통의 시간을 늘려야 하고, 조금 더 모은 것을 지키느라 고통의 시간을 견뎌내야 하며, 조금 더 모은 것을 잃게 되었을 때 닥쳐올 고통의 시간을 피할 수 없을 것이기 때문이다.

게송에서 말하는 재물을 갖추고도 자손이 드문 경우란 '조금 더' 많이 가진 물 때문에 저수지 한쪽에 구멍이 생겨버린 경우와 같다. 튼튼한 저수지를 쌓는 것처럼 자신의 공덕을 탄탄히 쌓을 일이다.

294. [7-38]

자식을 가지고 있는 자에게 큰 재산 모이기 어렵고
그것을 가지고 있으면 적이 훼손한다.
모든 것이 삼원만三圓滿하였다면
그런 사람은 빨리 죽는 (경우가) 많다.

농사를 산업의 근본으로 보았던 '농자천하지대본'의 시대에도 키워야 할 아이가 많은 집은 재산을 모으기 어렵다고 하는 말이 있었을 것이고, 반대로 거부라는 소리를 들을 만큼 많은 재산을 갖고도 그것을 물려줄 자식 하나 두지 못해 찬바람 도는 쓸쓸한 삶을 산 사람도 있었을 것이며, 재산은 물론 똑똑한 자식까지 여럿 둔 집이라도 삶이 마냥 평탄하고 수월하기만 한 것은 아니라고 말하는 사람도 있었을 것이다.

많든 적든 크든 작든 누구에게나 좋은 일과 나쁜 일은 번갈아 찾아오게 마련이다. 균형을 잃는 것은 찾아오는 사건에서가 아닌 그것을 받아들이는 사람들의 마음에서 발생한다. 누구는 작은 것을 크게 받아들이고 누구는 큰 것을 작게 받아들이며, 누구는 충분히 수용할 수 있는데도 받아들이지 못해 힘들어 하는가 하면 또 누구는 힘들어 보이는 것까지도 아무렇지 않게 받아들인다.

자식에게 큰돈을 물려주지 않겠다고 한 세계적인 재벌 빌 게이츠의 사례에서 보는 것처럼 부모가 모은 재물을 고스란히 자녀에게 물려주는 것은 사회를 멍들게 하는 것뿐만 아니라 자식에게 독을 주는 것과 같다. 이 땅에도 빌 게이츠 못지않은 사람이 있다. 그는 자신을 돈 버는 재주가

있는 사람이라고 소개하면서도 자기 꿈은 재벌이 되는 것이 아니라고
했다. 그는 살아생전 사회에 환원하는 기부금액을 1조원으로 잡고 있다고
말했다. 그 말을 듣는 순간 다시 한 번 생전에 어머니께서 자주 하시던
말씀이 떠올랐다. '돈은 버는 사람의 복이 아니라 쓰는 사람의 복'이라는
말씀이었다.

당당하게 번 돈일수록 쓰임에서 빛이 난다. 권력을 이용해서 모은 검은
돈을 불법으로 자식에게 물려준 늙은 정객은 비굴한 웃음을 흘리면서
'모두가 근근이 살아간다'라고 말했다. 끝내는 국가가 나서 그가 가진 재산
의 거의 전부를 환수해 버렸다. 사람들의 놀림거리가 된 그 사람이 누릴
수 있는 복이란 게 고작 그 정도였다.

어떤 삶을 살아도 공짜는 없다. 땀 흘린 만큼 거두고 힘쓴 만큼 얻는다.
저축을 많이 한 사람이 찾아 쓸 돈이 많을 것은 당연하다. 그러나 저축만
믿고 소비를 키우면 결국 믿었던 저축도 바닥이 나고 만다. 그렇기 때문에
선업의 결과로 받은 좋은 결과를 지켜내는 것도 새로운 선업이고, 악업의
결과로 받게 된 나쁜 결과를 끝내는 것도 새롭게 선업을 짓고 쌓는 일이다.

295. [7-39]
그러므로 현자는 복덕을 쌓는다.
복덕만이 원만의 원인이다.
누군가가 무슨 (일을 하는데) 원만하면
바로 그것이 복덕을 쌓았다는 징표이다.

삼세의 윤회를 말하는 불교 교리에 의거하지 않더라도 뿌린 대로 거두는
것은 자연의 이치다. 착하게 살고 있는데도 좋은 결과를 얻지 못하는 사람
도 있고, 나쁜 짓을 마다 않고 저지르는데 부러워 보이는 삶을 사는 사람도
있다. 그러나 그것은 우리가 인과의 이치를 따져보지도 않고 눈에 보이는
현상만으로 단정 짓는 데 길들여져 있기 때문이다.

諸苦由貪自樂起 제고유탐자락기
佛從利他心所生 불종이타심소생
故於自樂與他苦 고어자락여타고
如實交換佛子行 여실교환불자행

자신의 즐거움 탐하는 것에서 모든 괴로움 일어나고
이롭게 하는 마음에서 깨달음은 생겨나는 것이네.
그러므로 남의 괴로움과 내 즐거움을
있는 그대로 바꾸는 게 보살행이네. (해제자 졸역)

티벳의 톡메 장뽀(1297-1371) 스님이 지은 『불자행삼십칠송』의 열한 번째 게송에서도 다른 사람을 이롭게 하는 마음에서 깨달음이 생기고, 다른 사람의 괴로움과 내 즐거움을 바꾸는 데서 보살의 실천적 삶이 이루어진다고 말하고 있다.

안락한 삶을 돈이나 명예나 권력으로 얻을 수 있다는 생각이 괴로움을 낳는다. 봄에 한 알의 씨를 뿌리면 가을에 몇 십 배 많은 곡식을 거둔다. 원인 없이 어떻게 결과가 나올 수 있겠는가? 다른 사람을 이롭게 하는 행위가 길게 보면 자기 자신에게 이로운 것을 알아야 한다. 그것이 지혜이고 일을 원만하게 이루어지게 하는 복덕의 근원이다.

296. [7-40]

'거짓말로 다른 쪽을 속였다'고
생각한다면 자기 자신을 속였던 것이다.
한번 거짓을 말했기 때문에
진실을 말해도 의심만 생겨난다.

불망어不妄語, 즉 '거짓말 하지 말라'는 금계는 불교의 다섯 가지 근본계 가운데 하나다. 이솝우화에 나오는 늑대와 양치기 소년의 일화는 거짓말의 가장 큰 피해자가 결국 자기 자신이라는 것을 우리에게 가르친다.

누구라도 속일 수 있다고 자신하는 사람이 있다. 그러나 아무리 바보 같은 사람이라도 같은 사람에게 두 번 세 번 계속해서 속지는 않는다. 그러니 그런 자는 매번 속일 사람을 바꿔가며 평생을 신뢰할 친구 없이 살아야 한다.

속은 이는 손가락질 할 권리가 생기는 반면에 속이는 이는 손가락질 당할 의무밖에 생기지 않는 게 거짓말이다. 설사 육체적인 고통이 없다고 해도 거짓말은 자기가 자기 몸에 찍는 낙인과 같다. 그 낙인은 평생을 씻어내도 말끔하게 씻어낼 수 없다.

거짓말을 한 사람에게 주어지는 가장 큰 형벌은 아무도 그를 믿으려고 하지 않는다는 것이다. '늑대가 나타났다'는 거짓말로 마을 사람들을 놀라게 했던 양치기 소년처럼.

297. [7-41]
선악을 아예 분별하지 않고
성을 내고 다른 쪽에 상처를 입히면
암컷을 죽인 비둘기처럼
동료와 헤어지는 비통함을 얻을 것이다.[7]

화가 나면 아무것이나 집어던지는 사람이 있다. 세태를 반영하는지 TV 드라마 속에서도 남녀를 가리지 않고 화가 나면 책상 위에 놓인 것들을 두 손으로 쓸어버리는 장면이 자주 나온다.

---

7 이 비유는 물어다 둔 채소가 햇볕에 마른 것을 몰랐던 수비둘기가 제 암컷이 먹은 줄 알고 성을 내고 죽인 다음에 후회했다는 우화에서 왔다.

분노와 원망의 정체를 아는 이들은 일어나는 화를 폭발시키지 않는다. 화는 터뜨려주지 않아도 제 스스로 가라앉는다는 것을 알기 때문이다.

忍字心上一把刀 인자심상일파도
刀刃向心不帶鞘 도인향심불대초
能忍煩惱皆能抛 능인번뇌개능포
不忍凡事都要糟 불인범사도요조
忍耐當時如火燒 인내당시여화소
忍耐之後樂陶陶 인내지후낙도도

참을 인 자字는 마음 위에 칼이 있는 형상인데
칼날이 마음을 향해 있고 칼집도 없다.
참을 수 있다면 모든 번뇌 버릴 수 있고
참아내지 못하면 모든 일이 엉망이 된다.
참아내고 있을 때는 불에 타는 것 같아도
잘 참아낸 뒤에는 즐거움이 도도하다. (해제자 졸역)

지은이를 알 수 없는 인내에 관한 옛글이다. 참는다는 것은 꾹꾹 눌러두는 것만 뜻하지 않는다. 들여다보는 것과 받아들이는 것, 밀쳐내기보다 끌어안아 자기 안에서 풀어지게 하는 것이 참는 것의 바른 실천방법이다. 그래야 자기를 살리고 이웃을 살리고 모두를 함께 살릴 수 있다.

화가 날 때는 앞으로 더 나아가지 않아야 한다. 그 자리에 멈춰 서서 숨을 깊이 들이쉬거나 한 발 뒤로 물러나 지그시 자기 안의 분노를 바라봐주기만 하면 된다. 감정의 고양에서 비롯된 분노는 놔두면 저절로 가라앉는다.

298. [7-42]

(먼) 장래(의 일이라 생각되어) 고민하지 않았던 (일이)
생길 때면 애써 그 (해결책을) 찾는다.
물을 만나면 신발을 벗지
물을 만나지 않으면 무엇 때문에 벗으랴!

삶이 마치 한 권의 책을 읽는 것과 같다. 한 페이지를 읽어야 다음 페이지
로 넘어갈 수 있고, 한 장을 넘겨야 다음 한 장을 넘길 수 있으며, 그렇게
한 장에 한 장을 더해서 마침내 한 권을 마칠 수 있는 것처럼 삶의 전후
맥락은 명확하게 이어져 있다.

독서가 읽고 있는 페이지에 온 마음을 집중하면서 앞장에서 읽은 것을
잊지 않고 뒤에 나올 이야기를 가늠할 때만 제대로 이뤄지는 것처럼 삶도
오늘에 열중하되 어제를 반추하고 내일을 준비하는 것에 게으르지 않아야
한다.

물을 만나면 신발을 벗고라도 건너겠다는 마음의 준비, 그것은 물을
만나기도 전부터 맨발로 걸을 것을 의미하지 않는다. 물을 만날 것을 예상
하여 미리부터 신발을 벗고 길을 간다면 정작 물을 만났을 때 피 흘리는
맨 발로 물을 건너야 할 것이고, 반대로 물을 만났는데도 신발을 신은
채 건너면 신발이 물에 젖는 것을 피할 수 없다. 준비하고 실행하고 돌아보
는 일은 각각이면서 하나이며, 어느 것 하나 게을리 할 수 없는 일이다.

299. [7-43]
마지막에 성공할 수 없는
일은 좋아도 들어서지 마라.
뱃속에서 소화시킬 수 없는
음식이 감미로워도 누가 먹으랴!

누구나 꿈을 꾸고 바람을 갖고 기대를 키우며 산다. 그러나 모두가 꿈꾼

대로 바란 대로 기대한 대로 이루며 사는 것은 아니다. 같은 꿈을 가졌지만 어떤 사람은 꿈을 이루고 어떤 사람은 꿈을 이루지 못하는데, 어떤 사람은 이루지 못한 애초의 꿈을 붙잡은 채 원망으로 가득 찬 삶을 살고 어떤 사람은 애초의 꿈과 달라진 바람을 이루고 행복하게 살아간다. 지혜로운 사람이란 이룰 수 있는 꿈을 갖는 사람이고, 이뤄낼 수 있는 꿈으로 바꿀 줄 아는 사람이고, 그렇게 해서 이뤄낸 것에 만족할 줄 아는 사람이다.

어렸을 때 똑같이 프로 야구 선수를 꿈꾸었다 하더라도 누구는 바라던 대로 프로 야구 선수가 되고, 누구는 야구 관련 직업인이 되고, 다른 누구는 야구를 좋아하는 열성팬이 된다.

될 것 같지 않으면 포기하라는 말이 아니다. 안 될 것을 붙잡고 시간과 정열을 낭비하지 말라는 뜻이고, 애초에 이뤄야 할 단 하나의 꿈이나 바람도 고정불변의 것이 아니라는 뜻이다. 그런 의미에서 잘 버리는 것은 곧 잘 얻는 것과 다를 것이 없다.

300. [7-44]

노력하기를 포기하고 안주하는 자에게
금생今生, 후생後生 (이) 둘에서 (원하는 일은) 성취되지 않는다.
노력하지 않으면 좋은 들판이라도
풍작을 얻을 수 없듯이.

보통 사람보다 훨씬 뛰어난 재능을 타고난 이를 '하늘이 낸 재주를 가진 사람'이라는 뜻의 천재라고 부른다. 그러나 어떤 일이든 그 성취와 관련해서 생각해보면, 재능이란 아무리 크게 쳐도 일을 이루는 절반의 가능성에 지나지 않는다. 주변을 돌아보면 천재성을 갖고 태어났으면서도 천재라는 꽃으로 피어보지 못한 수많은 사례들이 있다. 그런 사람들의 실패는 상대적으로 많지 않은 재능을 타고났으면서도 노력을 통해 일을 이뤄낸 수많은 성공 사례들과 뚜렷한 대비를 이룬다.

재능과 관련하여 사람을 나누어볼 때, 재능을 타고난 데다 열심히 노력까지 하는 유형, 재능은 모자라지만 열심히 노력하는 유형, 재능을 타고났지만 게으른 유형, 재능도 모자라면서 노력도 하지 않는 유형 등으로 나눠보듯 재능과 노력의 중요도는 어느 한쪽으로 기울 수 없을 만큼 균형을 이룬다. 부처님께서는 열반 직전 제자들에게 '불방일不放逸'과 '정진精進'을 당부하셨다. 재능보다 노력을 더욱 강조하신 것이다. 게으르지 않는 것이 곧 열심히 하는 것, 불방일이 곧 정진이다. 천재성이 없는 것을 불평하기보다 혹시라도 게으름의 늪에 빠져 지내지는 않았는지 스스로 돌아볼 일이다.

301. [7-45]
부적절한 곳에서 지나치게 겸손하면
모두에게 무시당한다.
(부드러운) 면棉은 방석으로 쓰이지만
(딱딱한) 나뭇가지를 누가 방석으로 펼치랴!

게송에서 말하는 '알맞지 않은 곳에서의 겸손'이란 자신을 뒤로 물리고 다른 사람을 앞으로 내세우는 제대로 된 겸손을 말하는 게 아니라 바르게 말하지 못하고 바르게 행동하지 못하는 나약하고 비겁한 겸손을 가리킨다. 부처님께서 말씀하신 인욕은 힘이 약해서 참으라는 뜻이 아니다. 욕하고 싶을 때 욕하지 않고, 때리고 싶을 때 때리지 않고, 복수하고 싶을 때 복수하지 않을 정도로 자기 마음을 굳건하게 다스리라는 가르침이다. 왜냐하면 부정적인 마음과 행위는 결국 자기 자신의 선업을 깎아먹기 때문이다.
음주운전으로 처벌 받은 상사가 같은 잘못을 저지른 부하를 나무랄 수 없는 것처럼 크든 작든 약점이나 빈틈을 드러내며 살아온 사람은 바르지 않은 것을 바르지 않다고 말할 수 없고, 바른 행위가 필요할 때 바르게 해보자고 말해도 그 말이 힘을 쓰기는 어렵다.
불교계 안팎에서 부처님의 가르침을 갉아먹는 사람들의 소식이 끊이지 않아 안타깝다. 때와 장소에 어울리게 부드러우면서 굳세고 굳세면서 부드러운 곧고 푸른 대나무 같은 수행자들이 그립다.

302. [7-46]
나쁜 일과 성공할 수 없는 (일을)
다른 사람에 충고하고 행하면 어리석은 (자다).
독과 섞인 (음식)을 사는 자를 누가 믿으랴!
'모든 것을 준다'고 누가 말할 수 있으랴!

'칠불통게七佛通偈'라는 것이 있다. 오랜 과거세로부터 지금까지 일곱 분의 부처님께서 이 세상에 한결같은 말씀으로 전한 불법을 가리키는 말이다.

　　　諸惡莫作 제악막작
　　　衆善奉行 중선봉행
　　　自淨其意 자정기의
　　　是諸佛敎 시제불교

　　　나쁜 짓은 어떤 것도 저지르지 말고
　　　좋은 일은 모두가 받들어 행하며
　　　스스로 그 마음을 맑게 할지니
　　　이것이 모든 부처의 가르침이다. (해제자 졸역)

이 교의는 부처님의 가르침을 따르는 이들뿐만 아니라 생존을 위해 다른 생명을 취하며 살아가는 모든 생명체들로 하여금 공생과 공존을 향해 나아가게 하는 가르침이다.

남에게 나쁜 일과 성공할 수 없는 일을 시키는 사람에게는 노림이 있다.

다른 사람의 손해와 고통을 바탕으로 자신의 이익과 즐거움을 챙기겠다는 속셈이다. 성공하기만 하면 큰 이익을 줄 수 있다는 달콤한 유혹에 넘어가 자신에게도 해롭고 다른 사람에게까지 괴로움을 주고 마는 일을 하는 사람 역시 어리석기는 마찬가지다. 지혜로운 이라면 그럴 때 망설이지 않고 그러기를 거절한다. 나와 남이 함께 좋은 일까지는 아니더라도 나와 남에게 함께 해로운 일을 할 필요가 없기 때문이다.

아무리 혼잡한 시장이라도 독약인 줄 알면서 살 사람은 없다. 마찬가지로 어떤 자리에서든 자기가 가진 것을 모두 내놓을 수 있다고 말하는 자에게 지혜로운 사람은 쉽게 현혹되지 않는다. 보시布施는 호언으로 할 일도 또 그렇게 해서 이뤄지는 일도 아니다.

나쁜 짓은 어떤 것도 저지르지 않고, 좋은 일은 가리지 않고 받들어 행하며, 시키지 않아도 스스로 그 마음을 맑게 하는 것, 그것이야말로 부처님의 가르침을 따르는 이들이 바라보고 나아가야 할 둘도 없는 단 하나의 길이다.

303. [7-47]
재물을 (많이) 쌓아놓고 사용하지 않으면
자신을 불태울 장작을 쌓는 것이다.
꿀벌이 꿀을 먹지 않다가
남이 가져가면 (이는) 제 죽으려고 시도한 것이다.

심리학자 황상민 교수는 부자를 여섯 가지로 나누어 말한다. 돈을 갖고 있으면서도 자신이 부자라는 생각을 하지 못하는 배고픈 부자, 자신이 축적한 돈의 크기를 알고 그 규모에 어울리는 삶을 살려고 하는 품격 있는 부자, 돈이란 잘 쓰여야 한다는 생각으로 부의 규모보다는 올바른 쓰임에 더 마음을 쓰는 존경 받는 부자, 돈이란 태어나면서 주어지는 것이라는 생각으로 버는 것보다 쓰는 것에 더 관심이 많은 철없는 부자, 돈 가진 사람의 당연한 권리라는 듯 타인에게 드러나지 않게 자신의 삶을 위해 재화를 사용하는 보헤미안 부자, 그리고 부자와 부의 사회적 책임 따위에는 아랑곳하지 않고 오로지 부를 축적하는 것에만 신경 쓰며 살아가는 나쁜 부자가 그것이다.

그의 분류법에 따르자면 돈을 깨끗한 방법으로 벌지 않았거나 번 돈을 쌓아두기만 한다면 불쌍한 부자나 나쁜 부자가 되고, 그런 부자는 가진 돈이 많은 것과 상관없이 결코 부자라고 할 수 없다.

상당한 부를 축적한 뒤에도 여전히 가난했던 시절처럼 사는 사람에게 그 까닭을 물으면, 대부분 자식들이 자기 자신처럼 가난하게 살지 않기를 바라기 때문이라고 한다. 그러나 그런 바람으로 자식에게 물려준 재산이 자식에게 언제나 이롭기만 할 것인가에 대해서는 누구도 '의심할 여지없다'고 단정적으로 말할 수 없다. 부자의 자식이기 때문에 부자로 살 가능성의 반대쪽에는 물려받은 재물 때문에 패가망신할 가능성이 있고, 가난한 부모에게서 태어난 자식이기 때문에 가난하게 살 가능성의 반대쪽에는 뼈저린 가난 때문에 부자의 꿈을 실현하는 사람도 있을 것이기 때문이다.

결국 올바른 쓰임이 없는 재물이란 게송에서 비유로 들고 있는 것처럼 자신을 불태우기 위해 모은 장작이나 남이 가져가기를 바라며 모은 꿀벌의 꿀과 다르지 않다. 나누어 쓸 만할 때가 되면 베풀겠다고 생각하는 사람에게 그런 날은 오지 않는다. 벌들이 꿀을 빼앗긴 뒤 설탕물을 먹고 나서 다시 꿀을 따러 나서야 하는 것처럼.

제8장 행에 대한 검토 —— 관행품觀行品

304. [8-1]

지혜를 갖춘 자는 아주 작은 일이라도
항상 의논해서 해결하려고 한다.
성공했으면 말할 필요도 없고
성공하지 못했어도 보기 좋은 (행실의) 원인이다.

낯선 지역에서 차를 운전하다가 큰 길을 막은 공사 차량들 때문에 마을의 샛길로 들어선 적이 있었다. 그런데 마을길이 미로처럼 얽혀 있어서 큰 길로 올라가는 길을 찾아낼 수 없었다. 처음 가보는 시골 마을의 차 한 대 겨우 다닐 수 있는 좁은 길에서는 첨단기기도 아무런 보탬이 되지 못했다. 다람쥐 쳇바퀴 돌 듯 빙글빙글 마을길을 돌다가 기역자로 허리를 굽힌 채 느리게 걷고 있는 할머니 옆에 차를 세우고 길을 물었다. 귀 어두운 할머니가 가리키는 손가락 끝에 큰길로 올라가는 길이 보였다.

여러 사람이 머리를 모아 상의한 결과보다 한 사람의 경험에서 나온 판단이 올바른 경우도 있다. 그러나 상의나 협의라는 말에는 대중의 공의에 의한 추진력의 확보라는 안전판이 들어 있고, 그 같은 과정을 통해 얻어지는 대화와 토론 같은 민주적 소양의 함양이라는 목표가 들어 있다. 그렇다고 경험이 많거나 자질이 뛰어난 한 사람의 생각을 무시하라는 것은 아니다.

큰일이든 작은 일이든 묻고 상의하는 것은 두려워할 일도 가볍게 여길 일도 아니다. 그것은 성공의 가능성을 높이고 실패할 확률을 낮추며 실패하더라도 다시 도전할 수 있는 길을 열어주는 안전장치이기 때문이다.

305. [8-2]

유정들이 바라는 바 다양하니
모두를 만족시키는 것은 누구나 어렵다.
(다만) 자기 자신이 공덕을 갖추고 있으면
모두를 기쁘게 하는 그것에 가깝다.

푸른 별 지구에 사는 70억에 육박하는 사람들 중에도 똑같은 얼굴을 가진 사람이 거의 없고, 견해와 기호와 근기 또한 같은 경우를 찾아보기 어렵다. 두 사람만 만나도 좋아하는 것과 싫어하는 것이 갈리는데 수많은 사람들의 기호를 모두 만족시키기란 어려운 게 아니라 불가능한 일이다.

有情種種心 유정종종심
諸佛難盡悅 제불난진열
何況劣如我 하황열여아
故應捨此慮 고응사차려

유정 중생 각각의 마음 같지 않아서
깨달은 이들조차 모두를 기쁘게 못하는데
하물며 나처럼 모자라는 사람이야

마땅히 이 같은 생각 버려야 하리라.

－『입보리행론』,「제8품 선정품」22번 게송(해제자 졸역)

『입보리행론』의 저자 적천 보살은 깨달음을 성취한 부처님이라 하더라도 세상 사람들의 바람을 모두 만족시키기는 어렵다고 말하고 있다. 그 또한 나란다에서 자신의 공덕을 알아보지 못한 사람들에게 어려움을 겪었다.

역사에서 배우는 수많은 성현들 또한 그들의 일생에 고난과 배척의 시기를 겪지 않은 이들이 없었다. 그러나 그것이 곧 그들의 삶이 아름답지 않다는 것을 뜻하지 않는다. 그만큼 세상에는 다양한 견해와 바람을 가진 이들이 살았고, 그들이 가진 다양한 분별의 마음들이 그런 소동을 일으켰다.

다른 사람의 비난의 소리에 위축되지 말 일이고 남에게 듣는 찬탄의 소리에 우쭐하지도 말 일이다. 언제나 바라보고 살아야 하는 것은 나와 남을 포함한 공중公衆의 이익이다. 나 자신이 즐거울 수 있는 동시에 다른 사람이 즐거울 수 있어야 하고, 나 자신이 행복할 수 있는 동시에 다른 사람이 행복할 수 있어야 하며, 내게 이로움이 생기는 것 못지않게 다른 사람에게도 이로움이 생기기를 바랄 수 있어야 한다.

게송에서 말하고 있는 것처럼 공덕을 염두에 두고 사는 것만이 나와 남을 함께 이롭게 할 수 있는 가장 가깝고 곧은길이라고 해야 할 것이다.

306. [8-3]
아주 늙어졌을 때라도
많은 배움을 쌓도록 하라.
후생後生에 배움이 이익되는 것에 비해서
보시가 얼마나 이익이 되겠는가?

배움에는 때가 있다. 그렇다고 배움에 '늦은 때'가 있을 수 없고, '너무 늦은 때'란 것은 더더구나 있을 수 없다. 그 말은 곧 배움을 시작하는 모든 때가 적절한 때라는 말이고, 설사 늦었다고 생각되는 때라도 그때가 '너무 늦어서 시작조차 할 수 없는 때'는 아니라는 말이기도 하다.

부처님 가르침과 상관없이 반생을 살고 난 뒤에 뒤늦게 불법을 알아가는 즐거움에 푹 빠져 살고 있는 나 역시 좀 더 이른 시기에 불법을 만나지 못한 것을 아쉬워하던 때가 있었다. 그러나 중요한 것은 이르고 늦은 시기의 문제가 아니라 만남이 이뤄지고 배움이 시작된 성숙된 인연이라는 것을 알게 된 지금은 아쉬워하던 마음이 있던 자리에 고마워하는 마음이 들어와 있다.

영화 한 편을 보는데도 처음 봤을 때와 두 번 봤을 때의 느낌이 다르고, 열 번을 보면 열 번 모두 색다른 느낌과 새로 듣는 것 같은 대사가 귀에 들어온다. 그러니 새로운 배움만 배움이라고 할 수 있는 것은 아니다. 배우려는 의지를 갖고 살아가는 사람들은 자신이 이미 알고 있는 것까지도 세월이 지남에 따라 깊이와 넓이가 달라진다는 것을 몸과 마음으로 깨달아 간다.

假使頂戴經塵劫 가사정대경진겁
身爲床座遍三千 신위상좌편삼천
若不傳法度衆生 약불전법도중생
畢竟無能報佛恩 필경무능보불은

부처님 경전을 머리에 인 채 억겁을 살고
몸을 삼천세계에 두루 침상으로 만들어도
부처님 법으로 중생을 구제하지 않는다면
필경에는 부처님 은혜 보답하지 못하리라. (해제자 졸역)

출가 수행자들을 위해 고승들의 가르침을 모아 엮은 책 『치문경훈緇門警訓』에 나오는 구절이다.

가방 끈이 길고 시험성적이 남보다 뛰어난데도 실제 삶에서는 요령부득인 사람이 있다. 아는 것과 사는 것이 다르기 때문이다. 몸으로 체현되지 못하는 앎은 잉크가 흐르지 않는 만년필과 다를 것이 없다. 배움만으로 충분하다고 늘어져 버리는 사람이나 다른 사람에게 배우는 것을 '이만하면 되었다'고 생각하는 사람 모두 앎을 삶의 지혜로 꽃피워내지 못할 것이고, 꽃으로 핀다 한들 꿀과 향기 없는 꽃이 되어 씨를 맺지 못한 채 시들어버리기 십상이다.

307. [8-4]
모든 공덕을 완벽하게 갖춘 자에게 의지하거나
또는 평범한 자와 친구처럼 지내는 것이 행복이다.
항아리에 물이 가득 찬 것이거나
또는 비어 있는 것이 (머리에) 이고 다니기 쉽듯이.

308. [8-5]
작은 공덕만 배웠던 자
어느 누가 (그에게) 의지할 수 있으랴?
물이 반쯤 찬 그 항아리를
머리에 이고 다니는 것을 누가 할 수 있으랴?

어려서 물지게를 져본 사람은 게송의 의미를 쉽게 이해할 수 있을 것이다. 어깨에 메는 물지게는 양쪽 고리에 물통 두 개를 걸 수 있는데, 무게를 줄여보려고 물의 양을 줄이면 통 속의 물이 요동을 쳐서 걸음을 옮기기가 어려워진다. 그래서 물지게를 쓸 줄 아는 사람은 통에 물을 가득 채운 뒤 출렁임 없는 물에 의지하여 안정된 걸음을 얻는다.

기댈 만한 스승을 알아보는 것도 의지하려는 이의 안목이다. 제자를 받아들일 때도 어설프게 배운 사람보다는 배움의 때가 묻지 않은 사람이 오히려 낫다. 부처님께서도 선지식을 알아보는 방법을 묻는 제자에게 이야기해보고 살펴보고 지켜봐야 비로소 알 수 있다고 말씀하셨다.

앎이 생겼을 때 독버섯처럼 따라 자라는 것이 자만이다. 자만은 자신의 잘잘못을 들여다보게 하는 대신에 얄팍한 앎으로 잘못된 모든 것의 원인이 바깥에 있는 것으로 여기게 만든다. 그러나 세상의 변화는 자신의 앎으로 만들어지는 게 아니라 앎이 자신을 바꾼 뒤에나 이뤄지는 것이다.

큰 통에 물을 반만 채워서 지는 것보다 작은 통에 물을 가득 채워서 지는 것이 걷기에 편한 것처럼, 만 가지 일을 절반씩만 아는 것보다 한 가지 일을 제대로 아는 것이 낫다. 큰 통을 가지려고 욕심내기보다 가진 통에 물을 가득 채우는 것부터 시작해야 마땅하다. 스스로 살필 줄 아는 이에게 공덕을 갖춘 스승을 알아보고 배움을 청하는 것은 어려운 문제가 아니다.

'어리석은 자를 스승으로 모실 바에야 그저 옴마니빳메훔이나 해라.' 어디선가 들어본 티벳 속담이 생각난다.

309. [8-6]
어떤 사람이 성자와
하찮은 자의 차이에 대해서 잘 알고 있으면
(그는) 그의 일을 성취하는 (방법을) 잘 안다.
(이는) 삼원만三圓滿의 커다란 근본이다.

지혜롭고 덕스럽게 행동하는 데 이른바 '증證'이 무슨 작용을 하는 것은 아니다. 지혜와 덕을 갖춘 이는 오히려 가진 '증'도 겉으로 드러내지 않고 당연히 사람들 속에 있을 때도 두드러져 보이지 않는다. 힘으로 이루어진 일은 힘에 의해 무너지고, 빼앗아 가진 것은 빼앗겨 잃게 된다. 지혜로운 이들은 지혜로운 것과 지혜롭지 못한 것을 함께 보기 때문에 나아갈 때와 물러날 때를 바르게 안다.

사람들이 힘을 따르면 힘을 가진 이가 세상을 이끌게 되고, 사람들이 지혜를 따르면 지혜로운 이가 세상을 이끌게 된다. 지혜를 알아보는 것 또한 지혜이며 그런 지혜가 이룬 일은 쉽게 무너지지 않는다. 결국 깨어 있는 이들이 깨인 세상을 만들어가는 것이다.

거듭 강조하지만 바른 스승을 찾는 데도 지혜가 우선되어야 한다. 무조건적인 헌신, 그것은 게송에서 강조하는 바가 아니다.

310. [8-7]
지혜를 갖춘 자가 잘 양육養育했으면
하찮은 자라도 빼어나게 된다.
훌륭한 조련사들이 앵무새를
가르쳤으면 염송念誦도 알게 된다.

선생이 '가르치는 사람'이라면 스승은 '가르쳐서 인도하는 사람'이다. 선생은 배우는 학생들만 가르치는 사람이라 학교나 학원 밖의 생활까지 책임질 필요가 없지만, 스승은 장소에 구애받지 않고 제자의 일생이 바르지 못한 길로 가는 것을 가만히 놔두려고 하지 않는다. 제자를 가르칠 뿐만 아니라 바른 삶을 살 수 있도록 이끄는 사람이기 때문이다. 그러니 좋은 선생이나 나쁜 선생은 있어도 좋은 스승이나 나쁜 스승이라는 호칭은 있을 수 없다.

지혜를 갖춘 스승을 만나는 데는 그것을 갈구하는 사람의 의지가 중요하다. 스승은 제자가 되기를 바라는 사람의 지난날의 잘잘못을 따져 묻지 않는다. 그가 어떤 길을 걸어왔든 그에 걸맞게 그가 나아갈 길의 합당한 방편을 찾아 훈육시키는 것이 중요하다는 것을 알기 때문이다. 선생을 찾을 때도 좋고 나쁜 것을 살피는 게 인지상정인데 자신을 송두리째 맡길 스승을 찾는 일에 소홀할 수는 없는 일이다.

불자가 되기로 했을 때 도움을 주신 분의 말씀을 떠올려 본다.

"부처님도 스승을 찾아 돌아다니셨습니다. 스승을 찾는 것은 나쁜 일이 아닙니다. 그러나 찾았다면 더 이상 헤매지 말아야지요."

큰 스승 모신 것은 확실하지만 그에 합당한 제자답게 생각하고 행하는지 새삼스럽게 온 길을 되돌아본다.

311. [8-8]

힘이 약하고 작은 자라도
다른 위대한 인물에게 의지했으면 (자신의 일을) 성공할 (수 있다).
물방울이 약하고 작아도
바닷물과 섞이면 마를 수 없듯이.

능력 없고 힘 약한 사람들만 기댈 곳을 찾는 것은 아니다. 생존을 위한 욕망 추종은 강약에 차이 없이 모든 살아 있는 것들의 본능이다. 그러나 그렇다고 해서 모든 욕망과 바람이 한쪽 방향으로만 흘러가는 것은 아니다.

물이 흘러가는 것만 봐도 그렇다. 하늘에서 함께 땅으로 떨어진 빗방울이라도 어떤 것은 썩은 물이 고여 있는 웅덩이로 들어가 말라버리고, 어떤 것은 점점 더 커지는 물길을 타고 흐른 끝에 마침내 바닷물이 된다. 중요한 것은 시비와 선악과 대소와 정예를 가리지 않는 바다의 존재를 아는 것이고, 바다에 이르는 길을 따라 흘러갈 줄 아는 것이다.

큰 힘에 기대는 사람들 중에도 호랑이 앞에서 호랑이의 위세를 자기 것처럼 과시하는 여우를 닮은 사람이 있는가 하면, 최상의 깨달음을 성취한 큰 스승에게 의지하여 바른 길을 걸어가는 사람도 있다. 여기서도 중요한 것은 스스로 바른 길을 가고 싶다는 마음을 내고, 그런 다음에는 그 길을 불퇴전의 자세로 걸어가는 것이다. 작은 물방울이 흐르고 흘러 마침내 큰 바다와 한 몸이 되는 것을 떠올리면서.

312. [8-9]

자신에게 지혜가 갖추어지지 않았으면
다른 위대한 현자에게 잘 물어보라.
맨손으로 적을 죽이지 못하면
왜 무기를 잡으려 하지 않으랴?

잠을 줄이면 읽고 싶은 책을 한 권이라도 더 읽을 수 있을 것이라 생각하던 때가 있었다. 그러나 그것이 오랜 세월 독서를 생활화하는 데 현명한 방법이 아니라는 것을 오래잖아 알게 되었다. 말하자면 독서를 통해 욕심의 정체를 알게 된 것이다.

읽어야 할 책이 아무리 많아도 한 사람이 읽어낼 수 있는 분량이 제한되어 있는 것처럼, 배움에도 한 사람이 이뤄낼 수 있는 깊이와 넓이에 한계가 있다. 그렇다고 미리부터 자신의 한계를 그어둘 필요는 없다. 그럴수록 자신의 단점을 메우기 위한 배움을 그치지 말아야 할 것이기 때문이다.

'불방일정진不放逸精進'과 '삼인행필유아사三人行必有我師', 그리고 '민이호학불치하문敏而好學不恥下問'은 배움에 관해 마음에 담아둔 세 구절이다. 첫 번째 것은 열반 직전 부처님께서 제자들에게 남긴 유훈이고, 뒤에 두 구절은 모두 『논어論語』에 나오는 것들이다. 각각 '쉬지 말고 부지런히 정진하라', '셋이서 길을 가면 그중에 반드시 배울 만한 이가 있다', 그리고 '영민하더라도 배우기를 좋아하고 아랫사람에게 묻기를 부끄러워하지 말라'는 뜻이다.

'유능한 사람은 부단히 배우는 사람'이라는 괴테의 말을 들먹이지 않더라도 배움을 통해 유능해진 사람이 더 유능해질 수 있는 길은 배움을 쉬지 않는 것이다. 나누는 것에 있어서도 배움만 한 것이 없다. 주어도 가진 것이 줄어들지 않고 받아도 잃을 것을 염려할 필요가 없기 때문이다.

하늘을 나는 새와 땅을 기는 짐승의 무리도 배우기를 거쳐 삶의 현장으로 나아가고, 삶의 현장으로 들어간 뒤에도 배우기를 멈추지 않는다. 하물며 인간에게 있어서 배움의 중요성을 어찌 말로 다할 수 있겠는가?

313. [8-10]
해害를 행한 적이라도
(좋은) 방법을 갖추면 친구가 된다.
맹독은 몸을 상하게 하지만
사용법을 (잘) 알면 약이 된다.

어렸을 때 들어가 본 약국에는 눈에 잘 띄는 곳에 '극劇'과 '독毒'이라고 써둔 곳이 있었다. 그러나 그때는 독극물이 어떻게 '약藥'이 되는지 알지 못했다. 그러다가 머리가 커지면서 독이라도 순하게 만들어 쓰면 약이 될 수 있고 약이라도 함부로 쓰거나 잘못 쓰면 독이 된다는 것을 알게 되었다.

한약재인 부자와 비상은 사람을 죽일 수 있을 만큼 독성이 강하지만 질병을 치료하는 효능 때문에 사람들이 끝내 포기하지 못하는 약재들이다. 여기서도 문제가 되는 것은 적당한 용량과 용법이다. 좋은 약이라도 지나치게 섭취하면 부작용이 생기기 때문에 상시 복용할 수 없고, 독극물이라고 하더라도 치료 효능이 있다면 적당한 사용법을 알아내 쓸 수 있어야 한다.

욕을 욕으로 받으면 싸움이 되지만 웃음으로 받으면 싸움이 벌어질 리 없고, 맞았을 때 맞받아치면 같은 부류가 되어버리는 것과 달리 맞고도 주먹을 쥐지 않으면 나중에 용서해줄 권리를 손에 쥘 수 있다. 자기를 해치려고 한 적을 원수가 아닌 친구로 만드는 방법은 게송에서 말하는 것처럼 독을 약으로 바꾸는 올바른 방법, 즉 지혜로운 방편을 쓰는 것이다.

314. [8-11]
적절하게 얻은 음식과 재물을 받고

다른 부적절한 재물에 부회附會하는 마음을 버려야 한다.
과일은 나무 꼭대기로부터 얻어지지만
그보다 더 올라가면 땅에 떨어진다.

일할 때 가깝게 지내던 후배가 오랜만에 전화를 걸어왔다. '잘 지내고 있다'는 말을 인사치레 정도로 들었는지 그가 하는 말에서 일터를 나온 뒤에 벌이가 끊긴 선배의 생활을 염려하는 마음이 읽혔다.

골프를 치지 않아 생기는 절약과, 술 끊고 담배 피지 않아서 불어나는 부수입과, 해 가고 철 바뀌어도 입던 옷 다시 입을 수 있는 검소함과, 쉬는 날 없이 길에 기름 뿌리고 다니지 않는 환경보호와, 마음 내킬 때 언제든지 집 나설 수 있는 자유와, 예전과는 비교할 수 없는 생활비를 쓰면서도 마음 내서 하는 작은 선행과, 몸 대신 글로 하는 보시에 대한 이야기를 들으면서 후배는 전화기 저쪽에서 허허롭게 웃었다.

불자가 되겠다는 마음을 냈을 때 지금까지 생각해 온 것들과 다르게 생각하고, 지금까지 바라던 것들과 다른 것을 바라며, 잃을 것과 얻을 것에 대해 짐작되는 것들을 흔들림 없이 받아들일 수 있기를 서원했다.

돈을 버는 후배는 벌이가 끊어진 선배의 달라진 바람과 자족할 줄 아는 삶을 끝내 이해하지 못하는 눈치였다.

315. [8-12]
현자라도 주의하여 행하지 않으면
그동안에는 실수가 생겨난다.
지혜를 갖춘 자가 매우 주의하면
실수가 발생할 기회를 (갖기) 어렵다.

'가볍다'거나 '경망스럽다'는 지적은 타고난 재능이 빼어나거나 가진 것이 많은 이들에게 따라다니는 부정적인 표현이다.

메뚜기를 노리는 사마귀는 뒤에서 자기를 노리는 참새의 주둥이를 알아채지 못한다. 작은 것은 언제나 그보다 더 작은 것 앞에서 부풀려지고, 큰 것도 항상 그보다 더 큰 것 앞에서 오그라들게 마련이다. 그럼에도 '똑똑하다'는 이들은 이 간단한 이치를 간과한다. 그래서 '마음을 다잡지 아니하고 풀어 놓아 버리는' 방심放心을 일삼는다.

> 如人劍逼身 여인검핍신
> 行持滿鉢油 행지만발유
> 懼溢慮遭殺 구일여조살
> 護戒當如是 호계당여시

> 칼을 든 사람이 겁박을 하고
> 기름 가득한 그릇을 들고 가라면서
> 흘리면 죽인다고 한 말을 두려워하듯
> 수행자의 계 지킴이 이와 같아야 한다.
> —『입보리행론』, 「제7 정진품」 71번 게송(해제자 졸역)

아름답다고 해서 지지 않는 꽃이 없는 것처럼 쇠락하지 않는 권세와 명망도 있을 수 없다. 이것을 아는 이는 좋은 때를 만날수록 살피기와 삼가기를 게을리하지 않는다. 마왕 파순이 부처님의 정각을 방해할 수 없었던 것처럼 솜씨 좋은 소매치기라도 조심하는 사람의 돈을 훔쳐낼 수 없고, 강도라도 잠들지 않은 집의 문을 따고 들어갈 생각은 하지 못한다.

지혜를 갖춘 자라도 방심은 금물이다. 그것을 아는 이가 바로 지혜를 갖춘 자일 테지만.

316. [8-13]
'자신의 힘이 완비되지 않는 동안

그때까지는 적들을 공경해라.

능력이 완비되면 무엇이든 적절하게 (할 수 있다)'

라고 다른 (외도의) 논전論典들에서는 말한다.[1]

무언가 이루려는 바람을 가졌으나 아직 그럴 만한 힘을 갖추지 못한 사람은 욕된 일이라도 참아낼 수 있어야 하고 어려운 시기 또한 견뎌낼 수 있어야 한다. 세력을 갖지 못했으나 올바른 바람을 가진 이가 세력을 가졌지만 바르지 못한 뜻으로 살아가는 사람을 상대할 때는, 자기가 생각하는 바른 일에 대한 신념을 감춰둘 줄도 알아야 한다.

적을 이길 충분한 힘을 갖게 되었을 때, 말 그대로 '하고 싶은 대로 해도 법도에 걸리지 않는(종심소욕불유구從心所欲不踰矩)' 경지에 들어 일을 할 수 있다면 피차에 다치는 사람이 생기지 않는다.

공자조차도 나이 일흔에 도달한 경지라 쉬운 일은 결코 아닐 테지만 일을 이룰 때와 장소가 적절하지 않고 그것을 행할 능력을 갖추지 못했을 때는 되지도 않을 일에 함부로 나서지 말아야 한다. 왜냐하면 그러는 것이야말로 불을 보고 달려드는 불나방처럼 일이 아니라 목숨마저 망치는 짓이기 때문이다.

317. [8-14]

적이 달콤하게 말해도

지혜를 갖춘 자는 믿지 않는다.

왜가리와 고양이에게 온화함은

---

1   이 경구는 앞의 313번 경구 1, 2행의 '해害를 행한 적이라도/(좋은) 방법을 가진다면 친구가 된다'와 배치된다. 자기 능력이 완비되지 않았더라도 상대방에게 맞는 방법을 강구하면 사이좋게 지낼 수 있다는 뜻인데, 【잠뻴 역】은 '적절하게 (할 수 있다)'의 '릭빠rigs pa'를 '무엇이든 필요한 일을 할 수 있다you can do whatever needs to be done'라고 의역하고 있다.

다른 쪽을 죽이려고 항상 애쓰는 것이다.

초식동물을 잡아먹고 사는 대부분의 육식동물은 뾰족한 이빨과 날카로운 발톱을 갖고 있다. 그렇다고 육식동물이 언제나 이빨과 발톱을 드러내는 것은 아니다. 육식동물이 사냥감에 가까이 다가갈 때에는 이빨과 발톱을 제 살 속에 깊이 감추고 싸울 때 세우는 털마저도 가지런히 눕힌다. 그뿐만이 아니다. 평소처럼 네 발로 당당하게 걷는 것이 아니라 배가 땅에 닿을 정도로 낮게 엎드려 기어간다. 그와 달리 대부분의 초식동물은 소리를 잘 듣기 위해서 귀가 크다. 잘 듣는다는 것은 위험한 소리와 그렇지 않은 소리의 차이를 잘 알아낸다는 뜻이다.

사람도 칭찬하는 것과 아부하는 것의 차이를 알지 못하면 상대방의 웃는 얼굴과 달콤한 소리에 마음이 풀어지고 마음이 풀어지면 결코 지지 않을 싸움에서도 지는 결과를 낳고 만다.

'상식을 넘는 이익'을 줄 것처럼 선전하는 광고들이 차고 넘쳐난다. 그러나 그런 방법이 있을 수 없다는 것은 그렇게 선전하는 이들이 더 잘 안다. 그런 꼬임에 넘어가는 사람들은 상식을 넘는 이익을 바라면서 상식을 넘는 손해를 보게 될 그곳을 자기 발로 찾아가는 셈이다. 그래서 지혜로운 이들은 상식을 넘는 이익을 바라지 않고, 당연히 달콤한 말에 속아 신세를 망치지도 않는다.

318. [8-15]

(어떤 한) 곳의 주인된 자가 진노했어도
그에게 좋게 의지하고 머물러야 한다.
땅에 발이 미끄러졌으면
바로 그 땅을 의지해서 (일어나야 되는) 것처럼.

높은 산을 높은 산으로만 보고 포기하는 사람은 그곳을 오를 수 없지만 산이 아무리 높아도 하늘 아래 있을 뿐이라고 생각하는 사람은 길을 찾아내거나 스스로 만들어 산을 오르고, 큰물을 큰물로만 보고 포기하는 사람은 그곳을 건널 수 없지만 물이 아무리 많아도 다리 밑을 흐를 뿐이라고 여기는 이는 다리를 찾거나 만들어 큰물을 건넌다.

길을 가다 넘어진 사람이 의지할 곳은 바로 그 땅이다. 넘어진 것을 극복하는 것은 바로 자신이 넘어진 그 자리를 짚고 일어서는 것이다. 돌부리에 걸려 넘어졌다고 홧김에 돌부리를 걷어차면 자기 발만 아프다.

스승은 내게 인욕을 배우게 하는 분이니 스승의 크기는 곧 자기 자신의 크기이기도 하다. 배움에 있어서 중요한 것은 스승의 자질을 따지는 것이 아니라 배우려는 마음가짐이다. 가르치면서 배운다는 말이 있기는 하지만 그렇다고 가르치는 자와 배우는 자의 자리가 바뀌는 건 아니다.

319. [8-16]

지나치게 감각적 욕망의 대상에 미련이 있는
사람은 (그 때문에) 곧바로 (모든 것을) 잃게 된다.
낚싯바늘의 고기에 욕심내던
물고기들이 바로 죽듯이.

280kg에 육박하는 거구의 가수가 있다. 큰 몸집에 어울리게 그는 빅죠 Big Joe라는 이름으로 불린다. 태어날 때부터 아이 넷의 몸무게를 갖고 나온 것은 아니었을 테니 기름진 음식과 달착지근한 음료에 대한 집착이 오늘의 그의 몸을 만들었을 것이다.

設若會遇悅意境 설약회우열의경
應知猶如夏時虹 응지유여하시홍
雖現美麗然無實 수현미려연무실
離貪著是佛子行 이탐착시불자행

만약에 마음에 들어 즐거운 것 만나도

마땅히 여름날 무지개 보듯 해야 하네.

아름다워 보여도 실재하지 않는 것에

탐착하지 않는 것이 보살행이네.

— 『불자행삼십칠송』 23번 게송(해제자 졸역)

오욕락은 눈과 귀와 코와 혀와 몸 등 다섯 가지가 주는 즐거움에 빠지는 것이다. 좋아하는 것보다 더 나쁜 것은 길들여지는 것이고, 길들여지는 것보다 더 나쁜 것은 자기가 가는 길이 파멸의 길인 줄 모르는 것이다.

빅쵸가 다이어트를 시작했다고 한다. 지금의 몸무게에서 100kg을 줄이는 것이 당면한 목표라고 하는데 이번 도전에 성공한 뒤 다시 100kg를 더 줄이는 도전에 나설 수 있기 바란다. 새로운 세상을 만드는 시작이 발심發心, 즉 마음을 내는 것이다. 향기로운 꽃을 피우려면 먼저 뿌리를 제대로 내릴 수 있어야 한다.

320. [8-17]

공양받을 가치가 있는 자처럼 권속眷屬들도

항상 베풀어 모아야 한다.

(제사에) 공양물을 올리면 신들뿐만 아니라

아귀餓鬼까지 희열에 차서 보호한다.

비둘기로 부자 되는 방법이 있다고 한다. 비둘기가 무리를 지어 다닌다는 것을 알고 모이를 잘 주면 다른 비둘기까지 데려오기 때문에 생긴 이야기일 것이다. 처음 들었을 때는 비둘기로 돈 버는 방법이라는 데만 정신이 팔려서 모이를 잘 주는 것에 담긴 뜻, 즉 살면서 베푸는 일이 중요하다는 것까지는 생각하지 못했다.

육바라밀六波羅蜜과 사섭법四攝法에서 보시를 맨 첫 자리에 둔 것은 베풂
이 그만큼 실천하기 어렵다는 뜻이기도 하다. '내 것'이라고 고집하지 않고
'나'와 '남'을 가르지 않아야 비로소 실천할 수 있는 일이기 때문이다.

보시를 행하는 사람은 복을 지으며 사는 것이고, 보시와 등 돌리고 사는
이는 쌓인 복을 깎아내며 사는 것이다. '내게 하지 않아도 좋으니 보시하며
살라'고 가르치는 이는 존경받아야 하고, '내게 하는 보시는 그대로 복이
된다'고 말하는 이는 손가락질을 받아야 한다. 귀신도 좋아하는 일이라는
데 하물며 사람에게 베풀지 못할 게 무엇이겠는가!

321. [8-18]
위대한 인물들은 유희와
(세속의) 기쁨과 음식에 대한 욕심을 버려야 한다.
'탐욕의 과실로
랑카의 라바나Ravāna가 죽었다'는 이야기처럼[2].

유흥遊興은 삶을 기름지게 하는 데 보탬이 되어야 한다. 그러나 오늘날
이 나라는 사람들의 생각과 행동을 비뚤어지게 하는 유흥들로 넘쳐나고
있다.

> 노름하는 것과 (떠들썩한 축제와 같은) 모임을 (즐겨) 보는 것과
> 게으름, 나쁜 친구에게 의지하는 것과
> 술과 밤에 배회하는 것은 (후생에는) (삼)악도惡道로 (떨어지고)
> (금생에는) 명성이 악화되는 (원인이니) 그 여섯을 버리십시오

2 인도의 대서사시 『라마야나』를 빌린 비유다. 『마하바라따』가 인도의 사서삼경四書三經
이라면 『라마야나』는 인도의 『삼국지』다. 내용의 요지는 라마의 아내 시따에게 음심陰
心을 품어 그녀를 납치했던 스리랑카의 마왕 라바나가 결국 이 때문에 망했다는
이야기다.

－ 용수의 『친구에게 보내는 편지』 33번 게송(역자 졸역)

길은 누군가 먼저 걸어간 뒤에 생긴다. 좋은 길을 내는 사람이 많은 사회는 좋은 사회가 되고, 나쁜 길로 앞서간 사람이 많은 사회는 나빠질 수밖에 없다. 지위와 권세를 가진 사람일수록, 재물을 많이 가진 사람일수록, 이름을 아름답게 지켜야 하는 사람일수록 말과 행실이 보통 사람들과는 달라야 한다. 왜냐하면 좋은 방향으로든 나쁜 방향으로든 그런 이들의 일거수일투족이 다른 사람들에게 큰 영향을 미치기 때문이다.

부처님 법을 따라 살아보겠다고 마음을 낸 사람답게, 부처님 가르침을 세상에 전파하며 살겠다고 서원한 사람답게, 불자들만이라도 욕망에 맥없이 휩쓸리는 삶을 살지 않아야 하는 것 아닐까?

322. [8-19]

사랑과 증오, (이) 두 가지는 위대한 인물과 함께
(일어나는) 일이지 하찮은 자와 함께 (일어나는 일이) 결코 아니다.
사고파는 것은 진귀한 보석을 (두고 행하는) 일이지
독과 섞인 음식을 (두고) 그렇게 (하는 것이) 아니다.

어려운 처지에 놓인 사람을 도와줄 때도 그것이 통하는 사람과 그렇지 못한 사람이 있다. 다른 사람의 진심을 알아보는 사람이라야 도움을 받아들일 줄도 알고 받은 도움을 기억하여 갚기도 한다.

어느 절에 선행하기 좋아하는 스님이 살고 있었다. 어느 날, 팔 하나를 잃은 젊은 거지가 와서 돈을 요구했다. 스님이 마당 뒤에 쌓인 벽돌을 마당 앞으로 옮겨주면 돈을 주겠다고 하자 젊은이가 한 팔로 어떻게 벽돌을 옮길 수 있겠느냐고 물었다. 스님은 손수 한 손으로 벽돌을 들어 앞마당으로 옮기며 말했다.

"팔 하나로 할 수 있는 것이 왜 없겠는가?"

젊은이는 스님의 말을 듣고 나서 해가 질 때까지 뒷마당에 있던 벽돌을 모두 앞마당으로 옮겨놓았고, 스님은 돈뿐만 아니라 따뜻한 밥까지 지어 먹인 뒤 젊은이를 마을로 내려 보냈다.

소문을 듣고 사지가 멀쩡한 젊은이가 스님을 찾아와 돈을 좀 보태달라고 했다. 스님은 그러냐고 하면서 이번에는 앞마당에 있는 벽돌을 뒷마당으로 옮겨놓으면 돈을 주겠다고 했다. 그러자 젊은이는 일을 해주고 돈을 받는다면 그게 무슨 동냥이냐고 화를 내면서 절 밖으로 나가 버렸다.

많은 세월이 흐른 어느 날, 전에 한 팔로 벽돌을 나르고 돈을 받아간 젊은이가 중년이 되어 스님을 찾아왔다. 벽돌을 나른 뒤 스님에게 돈을 받아 떠난 젊은이는 도시로 나가 큰돈을 버는 상인이 되었다며 절 살림에 보태라고 스님에게 큰 보시를 하고 돌아갔다. 팔 하나를 잃은 젊은이가 그렇게 새로운 삶을 살아가고 있을 동안 멀쩡한 몸으로 구걸을 하며 살아가던 또 다른 젊은이는 끝내 동냥으로 하루하루를 연명하는 삶에서 벗어나지 못했다.

― 장연章岩, 『어른의 공식』, 불광출판사(2014) 중에서

똑같은 일이 어떤 사람에게는 새로운 삶을 살게 하는 가르침이 되고, 어떤 사람에게는 화를 내게 하는 씨앗이 되기도 한다. 지혜로운 사람은 지나가는 한 마디 말에도 큰 깨침을 얻지만 어리석은 사람은 백 마디 간절한 말도 모두 흘려듣는다. 그래서 보석 같은 사람에게는 사람이 몰리고 독약 같은 사람에게는 사람들이 가까이 가려고 하지 않는다.

그러고 보면 복과 화는 모두 자기 안에서 일어나고 만들어지는 것이다. 다른 사람이 내게 하는 것 때문에 복이 되거나 화가 되는 것이 아니라 그것을 받아들이는 사람이 어떻게 하느냐에 따라 자신은 물론 다른 사람에게까지 복과 화의 씨앗이 되기 때문이다.

323. [8-20]

많은 (백성에 대한) 세금 때문에 왕의 창고는
지나치게 많이 거두지 않아도 조금씩 찬다.
개미 둔덕과 꿀, 상현上弦달이
조금씩 조금씩 차듯이.

'혈세血稅'란 말은 국민이 낸 세금을 쓸 때 마치 사람 몸속에 있는 피를
쓰는 것처럼 귀하게 여기라는 뜻으로 하는 말이다.

역사적으로 백성들이 손에 낫과 괭이를 들고 일어났던 시대는 한결같이
백성들이 지나친 세금과 부역에 치어 더는 참을 수 없는 지경까지 몰린
공통점이 있다. 굶주림 앞에서 도둑질할 마음이 생기지 않는다면 그것이
오히려 이상한 일이다. 반면에 태평성대라고 불리는 시절에는 백성들의
부역과 세금이 새털처럼 가벼웠다.

나라를 경영하는 지도자는 세금이 합당하게 거둬지고 마땅하게 쓰이는
지, 자신이 행하는 정치가 순치順治인지 역치逆治인지 잘 살펴야 한다. 힘없
고 어리석어 보이는 백성이야말로 나라를 지탱하는 토대요 근간이기 때문
이다.

324. [8-21]

군주는 백성에게 해를 가하지 않는
적절한 방법으로 세금들을 거두어야 한다.
사라Sāla나무香樹³로부터 수액의 정화精華가
너무 많이 빠지면 마르게 된다.

● ●
3   사라Sāla나무, 즉 사라수沙羅樹는 사꺄무니 부처가 입적할 때 한꺼번에 꽃을 피운
    뒤 백색이 되어 말라 죽었다는 고사로 유명한 나무인데, 봄철에 작은 노란 꽃을
    피우는 거목으로 재질이 견고하여 목재는 주로 배를 만들고 수액은 물감이나 약용으
    로 사용한다고 한다.

아주 오랜 옛날 인도에 성군의 자질이라고는 찾아볼 수 없는 탐욕스럽고 사악한 왕이 있었다. 그는 밤낮 없이 여자와 재물을 밝히는 것 외에 달리 마음 쓰는 일이 없었다. 그러나 죽는 것은 두려웠던지 하루는 심복을 불러 말했다.

"나는 지금까지 지은 악행이 쇠털처럼 많아서 죽으면 반드시 지옥으로 가게 될 것이다. 지금부터는 염라대왕에게 바칠 금을 모아두었다가 죽은 뒤에 죄를 용서받을 수 있게 하고 싶다."

그런 다음 백성들에게 포고령을 내렸다.

"누구든 금 한 쪽이라도 감춰두고 바치지 않은 자가 있다면 참형에 처할 것이다."

금을 모으기 시작한 지 삼 년쯤 되었을 때, 나라 안에 더 이상 거둬들일 만한 금붙이가 남아 있을 것 같지 않았으나 여전히 지옥이 두려웠던 왕은 새로운 포고령을 내렸다.

"감춰둔 금을 바치는 자들에게는 그 죄를 묻지 않고 상금과 벼슬을 내리겠다."

그때 외딴 마을에 홀어머니를 모시고 사는 한 젊은이가 그 소식을 들었다. 그는 어머니와 상의한 끝에 죽은 부친을 묻을 때 입에 물려두었던 조그만 금판을 꺼내서 궁으로 들어가 왕에게 바치면서 말했다.

"대왕이시여, 이 금은 제 아버지께서 돌아가셨을 때 염라대왕에게 바치라고 입에 물려두었던 것인데 대왕께서 벼슬을 내리신다 하여 꺼내왔습니다."

왕이 물었다.

"너의 부친이 세상을 뜬 지 얼마나 되었느냐?"

"십일 년이 지났습니다."

"그렇다면 금을 염라대왕에게 바칠 필요가 없어졌다는 것이냐?"

"대왕이시여, 어찌하여 어리석은 세간의 풍습 따위를 믿으려 하십니까? 부처님의 가르침을 따르는 것보다 더 현명한 것은 없습니다. 경전에 전하기를 '착한 일을 하면 복이 따르고, 나쁜 짓을 저지르면 재앙이 따른다'고 하였습니다. 몸은 그저 사대四大가 임시로 모여 이루어진 것이라 죽은 뒤에 남는 것은 선행과 악행의 업보뿐이라고 했는데 금덩이가 무슨 소용이겠습니까? 대왕께서는 전생에 지은 선행으로 금생에 왕이 되셨습니다. 지금부터라도 백성을 아끼는 선정을 베푸신다면 후생에도 왕이 되실 수 있을 것입니다."

그 말을 듣고 얼굴이 환하게 밝아진 왕은 즉시 옆에 있던 시종에게 명령을 내렸다.

"감옥에 있는 백성들을 모두 석방하라. 그리고 빼앗은 황금과 재산을 모두 원래의 주인에게 돌려주어라."

이후 왕은 백성들의 존경과 추앙을 받게 되었고, 나라도 하루가 다르게 부강해졌다.

봄날 남녘의 산에서 나는 고로쇠 수액이란 것이 있다. 단풍나무과 낙엽 교목들이 수분을 끌어올리기 시작할 때 껍질 밑을 흐르는 물관부에 구멍을 뚫어 받아낸 물을 가리키는데, 미네랄 성분이 풍부하여 뼈에 좋다는 속설 때문에 지금은 지역민들의 주요 소득원으로 자리를 잡았다고 한다. 그러나 벌이가 된다고 해서 나무에 너무 많은 구멍을 뚫는 일이 없도록 경계해야 한다. 세금이든 고로쇠 수액이든 '지나쳐서 좋을 것은 없다'는 이치에서 예외가 될 수 없기 때문이다.

325. [8-22]
군주는 더욱더 온화할 필요가 있고
조그만 이유로 화를 내지 말아야 한다.
독사에게 보석이 있어도
어느 현자가 가까이 머무르랴!

초楚나라의 장왕莊王은 제환공齊桓公과 진문공晉文公에 이어 춘추시대 세 번째 패자가 된 사람으로 그와 관련해서는 '갓끈을 끊고 즐긴 연회[絶纓之宴 절영지연]'라는 뜻을 가진 고사가 전한다.

초장왕이 나라 안에서 일어난 반란을 평정한 뒤 문무백관을 모아놓고 큰 연회를 베풀었다. 나라의 걱정거리가 사라져 기분이 좋아진 왕온 허희許姬와 맥희麥姬라는 두 애첩에게 자리에 모인 사람들에게 술을 한 잔씩 따르게 했다. 그런데 두 여인이 연회장을 돌면서 술을 따르는 동안 갑자기 큰 바람이 일면서 등불이 모두 꺼져 버렸다.

연회장이 깜깜해지자 어둠 속에서 한 사내가 술을 따르던 허희에게 입을 맞추고 도망쳤다. 그러나 그녀는 달아나는 사내의 갓끈을 끊어 손에 쥐고 왕에게 일러바쳤다.

"제게 입을 맞추고 달아난 사내의 갓끈을 제가 갖고 있습니다. 불을 밝히신 뒤 갓끈이 끊어진 사내를 찾아 큰 벌을 내려주소서."

허희의 말을 듣고 나서 장왕이 즉시 명령을 내렸다.

'여기 모인 사람 모두 불을 밝히기 전에 자신의 갓끈을 끊도록 하라. 만약 불을 밝혔을 때까지 갓끈을 끊지 않은 자가 있다면 그 자는 오늘의 연회를 즐기지 않아 그런 것으로 여기겠다."

연회장에 다시 불을 밝혔을 때 갓끈이 멀쩡한 사람은 아무도 없었다.

그 일이 있고 나서 삼 년 뒤, 초나라와 진나라 사이에 큰 전투가 벌어졌는데 한 장수가 다섯 차례나 앞장서서 싸운 끝에 마침내 큰 승리를 거두었다. 장왕이 그 장수를 불러 물었다.

"과인의 덕이 그리 높지 않아 그대에게 특별히 잘해준 것도 없는데 그대는 무엇 때문에 죽음조차 두려워하지 않고 그처럼 용감하게 싸웠는가?"

갑옷 위로 혈흔이 낭자한 장수가 왕 앞에 엎드려 말했다.

"저는 이미 오래전에 죽은 사람입니다. 삼 년 전 연회 자리에서 제가 지은 죄를 대왕께서 눈감아주지 않았다면 오늘 제가 어떻게 적들을 맞아 싸울 수 있었겠습니까? 제가 바로 그날 밤 갓끈이 끊어진 사람입니다."

『동주열국지東周列國志』는 그의 이름을 당교唐狡라 적고 있고 후대에 염옹髥翁이란 이는 당시의 일을 시로 지어 남겼다.

> 暗中牽袂醉中情 암중견몌취중정
> 玉手如風已絶纓 옥수여풍이절영
> 盡說君王江海量 진설군왕강해량
> 畜魚水忌十分清 축어수기십분청

> 어둠 속에서 소매 끈 건 술 취해 벌어진 일
> 고운 손 바람처럼 갓끈 끊어버렸네.
> 모두들 군왕의 도량 바다 같다 하면서
> 물이 너무 맑으면 물고기가 도망간다 하네. (해제자 졸역)

작게 이루는 사람은 일을 잘 다루지만 크게 이루는 사람은 일보다 사람을 더 잘 다룬다. 자리나 권세나 재물이나 명예가 마음 내키는 대로 해도 되는 힘이라고 여기는 자가 있다면, 그리하여 시도 때도 없이 성질이나 부리는 자가 있다면, 그는 자기가 이루고자 하는 바를 제대로 이룰 수 없다.

326. [8-23]
어떤 자가 재물을 바라는 사람이라면
법 자체의 요점을 (잘) 지켜야 한다.
법으로부터 퇴락한 약간의 재물이
이 세상에서 어찌 항상하랴!

의식주 부족한 것 없이 평생을 여유롭게 살고 싶은 것이 인지상정이라 공직에 있는 사람이 부정한 일을 저질러도 봐줄 만하다 싶을 때는 사람들이 눈을 감아주기도 한다.

문제는 그 정도를 얼마만큼으로 보느냐 하는 것이다. 보기에 따라 어떤 것은 탐욕이라 할 수도 있고 어떤 것은 위선이라 말할 수도 있겠지만, 그렇다고 두 가지를 뺀 나머지가 반드시 바른 답이 되는 것도 아니다.

雖施身肉仍殷重　수수신육잉은중
此因能比不現見　차인능비불현견
彼諸衆生皆求樂　피제중생개구락
若無資具樂非有　약무자구락비유

知受用具從施出　지수용구종시출
故佛先說布施論　고불선설포시론
悲心下劣心粗獷　비심하열심조광
專求自利爲勝者　전구자리위승자

비록 몸으로 베푸는 게 간절하다 해도
그 까닭이 모두 드러나는 건 아니다.
중생들 모두가 즐거움을 구하지만
가진 것이 없다면 즐거움도 없다.

누리는 게 베풂에서 나오는 것을 알고
부처님께서도 보시를 먼저 말씀하셨지만
슬퍼하지 못하는 자는 그 마음이 거칠어져
자기 이익만 구하면서 승리자라 여긴다.
　－월칭, 『입중론』, 「제1 보리심환희지품」 6, 7번 게송(해제자 졸역)

월칭月稱의 『입중론入中論』에 나오는 게송이다. 이제껏 들어왔던 버리라거나 비우라거나 내려놓으라는 가르침과는 사뭇 다르다. 배고플 때는 먹을 수 있어야 하고, 추울 때는 입을 수 있어야 하고, 아플 때는 약을 쓸 수 있어야 하는 게 우리의 삶인 만큼 그럴 수 있을 만큼만 가지면 된다는 뜻이다. 또 그 말은 곧 무겁게 들고 있지 말라는 뜻이며 쟁여두지 말고 풀어서 나누라는 뜻이기도 하다.

그렇다고 죽지 않을 정도로 먹고 부끄럽지 않을 정도로 입고 비바람 겨우 막을 정도의 집에서 사는 것이 무소유의 삶일까? 생각해보면 그것도 또한 답이 아니기는 마찬가지다. 소유하려고 하는 것이 욕심이라면 '무유욕無有欲'도 욕심이기는 마찬가지이기 때문이다.

자기 그릇과 처지에 맞는 소유와 무소유의 적정선을 찾는 것, 그것이 바로 게송에서 말하는 법에 따라 살며 자기 재산을 오랫동안 지키는 방법이라 할 만하다.

327. [8-24]
지나친 애정을 친구에게라도 품지 말고
너무 큰 핍박을 적에게라도 하지 마라.
친구에 대한 기대는 불화의 근본이고
복수는 모두가 쉽게 할 수 있다.

사랑의 또 다른 이름은 미움이다. 사랑은 사랑 하나로 바로 설 수 없고, 미움도 미움 하나로는 생겨나지 않는다. 또 자신과 상관없는 사람이라면 어떤 식으로든 사랑이나 미움 같은 감정이 생기지도 않는다.

네 줄의 게송을 이어 읽다 보니 '영원한 적이나 친구는 없다'는 말이 진정眞情이라고는 찾아볼 수 없는 비정한 세계에서만 쓰는 말이 아닌 것을 알겠다.

친구와 친척에 대한 사랑과 우정도 어렵잖게 미움과 원한으로 바뀔 수 있고, 원수와 적에 대한 미움과 원한도 쉽게 폭력으로 바뀔 수 있다. 그럴 때 자신이 갖는 미움과 원한에는 그럴 만한 이유가 있다고 여기는 사람일수록 폭력적인 방법을 동원하면서도 잘못된 것이라는 생각을 하지 못한다. 결국 미움도 원한도 자기가 키우는 것이고 자신이 키운 것에 따라 잘못을 저지르는 것도 자기 자신이다.

일할 때 자주 들은 '따로 또 같이'라는 슬로건이 있었다. 최근에는 한 작가에게서 '함께 살면서 혼자 지낼 수 있는 삶'이라는 말도 들었다. 가까이 지내도 묶어두려 하지 않고, 멀리 떨어져 지내도 등 돌리는 일 없고, 사랑한다는 이유로 매달리지 않고, 미워한다는 핑계로 폭력적인 언행까지 당연하게 여기지 않는 당당하고 의젓한 삶의 주인공이 되어야 할 것이다.

'깨달음 이외에 친한 벗이 없고, 번뇌를 빼놓으면 적이랄 게 없다!'던 미라 레빠 존자의 통 큰 선언을 부러운 마음으로 떠올려본다.

328. [8-25]
'부드러운 것은 부드러운 것을 이기고
부드러운 것은 거친 것도 이긴다.
부드러운 것은 모든 것을 성취하기 때문에
부드러운 것 자체가 날카로운 것이다'라고 현자들은 말한다.

전쟁 후 유년을 보낸 세대는 대개 치약 대신 소금을 썼다. 치약의 존재를 모르는 아이들이 태반이던 시절이었다. 처음 양치질을 시작했을 때 잇몸에서 붉은 피가 흘렀지만 하루 한 번 하는 양치질을 멈추지 않은 덕분에 얼마 안 가 내 치아는 동네에서 꼽아주는 흰 빛깔이 되었고, 덕분에 충치 한 번 앓지 않고 청소년기를 지나올 수 있었다.

그런데 그렇게 튼튼했던 치아도 세월만은 당해내지 못했다. 어느 날, 선물로 받은 호박엿을 씹다가 어금니 한 귀퉁이가 떨어져나간 뒤로 연거푸

좌우 어금니들이 자그마한 충격에도 깨지는 수난을 겪어야 했다. 그러나 혀는 치아와 함께 입 속에 있으면서도 세월 앞에 무릎 꿇지 않았다. 지금도 혀는 부드러운 것이든 딱딱한 것이든 개의치 않고 받아들이고 굴리고 말고 두르고 적시며 약해진 치아를 부끄럽게 만든다.

유능제강柔能制剛이라고도 하고 연능승강軟能勝强이라고도 하는 말은 모두 말랑말랑하고 부드러운 것이 굳세고 딱딱한 것을 이긴다는 뜻이다. 그래서 이 게송을 『도덕경』의 한 구절처럼 읽었다.

人之生也柔弱 其死也堅强 인지생야유약 기사야견강
草木之生也柔脆 其死也枯槁 초목지생야유취 기사야고고
故堅强者死之徒 柔弱者生之徒 고견강자사지도 유약자생지도
是以兵强則滅 木强則折 시이병강즉멸 목강즉절
强大處下 柔弱處上 강대처하 유약처상

사람이 날 때는 그 몸이 부드럽고 죽을 때는 몸이 뻣뻣하게 굳는다.
초목도 새로 생겨날 때는 부드럽고 죽을 때는 마르고 딱딱해진다.
그러므로 단단하고 강한 것은 죽은 것이고 부드럽고 약한 것은 산 것이다.
이러하므로 군대가 강하면 이기지 못하고 나무가 강하면 부러지는 것이고
강하고 큰 것을 아래에 두고 부드럽고 약한 것을 위에 두는 것이다.
(해제자 졸역)

『도덕경』에서는 물보다 더 부드러운 것이 없고 물이야말로 모든 것을 이겨낼 수 있다고 말한다. 물은 어느 그릇에 담아도 제 모양을 고집하지 않을 만큼 부드럽지만 이 세상 그 어떤 칼도 그 물을 잘라내지 못한다. 그러나 부드러운 물은 단단한 바위에도 구멍을 뚫고 못 끊을 것 없다는 칼조차도 잘라버린다. 그야말로 상선약수上善若水, '지극히 올바른 것은 물과 같다'고 하는 만큼 이기고 싶거든 먼저 부드러운 물의 품성을 갖춰야

할 것이다.

하다 보니 불법을 말하면서 도가의 가르침을 끌어다 쓰고 있다. 읽기에 따라 불편할 수도 있겠지만 불법을 배우면서 격의格義쯤 못할 일도 아니다.

329. [8-26]

누구라도 '나의 적이고
또 몇몇은 나를 사랑하지 않는다'고 (말한다).
(그러나) 사랑하지 않아도 그것을 공표公表하지 마라.
공표했으면 그 자체를 떼서 없애라.

말처럼 사람에게 큰 상처를 입히는 것이 없다. 주먹으로 맞은 자리에 생긴 멍은 시간이 흐르면 흔적도 없이 사라지지만 말로 생긴 상처는 눈에 보이지 않으면서도 오랫동안 사라지지 않는다.

'똑똑하다'는 소리를 듣는 사람들의 공통점은 가볍다는 것이다. 과도한 자신감이 그런 말을 듣게 만드는데, 그런 사람들은 대부분 다른 사람이 하는 말을 끝까지 귀담아들으려고 하지 않는다. 그뿐만 아니라 자기가 하고 싶은 말이 있으면 깊이 생각해보기도 전에 성급하게 입 밖으로 뱉어버린다. 한 번 입 밖으로 나온 말은 다시 담을 수 없다. 그뿐만 아니라 잘못 전달되었다는 설명까지도 변명이나 핑계, 심지어 거짓으로 여겨지는 경우도 있다.

일본식 조어에 '식스 나인'이라는 것이 있다. 이른바 99.9999%의 높은 순도를 가진 금을 가리키는 말이다. 그런 금에도 100%라고 표기하지 못하게 불순물이 섞여있는 것처럼 결점이라고는 한 점 찾아볼 수 없는 전인全人은 있을 수 없다. 그러므로 범인凡人들은 더욱 명심해야 한다. 말은 몽둥이보다 둔탁하고 창칼보다 날카로우며 빛 없는 곳도 무서워하지 않고 나아가고 발 없이도 천 리를 가볍게 달려갈 수 있다는 것을.

고기는 씹어 먹어야 그 맛을 알지만 말은 꼭 해야만 그 맛을 아는 것은 아니다. 아무리 급한 말이라도 조금 늦춰 하고, 하고 싶은 말이라도 열에 반은 남겨두는 것이 좋으며, 때로는 아무 말도 하지 않는 것이 더 나을 때도 있다. 복수난수覆水難收, 한번 엎어진 물은 다시 담을 수 없기 때문이다.

330. [8-27]
부끄러움과 체면慚愧을 신경 쓰지 않고
존경과 업신여김의 차이를 알지 못하고
음식과 재물을 탐하는 자
그와 같은 자들의 거처에는 머물지 마라.

속세를 떠났다고는 하지만 사람들이 모여 사는 곳이라는 점에서 절집에서 추구하는 것과 기피하는 것이 세간의 것과 그리 다르지만은 않다. 버려야 할 것을 버릴 줄 알고 지켜야 할 것을 지킬 줄 알며 해야 할 것과 하지 말아야 할 것에 대한 경계가 분명해야 바른 길을 바르게 가는 이가 될 수 있기 때문이다.

부끄러움을 안다는 것은 사람으로서 해야 할 것과 하지 말아야 할 것을 가려 할 줄 아는 것을 의미한다. 그것이 본능만을 따라 행동하는 짐승과 사람을 구분하는 척도이기 때문이다. 그래서 사람은 배가 고파도 먹지 말아야 할 음식을 먹지 않을 수 있고, 갖고 싶은 물건을 보고도 무턱대고 손을 뻗어 집어오지 않을 수 있으며, 잇속의 유무를 떠나 바르지 않은 일을 하는 사람과 함께하지 않으려고 하는 것이다.

처음부터 바르지 않은 생각으로 길을 나선 사람은 말할 것도 없고, 비록 처음에는 같은 바람으로 한 길을 걷게 된 사람 중에서도 이전에 몸에 밴 나쁜 버릇을 고치지 못한 채 배운 것과 다른 삶을 사는 사람들이 있다. 탐욕과 분노와 무지의 특성은 그 끝을 알 수 없고, 반복되는 작은 일탈들은 마침내 회복할 수 없는 간극을 만들어내며 원래 가야 할 길로부터 멀리 벗어난 길을 가게 만들어 버린다.

몸과 말과 맘으로 지어내는 것들이 모두 재물과 음식과 명예와 권력에 관한 것뿐인 사람에서 배울 수 있는 것은 다른 사람을 딛고라도 내가 더 높이 올라서는 것이고, 다른 사람을 희생시켜서라도 내 것을 불릴 터인데, 그런 사람과 함께 지내며 어떻게 나를 버려 남을 이롭게 하는 법을 배우고 다른 사람과 내가 더불어 이로울 수 있는 법을 배울 수 있을 것인가?

바르지 않은 것을 알면서도 '그런 사람이 어디 한둘인가'하고 느긋하게 생각하는 사람이 있다면, 그 사람은 점잖은 것도 아니고 차분한 것도 아니고 낙관적인 성격을 가진 것도 아니다. 그야말로 부끄럽고 창피한 것이 무엇인지 모르고 존경과 경멸의 차이가 무엇인지 모르는 사람일 뿐이다.

부처님 가르침을 배우고 그에 따라 살기를 바라는 사람이라면 자기가 따르고 의지하는 사람이 자기를 바르게 이끌어줄 수 있는 사람인지, 혹시라도 도道보다 재물에 더 뜻을 두고 있는 것은 아닌지, 자기 삶을 파멸의 나락으로 떨어지게 할 사람인지 아닌지를 살피고 또 살펴서 아니라면 망설임 없이 그로부터 멀리 떠날 수 있어야 한다.

찾아야 할 이들은 자기의 공덕을 늘리는 데 보탬이 될 바른 스승과 도반이다. 그러기 위해서는 먼저 바른 것을 바르게 볼 줄 아는 바른 안목을 길러야 할 것이다.

331. [8-28]

다른 장소를 제대로 파악하지 않고
이전의 장소를 버리지 마라.
한 발을 (제대로) 안정하지 않고
두 (발을) 띄면 쓰러지는 원인이 (된다).

초등학교 4학년 때부터 시작된 '습자習字'란 과목은 요즘으로 치자면 서예書藝, 즉 붓글씨를 익히는 시간이었다.

하루는 나를 교무실로 부른 담임 선생님께서 '새 붓으로 쓰면 더 잘 쓸 수 있을 것'이라는 말씀과 함께 붓 한 자루를 건네주셨다. 내가 쓰던 것과는 털의 양과 길이가 사뭇 다른, 붓이라 부르기에 부끄럽지 않은 좋은 붓이었다.

교실로 돌아와 새 붓에 먹물을 듬뿍 찍어 신문지 위에 글씨를 써보았다. 마치 붓 속에 철심이 있는 것 같은 짱짱한 힘이 느껴졌다. 새 붓으로 글씨를 써본 뒤에 이전에 쓰던 붓을 들고 밖으로 나갔다. 여름방학 전이라 남쪽 담장 쪽으로 무성해진 고구마밭이 펼쳐져 있었다. 내 손을 떠난 붓이 포물선 궤적을 그리며 날아가는 것을 보다가 바로 몸을 돌렸다.

'앞으로는 제대로 된 붓으로 진짜 내 솜씨를 보여줄 테다.'

교실로 돌아오자마자 새 마음으로 붓을 들었다.

아뿔싸!

내 손에 들린 붓은 이전에 내가 쓰던 묵은 붓이었고, 조금 전 고구마밭 쪽으로 던져 버린 것이 선생님께서 주신 새 붓이었다. 교실 밖으로 달려가 보았으나 눈에 가득 들어오는 것은 푸른 고구마 줄기뿐이었다. 선생님께서 주신 선물을 바로 잃어버렸다고 말할 수도 없었고, 그렇다고 주머니에 먼지 가실 날 없는 어머니에게 새 붓을 사달라고 말해볼 수도 없었다. 붓이 떨어진 곳을 제대로 보지 않았으니 그저 눈짐작으로 찾아보는 수밖에 달리 방법이 없었다. 잔칫상이라도 받은 것처럼 달려드는 모기떼와 언제 나타날지 모르는 쥐와 뱀에 대한 공포에 시달리며 해질 무렵까지 고구마밭 을 뒤졌다. 마침내 붓을 찾아냈을 때 내쉬었던 아이답지 않은 안도의 한숨 소리가 지금도 그날처럼 생생하다.

환경을 바꿀 때도 살핌이 필요하다. 자기에게 맞기는 한 것인지 자기가 잘 할 수 있을 것인지를 따져 보지도 않고 남들 하는 대로 따라다니다 보면 이루는 것 없이 몸만 바빠지게 마련이다. 또 하나 잊지 말아야 할 것이 있다. 옛것을 버리거나 떠나기보다 새것에 익숙해지는 것이 먼저라는 사실이다.

332. [8-29]
자신의 행위는 애써 숨겨라.
대부분 드러나 보이는 것은 잘못된다.
원숭이가 (드러내놓고) 춤추고 노래하지 않았으면
목에 밧줄이 왜 묶였을까!

'알리다'와 '숨기다'는 상대적인 개념일 뿐 어느 것도 절대적인 우열의 자리에 둘 수 있는 말이 아니다. 그 말은 곧 어떤 일을 도모하면서 감추기보다 알리는 것이 중요한 때가 있는 반면에 알리기보다 감추는 것이 더 유리할 때도 있다는 뜻이다.

게송에서 '애써 숨겨라'라고 한 말은 주위의 눈길에 신경을 쓰라는 뜻으로 읽힌다. '나'를 시기하고 질투하고 모함하는 이들이 내가 이루고자 하는 일을 어그러지게 하는 데 힘을 쓰지 못하게 하기 위해서다.

지혜롭다는 것은 살필 줄 아는 것이다. 지혜로운 이들은 '알리다'와 '숨기다'의 차이에 대해 잘 알 뿐 아니라 때와 장소에 따라 각각의 쓰임을 조절할 줄도 안다.

333. [8-30]
실수를 곧장 볼 수 있으면
그 부적절한 대상에 대해서 말하지 말아야 한다.
'흉조凶兆가 나타났으면 말한 자에게
바로 발생한다'고 세상에 널리 알려졌듯이.

게송을 읽는 것이 곧 자신을 읽는 것이라는 말을 떠올리면서 해석이 두 갈래로 나뉠 수 있겠다고 생각했다. 잘못된 것을 보았더라도 '말하지 않는 것'에 방점을 두어 읽을 수도 있고, 잘못된 것을 본 뒤에 '적절하게'

말하는 쪽에 마음을 두어 읽을 수도 있다. 그러나 어디에 중점을 두어 읽든 잘못을 저지른 사람을 아끼는 마음으로 대하면 해석이 달라져도 바탕은 달라지지 않는다.

是以言語者 시이언어자
必使己無患 필사기무환
亦不尅衆人 역불극중인
是爲能善言 시위능선언

言使投意可 언사투의가
亦令得歡喜 역령득환희
不使至惡意 불사지악의
出言衆悉可 출언중실가

그러므로 말하는 사람은
반드시 자기에게 재앙이 없게 하고
다른 사람 또한 다치지 않게 해야 하니
그래야 좋은 말이 될 수 있는 것이다.

말이란 뜻에 맞게 쓸 줄 알고
듣는 이 또한 들어서 즐거워야 하나니
나쁜 뜻에 이르지 않게 한다면
하는 말 전부가 좋은 말이 될 수 있다. (해제자 졸역)

『법구경』「언어품言語品」에 나오는 대목인데, 같은 품에 '입 안에 있는 도끼가 그 몸을 찍으리라[斧在口中 부재구중 所以斬身 소이참신]'고 한 구절도 있다.

불가에 '삼보를 비방하지 말라'는 말이 있다. 삼보를 비방하면 그 화가 말하는 이에게 미친다는 경계의 가르침이다. 여기서 생각해봐야 할 것은 '보아서 아는 명백한 사실'에 관한 것이다. 만약에 다른 사람의 잘못을 입에 담는 행위 자체를 금하는 것이 그 가르침의 핵심이었다면 불가의 근간이요 핵심이라 할 수 있는 세와 율이 모두 그 근거를 잃고 만다. 불지로서 해야 할 일과 하지 말아야 할 일이 모두 이미 벌어진 일과 앞으로 해야 할 것들에 대해 말하고 있기 때문이다.

이 게송의 뜻은 침묵과 묵언에만 있지 않다. 오히려 본 것을 본 대로 말하라는 것이고, 때를 맞춰 좋은 말로 전하라는 것이다. 그리고 더욱 중요한 것은 그릇된 행동을 하면 바로 자기 자신이 제일 먼저 다치게 되는 것을 알아서 경계하라는 뜻이다.

이웃 종교 목회자의 비행을 예로 들면서 그쪽에서는 모두가 나서서 비행을 감춰주려고 하는데 '불교계는 왜 그렇게 하지 않느냐?'고 강변하는 것은 바르게 실천하려는 외호의 자세라고 말할 수 없다.

334. [8-31]

다른 사람이 업신여겼던
재물과 음식을 어떻게 하랴?
개돼지가 (먹는) 더러운 먹거리를
어느 현자가 경모傾慕하랴!

바르게 살아가는 이는 먹을 것과 입을 것을 걱정하지 않아도 된다. 출가와 재가를 구분할 필요도 없다. 바른 삶에 대한 뜻은 가난으로도 더럽혀지지 않고 부귀로도 미혹되지 않으며 권력에는 더더구나 무릎 꿇지 않는다.

하루하루 자기 삶이 바른가에 대해 묻자. 수단과 방법을 가리지 않고서라도 부유해지고 싶다는 바람으로 사는 것은 아닌지, 부귀해지는 것에 마음을 빼앗겨 언제나 그 주변을 서성이고 있는 것은 아닌지, 벌이만을 위해 생각을 접고 허리를 굽히고 무릎을 꿇어가며 사는 것은 아닌지……

어떤 이는 매달 받는 급여의 95%가 비굴함에 대한 대가라고 하면서 급여가 많으면 많을수록 비굴해져야 하는 시간이 늘어날 뿐이라고 자조적으로 말했다. 자조적으로 버는 돈은 자조적으로밖에 쓰이지 못한다. 돈은 복수하고 화풀이하듯 쓰는 것이 아니다. 개같이 벌어서 정승처럼 쓰라는 말은 그럴 때 잘 어울린다. 우리 삶이 그렇게 소비되어도 좋을 삶이 아니지 않은가?

335. [8-32]
다른 쪽에 상처를 입히는 말은
적에게라도 하지 말아야 한다.
메아리처럼 자기 자신에게
바로 돌아온다.

길 위에서 내뱉은 욕설 한 마디가 발단이 되어 목숨을 잃은 사람들의 이야기를 심심찮게 듣는다. 길마다 한계를 넘는 통행량으로 북적거리고, 그런 길을 가야 하는 사람들의 마음에 조급함과 울화가 깔려 있어 생기는 일일 것이다.

따질 수 있는 입장이라고 아무렇게나 말해도 되는 것은 아니다. 잘못을 저지른 사람에게 잘못을 일러주는 말이라 하더라도 모진 말은 상처가 되기 쉽다. 그리고 그 상처는 잘못을 저질렀다는 사실을 망각하는 것에 그치지 않고 상처 입은 것보다 더 모질게 되갚아주려는 앙심을 품게 만든다.

산에 올라가 큰소리로 외치면 맞은편에서 메아리로 대답을 한다. 예쁘다고 말하면 메아리도 예쁘다고 하고, 밉다고 하면 메아리도 밉다고 대답한다.

'내 생각이 옳으므로 내가 하는 말 또한 옳다'고 생각한다면 그것은 지나친 자만이다. 옳고 바른 생각을 가진 사람은 하는 말이 부드럽다. 감정 없는 메아리도 들은 대로 갚는데 나쁜 말을 들은 사람이 좋은 맘으로 대응할 리 없다. 바꿔 생각하면 메아리처럼 행동하지 않는 것 또한 중요하다 하겠다. 좋은 말을 들었을 때 좋은 말로 대답하고 나쁜 말을 들었을 때도 좋은 맘으로 화답하고.

336. [8-33]
만약 적에게 해를 가하기를 원한다면
(먼저) 자기 자신의 공덕을 갖추어라.
그것으로 적의 마음 또한 불타고
자신의 복덕 또한 증가한다.

마키아벨리는 『군주론』에서 '사자는 함정을 알아볼 수 없고 여우는 이리를 몰아낼 수 없으니 군주란 모름지기 한 몸에 사자의 힘과 여우의 꾀를 겸비해야 하는 사람'이라고 했다. 그런데 이 말을 인용하는 정치인들 중에 아무도 '이리'에 대해 말하는 자들을 보지 못했다. 그들 중 대다수는 사자의 힘을 얻기 위해 꾀를 내고 힘을 얻은 뒤에 이리보다 더 큰 힘으로 사슴과 토끼들의 삶을 핍박하는 이리들이기 일쑤였다.

"젊었을 때 나를 채우고 있었던 건 분노였고, 끝내는 운동을 하다가 자신이 먼저 지쳐서 주저앉고 말았다."

한 시민활동가는 나중에 그것이 사랑과 연민으로 바뀐 뒤에야 새로운 활동가로서의 동력을 얻을 수 있었다고 말했다.

"자신을 앞으로 나아가게 하는 힘은 분노가 아니라 사랑이고 용서라야 한다. 그래야 다른 사람까지 변화시켜 더불어 잘 살 수 있다."

지금도 가슴속에서 생생하게 울리는 말이다. 분노에는 분노로 대응하고 잇속에는 잇속으로 맞서면서 상대방의 손해를 통해 자신의 이익을 도모하려는 게 우리 보통 사람들의 본성이다. 우리 삶이 괴로울 수밖에 없는 까닭은 본능에 가까운 그러한 행동들을 비판 없이 따르기 때문이다.

피로 피의 기억을 되갚는 복수의 악순환에서는 진정한 승자가 나올 수 없다. 싸워서 승리를 취하는 순간 승자는 패자의 원수가 되고, 패자 또한 고통의 세월을 딛고 일어나 다시 싸움을 벌인 끝에 승자가 된다. 이렇게 되면 승자와 패자의 위치만 바뀔 뿐 끝까지 원수로 남을 수밖에 없다. 이런 악순환의 고리를 끊는 방법은 복수의 씨앗인 분노를 삭이는 것이고, 선업의 공덕으로 상대를 무릎 꿇리는 수밖에 없다. 이것이 바로 바른 승리다.

계송에서 공덕을 먼저 쌓아야 한다고 한 것도 그런 이유 아니겠는가?

337. [8-34]
난폭한 자에게는 애정 어린 마음이 생겨났어도
다만 거친 행동으로 길들여야 한다.
자신의 몸에 도움되기를 바라는 이들이
피를 뽑는 외과술로 병들을 뽑아내듯이.

동향의 동료 중에 독실한 기독교인이 있었다. 어느 날, 초청을 받아 간 자리에서 그의 장로 취임식이 치러지고 있었다. 그때까지 교회 예배에 참석해본 적이 없었지만 그렇다고 막역하게 지내는 동료의 참마음에 부응 못할 정도까지는 아니었다. 그러나 기쁜 마음으로 축하해주려고 간 내 마음은 예배를 지켜보는 동안 조금씩 무거워지기 시작했다. 목사라는 사람이 강단 위에서 처음부터 끝까지 손아랫사람 대하듯 공손하지 않은 말로 설교를 하는데도 신도들 모두 고개를 푹 숙인 채 죄지은 사람처럼 그 말을 듣고 있었다.

그로부터 한참 세월이 흐른 뒤 나는 불자가 되었다. 그런데 불교계에도 오래전 교회에서 보았던 하대식 어법을 쓰는 이들이 많았고, 나처럼 나이가 들어 불교를 만난 사람 대부분이 그런 어법에 익숙해질 수 없는 고충을

토로하곤 했다.

TV나 영화에 나오는 무속들인도 막무가내로 반말을 쓴다. 듣자니 그런 어법은 상대방의 기세를 누르기 위한 일종의 기술이라고 한다. 그러나 그런 사람들이 분간 없이 쓰는 거친 말과 사나운 시선이 솜씨 좋은 의사가 환자의 질병을 고치기 위해 사용하는 칼이나 약 같은 것이라고는 생각하지 않는다. 한 중생이 다른 중생을 비하하듯 말하는 것은 바른 자세가 아니다. 더구나 말하는 '나'를 제외한 사람 모두를 어리석거나 죄를 지은 사람으로 보는 것 또한 바른 가르침을 전하는 이가 취할 어법은 아니다.

중생의 근기가 다른 것을 상정하여 생긴 것이 방편이다. 그러나 방편은 그 앞에 '선교善巧'라는 두 글자가 생략된 표현이다. 방편은 숙련되고 합리적으로 운용되어야 한다. 서툰 무당은 결국 사람을 잡고 만다는 것, 재승在僧과 재가在家를 가리지 말고 불자들이 새겨야 할 말이다.

338. [8-35]
해를 가하는 조그만 행위라도
신속하게 제거하기 위해서 화해하라.
작은 물줄기의 (방향)을 따라
큰 홍수가 (나는 것을) 보지 못하였는가?

'신속한 화해'라는 대목에 눈길이 머문다. 먼저 손을 내미는 것은 손해나 이익으로 설명할 수 있는 일이 아니다. 그런데 별것 아닌 자존심을 지키겠다고 먼저 손 내미는 것을 아끼다가 호미로 막을 일을 가래로도 막지 못하는 사태를 맞을 때가 많다. 작고 쉬운 일을 아끼다가 재앙을 키우는 꼴이다.

시작이나 기원을 뜻하는 '남상濫觴'이라는 말은 배를 띄울 수 있는 큰 강의 시작도 기실 술 잔 하나 겨우 띄울 수 있을 만큼 작은 물이라는 뜻이다. 나일 강이든 한강이든 모두 작은 웅덩이에서 솟은 물 한 방울로 시작된다.

오늘 하지 않고 미룬 일을 내일 하려고 하면 오늘보다 더 큰 힘을 써야 한다. 나중에 몰아서 큰 힘을 들이기보다 작은 힘이라도 때를 맞춰 쓰는 것이 중요하다. 매순간 깨어서 대처하는 것은 빨랫감을 모아두었다가 한꺼번에 세탁기를 돌리는 것과 차원이 다른 일이다.

339. [8-36]

현자는 행할 (가치가) 없는
일을 알고 하지 말아야 한다.
코끼리가 적의 무리를 무찌르기 때문에
항상 왕에게 묶여 있는 것을 보라.

칼과 창 같은 무기로 전쟁을 치렀던 시절에는 코끼리들이 전쟁터에 동원되어 칼과 창과 화살을 받아내며 사람들을 짓밟았다. 육상동물 중에서 가장 덩치가 크고 힘이 세다는 이유 때문이었다.

인간 세상에서도 똑같은 일이 벌어진다. 주위를 둘러보면 다른 사람이 갖지 못한 특출한 능력을 가진 사람이 나쁜 일에 동원되어 자기가 가진 재능을 발휘한 대가로 이름을 얻고 재물을 얻고 권력을 얻는 경우가 적지 않다.

길들여질 수 있다는 점에서는 사람과 짐승이 다르지 않다. 그러나 사람은 짐승과 달리 무엇을 하든 자신이 선택한 결과로 그 일을 한다. 위험한 일에 추가로 수당이 붙는 것처럼 하지 말아야 할 일일수록 반대급부가 크다. 그래서 적지 않은 사람들이 강렬하고 달콤한 유혹 앞에서 무릎을 꿇게 되고, 그런 뒤에는 유혹에 길들여진다.

지혜롭고 의지가 곧은 사람은 그럴 때 참을 줄 안다. 편하고 쉬운 길을 가는 것이 몸을 망치는 지름길이라는 것을 알기 때문이다. 목이 탄다고 아무 물이나 함부로 마시지 않는 것과 같은 이치다. 물 천지인 바다를 표류하다가 목이 말라 마시는 바닷물은 그대로 사람의 목숨을 앗아버린다.

다른 사람이 갖지 못한 능력을 가진 사람일수록 그 능력이 바르게 쓰이는 길에 대한 생각을 놓치지 말아야 한다. 좋은 곳에 쓰일 수 있는 수많은 가능성을 놔둔 채 전쟁터에 나서는 코끼리처럼 끌려다니다 보면 자신은 물론 다른 사람들에게까지 해로운 일을 저지르고 말기 때문이다.

340. [8-37]
자기 쪽이 미워해도 포기하지 마라.
적이 사랑해도 즐거워하지 마라.
까마귀가 까마귀에게 해를 입었다고
부엉이의 왕이 믿었다가 망했다.

불교만 그러는 게 아니다. 교리 안에 모순되는 것처럼 보이는 가르침을 갖지 않은 종교는 세상 어디에도 없다. 그러나 하늘을 나는 새들의 오른쪽 날개와 왼쪽 날개는 모순되지 않고, '아는 것이 힘'이라는 격언과 '모르는 게 약'이라는 격언 모두 우리 삶을 이끄는 바른 지표다.

친구와 적에 대해 말하는 이 게송도 마찬가지다. 앞에서 읽은 「제6장 자성의 형식에 대한 검토(관자성품觀自性品)」의 18번 게송에서는 '친구라도 해를 끼치면 멀리 떠나고, 이로우면 적이라도 가깝게 지내라'고 했지만 여기서는 사뭇 다르게 말하고 있다. 그렇다고 살면서 두 가지 잣대를 가지라는 말이 아니다. 왜냐하면 이 둘은 한 가지 사실의 서로 다른 측면들을 가리키는, 이른바 방편과 융통의 사례에 해당하는 것이기 때문이다.

교활하고 삿된 생각을 가진 이들은 이럴 때 저 둘을 분리해서 읽는다. 자기 합리화를 위해서 코에 걸어야 할 때가 있으면 코걸이에 어울리는 대목으로 읽고, 귀에 걸어야 할 때다 싶으면 귀걸이에 어울리는 대목으로 바꿔 읽는다. 옳고 바른 가르침을 배우려는 이들이 이 둘을 융합하여 모두를 이롭게 하는 뜻으로 읽는 것과 달리 자신의 비뚤어진 이익만 바라는 이들은 그 둘을 떼어 필요할 때 따로 쓰며 자기변명이나 합리화의 구실로 삼는다.

가족과 친구를 떠나야 할 때는 떠나 있더라도 결코 잊지 말아야 하고, 적이라면 이로움을 취하더라도 끝까지 함께 갈 상대로 여기지 말아야 하며, 나아가 적이 뭔가를 노리고 접근했을 때에는 넘어가지 말아야 한다. 까마귀와 싸운 까마귀는 쪼이는 것에 그치지만 올빼미에게 의지한 까마귀는 올빼미에게 잡아먹히고, 개에게 물린 개는 피나 조금 흘리고 말지만 늑대나 호랑이에게 물린 개는 결국 그들의 먹이가 되고 만다.

가족과 다투면서 마치 원수와 싸우듯 하지는 않았는지 두려운 마음으로 지난날을 돌아봐야 할 일이다.

341. [8-38]
어떤 크고 작은 일을 하더라도
현자는 항상 주의해서 그것을 해야 한다.
사자는 (작은) 토끼나 (큰) 코끼리 이 둘을
죽일 때 (항상) 주의를 흩트리지 않는다.

큰일은 신중하게 하면서 작은 일은 대충대충 해치우는 사람과 달리 일을 바르게 배워 몸에 익힌 사람은 일의 경중과 선후를 나눌 뿐 일하는 방법을 달리하지 않는다. 그래서 매사를 자기가 익힌 대로 열심히 그리고 빈틈없이 해낸다. 나아가 지혜롭기까지 한 사람은 다른 사람이 할 수 있는 만큼과 자기 자신이 할 수 있는 만큼이 다르다는 것을 안다. 그래서 자기가 일하는 방법을 다른 사람에게 기준으로 삼으라고 강요하지 않고, 자신이 일하는 방법으로 다른 사람을 평가하지도 않는다.

1980년, 일본에서 재일한국인 프로바둑기사 조치훈이 명인名人 타이틀을 획득하자 국내 언론들이 그의 일화를 대대적으로 보도했다. 그때 국내 기자들이 바둑을 둘 때의 마음가짐에 대해 묻자 조치훈이 답했다.

"잇쇼켄메이[一生懸命 일생현명]!"

조치훈의 대답은 신문에서 '목숨을 걸고 둔다'로 번역 보도되었다. 바둑 한 판을 두는 것에도 포석과 전투와 끝내기가 있고, 그 각각에는 기회와 위기가 교차하며 상존한다. 한순간의 방심이 회복 못할 재앙을 불러오는 것을 아는 사람은 바둑을 시작해서 끝날 때까지 바둑판에 놓이는 한 점 한 점을 마치 목숨이라도 걸린 것 같은 비장한 마음으로 생각하고 선택하고 착점한다.

호랑이가 토끼 한 마리를 잡을 때도 전력을 다한다는 말은 진부하지만 부정할 수 없는 삶의 진리다.

342. [8-39]
공덕을 갖춘 자를 공경하지 않는
그런 곳에 어느 현자가 머무르랴?
수정을 부싯돌로 쓰는
그 지방에 수정이 어찌 (잘) 팔리겠느냐!

진시황秦始皇은 중국 최초로 천하에 흩어져 있던 소국들을 하나로 통합하는 대업을 이루었으면서도 분서갱유焚書坑儒로 대표되는 폭압 정치로 더 인구에 회자된다. 책을 불사른다고 삶을 이끌 가르침이 사라질 리 없고, 학자들을 산 채로 파묻는다고 현인의 씨가 마를 일이 아니었음에도 불구하고 잘못된 판단으로 역사에 씻을 수 없는 오명을 남긴 셈이다.

역사상 수많은 권력자들이 있었다. 그들 모두가 당대에는 견줄 자 없는 막강한 힘을 과시했지만 오늘날까지 사람들의 기억 속에 살아 있는 사람의 수는 열 손가락을 채우기조차 버겁다.

배웠기 때문에 누구에게나 쓰일 수 있는 것이 아니라 배웠기 때문에 쓰임이 따로 있다는 것을 알아야 한다. 자리와 사람이 적당하지 않으면 망설임 없이 떠나 자신의 뜻을 펼칠 수 있는 자리와 사람을 찾아 나서야 한다. 공덕을 갖춘 자를 공경하지 않는 사람이 준 자리에 앉아 어떻게 악업 아닌 선업을 쌓을 수가 있겠는가!

343. [8-40]
현자는 다른 사람을 가르치거나
또는 평온한 숲에서 수행한다.
보석이 왕관을 장식하거나
그렇지 않으면 바다의 섬 속에서 머물듯이.

'하면 된다'는 말이 넘쳐나는 세상이다. 이유는 오직 하나, '하면 된다'라는 말로 사람들의 타오르는 욕망에 부채질을 하는 자들이 그 말에 현혹되는 사람들보다 더 큰 이익을 누릴 수 있기 때문이다. '세상에는 죽어도 안 되는 일이 있다'란 말은 그들에게 금기어다. 그 말을 하는 순간 자신들의 이익이 크게 줄어들기 때문이다.

게송의 예처럼 보석이 있어야 할 곳은 두 군데다. 보석으로서의 가치가 충분히 발휘할 수 있는 곳과 그 가치를 지킬 수 있는 곳이다. 수행자도 세상에 나아가 배우고 깨친 바를 전하여 사람들의 무거운 삶의 짐을 덜게 하거나 고요한 곳에서 부드럽고 따뜻한 자비의 마음을 길러내는 것 두 가지에 적당한 곳보다 머물 곳이 더 많아야 할 까닭이 없다. 그러므로 수행자는 사람들의 삶의 무게를 덜어준다는 핑계로 바른 가르침을 왜곡하거나 자신의 이익을 챙기기에 바쁜 범부들처럼 행동하지 말아야 한다.

보석이 보석에게 맞는 자리에 있어야 그 빛을 낼 수 있는 것처럼, 수행자도 수행자에게 어울리는 자리에서 수행자에게 어울리는 언행으로 살아갈 때 사람들에게 삶의 귀감이 될 수 있다. 수행자는 밥그릇에게 국그릇 노릇하라고 말하지 않아야 하거니와 보시기에게 항아리가 될 수 있다고 부추기는 일도 하지 말아야 한다. '하면 된다'는 말은 국그릇으로 쓰이는 밥그릇에게 밥그릇도 될 수 있다고 할 때 쓰는 것이고, '죽어도 안 되는 일이 있다'는 말은 항아리가 되겠다는 보시기에게 그럴 수 없다고 할 때 쓰는 것이다. 그러므로 '하면 된다'와 '죽어도 안 되는 일이 있다'는 모두 수행자가 사용할 수 있는 올바른 방편인 동시에 올바르게 사용해야 하는 방편이기도 하다.

344. [8-41]

자신보다 더 나은 성자에게
의지하면 자신에게 이익이 성취된다.
(황금빛) 수미산의 정상에 사는
새들이 (그) 황금빛으로 빛나듯이.

날 때부터 무엇으로 태어나는 사람은 없다. 사람은 누구나 주변으로부터 받는 영향에 따라 달라질 수 있다. 타고난 자질이 아주 없는 것은 아니지만 타고난 자질이라도 계발되지 않으면 묻히고 만다.

바람직한 경우는 좋아하는 일을 남보다 더 잘할 수 있을 때다. 반대로 불행한 경우는 자기 재능이 무엇인지 모르는 것이고, 그보다 더 불행한 경우는 자기가 좋아하는 것을 놔두고 남들이 좋다고 하는 것을 하는 것이며, 가장 불행한 경우는 자기가 잘할 수 있는 것을 내팽개치고 남이 더 잘하는 것을 억지로 해보겠다고 나서는 것이다.

현자를 꿈꾸거든 현자로부터 멀리 떨어져 있지 않아야 한다. 현자의 말과 글을 가까이에 두고 살고 그에 따라 삶의 모습을 바꾸려고 노력해야 한다. 챔피언의 스파링 파트너로 지내다가 새로운 챔피언의 꿈을 이룬 이도 있고, 유명 가수의 백댄서로 활동하다 가수의 꿈을 이뤄낸 이도 있고, 바둑 고수의 문하생으로 들어간 뒤 마침내 스승을 이기는 고수로 성장한 바둑기사도 있다.

하는 말이 달라지면 생각이 달라지고, 생각이 바뀌면 하는 행동이 달라지며, 달라진 행동은 마침내 달라진 사람과 삶을 만들어낸다. 꽃밭에서 노닐다 온 사람에게서 은은한 꽃향기가 나는 건 당연하지 않겠는가!

345. [8-42]
질투심을 가진 위대한 인물에게
의지하면 위대함을 얻을 수 없다.
햇빛에 가까워진
달이 기우는 것을 보라.

당나라 현종 때 19년 동안이나 재상의 자리에 앉아 '개원의 치開元之治'라 불리던 당현종의 번성 시대를 급격하게 몰락의 길로 내몬 인물이 이임보李林甫라는 환관이었다.

황제가 듣기 좋아하는 말만 골라 해서 신임을 얻은 그는 충신들의 간언이 황제의 귀에 들어가지 못하게 언로를 막는가 하면 유능한 인재 대신 자기 말을 잘 따르는 사람들을 발탁하여 중용하였다. 성정이 음험하고 교활한 데다가 질투심까지 많았던 그는 정치적 수완과 모함에 능한 전형적인 간신이었다. 『자치통감』을 비롯한 중국의 사서에서는 그에 대해 '현명한 사람을 미워하고 능력 있는 사람을 질투하여 자기보다 나은 사람을 배척하고 억누르는 음험한 성격을 지녔으며, 황제 앞에서 다른 사람을 칭찬하고서도 다음에 어김없이 술수를 부려 그 사람을 해쳤다'라고 적고 있다.

세상 사람들이 그에 대해서 '말 속에 꿀이 있어도 뱃속에는 칼이 들어있다[口有蜜腹有劍 구유밀복유검]'고 했는데 이로부터 '구밀복검口蜜腹劍'이란 말이 생겨났다. 그는 죽은 뒤 태위와 양주대도독으로 봉해졌지만 또 다른 권세가 양국충楊國忠에 의해 관직이 박탈되고 부관참시의 형을 받았으며 자손들까지도 모두 유배되었다

아첨으로 자신의 바람을 이룬 자와 귀에 솔깃한 말만 해주는 자를 신임했던 이, 질투로 다른 사람의 꿈을 막던 자와 그런 자에게 자신을 의지했던 이, 그 모두의 단맛을 즐길 수 있는 시절은 한낮의 꿈처럼 짧았고, 그

뒤에 남은 것이라고는 길고도 긴 세월 동안의 오명이었다.

질투심은 한 사람뿐만 아니라 주변에 있는 사람들의 삶을 꼬이게 하고 나아가 한 나라의 운명까지도 쇠락의 구렁텅이로 밀어넣고 만다는 것을 두고두고 명심할 일이다.

346. [8-43]

어떤 사람과 친근하게 (지내며) 믿을 수 없다면
그와 친구가 되는 것이 누구에게 가능하랴?
하늘의 무지개 색깔이 아름다워도
장식품으로 (삼고자 하는) 희망은 어리석은 자의 착각이다.

만약 새로 사귄 어떤 사람이 자기 친구에게 일어난 일을 진심으로 즐거워하거나 슬퍼한다면 그 사람은 '나의 친구'가 될 자격이 있는 사람이다. 반대로 자기 친구의 잘못된 점을 보고도 고쳐야 한다고 말해주지 않거나 뒤에서 몰래 흉이나 본다면 그런 사람은 친구의 친구가 되는 것도 말려야 한다. 왜냐하면 친구란 다른 사람이 자기 친구를 흉보면 그를 변호하고, 그동안 몰랐던 것을 새로 알게 되었다고 해서 돌아서지 않으며, 혼자서 풀기 어려운 일을 만나면 자기 일처럼 나서서 도와주고, 잘못을 저지르면 그 앞에서 잘못된 것이라고 지적해줄 수 있는 사람이어야 하기 때문이다.

求友須在良 구우수재양
得良終相善 득량종상선
求友若非良 구우약비량
非良中道變 비량중도변
欲知求友心 욕지구우심
先把黃金煉 선파황금련

친구는 좋은 데서 구해야 하고
좋은 친구 얻으면 서로에게 좋지만
친구를 구하면서 좋지 못하면
그중에 반드시 탈이 생기네.
친구를 구하는 마음 알고 싶거든
황금 얻는 법부터 알아야 하네. (해제자 졸역)

당나라 시인 맹교孟郊가 구우求友, 즉 벗을 구하는 방법에 대해 읊은
것이다. 우정은 한 사람의 일생과 함께하는 것이다. 우정은 뜨거운 열정이
아니라 식지 않는 온정이며, 비 내린 뒤 잠시 나타났다 사라지는 무지개
같은 것이 아니라 불에 녹이든 물에 빠뜨리든 그 성질과 색깔이 변치
않는 순금과 같은 것이다.

탄탄할 수 없을 것 같거든 벗이 되지 말고, 벗이 되고 난 뒤에는 등을
보이지 말아야 한다. 친구는 친하기만 한 타인이 아니라 내 안에 깃들게
내가 허락한 '또 하나의 나'이기 때문이다.

347. [8-44]
자기 자신이 어떤 것을 좋아하지 않는 것이라면
다른 (사람)에게 항상 그것을 시키지 말아야 한다.
다른 (사람)이 조금이나마 (자신에게) 고통을 주었을 때
(자기) 자신에게 무슨 생각이 났던지 생각해보라.

불교 오계 중 첫 번째가 불살생不殺生, 즉 살아 있는 다른 생명을 죽이지
않는 것이다. 살아 있는 그 어떤 것도 자기 생명이 억지로 끊기는 것을
좋아할 리 없다. 살생은 자기는 좋아하지 않으면서 상대방에게는 그것을
강제하는 일, 즉 '나' 살자고 '너'를 죽이는 극단적인 짓이다. 그러므로
불살생의 계율은 자신이 싫어하는 일을 다른 사람에게 강요하지 말라는

가르침의 또 다른 표현이다.

'무엇이든지 남에게 대접을 받고자 하는 대로 너희도 남을 대접하라!'

기독교의 율법서와 예언서에 나오는 가르침 중에 으뜸으로 여기는 예수의 이 말은 황금률이라고도 불리지만 그렇다고 기독교만의 전유물은 아니다. 현세적 가치관을 중요시하는 중국에서도 공자 같은 성현이 나와 '자기가 하고 싶지 않은 것을 다른 사람에게 시키지 말라[其所不欲 기소불욕 勿施於人 물시어인]'고 가르쳤기 때문이다.

그럼에도 불구하고 부모라는 이름으로 자식을 훈육하는 데서도, 교사가 학생을 가르치는 데서도, 선임자가 후임자를 훈련시키는 데서도, 가진 자가 못 가진 자를 부리는 데서도 자기가 하기 싫었던 일을 다른 사람에게 시키는 일이 그치지 않는다. 당할 때는 참아내고 당한 뒤에는 되갚지 않는 것, 그것이 내 그릇의 크기를 두 배 세 배로 키우는 일이다.

사람의 마음을 움직이는 것은 뒷짐을 지고 서서 우쭐대며 시키는 게 아니라 내가 먼저 앞장서서 해 보이는 것이다.

348. [8-45]
누구든 자기 자신이 좋아하는 일이 무엇이든지 간에
바로 그것을 다른 사람에게 적용하면
다른 (사람)은 자신이 좋아하는 일이 무엇이든지 간에
그의 방법을 존경하게 된다.

범부는 자기 위주로 생각하며 즐거운 것을 탐하고 괴로운 것을 피하려고 한다. 그러나 연기와 인과를 배우고 자리이타自利利他의 가르침을 받아들인 사람은 다른 사람을 이롭게 하는 것이 결과적으로 자신을 이롭게 하는 것을 안다.

바르고 큰 뜻을 품은 이의 삶의 자세란 역시 앞에 나오는 두 게송에서 말한 것들을 합해 사는 것, 즉 다른 사람이 싫어하는 일은 내가 먼저 하고 내가 하고 싶은 일은 다른 사람이 먼저 할 수 있게 양보하는 것이다.

오늘 좋은 씨를 뿌리면 내일 좋은 열매를 따게 될 것이고 오늘 나쁜 씨를 뿌리면 내일 나쁜 열매를 따게 될 것이다. 다른 사람을 위해 오늘 내가 해야 할 일과 하지 말아야 할 일이 무엇일까?

349. [8-46]
흉포한 자들과 친근하거나
다투는 것, (이) 둘을 현자는 피한다.
(흉포한 자들은) 원한을 품거나 친구가 되는 방법
(이) 둘을 구별하는 것을 할 수 없다.

호랑이는 백수의 왕이다. 그렇기 때문에 거칠 것 없이 행동한다. 사람 사는 세상에도 호랑이 같은 사람이 있다. 자리가 주는 힘을 가진 이, 모아둔 재산의 힘을 가진 이, 사람들의 복과 운을 틀어쥔 것처럼 말하고 행동하는 이, 그들은 대개 드러내지 않을 뿐 자신의 바람을 성취하기 위해 그들이 가진 힘을 사용하는 것에 주저하지 않는다. 이렇게 거칠고 사나운 사람들은 대체로 문제가 생겼을 때 그 이유와 해법을 생각하기보다 문제 자체만 보고 소리를 지르며 싸움을 벌인다.

제자 번지樊遲가 지知에 대해 묻자 공자는 '공경하되 멀리할 것[敬而遠之 경이원지]'이라고 답해주었다. 지혜로운 이는 공경하되 멀리할 줄 아는 사람이다. 이용하되 선용할 뿐 악용하는 데까지 나아가지 않고, 구성하되 한 성분이 모든 것이 되게 하지 않으며, 큰일을 도모하기 위하여 두루 모으되 차별하지 않는다.

지혜로운 사람은 거친 사람을 호랑이처럼 여긴다. 힘을 가졌다고 해서 가까이 두지도 않고 멀리 두지도 않는다. 가까이하면 조만간 다칠 날이 올 것이고, 멀리하면 적으로 삼는 날이 올 것을 알기 때문이다.

350. [8-47]

성자들에게 의지하고
현자들에게 묻고
천성이 좋은 자들과 친구가 되는 것
누구라도 (이 세 가지를) 갖춘 자는 항상 행복하다.

세 가지는 다시 둘로 요약된다. 즉 행복한 삶을 위해 갖춰야 할 스승과 벗이다. 스승은 바른 길을 바로 가게 이끌어주는 사람이고, 벗은 그 길을 함께 걸어가는 사람이다. 스승은 캄캄한 어둠 속에서 빛이 되어주는 존재이며, 벗은 길을 가다 지쳐 쓰러졌을 때 손을 잡아 일으켜주는 사람이다.

도반이 있으면 수행의 반은 완성된 것이냐고 묻는 아난에게 부처님께서 말씀하셨다.

"그렇지 않다. 좋은 벗이 있고 좋은 사람들에게 둘러싸여 있다는 것은 수행의 전부를 완성한 것과 다르지 않다."

'가는 사람 잡지 않고, 오는 사람 막지 않는다'는 말이 있다. '인연 없는 중생은 부처님도 구제하지 못한다'는 불가의 말이 변주된 것이라는 해석도 있지만 말이란 게 늘 그렇듯 어느 한쪽을 지나치게 강조하다 보면 아직 제 모습을 드러내지 못한 나머지 절반이 묻혀버리고 만다. 그래서 때로 인연을 강조하는 불법에 따라 살아야 한다는 뜻으로 하는 말이 방관자의 자기변명으로 폄하될 때도 있다. 그리고 그런 곡해의 결과 생사의 고해를 넘기 위해 수행하는 이들이 세상사에 무관심한 사람으로 전락해버리고, 문제 속에 뛰어들어 그것을 해결하며 담대한 삶을 살아가는 이들은 문제 있는 사람이 되어 버린다.

스승이야 부처님 한 분으로도 충분한 만큼 좋은 도반인지에 대해 스스로에게 물어보자. 나는 지금 누군가에게 좋은 도반으로 살고 있는가? 배운 대로 살지 못하는 도반에게 그리 살지 말라 타이르고, 조용조용 말로 해서 안되면 소리 높여 질책하고, 다시는 보지 않을 것처럼 돌아섰다가도 다시 찾아가 나를 봐서라도 그리 살지 말라고 눈물 흘리며 하소연하는, 나는 지금 누군가에게 놓쳐서는 안 될 것 같은 그런 도반으로 살고 있는가?

351. [8-48]
부적절할 때의 언급은
무슨 말이 되었든 그것에 대해서 모두가 업신여긴다.
말이 많다는 이유로
미쳤다고 추론하지 않겠는가?

들어서 솔깃한 말만 듣기 좋은 말이라고 하는 것은 아니다. 듣기 좋은 말이란 때와 장소를 잘 가려서 하는 말인 동시에 알아듣기에 모자라거나 넘치지 않게 하는 말이기도 하다. 부처님께서도 배우고 깨친 바를 세상 사람들에게 전하기 위해 떠나는 제자들에게 '처음도 좋고 중간도 좋고 끝도 좋으며 조리와 표현을 갖춘 법을 설하라'고 당부하셨다.

한 마디로도 충분한 말을 열 마디 백 마디로 늘여 말하고 백 마디 천 마디로 풀어서 들려줘야 할 말을 한 마디로 싹둑 잘라 말해버린다면, 아무리 좋은 말이라도 지루해서 듣지 않고 아무리 귀한 말이라도 알아듣지 못해 그 빛을 낼 수 없게 된다.

모든 음식의 오묘한 맛의 비법이 '적당한 양'으로 넣어주는 양념 속에 들어 있는 것처럼, 좋은 말이 되려면 때와 장소에 어울려야 하고 길이가 길지도 짧지도 않아야 하며, 내용이 모자라지도 넘치지도 않아야 한다. 말이란 말하는 사람을 드러내기 위해서가 아니라 듣는 사람이 알아듣게 하기 위해 사용하는 도구이기 때문이다.

352. [8-49]
약소한 자들은 자기 자신의
모든 말을 실수라고 생각한다.

그와 같이 이해하기 때문에 말이 없는
사람을 다른 사람보다 (더욱) 존경하기 쉽다.

弱者以爲自所說 약자이위자소설
一切皆會出差錯 일체개회출차착
了知此義不多言 요지차의부다언
彼者會受人尊敬 피자회수인존경

약자들은 자기가 한 말이
모두 잘못되었을 것이라고 생각한다.
이를 알고 말을 많이 하지 않는다면
사람들에게 존경을 받게 될 것이다.

사태를 제대로 알지도 못하면서 말을 함부로 하다가 변을 당하는 사람들이 있다. 잘하는 말과 잘 하는 말은 다르다. 잘하는 말이 수다스러운 말발이나 화려한 입담으로 늘어놓은 속 빈 말 등을 지칭하는 것이라면, 잘 하는 말은『도덕경』에서 '아주 잘하는 말은 어눌한 듯하다[大辯若訥 대변약눌]'고 한 것처럼 짧고 솜씨 있게 속이 꽉 찬 말을 하는 것을 가리킨다. 기름칠이라도 한 것처럼 빈 말을 매끄럽게 하는 사람은 마음이 실린 말로 듣는 이를 감동시키는 사람을 절대로 당해낼 수 없다.

게송에서 '그와 같이 이해하기 때문에'라고 한 대목은 말에 담긴 그와 같은 속성 때문에 '약소한 자들이' 말 많은 사람을 똑똑하다고 여기는 경우에 해당된다. 어찌되었든 생각 없이 뱉은 말로 변을 당하고 싶지 않거든 스스로를 약자라고 생각하여 말수를 줄여야 하고, 함부로 나서서 입으로 설치려고 하지 말아야 한다. 그래야만 사람들의 신임과 존경을 얻을 수 있다.

지혜롭지는 않더라도 최소한 구화口禍를 면하는 것에 이보다 더 나은 방책은 없다 생각하고, 나부터 먼저 그렇게 행할 수 있기를 바란다.

353. [8-50]
장소와 시간이 적절할 때
매우 주의를 기울인 뒤에 대답(할 때) 적게 말하라.
좋은 말善說이라도 많이 하게 되면
팔다 남은 물건처럼 팔리지 않는다.

시장에서 팔리는 물건처럼 말도 귀해져야 가치가 높아지게 마련이다.
"그 사람은 말은 많이 하는데 들을 만한 게 없어!"
"그 사람은 말이 없다가도 입만 열면 이치에 맞는 소리를 해!"
둘 가운데 어느 것이 바람직한 것인지는 새삼 언급할 필요도 없다. 잊지 말아야 할 것은 내가 하는 말이 내게 이롭기보다 듣는 사람에게 이로워야 한다는 것이다. '삼가고 조심하라'는 충고는 소심해지라는 뜻이 아니다. 왜냐하면 때와 장소가 알맞은데도 해야 할 말을 하지 않는 것을 두고 잘하는 일이라 할 수 없기 때문이다.
바른 말이라도 하기 전에 두 번 세 번 생각한 뒤에 입 밖으로 내는 것, 아무리 좋은 말이라도 듣는 사람을 생각해서 바꿔 말하고 다르게 말할 줄 아는 것, 그것이 이로움을 키우고 해로움을 줄여서 말하는 방법이다.

354. [8-51]
자신의 과실에 대해서는 현자들이라고 해도
(그) 과실을 이해하기 매우 어렵다.
많은 사람들이 자신에게 그것을 널리 알려주면
(그때서야 스스로) 과실이 있다고 추론한다.

애당초 전지全知나 전능全能 같은 말을 믿지 않았고, 한 점 흠 없이 전선全

善한 사람이 있다는 것을 '불가능'과 동급으로 여겼고, 흠 없는 사람보다 허물 잘 고치는 이를 큰 사람으로 보았으며, 자기가 가르치려고만 하는 사람보다 하나라도 더 배우려고 하는 이를 '된 사람'이라고 생각했다.

자고로 남을 알기는 쉬워도 자신을 알기는 어렵다고 했다. 스스로 자신에 대해 알기가 그렇게 어려운 일이라면 큰일을 꿈꾸는 사람일수록 자기 허물을 알아듣게 말해주는 사람을 곁에 둘 줄 알아야 한다. 귀에 설게 들리는 소리를 듣기 싫어하는 사람은 큰 인물이 되기 어렵다. 왜냐하면 그런 사람들은 듣기 좋은 칭찬과 아부만 일삼는 자들에게 둘러싸이기가 쉽기 때문이다.

현자는 허물이 없는 사람이 아니다. 현자는 허물이 생길 것을 조심하는 사람이고, 자신이 저지른 허물을 지적하는 소리에 귀 기울이는 사람이며, 허물인 것을 알고 나서는 고치기를 주저하지 않는 사람이기 때문이다.

355. [8-52]

알고서도 그 (잘못된) 일을 없애지 않으면
그 사람은 악귀에 물든 자이다.
지금 당장 대치對治하지 못하면
'사람이다'는 생각을 마음속에 품지도 마라.

종자 따라 열매가 달라지는 것은 분명하지만 그렇다고 종자가 같다는 것 한 가지 이유만으로 똑같은 열매를 맺을 수 있는 것은 아니다. 업業이 씨앗인 것은 맞지만 그것이 숙명을 뜻하는 것은 아니고, 업이 삶의 바탕이 되는 것은 맞지만 어제의 업이 오늘과 내일의 삶을 모두 결정해버리는 것도 아니다.

잘 달리는 사람으로 태어나서 잘 달리는 사람도 있고, 잘 달리지 못하던 이가 잘 달리게 되는 경우도 있다. 열심히 노력하면 음치가 반주에 맞춰 노래를 부를 수 있게 되기도 하고, 몸치가 음악에 맞춰 춤을 출 수 있게 바뀌기도 하는 것처럼, 사람은 배우고 익힌 것을 자기 것으로 만들어가며 새로운 삶을 살아가는 존재다.

'사람은 절대로 바뀌지 않는다!'

일견 고개를 끄덕이게 하는 말이기는 하지만 사실은 무지하고 폭력적인 말이다. 자기 자신에게 그렇게 말한다면 자기 자신을 사랑하지 않는 것이고, 남에게 그런 말을 한다면 저주를 퍼붓는 것이나 마찬가지다.

불법을 배운 사람이라면 잘못했을 때 '내가 뭘 할 수 있겠어!'라는 자조 대신에 '이번에는 내가 잘못했지만 바뀔 수 있어!'라고 하면서 자신을 추슬러야 한다. 또 자신을 아끼고 사랑하는 이들이 잘못했을 때, '네 복에 무슨'이라고 하면서 비아냥거리기보다 '이번에는 네가 잘못했지만 바뀔 수 있어!'라는 말로 격려해줄 수 있어야 한다. 바뀔 수 있어서 사람이지 달리 사람이겠는가!

356. [8-53]

조금이나마 생각이 있는 자들은
그 과실을 관찰하여 버려야 한다.
그런 식으로 대치법을 수행하는
그 사람은 점점 더 (고양되어) 간다.

불교를 만난 지 얼마 되지 않았다는 이가 쓴 책을 읽었다. 세간에서 쌓은 꿀릴 것 없이 화려한 경력으로 인한 자신감 때문이었는지 그는 자신이 이해하지 못한 불법의 이치가 마치 잘못된 가르침에서 비롯된 것처럼 강변하고 있었다. '나我'라는 게 없다고 하면서 '참나眞我'를 찾는 노력을 그치지 말아야 한다고 말하는 것은 잘못이라는 식이었다.

그는 불교가 가진 진짜 힘, 즉 '나라는 게 없어서 변화할 수 있고, 변화할 수 있어서 바라는 것을 이룰 수 있다'는 것에 대해 모르는 것 같았다. 가난한 부모에게서 태어났지만 '가난한 집 자식'이라는 '나'가 없어서 부자가 될 수 있고, 살인자의 아들로 세상에 나왔어도 '사람 죽인 사람의 자식'이라는 '나'가 없어서 세상을 구원하는 이가 될 수 있으며, 부자의 아들로 태어났지만 '부잣집 자식'이란 '나'가 없어서 빈털터리가 될 수도 있다. 어떤 모습으로 시작하든 상관없다. 깨달음을 성취하고자 하는 바람도 무상하고 무아이기 때문에 가능한 일이다.

'오늘을 어찌 살아 어떤 내일을 만들 것인가?'

중요한 것은 오직 이것 하나다. 우리는 모두 변할 수 있고 변할 수밖에 없는 존재다. 잘 살아 보겠다고 마음먹으면 잘 살게 되고 막된 삶을 살겠다고 마음먹으면 결국 그런 사람으로 살게 될 것인데, 여전히 변하지 않는 '나'라는 게 있다고 믿고 싶은가?

357. [8-54]

지혜를 갖춘 자이거나 자비를 갖춘 자이거나
명령을 듣는 자이거나 영웅이라도
다른 사람의 (좋은) 행실을 알지 못하면
그와 같은 것들을 (본받아) 행하여 (자신을) 보호해라.

지혜로운 사람과 인자한 사람, 상냥한 사람과 용감한 사람 각각은 자신의 품성에 어울리는 분야에서는 충분한 능력과 재능을 발휘할 수 있다. 그러나 지혜로운 사람은 인자한 사람만큼 인자한 것에 대해 알지 못하고, 상냥한 사람은 용감한 사람의 모험심과 도전적인 행동을 쉽게 따라 할 수 없다. 따라서 자기가 갖지 못한 부분을 채우려고 노력하지 않는다면 자기가 가진 장점마저 충분히 발휘할 수 없는 경우가 생길 수도 있다.

군중에서 작전을 운용하여 천 리 밖에서 승리를 거두는 것은 내가 장량보다 못하다. 국가를 다스리고 백성을 위무하고 전장에서 식량 보급로를 확보하는 것은 내가 소하보다 못하다. 병력을 지휘하여 전쟁을 승리로 이끌거나 공격하면 반드시 취하는 것은 내가 한신보다 못하다. 이 세 사람은 모두 걸출한 인재들이다. 그러나 나는 그들을 쓸 수 있었고 그것이 내가 천하를 얻은 원인이었다.

－왕리췬王立群, 『항우강의項羽講義』, 김영사(2012) 중에서

한나라를 세운 유방이 초패왕 항우를 꺾고 천하통일의 대업을 이룬 뒤에 신하들에게 한 말이다. 큰일을 하는 사람은 무언가 한 가지 분야에서 특별히 뛰어난 사람을 뜻하지 않는다. 잘 듣고 잘 활용하고 상과 벌을 잘 내리는 세 가지를 잘해야 사람을 부리는 자리에 오를 수 있다는 뜻이다.

많은 것을 알아도 여전히 모르는 것이 더 많고, 여러 사람의 재능과 열정이 더해져야 비로소 큰일이 이루어진다. 큰일을 꿈꾸거나 도모하는 사람이라면 자만보다 무서운 것이 없고 겸손보다 바람직한 것이 없다는 것을 알아야 한다.

358. [8-55]

난폭한 자와의 관계가
오랫동안 친근했어도 포기하면 행복하다.
'항상 흔들리는 치아는 보기 좋아도
뽑으면 행복하다'고 노인들이 말하듯이.

우리 몸에서 어느 것 하나 귀하지 않은 것이 있을까마는 사는 동안 치아 서른두 개를 탈 없이 간수해내기란 보통 어려운 일이 아니다. 원래는 들어 있지도 않은 '건강한 치아'를 다섯 가지 복에 넣어 말할 정도이니 튼튼한 치아에 대한 사람들의 바람을 능히 짐작할 수 있다. 그러나 치료가 불가능한 치아가 생기면 다른 치아를 지키기 위해서라도 문제가 된 치아를 뽑아야 한다.

누구나 다양한 종류의 인연을 맺으며 산다. 좋게 만나 좋게 이어지는

인연이 있고, 나쁘게 만났지만 좋아지는 인연이 있고, 좋게 만나고도 나쁘게 변해버리는 인연이 있는가 하면 나쁘게 만나 끝내 좋아지지 못하는 인연도 있다.

인연도 치아와 다를 게 없다. 인연이란 이름의 모든 만남이 다 귀하기만 한 것은 아니다. 인연에도 건강한 치아처럼 더욱 귀하게 지켜야 할 인연이 있는 반면에 앓는 이를 뽑아내는 것처럼 더는 이어지지 않게 끊어야 하는 인연도 있다.

그러나 여기에도 전제가 있다. 무엇보다 먼저 자신이 바른 삶에 대한 의지를 갖추고 있어야 하는 것이다. 그런 뒤에야 비로소 자신을 위하고 주변을 위하고 나아가 세상을 위하는 일을 할 수 있기 때문이다.

359. [8-56]
항상 원한을 품고 있는 자가 주위에서 (얼쩡거리면)
조금이나마 상관 (있는 것을) 주고 내쫓아라.
뱀에게 물린 손가락을
자를 수 없으면 목숨이 떨어진다.

맹독을 지닌 뱀에게 팔이나 다리를 물려 생명이 위험해지면 뱀에게 물린 팔이나 다리를 잘라내야 할 때가 있다. 목숨은 한쪽 팔이나 다리를 버려서라도 지켜야 할 만큼 소중하기 때문이다.

자연계에는 무수히 많은 종류의 생명체가 있고 그들은 때로는 긴밀하게 때로는 무관하게 연계되어 살아간다. 때로는 협조자가 되기도 하고 때로는 경쟁자가 되기도 하며, 어떤 때는 단 한 번의 우연한 만남이 한쪽 또는 서로에게 다시없는 행운이 되기도 하고 때로는 치명적인 결과를 안겨주기도 한다.

사람들이 모여 사는 곳도 마찬가지다. 좋은 사람들만 모여 사는 세상이 있을 수도 없고, 반대로 나쁜 사람들만 한 덩어리가 되어 살아가는 세상도 없다. 그러나 어디서든 통용되는 한 가지 법칙이 있다. 누구도 자기에게 해가 될 것 같은 사람과 가깝게 지내기를 바라지 않으며, 그러한 법칙은 개인에게든 조직에게든 예외 없이 적용된다.

목숨을 살리기 위해 독을 가진 뱀에게 물린 팔이나 다리를 잘라내는 것처럼, 어디서든 사람들의 화합을 깨트리고 다툼을 만들어내는 사람은 내침을 당하게 된다. 잘라내는 팔이나 다리에 대한 안타까움이 없지 않은 것처럼 사람도 미워서만 그런 것은 아니다. 하나를 버려서라도 다중을 지켜내야 하기 때문이다.

360. [8-57]
만약 위대한 것을 얻고자 한다면
다른 자그만 것에 대한 인색함을 버려라.
소국小國들을 다스리기 위해 모으려면
재물을 인색하게 써서 어찌하겠는가?

당나라 현종 때 바둑의 명수 왕적신王積薪이 지었다는 「위기십결圍棋十訣」 은 바둑을 둘 때 승리를 거두기 위한 열 가지 비책에 대해 기술한 것인데, 그중에 세 가지가 바둑돌을 버리는 것에 대한 지침이다.

첫 번째 기자쟁선棄子爭先은 '돌을 버려서라도 선수로 주도권을 행사하라'는 것이고, 두 번째 사소취대捨小取大는 '작은 것을 버리고 큰 것을 취하라'는 것이며, 세 번째 봉위수기逢危須棄는 '가망 없는 것은 붙잡아두지 말고 과감히 버리라'는 것이다.

이기기 위한 비결을 말하면서 버리는 것을 세 가지나 적고 있는 것은 일을 도모하는 데 있어서 탐욕과 집착보다 더한 과실이 없다는 것을 상징적으로 보여주는 좋은 예라 하겠다. 특히 두 번째 '작은 것을 버려 큰 것을 취하라'는 사소취대는 '작은 것을 탐하다가 큰 것을 잃는다'는 소탐대실小貪大失과 짝을 이뤄 큰일을 이루려는 이들에게 무엇보다 귀한 경계의 가르침이라 하지 않을 수 없다.

千里修書只爲墻 천리수서지위장
讓他三尺有何妨 양타삼척유하방
長城萬里今猶在 장성만리금유제
不見當年秦始皇 불견당년진시황

담장 때문에 만 리 밖으로 편지 쓰다니
석 자쯤 남에게 양보해도 탈 없잖소
만 리나 되는 장성 지금도 남아있지만
그날의 진시황제는 볼 수 없다오. (해제자 졸역)

청나라 때 재상을 지낸 장영張英이란 사람이 지은 「천리수서지위장千里修書只爲墻」이란 시는 그의 고향집에서 이웃과 벌어진 시비가 발단이 되어 지은 것으로 사연인즉 이렇다.

장영의 고향집과 이웃집 사이에 좁은 공간이 있었다. 그런데 이웃집에서 담장을 새로 쌓으면서 장영네 집 쪽으로 몇 자 정도 먹어 들어오는 일이 생겼다. 그러자 장영의 친척들은 고위층의 힘을 빌어볼 요량으로 도성에 있는 그에게 도움을 요청하는 편지를 보냈고, 편지를 받고 사정을 알게 된 장연은 답장 속에 저 시를 적어 보냈다.

편지를 읽고 크게 깨우친 고향집 사람들은 나중에 오히려 자기네 집 쪽으로 석 자 정도 들어오게 담을 쌓았고, 그것을 본 이웃에서도 이미 쌓은 담장을 허문 뒤에 역시 자기네 집 쪽으로 석 자를 물러나 새로 담장을 쌓았다. 이렇게 해서 두 집 사이에 전에 없던 새 길이 생겨났는데 마을 사람들은 그 길에 '육척항六尺巷[여섯 자 골목]'이라는 이름을 붙여주었다.

굳이 종교적 가르침을 거론하지 않더라도 탐욕과 인색을 권장하거나 긍정하는 사회는 없을 것인데, 하물며 큰일을 하겠다는 사람들에게 사소한 것에 대한 욕심과 집착이 어찌 어울릴 짓이겠는가!

361. [8-58]

현자가 재물을 모으기 원하면
그 일부를 보시하는 것이 보호하는 것의 최상이다.
우물의 물을 많이 얻기 원하면
바로 퍼내는 것이라는 게 그 충고이다.

　현명한 사람은 재물을 가볍게 여길 줄 안다. 재물이 우리 삶에 없어서는
안 될 것을 아는 동시에 그것에 얽매이는 순간 삶이 어그러진다는 것
또한 알기 때문이다. 현자가 재물을 모으는 까닭은 모아두기 위해서가
아니라 쓰임에 맞게 사용하기 위해서다. 말하자면 현자는 재물의 순환을
원활하게 할 줄 아는 사람인 것이다.
　재물을 쌓아두기만 하는 사람은 현명하다는 소리를 들을 수 없다. 그들
은 자기 주머니에 들어온 재물이 오랫동안 자기 수중에 머물기만 바란다.
어리석은 이들은 작은 것을 지키려고 하다가 그것마저 잃고, 지혜로운
이들은 나눌 것을 나눈 뒤에 빈자리를 채운다. 맑은 물이 쉼 없이 솟아나게
하려면 긷는 일을 거르거나 멈추지 않아야 한다. 고인 물은 언젠가 썩게
마련이고 물이 썩으면 우물을 찾는 사람의 발길이 끊어져 버린다.
　몰라서 어려운 일을 당하는 게 아니다. 크든 작든 재앙은 알면서도 실천
하지 않는 것에서부터 시작되는 법이다.

362. [8-59]

어떤 자가 삼원만을 원하면
그는 안배按排를 많이 해야 한다.
방일放逸이 고통의 원인임을 안다면
삼원만의 희망을 (위해 이를) 버려라.

일은 사람을 규정하는 척도다. 도둑은 남의 물건을 훔쳐서 살아가는 사람이라 욕을 먹고, 경찰은 그런 도둑을 잡아내는 사람이라 수고를 인정받는다. 마찬가지로 의사는 아픈 사람을 고쳐서 신뢰를 얻고, 스승은 어린 묘목을 동량으로 쓰일 큰 나무로 키워내 존경을 받으며, 종교인은 사람들이 바른 삶을 살도록 이끌어줌으로써 공경을 받는다.

그러나 도둑을 잡아야 할 경찰이 도둑과 한패가 되면 옷을 벗어야 하고, 사람 살리는 일보다 돈 버는 일에 더 열심인 의사는 신뢰를 잃어버리게 되고, 단지 가르치는 기술 하나만 뛰어난 교사는 학생들에게 존경을 받지 못하며, 자기조차 바른 삶을 살아내지 못하는 종교인은 공경은커녕 손가락질을 받게 되고 만다.

고요한 곳에서만 고요할 수 있는 것은 수행자답지 못하다. 제대로 된 수행자라면 시끄러운 곳에서도 고요한 마음을 유지할 수 있어야 한다. 고요한 곳을 찾아 마음을 고요하게 하는 것은 그곳에서 눌러 살기 위해서가 아니라 시끄러운 세상 속에서도 튼튼해진 고요한 마음을 지킬 능력을 키우기 위해서다.

세월 가는 게 흐르는 물 같다고도 하고 날아가는 화살 같다고도 한다. 백 년도 못 되는 삶을 살면서 자기 한 몸과 한 가족을 위해 살아야 하는 속세의 사람들도 온갖 어려움을 겪어가며 하루하루를 살아낸다. 하물며 자기 한 몸의 중대사는 물론 괴로움의 바다에서 허우적대는 중생의 지난한 삶을 구제하겠다는 큰 발원을 세운 사람이 귀한 시간을 허투루 소비할 수는 없는 일이다.

'내가 농사를 짓는 것처럼 당신도 스스로 농사를 지어 당신의 양식을 마련하라'고 말하는 농부에게 부처님께서 말씀하신 것처럼, 수행자라면 마땅히 '믿음을 종자로 삼고 고행을 단비로 삼고 참괴慚愧와 사유를 괭이와 줄로 삼는 농사'를 지어야 한다. 그리고 그렇게 해서 생긴 자비와 복덕으로 애초에 서원한 것과 같이 괴로움에서 허덕이는 중생을 구제할 수 있어야 한다.

경찰과 의사와 교사가 그러하듯 수행자 역시 수행자가 된 것만으로 수행자로서의 삶이 완성되는 것은 아니다. '증證'은 단지 혼자서라도 바라던 일을 할 수 있다는 것을 알려주는 종잇조각일 뿐이다.

363. [8-60]
무슨 일이든 성공하려면
과실과 공덕 이 한 쌍雙을 생각하라.
이 둘이 비슷하여 포기할 필요가 있다면
과실 부분이 큼을 말하는 것이 무슨 필요가 있으랴!

경제적 논리로 따져 봐도 이론異論의 여지가 없는 말이다.

무슨 일을 하든지 먼저 그 공덕과 과실을 함께 살펴야 하고, 과실이 공덕보다 더 큰 일이라면 망설일 필요 없이 그만두어야 한다. 잇속을 따져 행동하는 시장에서도 이익과 손해의 가능성이 반반인 일은 잘 하지 않는다. 하물며 좋은 일 하겠다고 나선 사람들이 좋은 일을 놔두고 욕먹을 일을 하는 것은 답이 아니다.

'공인公人'으로 불리는 사람일수록 일거수일투족이 대중의 시선에서 자유로울 수 없다는 것을 알아야 한다. 신망이나 공경은 까닭 없이 생겨나지 않으며 삿된 이유로 생겨난 것들은 사막에서 보는 신기루처럼 한순간에 사라져 버린다.

'청정'이라는 말은 꾸미기 위해 쓰는 말이 아니다. 승가는 청정한 삶을 통해서만 세상으로부터 공양과 공경의 대상이 될 수 있다. 승가의 일원으로 부처님 제자가 되었다는 것은 바른 가르침에 따라 맑고 향기롭게 살겠다고 다짐한 것이고, 배우고 익히고 깨달은 것으로 괴로움 속에 살아가는 사람들을 구제하겠다고 맹서한 것이다. 마땅히 행동과 말과 생각이 자기 다짐과 맹서에 어울리는 일인가 살피고 또 살피며 살아야 한다.

좋다고 말하는 사람이 반이나 된다고 말하기 전에 나쁘다고 말할 사람이 반이나 된다는 것을 함께 살필 수 있어야 한다. 크게 이로운 큰일도 미처 다 해내지 못하는 판에 허물이 반이나 되는 일에 정력을 낭비할 까닭이 무엇이겠으며, 공덕보다 과실이 더 큰 일에 마음을 빼앗길 이유가 또 무엇이겠는가!

364. [8-61]

정직한 학자를 헌신적으로 의지하고
교활한 학자를 안다면 주의해라.
우매하지만 정직한 자는 사랑으로 보호하고
우매하고 교활한 자는 빨리 포기해라.

높은 배움을 추앙하는 우리 사회에서 배운 사람이라는 뜻을 가진 '학자' 앞에 '바르고 곧은'이라는 뜻의 '정직'을 붙여 놓고, 그래야 비로소 공경하고 의지할 수 있다고 말하는 것은 배움이 곧 인격의 완성을 보장하지 못한다는 명확한 반증이다.

오래전에 '대통령을 시험으로 뽑는다면 그 자리는 아마도 자기 차지가 될 것'이라고 말하는 정객들이 있었다. 그들은 하나같이 살아오는 동안 시험이라는 것에서 실패해본 적이 없는 이들이었다. 그러나 그렇게 말한 사람 중에 어느 누구도 대통령이 되는 바람을 이루지는 못했다. 시험에서 다루는 지식의 양은 대통령에게 필요한 필수불가결한 요소가 아니었기 때문이다.

같은 배움의 과정을 거치고도 향기로 사람들을 젖게 하여 믿음을 주는 사람이 있는 반면에, 배운 것으로 다른 사람의 어려움을 이용하여 자신의 이익을 채우는 사람이 있고, 알아듣는 것은 늦어도 바른 길을 벗어나지 않는 사람이 있는가 하면 알아듣는 것과 잇속 계산에 모두 밝아 자기에게 이로운 것만 챙기는 사람도 있다.

설익은 밥을 먹으면 누구라도 탈이 나게 마련이다. 밥도 뜸을 들여야 제대로 된 맛이 나는 것처럼 배웠다는 것 한 가지만으로 사람의 격이 완성되지는 않는다. 같은 학교 같은 스승 밑에서 같은 것을 배우고도 누구는 악취를 풍기면서 살아가고, 또 누구는 꽃보다 더한 향기로 이웃까지 행복하게 해주며 산다. 그것이 어찌 학교와 스승의 덕이라거나 탓이기만 하겠으며, 그런 사람들 곁에서 잘 되고 못 되는 것이 어떻게 나와 상관없이 이뤄지는 것일 수 있겠는가!

365. [8-62]

재물과 하인이 없어도
지혜로운 친구가 있으면
짐승이라도 (원하는) 일을 성공하니
사람이라는 중생에 대해서 말하는 것이 무엇 때문에 필요하랴!

힘은 더 큰 힘을 만나면 무릎을 꿇고 돈은 더 많은 돈 앞에서 기세가 꺾인다. 그러나 힘없고 돈 없이도 그 둘을 이길 수 있는 방법이 있다. 자신이 갖지 못한 돈과 힘 대신 지혜를 갖춘 친구를 갖는 것이다. 지혜로운 사람은 힘이나 돈을 쓰지 않고도 그것을 가진 사람들보다 더 큰 힘으로 일을 이루는 이들이기 때문이다.

까치가 사는 곳에 오랫동안 비가 내리지 않아 땅이 갈라질 정도로 가뭄이 들었다. 말라가는 웅덩이를 찾아다니며 겨우 목을 적시던 까치들이 작은 웅덩이마저 말라버린 마른 땅을 바라보며 목말라하던 어느 날, 풀 속에서 반짝이는 목이 긴 병 한 개를 발견했다.
까치들이 날아가 보았더니 병 속에 물이 들어 있기는 했지만 부리로는 닿을 수 없을 만큼 물의 양이 적었다. 그렇다고 병을 눕혀 메마른 땅에 물을 흘릴 수도 없었다. 뜨거운 햇볕 아래 입맛만 다시고 있을 때 어린 까치 한 마리가 물병 앞으로 나서서 말했다.

"작은 돌멩이를 물어다 병 속에 넣어보세요.

까치들이 그 말을 듣고 주변에 있는 병목보다 작은 돌멩이를 물어다 병 속에 넣었다. 그러자 어린 까치가 말한 대로 병 속에 있던 수면이 조금씩 높아지더니 마침내 까치들이 병 속으로 부리를 집어넣어 물을 마실 수 있게 되었다.

―『지혜로운 동물 이야기』, 태동출판사(2009) 중에서

이솝우화에 나오는 지혜로운 까치의 이야기다. 짐승도 벗과 동족을 도와 어려움에서 벗어날 수 있게 하는데 짐승보다 훨씬 다양한 소통 수단을 갖고 있는 사람이 이웃을 도와 더불어 잘 사는 일은 새삼스러울 수도 지나칠 수도 없는 일이다.

366. [8-63]
어떤 자에게라도 아는 일을 맡겨라.
할 수 없는 자에게 어떤 것이든 부탁하지 마라.
물에 마차가 달릴 수 없고
들에 배가 어찌 달리겠는가!

'인사가 만사'라는 말은 조직의 대소를 떠나 통용된다. 이 말을 인사와 관련하여 사용하는 또 하나의 중요한 말 '적재적소適材適所'와 합해 보면 '인사가 곧 만사이니 알맞은 인재를 알맞은 곳에 써야 한다'가 된다.

잘할 수 있는 사람을 자기 사람이 아니라는 이유로 쓰지 않는 지도자는 실패하기 쉽다. 왜냐하면 그런 사람 밑에서 일하는 사람들이 높은 사람을 닮지 않을 수 없기 때문이다. 작은 구조가 전체 구조와 비슷한 형태로 끝없이 되풀이 되는 '프랙탈fractal'은 비단 생물조직에서만 볼 수 있는 현상이 아니다.

성공한 장長을 꿈꾸는 이라면 인사만사와 적재적소라는 인재 활용의 두 토대뿐만 아니라 자기 자신이 조직의 모범이 되어야 한다는 것을 잊지 말아야 한다. 그러지 않으면서 성공한 지도가가 되기를 바란다면 그것은 마치 마차를 타고 물 위를 달리거나 배를 타고 들판을 달리기를 바라는 것과 다를 게 없다.

367. [8-64]

오랜 시간 동안 해를 가한 적과는
친해지지 않을 뿐만 아니라 (아예) 섞이지 말아야 한다.
매우 (오랫동안) 끓인 물이더라도
불과 만나면 죽지 않더냐?

원한이 풀리지 않은 채 화해에 이를 수는 없다. 그렇다고 화해가 용서를 전제로 해서만 이뤄지는 것도 아니다. 원한과 복수가 상대적으로 만들어지는 것인 데다가 특히 화해는 어느 한쪽의 일방적인 뜻에 따라 이뤄질 수 있는 일이 아니기 때문이다.

와신상담臥薪嘗膽이란 말은 오나라 왕 합려의 아들 부차夫差가 장작더미 위에서 잠을 자며臥薪 아비를 죽인 원수에 대한 복수를 다짐한 것과, 그런 부차와의 싸움에서 패한 월나라 왕 구천句踐이 쓰디쓴 쓸개를 핥아가며嘗膽 복수를 다짐하다가 스무 해가 지난 뒤에야 마침내 그 뜻을 이룬 고사로부터 유래되었다.

원한을 품고 복수를 꿈꾸며 사는 동안 부차와 구천 모두 겉으로는 원수에게 철저히 복종하는 태도를 보이면서도 어느 한순간 용서를 마음속에 담아두려 하지 않았고, 처지가 바뀌어 상대방이 원한을 품고 복수를 꿈꾸고 있을 때도 자기 마음속에 참회를 담아보려고 하지 않았다.

복수라는 본심을 감춘 채 겉으로 드러내 보이는 패자의 웃음과, 패자의 비굴한 웃음 속에 감춰진 서슬 퍼런 복수의 칼날을 알아보지 못한 채

거들먹거리는 어리석은 승자의 웃음은 본질적으로 다른 것이다.

불 위에서 끓는 물이 뜨거운 것은 불과 다르지 않지만, 아무리 뜨거운 물이라 하더라도 불을 만나면 결국에는 불을 꺼버리고 만다. 물 또한 불을 만나면 형체를 달리하며 사라지고 만다. 다른 사람에게 해로운 짓을 하지 않는 것도 중요하지만, 그런 의도를 가진 사람을 경계하는 것 또한 못지않게 중요하다. 닮아 보여도 다른 것은 다른 것, 끝끝내 하나가 될 수 없다면 처음부터 어울리지 않는 것이 제일 좋은 방법이다.

368. [8-65]

좋은 천성과 부끄러움慚愧이 있으면
적이라도 진심으로 믿기에 적당하다.
좋은 천성을 가진 적에게 피신하여
목숨이 끝날 때까지 보호받았다고 들었다.[4]

세 돌을 눈앞에 둔 손자도 부끄러운 것을 알아 화장실로 들어갈 때는 문을 닫는다. 누가 시켜서 그러는 게 아니라 스스로 알아서 그렇게 하는 것이다.

부끄러움은 타인의 시선을 의식해서도 생기고 자신의 기대에 미치지 못했다고 여길 때도 생긴다. 후안무치厚顔無恥, 즉 '부끄러움을 모를 만큼 얼굴이 두껍다'는 말은 다른 사람이 보는 것 따위는 상관하지 않는 사람 또는 자기 자신의 잘잘못을 살펴보지 않는 사람을 두고 쓰는 말이다. 그러고 보면 부끄러움을 안다는 것은 한 사람의 사람다움에 대한 척도일 뿐만 아니라 사람과 짐승을 구분하는 조건도 되는 셈이다.

"타종교에서는 성직자의 비리를 자기 일처럼 감춰주는데 불교계에서는

----

4   이 이야기는【한역본】에서 의역한 것처럼 신들과 아수라非天의 싸움에서 패한 아수라 까르마Karma에 대한 이야기인데【주석서】와【한역본】에 그 내용이 실려 있다.

일부 수행자의 잘못을 까발리지 못해 요란을 피우고 있다."

불자들이 모인 어느 공개석상에서 한 불자가 했던 말이다. 외호外護를 말하고 싶었던 것일 테다. 하지만 계를 범한 수행자가 있다면 먼저 참회하게 하는 것이 맞다. 참회한 후에 청정한 수행자로 거듭날 수 있게 도와준다면 모를까 이미 자행된 부끄러운 짓을 없었던 것처럼 감추려고 한다면 외호는커녕 파계를 방조하거나 조장하는 또 다른 악행이 될 뿐이다. 파계하는 수행자가 생기지 않게 미리 보호해야 하고 파계한 수행자가 있다면 드러내 참회할 기회를 갖게 해야 한다. 부끄러운 것을 알아 다시는 같은 잘못을 저지르지 않게 하는 것, 그것이야말로 우리 편이 아니라고 생각했던 사람들까지 우리가 가는 길이 바른 길인 것을 알게 하는 행위다.

부끄러운 것이 무엇인지도 모르는 같은 편에게 의지하기보다 부끄러운 줄 아는 상대편에게 한 수 가르침을 받는 게 낫다. 늦지 않았다. 이제라도 '우리는 한편'이라는 말에 매여 살아온 지난 세월의 허물들을 참회하는 마음으로 돌아봐야 할 것이다.

369. [8-66]

'(나) 자신에게는 악한 마음이 없다'는 말을 하는
모든 다른 쪽을 믿지 마라.
초식동물들이 항상 좋은 마음을 (지니고 있어)도
육식동물들은 (그들을) 먹이로 생각한다.

불교계 한 모임에서 간디와 성철 스님에 대해 토론하는 것을 들었다. 사회개혁을 꿈꾸며 운동가로서의 삶을 살았던 간디와 세속을 멀리 떠나 수행자로서의 삶에 충실했던 성철 스님을 비교하는 것이 '올바른 삶'을 논하는 자리에서 적절한 예인가는 차치하고라도, 이야기를 하는 사람은 물론 듣는 사람들까지 '둘 중 누구의 삶이 이 시대에 더 바람직한가?'에 대해 말하는 것이 여간 불편하지 않았다.

수행자들의 사회 참여에 대한 목소리가 높다는 말을 수행하는 이들이 산을 떠나 세속에 있어야 한다는 말로 곡해해서는 안 된다. 수행자는 세속에서 살아가는 사람들이 올곧은 삶의 모습을 본받을 수 있을 정도의 거리만 지키면 된다. 세속의 삶이 어그러지는 것은 수행자의 가르침이 잘못되어 그런 것이 아니라 가르침을 잘못 받아들이거나 배운 것을 실행하며 살아갈 마음을 내지 않아 그렇다. 이를테면 '배우고 있는 것이 바른가? 바르게 배우고 있는가? 배운 것을 잘 새겨 살고 있는가?'라고 때맞춰 살피지 않는다면 바른 삶을 살 수가 없는 것이다.

사슴이 사자의 먹이가 될 수는 있지만 사자의 먹이가 되기 위해 세상에 태어나는 것은 아니다. 풀을 먹고 살 수밖에 없는 사슴으로 태어나도 귀 밝고 발 빠른 놈은 새끼를 낳고 기르며 한 생을 잘 살아낼 수 있다. 사자 또한 힘껏 달리지 않으면 한 끼도 챙겨 먹을 수 없는데 삶이 어찌 사슴에게만 가혹하다고 할 수 있겠는가?

370. [8-67]

어리석은 자가 잘못된 길을 가면
어리석은 자의 본성이라고 이해할 수 있다.
현자가 잘못된 길을 가면
다른 원인이 (있는지) 관찰할 필요가 있다.

무아無我라고 했으니 고정된 '나'라는 것이 없고, 무상無常이라고 하였으니 변화하지 않는 것이란 없다. 그러므로 좋은 것이 언제나 좋은 것으로 있을 수 없고 반대로 나쁜 것이 언제나 나쁜 것으로 있을 수도 없다.

게송도 읽는 이의 관점에 따라 다르게 읽힐 수 있다. 하나는 지혜로운 이의 편에 서서 지혜로운 이의 모습을 생각하며 읽을 수도, 다른 하나는 어리석은 이가 지혜롭게 변화하는 모습을 상상하며 읽을 수도 있을 테니 말이다.

지혜로운 이의 편에 서서 게송을 읽는 사람은 지혜로운 이에게서 보이는 잘못된 행위에 대해 그런 행위를 하게 된 연유를 살펴볼 필요가 있다는 뜻으로 읽을 것이고, 어리석은 이의 잘못된 행동을 안쓰럽게 여기며 게송을 읽는 사람은 어리석은 이가 잘못된 길을 가더라도 바른 길로 갈 수 있게 하라는 뜻으로 읽을 것이다. 그 말은 곧 어리석은 이가 어리석은 일만을 저지르며 산다 할 수 없고, 지혜로운 이가 지혜롭게만 산다고 할 수 없는 게 바로 우리네 삶이라는 뜻이다. 달리 말해 무상과 무아의 바탕 위에서 지혜의 눈으로 두루 보는 안목을 갖출 수 있어야 한다는 뜻도 된다.

관찰, 즉 살핌으로 돌아와 말을 잇지 않을 수 없다. 타성에 젖지 않고 바깥의 경계를 살핀다는 것은 순간순간 깨어 있는 것을 말하고, 깨어 있는 동안에는 누구라도 지혜로운 답을 얻을 수 있다.

371. [8-68]

현자는 재물이 풍족한 곳에 안주한다.
(그러면 다른 사람이) 주지 않더라도 도둑맞지는 않는다.
재물이 기우는 곳 쪽에서는
도둑맞지 않더라도 (다른 사람이) 빌려가는 것으로 망한다.

재벌의 사내 유보금이 크게 늘었다는 소식을 들은 게 한두 번이 아니고, 그것이 양극화의 산물이라는 소리도 신물이 나게 들었다. '기업의 존재 목적이 돈을 버는 것'임을 모르는 바 아니다. 하지만 쓸 돈을 구하지 못해 애태우는 쪽의 반대편에 쓸 곳을 찾지 못해 쌓이는 돈이 늘어가고, 그것이 균형을 상실한 분배의 규칙 때문에 생겨난 것이라면 그러한 현상을 어떻게 정상이라고 할 수 있을 것인가?

현자는 받은 복을 복이라고 생각하지 않고 생긴 재물을 자기 혼자 가질 수 있는 것으로도 보지 않는다. 남의 것을 빼앗아서라도 내 것을 늘리려고 하지 않는 것은 말할 것도 없고, 쌓이기 전에 나누며 살기 때문에 주변 사람들이 **빼앗고** 싶은 마음을 먹게 하지도 않는다. 그러나 어리석고 욕심 많은 사람들은 남이 가진 것을 **빼앗아서라도** 자기 배를 채우려고 하기 때문에 좋은 소리보다 나쁜 소리를 더 많이 듣게 된다.

공동체를 형성하지 않았다면 오늘날의 인간문명은 아무것도 이룰 수 없었다. 쌓여가는 재물을 줄이고 높아지는 담장을 낮춰야 하다. 사람 속에 있어야 사람일 수 있고, 더불어 살아야 '사람답다'는 소리를 들을 수 있기에 하는 말이다.

372. [8-69]

자신이 잘 알더라도
모든 일은 의논해서 이루어야 한다.
어떤 사람이 의논하는 것을 좋아하지 않으면
후회를 돈으로 사는 것이다.

게송을 읽다 보면 누구나 머릿속에 그려지는 사람의 얼굴이 있을 것이다. 크게 대비되는 두 가지 예가 있다. 하나는 잘 알지도 못하면서 모든 것을 아는 것처럼 떠벌리기 좋아하는 사람이고, 다른 하나는 자기가 말하기보다 다른 사람의 말을 듣는 데 더 힘을 쓰는 사람이다.

'장님 코끼리 더듬기'라는 말은 부분적인 앎으로 전체를 말하려는 어리석은 행동을 가리키는 것으로, 앎에 대한 맹신과 독선을 경계하게 하는 금언이다. 노자는 『도덕경』에서 '지혜로운 사람은 오히려 어리석어 보이는 듯하다[大智若愚 대지약우]'고 했고, 소동파는 벼슬에서 물러난 구양수에게 보내는 편지에서 '용감한 사람은 겁을 먹은 듯하다[大勇若怯 대용약겁]'고 했다.

많이 알고 있는 사람은 자신의 앎을 가볍게 드러내려고 하지 않을 뿐만 아니라 자기가 알고 있는 것이 완벽한 것이라고도 생각하지 않는다. 그렇기 때문에 자기 앎의 뼈 위에 부지런히 살을 붙이고, 붙인 살에 피가 흐를 수 있게 열심히 자양분을 끌어모은다.

어리석은 다수의 의견보다 지혜로운 한 사람의 탁견이 뛰어날 때가 없는 것은 아니지만, 그렇다고 하더라도 지혜가 한 사람만의 독점물일 수는 없다. 의논은 결정에 대한 책임을 회피하기 위해 쓰는 방편이 아니다. 의논은 지혜라는 이름으로 위장된 독선과 파탄의 가능성을 사전에 방지하기 위해 필요한 것이다. 다른 사람이 하는 말을 들을 때 자신의 입을 닫는 것은 약이 될 수 있지만, 자기가 말할 때 자기 귀를 닫아버리는 것은 독이라면 모를까 절대로 약이 될 수 없다는 사실을 잊지 말아야 한다.

373. [8-70]

매우 꺼림칙한 의논들을 한다면
친구라도 셋이서 의논하지 마라.
시체를 일으키는 수행을 하는 나쁜 친구라면
제일 먼저 (함께) 수행했던 (제 친구를) 제물로 삼는다.[5]

역사상 성공한 혁명이 적지 않지만 기밀이 누설되어 실패한 거사 또한 한둘이 아니다. 사후에 진압된 거사를 비롯하여 칼집에서 미처 칼을 뽑아보지도 못한 채 기밀이 누설되어 실패한 거사까지 역사는 숱한 실패의 사례들을 기록하고 있다.

『삼국지연의』에 나오는 헌제의 조조 제거 계획은 동승의 애첩과 놀아난 가노 진경동의 발고로 무산되었고, 고려의 무신정권 때에는 최충헌의 가노

---

5 의역하였는데 『장한사전』을 비롯해 각 사전들에 별도의 '기시起屍 성취법'이라고 나와 있지 않으나, 이 비유는 딴뜨릭 수행과 관련이 깊다. 【잠뻴 역】에 따르면, 세 사람이 시체를 되살리는, 즉 죽은 사람을 되살리는 밀법을 닦았으나 시체가 없자 함께 수행하던 동료를 죽여 그 시체로 시험해 보았다고 한다. 이 경구에 대해 【주석서】 에는 '세 사람이 모이면 한 사람은 포함되고 다른 한 사람은 배제된다'라고 해석되어 있다.

였던 만적의 난이 다른 집 가노였던 순정의 밀고로 실패했으며, 조선 세조 때 모의된 단종의 복위 계획 또한 김질 등의 배신으로 여섯 충신이 참수를 당하는 비극을 겪으며 무참하게 짓이겨졌다.

고대 인도에 기시법起尸法이라고 불리는 수행법이 있었다. 수행을 하는 비구와 수행을 도와주는 사미 두 사람이 깨끗한 시체를 구해 밀실에 안치한 뒤 주문을 외우며 의식을 진행하다 보면 아주 짧은 순간 시체에서 혀가 입 밖으로 튀어나오게 되는데, 이때를 놓치지 않고 수행을 돕는 사미가 재빨리 시체에서 혀를 자르면 그 혀가 보검으로 바뀌고 보검을 갖게 된 수행자는 하늘을 마음대로 날 수 있게 된다고 하는 수행법이었다. 그러나 시체에서 혀가 나오는 순간 사미가 겁을 먹고 그 혀를 잘라내지 못하면 곧바로 시체가 일어나 가장 먼저 수행하는 비구와 사미를 잡아먹고, 계속해서 인근 마을의 사람들까지 모두 잡아먹는다고 알려진 무시무시한 수행법이다. 게송 속 나쁜 친구란 겁이 많아 수행에 보탬을 주지 못하는 사미를 가리키는 말이다.

큰일이든 작은 일이든 일을 꾸미는 데는 담대함과 신속함이 담보되어야 한다. 중요한 일일수록 소심한 사람이 끼어서는 이루기가 어렵고, 낌새를 알아채는 사람이 하나라도 늘기 전에 신속하게 터뜨려야 한다. 일을 하다 보면 발을 빼고 싶어 하는 사람이 생길 수도 있고, 뒷일이 무서워 '다음을 기약하자'고 말하는 사람이 나올 수도 있다. 그러나 그런 사람과 그런 말에 마음이 약해진다면 일이 이루어질 가능성은 그만큼 더 멀어지고 만다.

374. [8-71]

받았던 것을 (잘) 알아 동등하게 (되돌려) 주는 것에 능통하고
온화하고 모두의 체면을 지켜주고
두려움이 없이 행하며 낭비하지 않는
그런 사람이 원한다면 모든 땅을 얻는다.

게송에서 이른 것처럼 누군가에게 받은 은혜를 기억하여 합당하게 갚고, 온화한 성품으로 누구라도 경계하는 마음 없이 다가오게 하고, 다른 사람의 체면을 지켜주고, 어려움을 만나도 물러나거나 주저앉지 않고 줄기차게 나아가며, 재물은 물론 시간조차도 허투루 쓰지 않는 사람이라면 원하는 것이 무엇이든 모두 이룰 수 있을 것이다.

인품이란 완성보다 추구에 더 의미가 있는 것인지도 모른다. '인간적인 품위'란 살아온 세월로만 단정할 수 있는 것이 아니고, 수치화해서 다른 사람과 비교할 수 있는 것도 아니며, 한번 발휘되었다고 해서 변함없이 지속되는 것도 아니다. 나아가 게송에서 말한 다섯 가지 행위로만 제한해서 말할 수 있는 것도 아니고, 그 가운데 몇 가지 이상은 되어야 '인간적'이라고 볼 수 있는 것도 아니다. 중요한 것은 어느 것이 되었든 추구하는 마음을 내는 것이고, 이만하면 되었다는 마음 대신 언제나 부족하다는 생각을 내려놓지 않는 것이며, 바라는 만큼 갖추지 못했다 하더라도 실망하거나 물러날 마음을 내지 않는 것이다.

그러기 위해서는 살피고 삼가고 돌아보는 것 이상으로 중요한 것이 없다. 살피라고 해서 겁쟁이처럼 행동하라는 말이 아니고, 삼가라고 해서 소심해지라는 말이 아니며, 돌아보라고 해서 나아가기를 주저하라는 말이 아니다. 자기 몫의 이익이 다른 사람의 손해 위에 쌓인 것은 아닌지 살피고, 자기 손에 쥐어질 이익이 다른 사람의 이익보다 커지기를 욕심내지 않으며, 그렇게 한 뒤에도 모자람이나 지나침이 없었는지 지난 일을 돌아볼 줄 알아야 한다는 말이다.

지혜로운 사람은 안목이 바르고 보는 눈이 밝은 사람이다. 바른 안목은 길 아닌 길을 가지 않게 하고, 밝은 눈은 밤길을 갈 때도 쉬 넘어지지 않게 하며, 험한 길을 갈 때도 구렁텅이에 빠지거나 낭떠러지로 구르지 않게 한다. 살피고 삼가고 돌아보게 하는 힘 모두가 지혜로 수렴되고 그로부터 유래하는 것이기 때문이다.

375. [8-72]

만약 적이 피신하러 왔으면
그를 존중하여 듣기 좋게 말하라.
'까마귀가 생쥐를 믿어
행복을 얻었다'고 옛날부터 전해지듯.[6]

읽는 게송의 숫자가 더해가면서 자꾸만 앞서 읽은 게송들을 떠올려보게
된다. 아무리 보물 같은 지혜의 말씀이라도 한 가지 사안에 대해 한쪽
방향으로만 말하고 있지는 않기 때문이다.

한편으로는 나쁜 짓 자주 하는 사람과 어울리지 말라는 경계의 내용을
말하면서 다른 한편으로는 나쁜 짓을 저질렀다 하더라도 버려둬도 되는
사람은 없다 말하고, 내 식구 잘 돌보는 것이 사람의 도리를 지키는 것이라
고 하면서 다른 한편으로 앞뒤 가리지 않고 내 식구 챙기는 것을 경계하라
고 하는 식이다.

그러고 보면 법조문 같은 삶의 법칙은 없는 셈이다. 무슨 일이든 동전의
앞뒤 같은 양면성이 있고, 어느 것이든 한쪽 방향으로만 흐른다면 애초에
추구하던 것에서 더욱 멀어질 뿐이다. 여기서도 고미숙이 『동의보감』에서
언급한 '태과太過'와 '불급不及'의 명제가 예외 없이 유효하다.

이 게송이 말하고자 하는 것은 뉘우치는 사람에 대한 관용적인 태도다.
그러나 여기에도 분명한 전제가 있다. 뉘우치는 사람의 태도와 마음이
진실하고 간절해야 한다는 것이다. 염치를 모르는 잘못에 대해서는 냉정하
고 혹독하게 나무라고 벌을 주어야 하겠지만 의도하지 않은 실수에 대해서

---

6 항상 까마귀에게 잡아먹힐지 모른다고 의심하던 생쥐가 까마귀가 피신해 오자 친구가
되고 이후 거북이와 사슴 등 숲 속의 다른 짐승들과 평화롭게 살았다는 인도의
우화에서 왔다. 【잠뺄 역】이나 【한역본】에는 자세하게 설명되어 있지 않아 【주석서】
에 따랐다.

는 부드럽고 너그럽게 용서할 수도 있어야 한다.

376. [8-73]

나쁜 친구와 함께 나쁜 말을 듣고 (배우고)
나쁜 생각을 하고 나쁜 일을 하는 것을
현자들은 하지 말아야 한다. 그렇게
한다면 어리석은 자와 차이가 없다.

중국 후한 때 허신許愼이 편찬한 자전 『설문說文』에 "(한 스승 밑에서 배운) 같은 무리는 '붕'이라 하고, 뜻을 같이 하는 이는 '우'라고 한다[同類曰 朋 동류왈붕, 同志曰友 동지왈우]."라는 말이 나온다.

붕당朋黨이란 말과 우당友黨이란 말도 있는데, 붕당이라는 말에서는 이해 관계에 따라 맺어진 패거리라는 느낌이 들고, 우당이라는 말에서는 상대편 패거리와 다른 내 편인 사람, 즉 나와 뜻이 통하고 죽이 맞는 패거리라는 느낌이 든다.

상대가 가진 단점이 장점보다 커 보이면 우정이 생겨날 수 없다. 친구란 상대방의 장점을 알아주는 사람이며 친구의 단점을 뒤가 아닌 앞에서 말해주는 사람이다. 친구라고 하면서 잘못된 길로 빠지는 것을 지켜보기만 하는 사람은 결코 친구라고 할 수가 없다.

부모와 자식이 서로에게 거울이 되는 것처럼 친구에게도 친구가 거울이 된다. 친구가 다른 사람들에게 손가락질 받는 일을 하면 그 손가락질을 자신이 받는 것처럼 여겨야 친구라 할 수 있고, 자기 일을 챙기듯 친구에게 손가락질 받는 일을 하지 말라고 할 수 있어야 친구라 할 수 있다.

친구를 사귈 때 신중해야 하는 까닭은 '(붉은) 인주를 가까이 하면 붉은 물이 들고, (검은) 먹을 가까이 하면 검은 물이 든다[近朱者赤 근주자적, 近墨者黑 근묵자흑]'는 말처럼 사람도 사람에게 서로가 시나브로 물들어가 기 때문이다. 청정한 삶을 꿈꾸는 이라면 자기 삶을 돌보는 것 못지않게 자기와 함께 길을 가는 이들의 삶을 돌봐줘야 한다. 그것이 친구로서 친구에게 해줘야 할 일이다. '또 다른 나'인 친구를 떠올리면서 해보는 생각이다.

377. [8-74]
잘 관찰하여 행한
일이 악화되는 것이 어찌 가능하랴?
(밝은) 눈을 갖추고 관찰하여 가는 자에게
벼랑 (끝)으로 발을 내딛는 것이 어찌 (가능하랴)?

생각 없이 말을 하면 설화舌禍를 겪고, 작정 없이 글을 쓰면 필화를 겪으며, 성급하게 나섰다가는 일과 몸을 망치게 된다.

'돌다리도 두들겨 보고 건너라'는 말은 두드리기만 할 뿐 좀체 행동하지 않는 좀팽이가 되라는 말이 결코 아니다. 그보다는 자발스럽게 행동하지 말라는 뜻이고, 습관적으로 반응하지 말라는 것이며, 천천히 확실하게 바로 보고 행동하라는 뜻으로 하는 말이다. 말이 가벼워 신세를 망친 이가 한둘이 아니고, 행동이 성급하여 대사를 그르친 사람도 적지 않으며, 작은 이익에 눈이 어두워 자기 사람 쓰는 것을 고집하다가 큰일을 어그러지게 만든 사람도 드물지 않다.

눈을 똑바로 뜨고 걷는 이는 길을 가다 돌부리에 걸려서 넘어지지 않는다. 생각의 끈을 놓쳤을 때가 바로 몸과 마음을 다치는 순간임을 수행하는 사람들은 언제나 새기고 있어야 한다.

378. [8-75]
자신과 타인 (이) 들에게 발전이 되는
공덕을 잘 배우면 현자의 상징이라 (할 만하다).
어떤 기술, 즉 활쏘기 같은 것을

(매우 잘) 알면 일족이 멸망한다.

제도를 갖추는 것 못지않게 중요한 것이 제도를 운용하는 사람을 키우는 일이다. 배움 또한 배우는 것만큼이나 중요한 것이 배운 것을 어떻게 풀어 쓰느냐 하는 것이다.

부처님 가르침을 배우고도 자기와 함께 다른 사람을 더불어 이롭게 하는 법을 펼쳐내지 못한다면 바른 삶을 산다고 할 수 없고, 칼 쓰고 활 쏘는 법을 배웠다고 하더라도 그것으로 자신을 지키고 다른 사람의 목숨까지 지켜낼 수 있다면 그것을 유익한 배움이라고 말할 수 없다.

기독교 신약에서 '칼을 도로 칼집에 꽂아라. 칼을 잡는 자는 모두 칼로 망한다(마태복음 26장 52절)'라고 한 것은 칼을 들어 다른 사람을 해치고 그것을 통해 자신의 바람을 이루고자 하는 사람들을 일깨우기 위해서 한 말이다. 칼이라는 사물 자체가 어떤 개체의 멸망을 초래하는 것이 아니라 그 칼의 잘못된 쓰임이 불행과 멸망을 불러온다고 본 것이다.

배움과 지식이 우리 인류의 삶의 질을 개선해 온 것은 부인할 수 없는 사실이다. 그러나 배움과 지식 역시 잘못 쓰일 때는 인류의 멸망을 초래할 수 있을 만큼 위험천만한 것이 되고 만다.

379. [8-76]
자기 자신이 확실하게 높아지기를 바란다면
다른 사람에게 오직 이익 되는 일을 하라.
얼굴을 깨끗하게 하고 싶어 하는 자들이라면
먼저 거울을 닦지 않겠느냐?

목숨을 가진 생명체가 기본적으로 이기적이라는 사실을 부정하지는 않는다. 생명을 유지하는 동력이 이기심과 무관할 수 없는 까닭에 우리 인간은 본능에 따라 살아가는 것을 부끄러워하지 않는다.

짐승들의 세계는 물론이고 인간사회에서도 이기적인 행동이 일견 유리해 보일 때가 있다. 그러나 이기심끼리 충돌하게 방치해둔 곳에서는 '만인에 대한 만인의 투쟁' 하나가 남을 뿐, 서로에 대한 배려와 신뢰가 자리할 틈이 생기지 않는다. 불신과 경쟁이 만연한 사회에서는 행복이라는 지고의 이익을 추구할 수 없기 때문에 궁극적으로는 이타행이 개체에게 이로운 행위가 된다. 현명한 사람은 다른 사람의 이익을 배려하며 산다. 그것이 자기가 도모하는 일을 이루는 토대가 되는 것을 알기 때문이다.

'정관의 치貞觀之治'라는 번영의 시대를 여는 데 크게 공헌한 위징魏徵이 죽었을 때, 슬픔이 극에 달한 당태종 이세민李世民이 탄식하며 말했다.

人以銅爲鏡可以正衣冠 인이동위경가이정의관
以古爲鏡可以見興替 이고위경가이견흥체
以人爲鏡可以知得失 가인위경가이지득실
魏徵沒朕亡一鏡矣 위징몰짐망일경의

구리로 거울을 만들면 의관을 바로 갖출 수 있고
역사로 거울을 삼으면 흥망을 알 수 있으며
사람으로 거울을 삼으면 득실을 명확하게 알 수 있다.
위징이 죽었으니 짐은 거울 하나를 잃어버린 것이로다.

거울을 닦는 것은 내 모습을 잘 보기 위해서다. 남을 보는 눈을 갖고 있지만 내가 나 자신을 볼 수는 없다. 거울이 내 모습을 비춰주는 것처럼 내 주변에 있는 사람들도 내가 어떻게 살고 있는지를 보여주는 살아 있는 거울이다. 당태종 역시 위징을 통해 자기 언행의 득실을 살필 수 있었기 때문에 그를 잃은 슬픔이 그리도 컸을 것이다.

큰 이익을 꿈꾸면서도 소소한 잇속에 휘둘리지 않고 살고 있는지 주변 사람들에게 자신의 현재 모습을 비쳐볼 일이다.

380. [8-77]

다른 쪽을 어떻게든 꺾기 바란다면
자신의 공덕을 애써 닦아라.
적을 죽이기 원하는 자들이
무기를 애써 닦는 것을 보라.

사찰의 선실이나 강원 앞에서 자주 보는 편액 중의 하나가 '심검당尋劍堂'이다. 글자 그대로 '칼을 찾는 집'이란 뜻이다. 여기서 말하는 '칼'이란 무명無明의 싹을 잘라내는 '지혜의 검'이다. '지혜의 검'의 다른 이름이기도 한 취모리검吹毛利劍은 칼날에 가느다란 머리카락을 대고 입김만 불어도 잘릴 만큼 날카롭다는 칼이다.

무명의 싹은 작아 보여도 그 뿌리가 크고 깊어서 잘라내고 또 잘라내도 언제든지 다시 싹을 틔우고 가지를 뻗고 몸통을 키운다. 그렇기 때문에 '지혜의 검'은 무명의 싹이 돋을 때마다 쓸 수 있도록 녹슬지 않게 날을 세워두어야 한다.

강한 사람을 상대하려면 먼저 자신의 힘을 키워야 한다. 복수를 주제로 한 무협 영화들은 대부분 부모의 억울한 죽음을 목도한 어린 자식이 입술을 깨물며 위험한 자리를 벗어난 다음, 기회를 노리며 실력을 키우는 것으로 구성되어 있다. 극에 달한 분노와 슬픔도 실력이 받침 되지 않을 때는 강한 적을 이겨낼 수 없다.

승리를 원하거든 먼저 튼튼한 실력을 갖춰야 한다. 머리카락 한 올은 무딘 칼날에도 쉽게 잘리지만 머리카락 다발은 날카로운 칼날에도 쉽게 잘리지 않는다. 수행의 결실을 거두려는 이들은 정진하고 또 정진해야 한다. 무명의 싹을 잘라버리는 취모리검을 손에 넣을 때까지.

381. [8-78]

교활한 자의 말에는 가장假裝이 섞여 있으니
정직한 자는 그것을 관찰할 필요가 있다.
속고 난 후에 '나는 정직했다'고
자신을 칭찬해서 무슨 이득이 있겠는가!

어렸을 때 우리 집과 친척, 그리고 동네 사람 여럿이 피해를 입은 사건이 있었다. 높은 이자율에 현혹된 마을 사람들이 '사모님'이라고 부르는 여인에게 돈을 갖다 맡겼다. 사람들은 그녀의 남편이 현직 교사라는 것과 그녀가 인근에서 알아주는 부잣집의 딸이라는 사실을 전적으로 신뢰했다. 그러나 애초부터 그녀의 계획은 사설 금융업자로서의 역할을 하는 데 있지 않았다. 그녀는 남의 돈으로라도 자기 삶을 윤택하게 하는 것을 망설이지 않았고, 동네 사람들이 곶감만큼이나 달콤하게 여기며 받아쓰던 이잣돈은 오래 가지 못하고 끊겨 버렸다.

내막이 드러난 날, 크지 않은 읍내는 흉흉한 소문으로 들끓었다. 그녀가 저지른 잘못은 남편을 교직에서 물러나게 한 것에 그치지 않고 대를 걸쳐 부자로 살아온 친정마저 몰락의 길로 몰아넣었다. 그러나 그것보다 더 큰 피해는 한 여인의 탐욕으로 인해 수많은 사람들의 소박한 꿈이 무참히 짓밟혀버린 것이었다.

그로부터 꽤 많은 세월이 흘렀음에도 불구하고 우리 주변에서는 그때 일어난 일과 별반 다르지 않은 일들이 수시로 일어나고 있다. 그러나 그 시절에 사기를 당한 사람들의 처지를 안타까워했던 것과 달리 요즘은 사기 사건에 연루된 사람들의 과다한 욕심 또한 생각하지 않을 수 없다. 사기를 작정한 사람들만 그런 짓을 벌이는 게 아니라 신용이 간판인 금융시장에서도 곧잘 그런 일이 벌어지고 있기 때문이다. 우리는 지금 '하이 리스크 하이 리턴'을 공공연하게 입에 담는 시대, '도덕적 해이'가 일상화된 세상을 살고 있다.

잘 산다는 것은 좋은 주인 만난 팔자 좋은 애완견의 삶을 말하는 게 아니다. 그보다는 오탁악세五濁惡世로 불리는 세상에서 이웃에게 바른 법의 향기를 전해줄 수 있는 삶을 뜻한다. 향기로운 삶을 꿈꾸는 이라면 잊지 말아야 한다. 속은 뒤에 '나는 정직했다'고 하는 것은 어리석은 자들이나 입에 담는 말이라는 것을.

382. [8-79]

'교활한 자들에게 교활함 등과
정직한 자들에게는 정직함 (등과)
의지처가 없는 자에게는 의지처가 필요하다'는 (것은)
옛 문헌의 기록[7]이다.

'탈리오의 법칙lex talionis'이란 것이 있다. 함무라비 법전에 들어 있는 '눈에는 눈, 이에는 이'와 같이 당한 만큼 되갚아주는 것을 명문화한 법조문을 가리키는 것으로, 동해보복법同害報復法 또는 동태보복법同態報復法이라고도 한다.

일견 잔인하다는 생각이 들 수도 있겠지만 알고 보면 무자비하게 반복되는 피의 복수를 그치게 하기 위한 중재의 뜻이 더 큰 법률이었다. 왜냐하면 정도나 한계 없이 자행되는 보복 대신 '당한 만큼만' 되갚을 수 있는 강제 조항을 정해둔 것으로 볼 수 있기 때문이다. 따라서 게송에서 말하고 있는 처방, '교활한 사람에게는 교활하게, 정직한 사람에게는 정직하게'는 제한 없는 복수보다 등가의 대응을 뜻하는 것으로 읽어야 할 것이다.

시원하다거나 개운하다거나 가뿐하다는 느낌들은 바깥 자극에 대해 보이는 자신의 반응과 무관하지 않다. 넘쳐도 찜찜한 경우가 있는가 하면

••

7 '옛 문헌[익창yig tshang]'에 대해서 【한역본】에서는 티벳에 불교를 전파한 송쩬 감뽀 대왕의 재위시의 기록裵文이라고 적고 있다. 티벳을 일통한 송쩬 감뽀는 불법을 비난하는 자에게 혀를 자르는 등의 극형을 가한 것으로 유명하다. 다음에 이어지는 경구와 함께 싸꺄 빤디따는 이런 자세를 암묵적으로 비난하고 있는 것으로 읽는다.

모자라서 오히려 훈훈한 경우도 있다. 이것은 곧 형편에 따른 적합한 대응이라고 하는 것이 자신의 마음가짐에서 비롯된다는 뜻이기도 하다.

궁극의 이기가 이타를 통해 이루어지는 것이라면 복수는 조금 모자라게 하고 감사는 조금 넘치게 하는 등 조금씩 손해를 본다는 기분으로 대응하는 것이 이익을 실현하는 도대가 될 수도 있을 것이다.

383. [8-80]
(그러나) 현자는 항상 적에게라도
친속처럼 온화하게 대해 주는 것이 좋다.
그것은 화해의 이득이 없어도
확실하게 악심을 제거하는 약이다.

범부들에게 적이란 단지 싸워서 이기거나 물리쳐야 할 상대일 뿐이다. 적이라고 불리는 상대의 생각도 내 쪽과 별반 다르지 않을 것이다. 그러나 싸움 뒤에 남는 것은 상처뿐인 승리와 증폭되는 원한뿐이다. 그래서 싸우는 방법에 대해 기술하고 있는 병법에서조차 싸우지 않고 이기는 것을 최상의 방책으로 꼽는다.

지혜와 자비의 종교인 불교가 적을 보는 마음가짐에 대해 말하지 않았을 리 없다. 아니 상징적인 표현을 제외한다면 '원수는 원수일 뿐, 원수는 언제나 원수로 대하라'고 충동질하는 종교는 이 세상에 없다.

欲想福善諸佛子 욕상복선제불자
應觀怨家如寶藏 응관원가여보장
於諸衆生捨怨心 어제중생사원심
修安忍是佛子行 수안인시불자행

복 될 선행 생각하는 부처님의 제자라면

원수라도 마땅히 보물 보듯 해야 하네.

생명 가진 것들에게 원한을 갖지 않고

달게 참아내는 것이 보살이 할 행이라네.

　　　　　　　－『불자행삼십칠송』 27번 게송(해제자 졸역)

　세상살이에서 경험하듯 강력한 처벌이 교화로 연결되는 경우는 그리
많지 않다. 그래서 게송에서 이른 것처럼 '친속처럼 온화하게 대해 주는
것'이 서투른 매질보다 훨씬 낫다. 진심을 담은 온화한 말은 참회까지는
아니더라도 나쁜 마음을 먹게 하지 않지만, 강압적인 교화책은 그야말로
면종복배面從腹背, 얼굴로는 복종의 표정을 지어 보여도 속으로는 원한과
배신의 마음을 품게 하기 때문이다.

384. [8-81]

나쁜 말로 표현하여 세상에서

바라는 바를 이루는 것은 불가능하기 때문에

(한)마음으로 자신의 일을 성취하기 위해서는

말하는 것이 모든 것과 일치해야만 한다.

　헬레나 노르베리 호지가 쓴 『오래된 미래』에는 '숀찬schon chan'이란
티벳어를 설명하는 대목이 나오는데 라닥 사람들에게 가장 심한 욕설이라
는 이 말의 뜻은 놀랍게도 '화를 잘 내는 사람'이다.

　책을 읽고 난 뒤 아내는 나를 '이숀찬'으로 부르기 시작했다. 그렇다고
"내가 무슨?"이라고 하면서 반발할 수도 없었다. 내가 내는 화는 나보다
내 옆에 있는 사람이 더 잘 알 것이라고 생각했기 때문이다.

　　粗言惡語惱人心 조언악어뇌인심

　　復傷佛子諸行儀 부상불자제행의

故於他所不悅語 고어타소불열어
絕惡言是佛子行 절악언시불자행

거친 말 나쁜 말은 남을 화나게 하고
보살이 하는 바른 행위 다치게 하네.
그러므로 다른 사람들 좋아하지 않는
거친 말을 끊는 것이 보살의 행이네.
　　　　　　ㅡ『불자행삼십칠송』 34번 게송(해제자 졸역)

불교에서 가르치는 열 가지 악업＋惡業은 열 가지 선업＋善業을 거꾸로
짓는 것으로 그 가운데 네 가지가 입으로 짓는 거짓말妄語, 이간질하는
말兩舌, 거친 말惡口, 꾸며 하는 빈말綺語 등이다.

자신이 하는 나쁜 말은 그 말을 하는 자신을 다치게 할 뿐만 아니라
그 말을 듣고 화를 낼 상대방의 공덕까지도 무너뜨리는 사납고 무서운
폭력이다. 화 한 번 내는 것으로 천겁의 공덕이 무너져 버린다고 말할
정도이니 '공든 탑이 무너지랴'는 속담도 분노를 일으키는 말 앞에서는
헛것이 되고 만다.

속인들까지도 '숀찬'이란 말을 가장 심한 욕설로 여기는 세상이 있는가
하면 종단 종회가 열리는 자리에서 글로 적지 못할 욕설을 퍼부은 이를
수행자로 대접하는 나라도 있다. 수행자의 위의를 생각하면 있어서는 안
될 일이 일어났는데도 감정이 격해지면 누군들 무슨 말을 못하겠느냐고
하면서 사태가 무마되었다고 한다.

듣는 사람이 없는 말은 그 공능을 갖지 못한다. 말은 소통을 위해 사용하
는 도구이다. 대화 중에 내가 한 말로 다치는 사람이 생긴다면 내가 내
공덕을 스스로 깎는 셈이고, 내 말을 듣고 격해진 상대발이 내뱉는 말로
내가 상처를 입으면 결국 내가 두 번 다치게 되는 셈이다.

여기서도 잊지 말아야 할 것은 의도와 말 그 자체를 다르게 볼 줄 아는

지혜다. '개새끼'와 '새끼개'가 뜻하는 게 다르고, "아이고 내 새끼!"와 "이 새끼야!"는 그 의미가 다르다. 악업이라 지칭될 때의 거짓말, 이간질하는 말, 거친 말, 꾸며 하는 빈말 모두는 그 뜻이 바르지 못한 의도에서 비롯된 것들이다.

사람들을 웃기기 위해 하는 실없는 말과 스승이 게으른 제자를 경책하기 위해 쓰는 거친 말을 어떻게 잘못된 것이라고 할 수 있겠는가?

385. [8-82]
자신과 남의 일을 (모두) 성취하려면
부드럽게 (하였든) 거칠게 (하였든) 어떻게 하였든 간에
그 방법을 현명하게 행한 것을 옳다고 하셨지
교활한 짓이라고 부처님께서는 말씀하시지 않으셨다.

게송에서 중요하게 읽어야 할 키워드는 부처님의 '선교방편善巧方便'이다.

전도선언에서 밝힌 것처럼 부처님의 바람은 일체 중생을 고통에서 벗어나게 하는 것, 즉 사람들을 행복하게 하는 것이었다. '나 하나만을 위해서'라거나, 나를 돌보지 않은 채 '너 하나만을 위해서'가 아니라, '나와 너에게 모두 이로울 수 있게 하라'는 것이 부처님의 가르침이다. 따라서 거칠든 온화하든 방법에 대해 문제 삼을 일이 아니라는 깊은 뜻을 새겨야 한다.

조심할 것은 이로움을 보는 안목이다. 어느 한쪽의 잘못된 생각으로 강요되는 이로움은 이로움이 아니다. 무슨 일이든 치우쳐 생각하는 것을 조심해야 하고, 나와 남을 함께 이롭게 하거나 나보다 먼저 남을 이롭게 하는 바람을 가져야 한다. 내게 이로운 것을 먼저 챙기면 절대로 평화와 행복을 이룰 수 없다.

386. [8-83]

궁극적으로 매우 (큰) 이익이 되는 충고라면
임시적인 고통 또한 현자들은 이용한다.
윽박지르고 때려서라도 공덕들을
외아들에게 현자들은 가르친다.

보스턴 필하모닉 오케스트라를 지휘한 벤 젠더는 "가슴이 무너져보지 않은 사람은 위대한 음악을 연주할 수 없다."고 했다. 사람들은 기능적으로 솜씨가 좋은 사람이 부르는 노래와 고난을 이겨낸 사람이 부르는 노래의 차이를 귀신처럼 알아차린다. 큰 비탈을 넘어야 높은 산에 오를 수 있다는 것을 아는 이들은 고통을 목표 달성의 당연한 과정으로 여긴다. 그래서 두려워하거나 피하려 하기보다 그것을 감내하고 마침내 넘어선다.

고난 속에서 세기의 역작이 나온 것도 한둘이 아니다. 궁형이라는, 남자로서 견디기 어려운 형벌을 받은 뒤에 『사기史記』를 쓴 사마천의 이야기는 말할 것도 없고, 인생의 절정기에 18년이라는 긴 세월을 귀양지에서 보낸 다산 정약용 역시 고난을 겪는 동안 세계사에 유례가 없을 정도로 다작의 학문적 성과를 이뤄내며 조선이 배출한 '르네상스적 지식인'이라는 명예로운 호칭을 얻었다. 다산을 나라의 구석으로 몰아낸 뒤, 권력을 농단하며 편히 지낸 자들이 역사 속으로 사라진 것을 생각하면 안일과 고통에 대한 선입견을 송두리째 바꾸기에 충분하다.

말이 다른 외국에 나가 공부하는 이들이 밤을 낮 삼아 책을 읽어 배움을 늘리고, 타고난 체격이 왜소한 운동선수들이 무지스러울 만큼 혹독한 훈련을 통해 모자란 운동능력을 극복해내는 것처럼, 공덕이 될 것들을 자식과 제자에게 가르치는 부모와 스승은 엄격한 태도를 잃지 않는다. 외아들 귀한 것을 모를 부모가 없고, 제자가 겪는 어려움의 시간들에 대해 무심할 수 있는 스승은 없다. 그러나 바른 가르침을 생각하는 지혜로운 부모와 스승은 배우는 자식과 제자에게 결코 안쓰러워하는 속내를 드러내지 않고 채찍질을 한다. 겨울을 나면서 속이 치밀해지는 나무처럼, 눈을 맞은 매화가 봄에 앞서 향기 짙은 꽃을 피워내는 것처럼, 바르게 배우고 자란 자식과 제자가 세상으로 나아가 바른 법을 퍼뜨리며 살아가게 될 것을 기대하고 믿으면서.

387. [8-84]

재물을 지나치게 늘리면
그것을 쇠락시키는 것에 매우 가깝다.
물이 완전히 찬
연못은 비거나 부서진다.

아침에 뜬 해는 저녁이면 지고, 둥글어진 달은 기울기 시작하며, 모든 꽃은 화사함의 절정에서 시들기 시작한다. 어디 그뿐인가? 쇠구슬도 퉁겨 낼 만큼 젖살 통통하던 어린아이도 세월이 지나면 허리 굽고 주름살 가득한 노인이 된다.

재물은 소심했던 사람을 방자하게 만들어 버리는 괴물이다. 돈은 사람으로 하여금 살피고 삼가며 살아가게 놔두지 않는 요물이다. 늘어나는 '증增' 조차도 경계해야 할 일인데 지나치게 늘어나는 '과증過增'이라면 지키려 하기보다 풀어내는 것이 먼저다. 그렇게 하지 않으면 그것이 제 주인을 망치게 하는 독이 되고 만다.

둑과 다리도 위험수위라는 것이 있어서 그 높이를 넘지 않게 문을 열어 방류하고 그 높이를 넘으면 사람의 통행을 막는다. 물을 막아 가두는 것이 제방을 쌓아 저수지를 만든 목적이지만 제방을 무너뜨릴 힘을 갖지 못하게 가둔 물을 빼고, 물 위로 사람들이 건널 수 있게 만든 다리지만 불편을 감수하면서도 통행을 못하게 막는다.

모르는 바 아니지만 막상 욕심과 두려움 앞에서 평상심을 잃으면 내려놓아야 할 것을 움켜쥐고 쥐고 있어야 할 것을 놓아버린다. 그러다가 저수지와 물을 한꺼번에 잃고 다리와 사람을 한꺼번에 잃는다. 때를 아는 것보다 더 중요한 게 무엇이겠는가?

388. [8-85]
어떤 사람에게 비록 이익이 되는 일이더라도
그것을 (다른) 몇몇 사람에게 행하기에는 부적절하다.
하얀 마늘은 중풍에는 효과가 있지만
황달병에는 독이 된다.

한 여자와 짝을 이룬 지 37년째를 맞고 있고, 모친께서 세상을 뜨신 지도 스무 해가 넘었다. 긴 세월 함께 살아오는 동안 내 입맛은 시나브로 아내가 지어주는 밥과 반찬에 길들여졌다. 아내의 손맛이 어머니 손맛을 감쌀 만한 내공을 갖췄기에 가능한 일이었을 것이다.

그러나 입맛을 떠나면 아내와 내가 다른 것이 한두 가지가 아니다. 예를 들어 인삼에 대한 두 사람의 반응이 극단으로 다르다. 내게는 인삼이 좋다고 의사마다 추천하지 않는 이가 없는 반면, 아내에게는 될 수 있으면 먹지 말 것의 하나로 인삼을 꼽아주기 때문이다.

그리 알고 살아오다가 얼마 전에 한방병원을 다녀올 일이 생겼다. 그런데 조심해야 할 것 중에 인삼이 들어 있었다. 까닭을 물었더니 지금 내 몸에 나타난 증상과 인삼이 어울리지 않는다는 것이었고, 몸이 달라지면 당연히 처방도 따라 달라져야 한다는 것이었다.

'SWOT분석'이란 것이 있다. 의사결정을 하기 위해 사전에 자신의 강점 strengths과 약점weaknesses, 기회opportunities와 위협threats의 요소를 따져 보는 방법으로 상대적 분석의 전형이라 할 수 있다. 내가 가진 강점이 곧 상대방의 약점이 되고, 내게 위기로 보이는 요소가 상대방에게는 기회의 요소로 파악될 수 있기 때문이다.

빛이 있는 곳에서 그림자가 생기고, 경기에서 이긴 뒤에 환호하는 선수가 있으면 패배의 아픔으로 눈물을 흘리는 선수가 있다. 세상 모든 일은 그렇게 두 가지 상반된 모양을 갖는다. 한 가지 약으로 만 가지 병을 고칠 수는 없다. 어떤 병에 특별한 효능이 있는 약이라 하더라도 다른 병에는 효능이 없거나 오히려 해가 되는 경우도 있다. 이 세상에 병의 종류가 많은 것만큼이나 다양한 약들이 존재해야 하는 까닭이기도 하다.

병을 낫게 하는 약이 다르게 쓰이면 독이 될 수 있는 것처럼 내게 좋은 일이 다른 사람에게는 나쁜 일이 될 수도 있고, 다른 사람에게 이로웠던 것이 내게는 해로울 수도 있다는 것을 언제나 명심해야 한다.

389. [8-86]

약소한 자는 항상 보호가 필요하지만
(이런 자와) 어울리면 위대한 인물이라도 쇠약해지는 위험이 있다.
버터가 녹은 접시를 놓아두면
(이) 접시를 쥐가 물고 가지 않겠는가?

취약하다는 말은 무르고 약하다는 뜻으로 사물의 성질로만 쓰는 것이 아니라 사람의 성품이 든든하지 못하거나 믿음직스럽지 못한 경우에도 쓸 수 있다.

사람들에게 일자리 문제가 초미의 관심사가 되고 있다. 오늘날 양극화가 심해지고 있는 데는 노동시장의 유연성이라는 미명 아래 질 낮은 비정규직 일자리들이 양산될 수 있도록 한 자본가들의 탐욕과 정치인들의 무뇌적 단견이 자리하고 있다. 자본가들은 태생적으로 세상이 고르게 깨어 있는 것에 대한 거부감이 크다. 돈으로 부릴 수 있는 것에 한계가 있다는 것을 아는 그들이 철저하고도 줄기차게 개별화를 추구하는 것도 그 때문이다.

취약한 계층을 보듬고 돌보는 것은 국가가 당연히 해야 할 일이다. 그러나 그보다 더 중요한 것은 점진적으로 취약계층에 속하는 국민들의 수를 줄여 종국에는 그들이 국가의 도움 없이 독자적인 생활능력을 갖게 하는 일이다. 안정되지 않은 일자리로 겨우 입에 풀칠이나 하며 살게 해서는 사는 게 사는 게 아니라는 국민의 불만과 원망을 가라앉힐 수 없고 국가의 부담도 줄일 수 없다.

오늘날 우리 삶을 나타내는 수치들을 살펴보자. 소문내고 자랑할 만한 건 경제력 세계 10위권 육박이라는 수치 하나뿐, OECD 국가 중 출산율 꼴찌, 자살률 1위, 노인 자살률은 비교가 되지 않는 1위, 주간 노동시간 1위, 낙태아, 고아 해외입양, 음주운전 사고, 청소년 흡연, 강간 말고도 일일이 적지 못할 것들이 세계 1위 내지 최상위권이다.

지도자의 잘못인지, '브레인'이라 불리는 지도자 주변 사람들의 잘못인지, 아니면 지도자를 잘못 뽑은 어리석은 백성들의 잘못인지 군이 가려야 할 필요를 느끼지 않는다. 잘 갈 수 있는 사람을 잘못 가게 하는 이들과 요소가 한둘이 아닐 테니 말이다.

390. [8-87]

나쁜 자들에게 의지하면
나쁜 물染染이 (들어) 자신에게 해를 가한다.
수로의 물에 의지하던
물고기들이 (물이 마르자) 들판에 퍼진 것을 보라.

좋은 것을 가지면 더 좋은 것을 갖고 싶고, 맛있는 음식을 먹어본 뒤로는 더 맛이 좋은 음식을 찾게 되며, 편한 것에 길들여진 뒤로는 더 편한 것을 찾는 법이다. '말 타면 견마 잡히고 싶다'고 한 옛말처럼 누리려고 하는 욕심에는 그 끝이 없다. 그래서 '어떤 길로 들어설 것인가'가 중요하고 그 길 위에서 '어떤 벗을 만날 것인가'가 중요하다.

큰 나무를 쓰러뜨리는 사나운 바람은 한나절만 불어도 충분하지만 봄바람이 불어 싹을 틔우고 자라게 하는 데는 한 철이 필요하고, 먹물 한 방울이 튀어 옷을 더럽히는 것은 순간이지만 먹물 묻은 옷을 깨끗하게 씻으려면 오랜 시간이 드는 것처럼, 나쁜 친구에게 물드는 것은 아주 잠깐이지만 좋은 스승과 친구를 만나 바른 삶을 배우는 데는 한평생도 오히려 모자람이 있다.

아무리 물의 본성이 같다지만 저수지에 사는 물고기와 고랑에 사는 물고기가 어찌 같은 물에서 노닌다 할 수 있겠는가?

391. [8-88]
천성이 악한 자가 (그대) 자신에게 의지하여 머문다면
그에게 조금이나마 주고 내쫓아라.
집에 흉조凶兆가 생겼다면
재산부터 줄여 그것을 차단하는 것이 필요하다.

게송을 읽다가 불현듯 '내가 천하를 버릴지언정 천하가 나를 버리게 하지는 않겠다'고 한 조조曹操의 말이 떠올랐다. 조조의 대척점에는 유비劉備가 있다. 유비가 평생 전장을 누비며 보인 행동은 '다른 사람이 나를 배신하더라도 나는 다른 사람을 절대로 배신하지 않겠다'는 것이었는데, 그것이 자기 것이라고 할 만한 성 한 채 갖고 있지 못했으면서도 유비가 사람들로부터 영웅으로 대접받던 이유였다.

살다 보면 종종 기운 나쁜 이들이 달라붙는 경우를 만나게 되는데, 그런 일은 대부분 내가 잘 나가고 있거나 기운이 왕성할 때 생긴다. 누군가를 이용할 목적으로 접근한 사람은 자신의 잇속을 채우는 일 외에 다른 일은 하지 않는다. 작게라도 보탬이 되는 경우가 없지는 않겠지만 그런 부류의 사람들은 대개 큰 손해를 끼치는 사고를 저지르고 만다. 그런 자들을 알아보는 것은 결국 자신의 안목이다. 그러나 사람 됨됨이를 알아보았을 때도 내쫓기보다는 스스로 떠나게 만드는 지혜가 필요하다. 그래야 '쫓겨났다!'는 나쁜 마음을 갖지 않고 '내 발로 나간다!'는 자존심을 지켜줄 수 있다.

하지만 무엇보다 바람직한 것은 주변에 나쁜 사람들이 모여들지 않게 사는 것이다. 특히 가진 것 많은 부자라면 주변 사람들이 미워하거나 훔칠 마음이 생기지 않게 살아야 한다. 부자가 존경 받는 사회가 되어야 한다고 말하는 부자가 있다. 하지만 저절로 존경하는 마음이 우러나게 살고 있다면 굳이 존경해달라고 말할 필요도 없다.

392. [8-89]

성자가 다른 곳에 가더라도
시봉侍奉을 행하여 그를 가까이 모셔라.
여의보如意寶를 항상 공양하면
길조가 (생기고) (원하는) 일이 성취되는 것처럼.[8]

게송의 내용으로 보건대 게송의 대상은 성자가 아니라 그를 시봉하며 따르는 이들이다. 그러므로 '성자라도 제 고향에서는 환영받지 못한다'는 말은 이 게송과 어울리지 않는다. 역자는 '간 것'과 '온 것'에 대해 주를 달아 설명하고 있는데, 성자가 머물던 곳을 떠나 다른 곳으로 갔을 때에도 곁에서 성자를 받들어 모시는 것처럼 그 가르침을 깊이 새겨 살아야 하다는 뜻으로 읽힌다.

'교화'라는 측면에서 보면 홀로 머무는 성인보다 대중 속으로 들어가 가르침을 베푸는 성인이 더 도드라질 수밖에 없다. 그런 성인과 함께 머물 때는 앞으로 나아가 공경을 표하며 배우고, 성인이 다른 곳으로 떠났을

---

8 이 경구에는 시봉이라고 번역한 '녠꿀bsnyen bkur', 공양이라고 번역한 '최mchod', 여의보라고 번역한 '놀부 린첸nor bu rin chen', 길조라고 번역한 '따쉬빠btra shi pa' 등의 단어들이 쓰이고 있다. '녠꿀'은 '존경하여 받들어 모신다면'으로, '최'는 공경하다, 모신다로 풀 수 있는데 '놀부 린첸'은 한 단어로 전륜성왕이 가진 바라는 것을 이루는 보석, 즉 여의보를 뜻하는 단어이고 '따쉬빠'는 좋은 것을 뜻한다.
   【잠뺄 역】은 1행을 성자가 다른 곳에서 온 것으로 해석하고 있으나【한역본】에서는 간 것으로 해석하고 있다. 원문은 간 것이 확실하다. 그리고 전체적인 내용은 비록 성자가 떠나고 없더라도 그를 공양하면 여의보를 공양하듯이 큰 이익을 얻는다는 뜻이다.

때에도 함께 있을 때와 다름없이 사는 이들이 늘어날수록 세상은 좀 더 윤택해질 수 있을 것이다.

지혜로운 삶을 꿈꾸는 이들이 많다. 그러나 지혜는 다투지 않는다. 시기하거나 미워하거나 질투하지 않는다. '나를 귀하게 여길 줄 아는 자가 다른 사람도 귀하게 여긴다'고 했고, '하늘은 스스로 돕는 자를 돕는다'고 했다.

원생顧生을 바라는 이라면 마땅히 또 다른 원생을 꿈꾸는 이를 모시고 받들고 돕는 삶을 살 수 있어야 한다. 겸손은 다른 사람 앞에서 먼저 나를 낮추는 게 아니다. 겸손은 내 안에 있는 높은 나에게 먼저 고개 숙이는 것이다.

393. [8-90]
하찮은 자를 지나치게 칭찬하면
나중에 바로 그 자에게 특히 해를 입는다.
하늘에 똥을 던지면
(그) 던진 자의 머리에 떨어지듯이.

거의 모든 사회의 도덕률과 종교적 가르침에서 '거짓말 하지 말 것'을 가르치고 있으니 문자적으로만 보자면 거짓말은 결코 해서는 안 될 짓이다. 그러나 살면서 경험하듯 선의의 거짓말을 통해 좋은 일을 하는 경우가 적지 않고, 때에 따라서는 거짓말로 귀한 목숨을 구하는 경우도 있다. 선한 의도를 드러내지 않기 위해 하는 '거짓말'과 나쁜 의도를 숨기려는 '거짓말' 사이에는 좋고 나쁜 분명한 차이가 있는 셈이다.

이와 관련해서 생각해봐야 할 것이 '칭찬'이라는 말이다. '칭찬'을 좋은 것으로만 보고 싶은 마음에는 '고래까지도 춤추게 한다는데 사람은 어련할까'라는 기대와 신뢰가 깔려 있다. 그럴 때 칭찬은 거짓말과 달리 '해주면 좋은 말'이 된다. 그러나 거짓말이 그러하듯 칭찬도 어울리는 때와 어울리는 상대에게 적절하게 해줘야 한다는 전제가 잘 지켜질 때에만 유효할 수 있다. 칭찬 역시 해서 보탬이 되는 경우와 해서는 안 되는 경우가 있는 셈이다. 그런데도 사람들은 칭찬은 좋은 말이고 거짓말은 나쁜 말이라는 표상表象에 속아 거짓말은 절대로 하면 안 되는 것으로 생각하고 칭찬은 아무리 해도 아까울 것이 없다고 생각하기 일쑤나. '좋은 거짓말'로 사람을 살릴 수 있고 '나쁜 칭찬'이 사람을 버리게도 한다는 엄연한 사실을 잊어버린 채.

그러고 보니 시대마다 어울리지 않는 찬가를 부른 이들이 적지 않았으나 하나같이 그 끝이 좋지 못했다. 배울 만큼 배우고도 머리 위로 자기가 던진 똥이 쏟아질 것을 모르고 저지른 악업의 결과였다.

394. [8-91]

지혜를 갖춘 자를 멸시하면
(그) 멸시한 짓을 한 자 자신에게 과실過失이 생겨난다.
등잔불을 아래로 (그) 주둥이를 향하게 했으면
(그) 향하게 한 자의 손이 불타듯이.

한 TV 프로그램에서 흥미로운 실험을 진행했다. 하루에 욕설을 백 번 넘게 사용하는 아이들과 열 번 이하로 쓰는 아이들을 두 그룹으로 나누어 관찰해보니, 욕설을 많이 하는 아이들이 그렇지 않은 아이들보다 언어 구사력이 현저하게 떨어지는 결과를 보였다. 해설자는 그것을 욕설에 대한 의존도가 높은 아이일수록 평소 생활에서 다른 단어를 사용할 필요성을 느끼지 못하기 때문에 생기는 현상으로 설명했다. 해설자의 설명을 듣는 동안 욕설을 사용하지 않고 말하기에서 남녀 학생 모두 자기가 하고 싶은 말을 제대로 표현하지 못하는 공익광고의 한 장면이 떠올랐다.

우리 각각의 삶은 자신이 사용하는 언어를 닮아간다. 말이 거칠다는 것은 그 마음이 거친 것과 다르지 않은데 말이 곧 마음을 겉으로 드러내는 도구이기 때문이다. 거친 말로 모욕을 당한 사람은 마음에 깊은 상처를 입게 되고, 그렇게 되면 그의 앙심快心에서 비롯된 말과 행동이 거친 말을 한 사람에게 똑같이 나쁜 영향을 끼치게 된다.

상처가 될 말을 들은 이가 지혜를 갖춘 이라면 커다란 해로움이 생기지 않을 리 없다. 설사 상처가 될 말을 들은 사람이 대범하게 넘긴다 하더라도 말을 한 사람은 자신이 쌓아둔 공덕이 무너지는 것을 피할 수 없기 때문이다. 데바닷따는 부처님의 저주 때문에 무간지옥에 떨어진 것이 아니다. 등잔불을 거꾸로 세우면 그 불이 자기 손을 태우는 것처럼 그 스스로 지은 악업 때문에 그렇게 된 것이다.

부인할 사람이 있을지도 모르지만 뒤에서 남의 말 하지 않는 사람이 없고, 어느 누구도 뒤에서 하는 말을 듣지 않는 이가 없다. 그러나 하필이면 뒤에서 하는 말이 욕설이어야 하고, 앞에서 하는 말이 듣기 좋은 아첨의 소리라야만 하겠는가? 앞에서든 뒤에서든 거친 말보다 부드럽고 향기로운 말을 하며 살 수도 있다.

시를 읽는 사람은 아름다운 시어처럼 살고, 욕설을 입에 달고 사는 사람은 그 욕설처럼 살 것이라는 생각으로 부드럽고 고운 말로 몸과 마음에 맑고 따뜻한 기운이 스며들게 산다면 얼마나 좋겠는가!

395. [8-92]

무엇이든 그것의 (제) 자리가 있으니
그런 것은 그것의 (제) 자리에 두어야 한다.
왕관의 장식품을 발에 (맞추어) 갈지 않고
발의 신발 장식을 정수리에 (두지) 않는다.

'재능 없는 사람은 없다'는 말을 귀에 못이 박히게 듣고 살면서도 정작 자신의 재능이 무엇인지 모르는 사람이 많다. '자기는 가진 재주가 없다'고 말하는 대부분의 사람들은 알아보려고 하지 않는다. 재능이란 자기가 할 수 있는 여러 가지 일 중에 비교적 나은 것을 가리킬 뿐, 다른 사람들과의 비교에서 가장 뛰어난 것을 가리키는 게 아닌데도 그렇다.

백 사람이 달리면 백 명의 순차적인 등수가 생겨나고, 마흔 명이 시험을 치르면 일등에서 꼴등까지 석차가 생겨나는 법이다. 그러나 많은 사람들이 이렇게 엄연하고 분명한 사실을 받아들이려고 하지 않는다.

왕의 아들딸이 부모를 이어 왕이 되는 나라가 없지 않고 의사의 아들딸로 태어나 가업을 잇는 이가 적지 않지만, 세상에는 왕의 아들딸로 태어나고도 왕 아닌 다른 일을 하는 사람과 의사의 아들딸로 태어났지만 의사 아닌 다른 일을 하는 사람들이 훨씬 더 많다. 잘할 수 있는 일로 생업을 삼을 수 있다면 그보다 좋은 일이 없을 것이다. 그러나 많은 경우 그렇게 하지 않는다. 잘할 수 있는 일로 생계를 유지하기가 쉽지 않을 것이라는 섣부른 판단, 좋아하고 잘할 수 있는 것보다 '좋아 보이는 것'에 대한 욕심, 그러면서도 그에 어울리는 노력을 하지 않는 나태가 사람들을 그렇게 만들고 있다.

자신의 재능을 찾는 일에 게으르지 말아야 하고, 재능을 찾은 뒤로는 그 쓰임을 찾으며 살아야 한다. 주변을 돌아보면 자신이 창문의 틀로나 쓰일 재목인 것을 모르고 마치 대들보로 쓰일 큰 나무라도 되는 것처럼 처세하고 행세하는 사람들이 얼마나 많은가?

396. [8-93]
큰일을 성취하려고 할 때는
노력하여 좋은 친구에게 의지해야 한다.
큰 숲에 불이 붙으려면
바람이 확실하게 친구처럼 필요하다.

살아온 날들을 돌아보면 좋은 사람들과 함께한 인연이 적지 않았다. 생각해보면 나는 좀 더 용감했어야 했고 내 힘만 믿지 말았어야 했으며 주변의 힘에 기댈 줄도 알았어야 했다. 스승이었고 동무였고 응원해준 많은 사람들이 있었지만 나는 때로 주저하고 돌아서고 게으름을 피우면서 그들이 내민 손을 잡지 않았다. 그럼에도 크게 어그러지지 않고 작게라도 이룬 것이 있다면 그것은 순전히 내가 만난 수많은 사람들의 덕분이었고, 뭔가 크게 이룰 수 있었던 기회조차 만나보지 못했다면 그것은 온전히 내가 어리석고 게을렀던 탓이다.

게으름이 실패를 만든다면 근면은 성공을 만들고, 겁약이 일의 크기를 줄인다면 용기는 작은 시작으로 큰일을 이루게 하며, 무지가 혼자서 외롭게 작은 일이나 하게 한다면 지혜는 함께하여 큰일을 이루게 한다. '도반은 수행의 전부'라고 한 부처님의 말씀처럼 재산보다 좋은 벗 하나 갖는 것이 삶을 훨씬 더 풍요롭게 만든다. 작은 집을 짓는 데는 작은 기둥이면 충분하지만 큰 집을 짓는 데는 큰 기둥이 필요하다. 스스로에게 물어본다.

'나는 지금 누군가에게 어떤 기둥 노릇을 하며 살고 있는가?'

397. [8-94]

사랑이 듬뿍 담긴 듣기 좋은 말은
(일을) 쉽게 이루게 하고 다른 사람들을 기쁘게 하는 최상의 방법이다.
재물로 만족시키는 것은 누구나 할 수 있어
몸과 목숨을 주더라도 절반도 만족시키지 못한다.

어디라고 재물로 위세를 부리는 사람이 없을까마는 '돈 가진 사람에게 한국보다 살기 좋은 나라가 없다'는 말보다 더 사람을 민망스럽게 만드는 말도 찾아보기 어렵다. '돈이면 못할 게 없다'는 말은 '돈으로도 하지 못할 게 있다'고 믿는 사람이 많은 곳에서는 함부로 입에 담을 수 없기 때문이다. 백 번을 양보하더라도 죽음처럼 돈으로 피해갈 수 없는 일도 있고, 돈을 쓰지 않고도 그 이상의 효과를 낼 수 있는 방법도 있다. '말 한마디로 천 냥 빚을 갚는다'는 속담도 있지 않은가!

"괜찮아. 너는 할 수 있어!"라는 말은 학생들이 가정과 학교에서 가장 듣고 싶어 하는 말이고, "그렇게밖에 못해!"라는 말은 학생들이 절대 듣고 싶지 않다는 말이다. 하나는 학생들로 하여금 희망을 갖게 하는 말이고 다른 하나는 학생들의 기를 꺾어버리는 말인데, 적지 않은 부모와 교사들이 자식과 학생들에게 상처가 되는 말의 심각성을 인식하지 못한 채 자기 감정을 앞세워 생각 없이 말을 뱉어 버린다.

잘하는 아이와 학생에게 칭찬을 해주는 것 못지않게 잘하지 못하는 아이와 학생에게 다시 잘해볼 수 있는 힘을 낼 수 있게 하는 것이 아이를 기르고 가르치는 부모와 교사들이 해야 할 일이다. 들으면 기운이 날 말을 해주는 것도 보시다. 사람과 세상에 대한 미움과 원망을 누그러지게 하는 데도 진심에서 우러난 따뜻하고 부드러운 말 이상의 좋은 처방이 없다.

출가자들의 말투에 관한 재가자들의 불평불만을 자주 듣는다. 도가 깊어지면 말씨도 부드러워지는 모양이라는 불연 깊은 불자들의 말을 빌지 않더라도, 점집 무당들의 말투를 닮아가는 성직자와 수행자들이 줄어들지 않는 것은 영성의 고갈이라는 시대적 위기와 무관하지 않은 현상이다.

힘이 되는 말로 아침을 시작하고 기운 나는 말로 이웃을 응원하는 삶을 살아가야 할 일이다. '나부터 먼저'라는 다짐으로 하루를 열어보자.

398. [8-95]
가난해졌어도 번민하지 말고
재물을 모았어도 너무 기뻐하지 마라.
억겁에 걸친 업력業力에 의해서
다양한 행복과 고통苦樂이 연이어 발생한다.

당고종唐高宗 때 황후였던 무측천武則天은 고종의 뒤를 이어 황제가 된 어린 아들 중종中宗의 섭정을 시작했지만 중종이 성년이 되고 나서도 자리에서 물러날 생각을 하지 않았다. 그것을 보다 못한 소안환蘇安桓이란 대신이 '사물이 극에 달하면 반드시 반전하고, 그릇이 가득 차면 넘친다[物極必返 물극필반, 器滿則傾 기만즉경]'는 상소문을 올려 무후가 섭정을 그만두어야 한다고 간언했다.

더운 나라라고 더위만 지속되는 법이 없고 추운 지역에서도 추위만 지속되지는 않는 것처럼 우리 삶에도 행복과 불행, 횡재와 횡액, 위기와 기회의 순간들이 교차하고 명멸한다. 잎을 떨어뜨린 뒤 추위를 견뎌내야 하는 혹한의 겨울을 견뎌내면 훈풍 속에 향기 짙은 꽃을 피워낼 수 있는 봄을 맞이한다. 그러니 행복하고 안락한 때라고 해서 탐닉만 할 것도 아니고 불행하고 신산스러운 때라고 해서 좌절만 할 것도 아니다. 어느 것 하나 '이 또한 흘러가리라'는 주문 앞에 예외일 수는 없다

> 한 남자에게 아름다운 여인이 찾아와 말했다.
> "나는 행복이라고 합니다. 당신에게 행복을 주기 위해 왔습니다."
> 이게 무슨 횡재냐 싶어 사내가 반갑게 그 여인을 받아들이려는 순간 미녀의 뒤에 서있던 못생긴 한 여인이 따라 들어오려고 했다. 남자가 기겁을 하며 문을 닫으려고 하자 못생긴 여인이 말했다.
> "나는 불행이라고 하고, 우리 둘은 어디든 함께 가는 쌍둥이 자매입니다. 언니와 저를 함께 받아들이시겠습니까, 아니면 언니를 도로 내보시겠습니까?"
> —『대반열반경』, 공덕천녀功德天女와 흑암천녀黑闇天女 자매 이야기 중에서

괴로움은 집착과 배척으로부터 시작된다. 나 자신을 포함하여 어떤 것도 그대로 머무르는 것이 없고 좋은 것도 싫은 것도 왔다가 곧 떠난다. 문제라면 우리가 그것을 알고 있으면서도 집착하고 배척하는 어리석은 마음에서 벗어나지 못하는 것이다.

적은 것을 얻고도 다 얻은 것처럼 행복해하는 이가 있는가 하면 많은 것을 얻고도 모자라 아쉬워하는 사람도 있다. 적게 잃고도 다 잃은 것처럼

괴로워하는 사람이 있는 반면에 많이 잃고도 남은 것이 있는 것에 감사하는 사람도 있다. 어디 그뿐인가. 기운이 극성할 때 극성의 기운만 생각하는 이들이 있는 반면에 곧이어 나타날 쇠약해질 시기를 준비하는 이들도 있다.

　방법은 하나뿐이다. 배운 대로 살아보려고 노력하고, 살아보고 싶은 쪽을 향해 한 걸음씩 옮겨보는 것이다.

제9장 법에 대한 검토── 관법품觀法品

399. [9-1]

중생의 우두머리인 부처님이 계시는 동안

다른 (외도의) 스승을 존경하는 것은

팔공덕수八功德水의 (갠지스 강) 둑에서

짠맛의 우물을 파는 것이다.[1]

---

1 팔공덕수八功德水는 티벳어로 '엔락 게덴 ᅕyan lag brgyad ldan chu'인데 주로 갠지스 강恒河의 물을 비유할 때 주로 사용한다. 여덟 가지 덕德을 갖춘 물이라는 뜻으로, 1) 차고, 2) 달고, 3) 가볍고, 4) 부드럽고, 5) 맑고, 6) 더러움에서 자유롭고, 7) 마신 뒤에 속을 달래고, 8) 마실 때 목에 잘 넘어가는 물을 가리킨다. 티벳 불교에서는 7지 공양을 올릴 때 꽃이 아닌 맑은 물을 사용한다. 2차 전법기의 시작을 알리는 아띠샤가 티벳의 물을 마셔보고 공양물로는 이것만으로도 충분하다고 하여 우리가 청수淸水를 불단에 올리는 것처럼 불단에 물을 올리기 시작했다고 한다.

이 경구와 티벳 삼장에만 남아 있는 용수의 『쁘라갸단다prajñādaṇḍa』, 티벳명 『셰랍 동부shes rab sdong bu』의 여섯 번째 계송과 거의 같다. (이 경구집을 우리말로 옮기면 '지혜의 정수' 정도로 '동부'는 보통 나무의 본줄기를 가리킨다.) 거칠게 번역하면,

책을 읽듯 『성경』을 읽던 시절이 있었다. 그러나 다른 사람들과 기독교에 대해 이야기해볼 기회는 없었다. 말하는 것이 그리 보였는지 아니면 조심성 많은 행동 때문이었는지는 모르지만 교회나 절에 다니느냐는 말을 숱하게 들으면서도 정작 종교를 가져볼 생각을 하지 않았다. 그러다가 세상에서 한 걸음 물러선 뒤 우연한 기회에 불교서적을 접했다. 그러고는 사람들 속에 섞여 불교에 관한 이야기를 나누면서 혼연히 불자가 되었다.

처음에는 너무 늦게 불법을 만났다는 생각 때문에 만시지탄晚時之歎의 아쉬움이 없지 않았다. 하지만 생각을 달리 해보니 금생에 그토록 얻기 어렵다는 사람 몸을 얻어 이 세상에 나왔고, 그보다 훨씬 더 어렵다는 불법도 이생의 후반에서나마 만났으니 마땅히 아쉬움보다 반가움이 더 커야 할 일이었다.

게송 속의 '부처님이 계시는 동안'이란 대목을 굳이 '육신으로 살아 계실 때'로 읽지 않았다. 그리고 부처님의 가르침을 삶의 토대로 확실하게 받아들인 후에도 외도의 스승을 존경하는 것이 부당하다고 생각하지 않았다. 종교에 대한 이해가 부족해서 그렇다고 할 수도 있겠지만 '진리는 독점되지 않는 것'이라는 나름의 신념 때문이었다.

늦게나마 불자가 될 수 있었던 것에 감사하지만 나는 여전히 불교가 '종교 중에 으뜸'이라고 생각하지 않고, 다른 사람과 종교의 우열에 관해 다투고 싶은 마음도 없다. 불교는 그저 내가 좋아하는 노래와 같고, 좋아하

● ●

> 부처님의 가르침을 완전히 잊고
> 다른 신을 경배한다면
> 무지하여 갠지스 강의 가까운 곳에서
> 목이 말라 우물을 파는 것과 같다.

이 『프라갸단다』는 인도에서 제작된 용수의 이름을 차용한 위경이 확실한데 갠지스 강과 우물을 통해 붓다와 다른 외도의 스승들을 비유하는 것이 당시에 유행하던 작법인 듯하다.

는 책과 같고, 좋아하는 음식과 같고, 즐겨 입는 옷과 같기 때문이다.

종교인이라는 이름표를 달고도 배운 대로 살지 못하는 삶보다 종교인이라는 이름표를 달지 않고도 사람으로 지켜야 할 도리를 지키며 살아가는 아름다운 삶을 보더라도 '무엇으로 사느냐?'는 그다지 중요하지 않다. 중요한 것은 '어떻게 사느냐?', 오로지 이것 하나다. 계송의 내용과는 다르지만 그것이 부처님의 가르침을 따르는 것임을 의심하지 않는다.

400. [9-2]
무슨 일이라도
익숙해지면 어떤 어려움이 있겠는가?
(쉬운) 공예술을 배우는 것처럼
성법聖法도 어렵지 않게 성취된다.

'생활의 달인'이라는 TV 프로그램이 있다. 우리 주변의 다양한 생업의 현장에서 만날 수 있는, 몸을 써서 살아가는 사람들의 기예에 가까운 기술들을 보여주는 프로그램이다. 여기에 출연한 달인들은 마지못해 삶의 방편으로 익힌 수준을 넘어 노동을 즐기고 신성하게 여기는 이들만이 성취할 수 있는 여러 기능들을 보여준다. 그들에게 붙여진 이름은 달인達人이지만 숙련의 과정을 통해 성취한 공교로움은 장인匠人이라 불러도 손색이 없다.

> 古之立大事者 고지입대사자
> 不惟有超世之才 불유유초세지재
> 亦必有堅忍不拔之志 역필유견인불발지지
>
> 그 옛날 큰 공업을 이룬 사람들은
> 뛰어난 재능뿐만 아니라
> 흔들리지 않는 강인한 뜻을 함께 가진 이들이었다. (해제자 졸역)

소동파가 한나라 경제景帝 때의 정치개혁가 조착晁錯에 대해서 쓴『조착론晁錯論』이라는 글에 비춰 봐도 생활의 달인들은 강인한 뜻을 지닌 이들이다. 사람들이 우습게 아는 일이라고 중도에 그만두어 버렸다면, 오래 하기 힘든 일이라고 중도에 포기해 버렸다면, 그들이 보여준 놀라운 숙련도는 결코 몸에 익히지 못했을 것이다. 어려운 순간이 없지 않았을 테지만 그들은 그럴 때마다 돌아보기도 하고 내다보기도 하면서 새롭게 기운을 차려 그침 없이 나아간 끝에 지금의 경지에 이르렀을 것이다.

재능을 타고나는 것만큼이나 중요한 것이 있다. 처음 가진 뜻을 관철하는 뚝심은 일을 이루는 토대이고, 긍정하는 마음은 성취를 보장하는 촉진제이며 보약이다. 부처님의 가르침을 익히는데도 달리 무슨 비책이 있을리 없다. 그저 배우고 배운 것을 행하며 나아갈 뿐이다. 어떤 일도 시작할 때 어렵지 않은 것이 없고, 몸에 익어 습관이 된 뒤에까지 어려운 일로 남는 것도 없다.

401. [9-3]

어떤 자가 조그만 것에 만족할 줄 알면
그에게 재물은 고갈되지 않는다.
만족할 줄 모르고 (재물을) 찾는 자에게
고통은 비처럼 항상 쏟아진다.

한창 잘나가던 사람이 마흔 중반에 의미 있는 일을 해보겠다고 하면서 다니던 직장을 그만두고 사회활동가의 삶을 시작했다. 사람들이 그런 그에게 물었다.

"돈을 많이 모아두셨나 봐요?"

"그런 결심을 하는데 아내가 아무 말도 하지 않던가요?"

그가 세상에서 만난 은퇴자들은 하나같이 재산이 줄어들까봐 걱정하고 있었는데 그는 대답 대신 그들에게 물었다.

"젊었을 때 돈을 버는 이유가 나이 들었을 때 쓰기 위해서가 아니었나요?"

소욕지족少欲知足의 실천은 소유의 과다寡多를 떠나 가진 것을 까먹으면서 살겠다는 여유와 가진 돈이 줄어들 것에 전전긍긍하는 데서 갈린다.

가진 것이 적어도 나누기를 생각하는 사람은 소유로 인해 생기는 번뇌가 없어서 행복하다. 반대로 생기는 것에 만족할 줄 모르고, 갖고도 나누는 것에 인색하며, 줄어드는 것과 잃는 것을 혐오하는 자에게는 만족과 행복이 들어설 자리가 없다. 더 바랄 것 없는 삶까지는 꿈꾸지도 않는다. 다만 만족할 줄 알고 감사할 줄 아는 사람이 되기만을 바랄 뿐.

402. [9-4]

언제든지 필요할 때 (되돌려) 받을 수 있는
바로 그 재물을 주라고 부처님께서 말씀하셨다.
쌓아둔 재물은 꿀과 같아서
언젠가는 다른 사람이 쓰게 된다.

봉사활동에 맛을 들인 사람들은 하나같이 '주는 것보다 받는 게 훨씬 많다'는 말을 입에 달고 산다. 몸으로 직접 해보지 않았거나 마음으로 느껴보지 않은 사람들에게 그 말은 꾸며서 하는 말처럼 들리기 쉽다. 왜냐하면 '가진 사람'이 '없는 사람'으로부터 받는 게 더 많다는 말을 이해하기가 쉽지 않기 때문이다.

봉사활동, 즉 몸이나 마음으로 보시하는 것에 익숙해진 사람은 돈으로 환산할 수 없는 것들의 합으로 이뤄진 게 바로 우리네 삶이라는 것을 몸소 체험하여 안다. 그리고 자신의 경험을 통해 생긴 확신 때문에 보통 사람들이 보기에 경제법칙에 어긋나는 것 같은 비상식적 삶을 기꺼이 추구한다. 그들의 셈법에 따르면 김 오르는 밥 한 그릇과 정이 담긴 말한 마디의 가치가 다르지 않다. 그래서 그들은 만족할 줄 안다.

반대로 작은 것을 주고 나서 크게 준 것처럼 생각하고 크게 받았으면서도 작게 받은 것처럼 고마워할 줄 모르는 사람도 있다. 갚아야 할 빚은 없고 받을 빚만 수미산처럼 크다고 여기는 사람들은 그래서 무슨 일을 하든 만족할 줄 모른다.

가진 것이 없어서 허기를 느끼는 사람보다 갖고도 허기를 느끼는 사람이 더 가난한 사람이고, 가진 것이 많아도 만족할 줄 모르는 사람보다 작은 것에도 만족할 줄 아는 사람이 더 부자다. 나아가 많든 적든 가진 것을 남들과 나누기까지 할 수 있다면 그야말로 멋진 삶을 살아가는 사람이라 할 수 있다.

벌들이 모아놓은 꿀을 누가 먹는가? 앞에서 여러 차례 말한 것처럼 돈은 모으는 사람의 복이 아니라 쓰는 사람의 복이다. 돈을 버는 가장 큰 목적은 쟁이기 위한 것이 아니라 쓰기 위한 것이라는 사실을 잊지 말자.

403. [9-5]

이 세상[금생]에서라면 빌려준
것을 되돌려 받을 확신이 없다.
(그러나) 가난한 자에게 베푼 것이 있다면 애쓰지 않아도 (후생에)
(아무리) 작은 것이라도 백배나 되돌려 받는다.

'주는 것'과 '빌려주는 것'의 차이가 무엇일까? 남에게 '주는 것'은 돌려받을 생각을 하지 않는 것이고 '빌려주는 것'은 돌려받겠다고 생각하는 것이다.

그런데 세상일이란 돌려받을 생각을 하지 않았던 것을 돌려받기도 하고 돌려받으려고 했던 것을 돌려받지 못하는 경우가 비일비재하다. 배고픈 사람에게 밥 한 그릇 먹이고도 덕스럽다는 찬사를 들을 때가 있고, 형편이

딱한 지인에게 큰돈을 빌려주었다가 고맙다는 소리를 듣기는커녕 사이가 틀어지고 마는 경우도 있다. 하기야 빌려주는 사람의 입장에서는 '앉아서 주고 서서 받는다'고 할 만큼 빌려 쓰는 사람이 믿음직스럽지 않아 보일 테고, 빌려가는 사람의 입장에서 보자면 '꾸어줄 때는 친척 같아도 받아갈 때는 원수 같아' 보일 수도 있다.

배고파 하는 사람에게 따뜻한 밥 한 그릇 내놓을 때 안쓰러워하는 것과 누군가에게 돈을 빌려줄 때 불안해하는 것은 어려움에 처한 사람을 돕는다는 행위는 닮았을지 몰라도 그 마음은 같지 않다. '나'라는 것은 안중에도 없고 어려운 처지의 사람만 보일 때의 마음과 상대의 어려운 처지보다 '나'와 '나의 것'에 대한 안전이 더 걱정될 때의 마음은 같을 수가 없기 때문이다.

과보의 내용과 크기도 그런 마음의 차이에 따라 달라진다. 받으려고 하는 마음이 있을 때 받기 어렵고 받겠다는 마음조차 없을 때 오히려 받게 되는 갈림길이 바로 그 마음의 운용으로부터 나뉘게 되는 것이다.

404. [9-6]

구두쇠 짓으로 (큰) 부자 되기 불가능하고
베풀어서 가난해지기 불가능하니
구두쇠는 재물에 대한 (욕심이) 작고
베푸는 자는 재물을 엄청나게 (탐내는 것과) 같다.

405[9-7]

보시하면 가난해질 것이라는 두려움에
구두쇠는 보시를 베풀지 않는다. 그래서
(그) 인색함 때문에 확실하게 가난해진다. 그래서
지혜를 갖춘 자는 얻었던 (아무리) 작은 것이라도 베푼다.

아주 오랜 옛날 옹진 고을에 옹고집이라고 불리는 사람이 살았다. 나이든 부모를 잘 봉양하지 못하는 것은 물론이거니와 인색한 데다가 심술까지 고약해서 동냥 나온 거지의 밥그릇과 탁발 나온 승려의 바랑에 곡식 한 톨 부어주기는커녕 대문 밖에서 욕하고 매질해서 쫓아버리기 일쑤였다.

옹고집이 사는 마을에서 멀지 않은 곳에 도력 높은 도사가 살고 있었다. 도사는 옹고집의 악행이 지나치다는 소문을 듣고 그의 나쁜 버릇을 고쳐줘야겠다고 마음먹었다.

도사는 짚으로 가짜 옹고집을 만들어 옹고집네로 보냈다. 진짜와 가짜가 섞여 서로가 진짜라고 다투기를 며칠, 마침내 진짜보다 더 진짜 같은 가짜를 이기지 못한 옹고집은 그만 집에서 쫓겨나고 말았다. 할 수 있는 것이라고는 집집마다 돌아다니며 밥을 빌어먹는 것밖에 없었다. 그러나 평소에 저지른 악행 때문에 마을 사람들에게 식은 밥 한 술 얻어먹기가 쉽지 않았다.

살아온 것이 후회스럽고 살아갈 것이 막막하여 스스로 목숨을 끊으려는 순간, 옹고집 앞에 도사가 나타나자 그는 지난날 저지른 잘못을 눈물로 참회하였다. 도사가 써준 부적을 들고 옹고집이 집으로 들어서자 가짜는 스스로 짚으로 변하여 사라졌다. 새로운 사람이 된 옹고집은 이후 많은 선행을 쌓으며 살았다.

인색한 것만으로는 큰 부자 될 수 없고 베풀기만 한다고 재산이 거덜나지는 않는다는, 인색한 것이야말로 재물을 좋아하지 않는 것과 같고 베푸는 것이야말로 큰 재물을 탐하는 것과 같다는, 인색하면 인심과 재물을 모두 잃지만 베풀면 그 두 가지를 모두 얻게 된다는 옛날이야기다.

406. [9-8]
쌓아만 둔 재산의 이자가 붇지 않아서
상인이 물건들을 널리 퍼뜨리는 것처럼

담고만 있으면 부귀를 얻을 수 없어

현자는 상인처럼 시방十方에 은혜를 베푼다.

장사하는 사람들이 두려워하고 싫어하는 것은 팔기 위해 장만해 둔 물건이 때와 장소를 만나지 못해 창고 속에 쌓여 있는 것이다. 팔리지 못한 상품은 가치가 하락하는 것으로만 끝나지 않고 쌓아두는 것만으로도 비용을 발생시킨다. 그래서 때로는 손해를 감수해가면서까지 반값으로 팔거나 '땡처리'를 하는 경우가 생긴다.

재물이 적절한 쓰임을 찾아갈 때 가치가 제대로 발현되는 것처럼, 배움도 어울리는 쓰임을 만났을 때 비로소 효용이 생겨난다. 깨달음은 자기를 변화시키는 것에서 그치지 않고 세상의 변화에 긍정적으로 영향을 끼칠 수 있을 때만 참다운 가치를 논할 수 있다.

어리석은 이와 지혜로운 이는 재물을 대하는 태도에서 다르다. 어리석은 이들은 재물을 자기 것이라고 하면서 그 위에 눌러앉으려고 하지만, 지혜로운 이들은 재물을 억지로 모으려고 하지 않고 모이더라도 자기를 거쳐 쓰일 곳으로 흘러가게 한다.

현자는 좋은 일을 해보겠다고 하면서 스스로 돈을 벌겠다고 나서는 이가 아니다. 현자는 다만 세상의 재물이 한 곳에 쌓여 썩어가고 있을 때 창고를 열어 재물이 필요한 곳에 쓰일 수 있도록 길을 내주는 사람이다. 떡을 만지다 떡고물을 손에 묻히는 것은 속인들이나 하는 짓, 현자는 돈이 지나는 길목에 있더라도 동전 한 닢 자기 주머니에 넣지 않는다. 재물은 허명일 뿐, 삶을 채우는 것은 청정한 마음 하나라는 것을 알기 때문이다.

407. [9-9]

"(어떤 자는) 천만의 천 배가 되는 보물이 있어도

누구에게도 베풀지 않는다.

그런 자는 이 세상에서 가난한 자다."라고

(가르침을) 많이 들은 분들께서는 그와 같이 말씀하셨다.

'재물에 대한 과도한 탐욕을 경계하라'는 말은 서로 어울려 살아가지 않을 수 없는 사람들을 위해 만들어진 도덕률이다. 과도한 탐욕에 따른 병폐를 굳이 재물로 제한할 필요는 없다. 과도한 집착과 소유욕이 번뇌를 낳고 그 번뇌가 우리의 안락한 삶을 무너지게 만들기 때문이다.

재물을 추종하는 이들의 열망이 하도 커서 돈이 신의 반열을 넘보는 세상이 되었다. '돈만 있으면 귀신도 부릴 수 있다'고 믿는 사람들은 예외 없이 돈의 노예가 되기를 마다하지 않는다. 그렇다고 그것을 돈의 잘못이라고 할 수도 없다. 문제는 우리가 가진 과도한 욕심, 즉 탐욕이다.

求覺尙需捨自身　구각상수사자신
何況一切身外物　하황일체신외물
故於身財盡捨却　고어신재진사각
不望報是佛子行　불망보시불자행

깨달음을 구하려면 몸도 버려야 하거늘
몸 밖에 있는 다른 것들 말해 무엇하랴.
그러므로 몸과 재물 모두 버리고라도
받을 생각 않는 것이 보살이 할 일이다
　　　　　－『불자행삼십칠송』 25번 계송(해제자 졸역)

'깨달음을 추구하는 삶을 살겠다'고 발심했으면서도 세간에서와 별로 달라지지 않은 욕망을 추종하며 살아가는 이들이 있다. 그러나 시궁창에 빠진 자신의 몸뚱이 하나 건사하지 못하는 이들에게 중생 구제는 너무나 벅찬 바람이자 위선이다.

세간은 사람들이 가진 욕망이 현현顯現된 것이라서 이것을 완전한 극락이나 완전한 지옥으로 바꿀 수는 없다. 분명한 것은 지옥이 극락을 이겨낼 수 없고, 극락 또한 지옥을 멸할 수 없다는 사실이다. 왜냐하면 이 둘은 서로에게 기대어 이루어지는 존재이기 때문이다. 그래서 더욱 중요한 것은 자기가 '지금 어느 쪽에 서 있느냐?'하는 것이고, 무게의 중심을 자기 쪽으로 기울게 하는 '자신의 역할을 인식하고 있느냐?'하는 것이다.

아무리 많이 배우고 아무리 좋은 것을 배웠다고 하더라도 그것을 나와 남의 삶에 두루 이롭게 풀어내지 못한다면 많이 배웠어도 못 배운 것과 다를 것이 없고, 좋은 것을 배웠어도 나쁜 것에서 달라진 것이 없다고 밖에 말할 수 없다.

바른 가르침을 따라 사는 사람에게 지금 자신이 서 있는 자리를 살피는 것보다 더 중요한 것이 없다. 재물은 물론 가르침까지라도 남김없이 이웃을 위해 쏟아 붓고 가볍게 이 세상을 떠나는 것, 그것이야말로 세상의 온갖 쾌락과 괴로움으로부터 멀리 떨어져 사는 수행자가 누릴 수 있는 최상의 복이라고 할 수 있지 않겠는가?

408. [9-10]
가문의 후손이 기우는 것을 두려워하는
우매한 자는 작은 (재물이라도) 얻을 수 있으면 모은다.
현자는 가문의 후손을 높이는 것을 이루기 위해서
뇌물처럼 (재물을) 다른 사람에게 보시하여 베푼다.

409. [9-11]
가문의 후손을 부자로 만들기 위한 생각으로
자기 자신을 팔아 아들에게 베풀었건만
나쁜 아들은 (그런) 아버지에게 (계속) 싸워대고
재물들을 잃으면 개처럼 (거리를) 배회한다.

재물은 그것을 운용하는 사람의 마음과 행동에 잘잘못이 있을 뿐 그 자체로는 좋거나 나쁘다고 말할 수 없다. 세상에는 재물을 풍족하게 갖추고도 지혜롭고 선한 삶을 사는 이가 있는가 하면, 재물을 풍족하게 갖추지 못했을 뿐만 아니라 생각과 행동까지 바르지 못한 이들도 있다.

위에 나오는 두 게송은 모두 자식을 양육하는 부모의 재물에 대한 태도를 말하고 있다. 앞 게송은 재물을 어려운 사람들에게 베풀어 자신과 자녀의 삶에 보탬이 되게 하려는 부모에 대해 말하고 있고, 뒤에 나오는 게송은 평생을 땀 흘려 일해 모은 재물을 자식의 편안한 삶을 위해 물려주려는 부모에 대해 말하고 있다. 그러나 부모가 그러한 것처럼 자식 역시 자신의 복덕으로 자신의 삶을 살아가는 것이고, 부모가 자식에게 물려주는 재산은 부모의 바람이고 기대일 뿐 자식의 편안한 삶에 보탬이 되리라는 보장은 없다.

게송을 읽으면서 경주부자 최동량과 강릉의 선교장 주인 이내번을 생각했다. 두 가문의 부富에 대한 가르침은 자손 대대로 이어져 각각 12대와 10대에 걸쳐 300여 년 동안이나 부를 지키면서 사람들의 존경까지 받았다.

만석꾼의 재산을 이룬 두 집안이 재물을 운용한 기본은 어려운 때를 만나면 창고를 열어 불행한 이웃이 생기지 않게 하는 것이었고, 재물을 모으고 늘리기 위해서 없는 사람들 눈물짓게 하지 않는 것이었으며, 자기 발로 찾아오는 이에게 먹고 자는 것으로 척질 일을 하지 않는 것이었다.

재물로 키우고 재물이 지켜줄 것으로 믿은 자식은 거의 부모가 준 재물을 지켜내지 못한다. 공생과 공존에 대해 배우지 못한 자식이 얼마 동안이나 부모에게서 받은 재물을 온전하게 지켜낼 수 있을까? 재물로만 키운 자식이 재물을 잃고 난 뒤 살아갈 끔찍한 모습을 상상할 수 있다면 자식을 키우는 부모로서 자식을 잘 키우는 방법은 딱 하나다. 자식을 고생시키지 않겠다는 바람 하나로 가진 것 다 쏟아서 연약한 자식으로 키우는 잘못을 저지르지 않는 것이다.

공존이나 베풂을 가르치기보다 경쟁이 가장 효율적이라고 가르치는 현실에서 그러기가 쉽지는 않겠지만 말이다.

410. [9-12]

이와 같이 부모가 자식을 사랑하지만
그와 같이 자식은 부모에게 (그렇지) 않다.
부모가 자식을 (이와 같이) 보살피고 보살폈건만
부모가 늙으면 그 자식은 (그와 같이) 업신여긴다.

아들에게 장애가 생긴 뒤, 어머니는 당신의 삶이 잘못되어 그리 된 것이라는 생각을 돌아가실 때까지도 떨쳐내지 못하셨다. 어머니는 신심 깊은 불자로 사신 것도 아니면서 화장을 택하셨고, 자식의 무거운 걸음을 염려하여 불에 태운 재마저 물에 흘려보내라고 유언하셨다.

그런 어머니께서 늘그막에 풍을 맞으셨다. 입원과 퇴원을 반복하는 동안에 어머니의 병세는 급속하게 악화되었고, 병수발이라 이름 붙일 것도 못 되는 날들이 한 달 남짓 지났을 때 문병을 온 집안 어른 한 분께서 말씀하셨다.

"어머니의 자식 사랑 지극하신 것이야 모르지 않는다만 가시는 것도 너를 생각해 서두르시는 모양이다. 마음 준비 단단히 해두거라."

멀어지는 어르신의 뒷모습이 그렇게 미워 보일 수가 없었다.

'당신이 뭘 안다고. 멀쩡해질 어머니께서 떠나신다니……'

어머니는 그로부터 일주일을 채우지 못하고 떠나셨다. 당신께서 눈을 감으신 뒤에야 나는 비로소 '긴 병에 효자 없다'는 말과 함께 집안 어른께서 문을 나서며 내게 해준 말씀의 속뜻을 알아차렸다. 돌이켜 보면 어머니의 아파하는 마음을 한 번이라도 속 깊게 헤아려 본 적이 없었다.

경기도 화성에 있는 용주사 경내에 『부모은중경父母恩重經』을 새겨둔 탑이 있다. 원래 이름을 『불설대보부모은중경佛說大報父母恩重經』 또는 『불설부모은중난보경佛說父母恩重難報經』이라고도 하는 이 경에는 부모님을 생각나게 하는 열 가지 은혜가 담겨 있다.

1. 회태수호은懷胎守護恩 아이를 잉태하여 지키고 보호해주신 은혜
2. 임산수고은臨産受苦恩 해산할 때 고통을 받으신 은혜
3. 생자망우은生子忘憂恩 자식을 낳고 근심을 잊으신 은혜
4. 연고토감은咽苦吐甘恩 쓴 것을 삼키시고 단 것을 뱉어 먹여주신 은혜
5. 회건취습은迴乾就濕恩 마른자리 내주시고 진자리 차지하신 은혜
6. 포유양육은哺乳養育恩 젖을 먹여 길러주신 은혜
7. 세탁부정은洗濯不淨恩 더러운 것을 깨끗이 씻기고 빨아 입혀주신 은혜
8. 원행억념은遠行憶念恩 먼 길 떠날 때 걱정해주신 은혜
9. 조위악업은造爲惡業恩 자식 위해 나쁜 일까지 서슴지 않으신 은혜
10. 구경연민은究竟憐愍恩 임종하실 때도 자식을 위해 사랑해주신 은혜
   * 경전에 따라 열 번째 항목은 '심가체휼은深加體恤恩'이라 하여 돌보고
   위로한 은혜를 들기도 한다.

살아온 세월의 가치를 높게 쳐주던 오랜 전통이 빠르게 무너지고 있다. 교사보다 학습 기술자를 높이 쳐주는 사회 풍토도 이와 무관하지 않고, 그런 환경에서 양육되고 배운 아이들에게 부모와 스승의 은혜가 뼛속 깊이 새겨지기 어려운 것도 사실이다.

그러나 삶의 이치로 보아도 나중 없는 지금보다 지금과 나중이 균형을 갖추는 게 맞다. 젊은이가 영원히 젊은이일 수 없고 늙은이도 예전에는 젊은이였기 때문이다. 젊은이와 먹을 것을 다투는 늙은이의 모습도 아름답지 못하지만 늙은이의 먹을 것을 빼앗고도 당연하다거나 자랑스럽게 여기는 젊은이도 보기 좋은 것은 아니다.

이 세상 모든 부모는 이전에 자식이었고, 지금의 모든 자식은 이 다음의 부모다. 받은 것 이상으로 갚아야 하는 것이 은혜이고 저지른 것業만큼 받는 게報 인과인 만큼 부모에게 잘하는 자식일수록 자녀에게 들여야 할

품은 그만큼 줄어들고, 반대로 부모에게 못하는 자식일수록 자녀에게 들여야 할 품은 그만큼 늘어나게 된다.

부처님께서도 갚아야 할 네 가지 중요한 은혜에 대해 말씀하셨다.

불법을 만난 것과 부모님에게서 태어난 것과 스승을 만나 가르침을 받은 것과 대중으로부터 도움을 받아 살아가는 것에 대해서다. 어느 하나 귀하지 않은 것이 있을까마는 부모의 배를 빌어 이 세상에 나온 것은 그중에서도 으뜸이다. 나머지 셋이 그로부터 비롯되기 때문이다. 세상이 하도 수상하여 요즘엔 부모답지 않은 부모들의 소식이 들려오기는 하지만 그렇더라도 "세상에 태어나게 해주셔서 감사합니다."라고 말하며 눈물 흘리는 자식이 "이럴 거면 왜 낳았어!"라고 하면서 포악을 부리는 자식보다 백 배 천 배 낫다.

부모님에게는 할 도리 다 못해 죄 많은 아들이자 자식에게는 못 준 것이 많아서 미안한 못난 아비의 독백이다.

411. [9-13]
재물을 쌓으려는 구두쇠 같은 부자와
필요한 곳에 베푸는 부자, (이) 둘 가운에
자신과 가문의 후손, (이) 둘에 대한
다른 세상未來世의 차이는 (명백하게) 나누어진다.

쌓아두고 채워두는 것의 넉넉함을 생각할 때마다 저수지를 떠올린다. 저수지는 물이 필요한 농사철에 물을 내보낸 뒤 헐거워진 몸으로 여름철에 쏟아져 들어오는 흙탕물을 품고, 가을부터 겨울까지 흐린 물을 맑게 바꿔서 다음해 봄이 되면 또다시 필요한 곳으로 물을 내보낸다.

사람들은 저수지가 저 좋아서 몸을 비우거나 물을 채우는 것이 아니라는 것을 알고 있기 때문에 저수지가 비어 있을 때는 비어 있어서 흡족하고 차 있을 때는 차 있어서 마음을 놓는다.

재물도 물과 같아서 잘못 흘러가면 사람을 망치는 독이 되고 좋은 길로 흘러가면 사람을 살리는 약이 된다. 그래서 재물을 복이라고도 하고 화라고도 하는 것이다. 이런 재물의 속성을 모르는 어리석은 사람은 자기와 가까운 사람들만을 생각하며 재물을 쌓아두거나 사용하지만, 지혜로운 이는 자기뿐만 아니라 다른 사람들에게도 이롭게 하기 위해 재물을 모으고 모은 재물을 사용한다. 이러한 연고로 재물의 속성을 모르는 이는 구두쇠라 불리고 재물의 속성을 아는 이는 불보살로 불린다.

재물을 사용하는 방법에 따라 금생에서도 구두쇠와 불보살이 갈리게 되는데 재물을 잘못 쓰면서 자손은 물론 자신의 내생까지 안락하기를 바란다면 어찌 어리석다 하지 않을 것인가?

412. [9-14]

탐심貪心의 노예가 된 자들은
목숨이 위험해도 재물을 따른다.
만족함을 아는 자는 재물을 얻어도
후덕厚德한 자와 같이 다른 (사람)에게 베푼다.

413. [9-15]

가진 것을 베풀어 보시(바라밀다)를 원만하게 한
그에게 화를 내면 (그의) 인내가 증가하고
만족하면 큰 기쁨이 닦여진다.
그러므로 보시가 법의 최고다.

그릇된 보시는 비단 보시자 한 사람만의 문제로 그치지 않는다. 그릇된 바람을 갖고 사람들에게 보시하기를 권유하면서 그 보시의 중심에 자신을 두고 싶어 하는 불제자가 있다면, 그는 사람들에게 나눔과 베풂이라는 보시의 원래 의미를 잘못 알리고 있을 뿐만 아니라 그로 인해 보시에 대한 사회적 기피 현상을 조장하기 때문이다.

보시가 공존과 공생을 실현하는 선행善行이고, 보시의 중요성을 가르치는 것 또한 불교계가 당연히 나서서 해야 하는 일이지만, 베푸는 쪽 아닌 받는 쪽이 되기를 바라면서 가르침을 전하는 것은 바른 자세라고 할 수 없다. 말하는 사람은 '나 아닌 다른 사람에게 보시하라'고 해야 부끄럽지 않고, 듣는 사람도 '내게 보시하라'는 말을 듣지 않아야 선한 마음으로 보시할 수 있을 것 아닌가?

주는 사람의 마음과 받는 사람의 마음이 한결같기가 여간 어렵지 않다. 다른 것은 몰라도 오만하지 않아야 하고 비굴해지지 않게 하는 두 가지는 보시가 이뤄지는 현장에서 반드시 지켜질 수 있어야 한다.

사람은 재물을 쫓다가 죽고, 새들은 먹이를 먹으려다 죽는다[人爲財死 인위재사, 鳥爲食亡 조위사망]. 마치 흡혈귀라도 된 것처럼 악착을 부려가며 피를 빠는 자들에게 들려주고 싶은 말이다.

414. [9-16]
고통의 바다에 (떠다니는) 배가 된
이 몸은 적과 비슷하지만
지혜를 갖추고 움직일 줄 알면
이것에는 복덕이 머물기 적당하다.

무상無常, 고苦, 무아無我는 홀로 존재하는 독립된 법인法印이 아니다. 이 셋은 서로 꿰어져 인연법이라는 하나의 진리를 설명하기 때문이다. 생겨나 변하지 않는 것이 없고, 변하지 않는 실체라는 것 또한 없다. 그런데도 사람들은 싫은 것은 밀쳐내면서 변하기를 바라고, 좋은 것은 붙잡아 두려고 하면서 변하지 않기를 바란다. 그래서 다른 사람이 아닌 자기 자신이 스스로 만든 괴로움의 포로가 되어 버린다.

게송에서는 먼저 우리 몸이 그런 괴로움들을 담고 있는 그릇이라고 말한다. 탐욕과 성냄과 어리석음과 의심과 교만이 모두 우리의 몸과 생각에서 비롯되기 때문이다. 그렇다고 우리 몸을 미워하고 학대할 수는 없는 일이다. 부처님의 고행에서도 여실히 드러난 것처럼 괴로움의 시발점인 몸을 괴롭힌다고 해서 우리 몸의 감각이 본능과 다르게 반응하지는 않기 때문이다.

몸 안에 든 것이 깨끗하지 않다고 해서, 생긴 구멍마다 깨끗하지 못한 것을 내놓는다고 해서, 몸이 욕을 들어야 할 아무런 이유가 없다. 미남미녀와 추남추녀가 모두 사람인 것처럼 밥은 밥으로서 똥은 똥으로서 눈물과 콧물은 그대로 눈물과 콧물로서 모두가 생명의 분명한 증거들이다. 따라서 그들 각각이 모두 그 자체로 완결성을 지녔다는 것을 인정한 뒤에야 비로소 우리는 참과 거짓의 분별에 대해 말할 수 있다.

안다는 것은, 그것도 분명하고 바르게 아는 것은 한 몸으로 두 가지 서로 다르게 사는 길에 대해 아는 것을 뜻한다. '사람 몸 받기 어렵고, 불법을 만나기 어렵다[人身難得 인신난득, 佛法難逢 불법난봉]'고 하지만 괴로움을 담은 몸을 받을 수 있어야 불법을 만날 수 있는 것이고, 불법을 만난 뒤에야 비로소 '괴로움에서 벗어나 안락한 삶을 살아갈 수[離苦得樂 이고득락] 있기 때문이다.

한 몸으로 다른 삶을 살아갈 수 있는 것에 대해 알고 나서 그른 길에서 벗어나 바른 길로 들어서는 것이야말로 불법을 배운 사람으로서 느끼는 참다운 즐거움 아니겠는가?

415. [9-17]
한순간에 부서지는 목숨이라도
선한 습기[習氣]는 오랫동안 전해진다.
바람이 옮겼던 향나무 냄새는
멀리서도 (냄새를) 풍겨 기쁨을 일으키듯이.

몹쓸 병이 급작스럽게 찾아와 아까운 나이에 세상을 떠난 친구가 있었다. 어려서부터 운동 만능이라는 별명이 따라다닐 정도로 무슨 운동이든 시작만 하면 보통 이상을 넘는 능력을 보여주던 친구였다. 성인이 되어 사회생활을 하는 동안에도 그의 운동 능력은 특별한 데가 있어서 지상과 수상과 공중을 가리지 않고 사람들과 어울렸고, 세상을 뜨기 반 년 전까지만 해도 그의 몸은 열흘이 멀다 하고 하늘을 날아다녔다. 그런 친구가 세상을 뜨기 한 달쯤 전에 나를 보고 말했다.

"산다는 게 숨 한 번 들이쉬고 내쉬는 사이에 있더라."

그 말을 들었을 때 나는 이미 불자가 된 몸이었으나 친구는 불교와 아무런 인연 없이 살다 떠났다. 친구는 떠났지만 그의 삶은 지인들에게 남아 추억이 되었다. 함께 뛰고 뒹굴고 어깨동무했던 몸뚱이는 흩어져 버렸지만 생전에 그가 보여준 말과 행동은 잘한 것은 잘한 것대로 잘못한 것은 잘못한 것대로 가족들에게, 이웃들에게, 친구들과 동료들에게 그대로 남았다. 그리고 이러한 추억들은 두고두고 떠난 그에 대해 이야기하게 하고 남아 있는 그의 가족들을 돌보게 할 것이다.

평범하게 살다 떠난 한 사람의 삶이 그러할진대 큰 선업을 지었거나 반대로 큰 악업을 저지른 사람이라면 절대로 쉽게 잊히거나 지워지지 않는다. 사람이 떠난 뒤에도 삶의 향기나 악취가 남아 전하는 것은 종교의 영역을 떠나 역사 속에서도 충분히 경험할 수 있는 일이다. 나와는 아무 상관없는 시대를 살았지만 이름만 들어도 절로 숙연해져서 옷깃을 여미게 하는 사람이 있는가 하면, 이름만 들어도 열불이 솟거나 수치심을 느끼게 하는 사람도 있다.

삶도 돈을 쓰는 것과 다르지 않다. 저축을 많이 한 사람은 나중에 찾아 쓸 돈이 많은 반면, 빚이 많은 사람은 나중까지 빚을 갚느라 힘든 날을 살게 될 것이기 때문이다.

416. [9-18]

오랫동안 (함께) 행복한 생활을 했다가

헤어지는 고통은 더욱더 크다.

할 수 없이 죽어야 하니

이것을 통해서 항상하다는 (생각을) 가진 것, 그것들은 부서진다.

살아 있는 날은 오늘 하루이고 살아 있는 순간은 바로 지금 이 순간이다. 온 것은 반드시 가게 되어 있고 모인 것은 언젠가는 흩어지는 법이며 오는 때를 몰랐듯이 갈 때 역시 누구도 알지 못한다.

게다가 사람이 어디 사람하고만 관계를 맺으며 살아가는가? 미물이라 여기는 것들과도 깊은 관계를 맺으며 살아가는 이가 있고, 꽃 한 송이 나무 한 그루와도 사람보다 더 깊은 관계를 맺으며 살아가는 이도 있다. 그리고 그 모든 관계에서 공통된 것은 무엇이 되었든 만난 뒤에 반드시 헤어지게 된다는 것이다.

만나는 것이 기쁘고 헤어지는 것이 슬프다는 생각은 만남과 헤어짐이 가진 두 가지 측면 중에서 한쪽만을 보기 때문에 일어난다. 만나지 않는 것이 만나는 것보다 더 좋을 때가 있고, 헤어지는 것이 헤어지지 않는 것보다 좋을 때도 있다. 우리가 관계에서 괴로움을 느끼는 것은 만나고 싶을 때 마음대로 만날 수 없고 피하고 싶을 때 마음대로 피할 수 없어서다.

문제는 누구라도 언젠가는 떠난다는 그 자체가 아니라 떠나는 것을 있는 그대로 받아들이지 못하는 것이며, 다른 사람은 몰라도 나만은 예외일 수 있다고 생각하는 것이다.

부처님의 가르침을 만난 것을 고마워하고 배운 대로 살겠다고 다짐한 사람이라면 가는 사람을 보내줄 줄 알아야 하고 떠나야 할 때 떠날 줄도 알아야 한다. 가야 할 사람 가지 말라고 붙잡고 늘어지는 것도 떠나야 할 때 가지 않겠다고 앙탈을 부리는 것도 바른 법을 바르게 배운 이가 할 짓은 아니다.

417. [9-19]

모든 친척에게 둘러싸인 채
목소리 잦아들고 눈은 매우 침침하여
어느 쪽으로 가는지 확실하지 않은
그때 다른 (모든) 즐거움들은 무너진다.

만용과 마찬가지로 공포 또한 무지에서 생겨난다. 삶의 이치를 바르게
배운 사람은 이 세상에 올 때 그러했던 것처럼 이 세상을 떠날 때 역시
어느 누구와도 함께할 수 없다는 것을 안다.

자기가 살아온 내력에 대해 누구보다 잘 알고 있는 사람은 바로 자기
자신이다. 일생을 잘 살아온 사람은 두려울 것도 아쉬울 것도 없이 편안하
게 세상을 떠날 수 있다. 그러나 자신에게만은 그런 날이 오지 않을 것처럼
살아온 사람에게는 죽음이 어느 날 느닷없이 찾아온 낯선 손님 같아서
두려울 수밖에 없다.

晝夜不暫留 주야불잠류
此生恒衰滅 사행항쇠멸
額外無復增 액외무부증
吾命豈不亡 오명기불망

밤낮으로 잠시도 머물지 않고
이생은 언제나 약해져만 가고
목숨이 더해지거나 늘어나는 법이 없는데
나라고 어찌 죽지 않을 수 있겠습니까?
　　　　　－『입보리행론』,「제2 죄업참회품」 39번 게송(해제자 졸역)

어린 시절 동네 어른들이 들려준 옛날이야기에 나오는 사람들은 어김없

이 자기가 살아온 삶의 내용에 따라 합당한 대우와 처분을 받았다. 마음을 못되게 먹은 사람은 화禍를 만나서 죽고, 몸을 함부로 굴린 사람은 병을 얻어 세상을 뜨며, 큰 잘못을 저지른 사람들도 자기 후회와 다른 사람의 원한으로 온전한 삶을 살지 못했다. 반대로 마음을 곱게 산 사람은 마침내 행복한 삶을 살게 되고, 몸을 아끼고 보살핀 사람은 병을 앓지 않았으며, 좋은 일을 많이 한 사람은 뭇 사람의 찬탄과 축원 속에서 복된 삶을 살았다.

죽은 사람이 다시 이 세상으로 돌아오는 것은 누구도 알 수 없지만 잘 살고 간 사람이 많은 세상은 누가 태어나도 살기 좋은 세상으로 남을 것이고, 함부로 산 사람이 많은 세상은 누가 태어나도 살기 힘든 세상으로 남게 될 것이다. 그러니 순환하는 자연의 법칙 속에서 어떤 형태로든 다시 올 나 자신을 위해서라도, 또 내가 세상에 남겨두고 떠날 후대들을 위해서라도 오늘을 사는 우리의 삶이 어찌 바르고 곱지 않을 수 있을 것인가?

418. [9-20]

삼악취三惡趣의 병들은
일어나기 전에 고쳐야 한다.
벼락이 머리에 떨어지는 것처럼
막상 (삼악취에) 떨어지면 무엇을 할 수 있으랴!

탐욕과 성냄, 그리고 어리석음 세 가지를 삼독三毒이라 하고, 우리는 이것을 삼악취三惡趣, 즉 세 가지 나쁜 길로 떨어지는 원인이라고 한다.

화를 자주 내다보면 지옥으로 떨어지고, 욕심이 지나치면 아귀가 되며, 어리석은 짓을 저지르면 짐승의 몸을 받는다는 것인데 그것이 어찌 반드시 몸이 죽은 다음에 새로 받은 생명이 그러하다는 뜻이기만 하겠는가? 현실에서도 불 같이 화를 내는 모습은 지옥의 불타는 화로 속에서 발버둥치는 형상이고, 욕심을 부리는 꼬락서니는 주린 배를 채우지 못하는 아귀의 형상이며, 어리석은 짓들을 저지르는 모양새란 마치 짐승이 하는 짓과 같을 테니 말이다.

> 如値佛出世 여치불출세
> 爲人信佛法 위인신불법
> 宜修善稀有 의수선희유
> 何日復得此 하일부득차

> 縱似今無病 종사금무병
> 足食無損傷 족식무손상
> 然壽刹那欺 연수찰나기
> 身猶須臾質 신유수유질

> 부처님께서 세상에 오시고
> 사람 몸 받아 불법을 믿게 되었는데
> 선업 지을 이렇게 드문 기회를
> 어느 때 또 받을 수 있겠습니까?

> 지금 비록 몸에는 병 하나 없고
> 배부르고 다친 곳도 없다 하지만
> 삶이란 잠시 눈속임인 것이고
> 몸 또한 순식간에 흩어지는 것입니다.
> ─『입보리행론』,「제4 불방일품」15, 16번 게송(해제자 졸역)

칭얼대는 아기의 볼을 만지다가 손끝에 느껴지는 보드란 살결에 깜짝 놀랐다. 보습에 신경을 쓰라는 의사의 주문을 귀 아프게 듣는 나이가 되고 보니 생고무 같은 탄력을 가진 갓난아기의 볼을 만지는 순간 흘러간 육십 년 세월이 손끝에 전해진 모양이었다.

우는 아이와 똑같은 시절이 내게도 있었지만 지금 내 몸과 마음은 그때 그 아이의 것이 아니다. 미간에 깊이 파여 골이 생긴 주름과 아직도 풀어버리지 못한 사나운 눈빛, 그리고 하늘보다 땅을 향해 있을 때가 더 많은 입꼬리를 보다 보면 생각을 익히며 살아온 세월이라고 믿었던 게 실은 탐욕과 성냄과 어리석음으로 점철된 시간이었다는 것을 알게 된다.

사람의 얼굴을 하고서도 순간순간 지옥중생과 아귀와 축생으로 변해 살아온 세월, 남은 시간 동안 간절하고 사무치게 덜어내고 깊아내야 할 일이다.

419. [9-21]

모든 일가친척과 헤어지고
확실하게 죽을 것을 알고 있는데
지금까지 행복하게 잠드시는지
(그러면) 그 자신의 마음에 무엇이 들어올거나!

많은 사람들이 전보다 수명이 크게 늘었다는 소식을 반기지만 그렇다고 '온 것은 반드시 떠난다'는 대전제가 바뀌는 것은 아니다. 더구나 평균 수명이 늘어났다고 해서 누구나 행복하게 살 수 있는 시간이 길어진 것도 아니다. 그 말은 사실 잘살거나 잘 사는 사람에게는 좋은 날이 더 늘어나게 되겠지만 그렇지 못한 사람에게는 괴로운 세월이 더 늘어나는 것을 뜻할 뿐이다.

難得饒益處 난득요익처
今既僥幸得 금기요행득
亦復具智慧 역부구지혜
若仍墮地獄 약잉타지옥

則如咒所惑 즉여주소혹

令我心失迷 영아심실미

不知受何惑 부지수하혹

何蠱藏吾心 하고장오처

얻기 어려운 이익 있는 곳을

지금 다행히 이렇게 얻게 되었는데

그런 것을 잘 알고 있으면서도

여전히 지옥으로 이끌린다면

저주의 말로 미혹에 빠진 것처럼

내 마음을 잃어버리게 될 것이니

무엇이 나를 미혹에 빠지게 했는지도

내 마음에 어떤 독충이 있는지도 모르리라.

— 『입보리행론』, 「제4 불방일품」 26, 27번 게송(해제자 졸역)

  아무리 재미있고 즐거워도 끝나지 않는 무대는 없다. 온 것은 반드시
떠날 수밖에 없고, 자신 또한 그러한 법칙에서 예외일 수 없는 것을 알아야
한다. 자기에게 남은 날이 아직도 많고, 자기는 다른 사람보다 더 오래
살 수 있을 것이라는 막연한 기대로 살아가는 사람에게 남는 것은 고통과
두려움과 후회 같은 것들뿐이다.

  귀한 몸 받은 것을 복이라고 생각하고, 바른 가르침 만난 것을 고마워하
고, 배운 대로 살아가겠다고 다짐한 사람의 마음속에서는 죽음에 대한
두려움의 독충이 자라나지 않는다. 몸이 처지고 마음이 늘어질 때 독충은
쑥쑥 자란다. 독충에게는 게으름이 자양분이기 때문이다.

  힘들게 돌아가야 하는 길을 스스로 선택한 이들이 있다. 편한 것만 따르
는 마음에는 좀이 슨다는 것을 알았던 이들, 우리는 그들을 현자라고 부른

다.

420. [9-22]

자신이 추구하는 바를 (모두) 할 수 없어도
무엇이든 악취惡趣에 빠지지 않는 것을 하라.
용사가 적의 무리를 죽일 수 없어도
자기편을 죽여 무엇하랴?

세상에 착한 사람과 착하지 않은 사람 두 종류만 있는 것은 아니다. 이는 마치 학생을 공부를 잘하고 못하는 것으로만 가를 수 없는 것과 같고, 겉모양을 두고 잘생기거나 못생긴 사람으로만 나눌 수 없는 것과 같고, 가진 재물의 양으로 부자와 가난한 사람으로만 구분할 수 없는 것과 같은 이치다.

불교에서 짓지 말아야 한다고 가르치는 열 가지가 있다. 이른바 십불선 업十不善業이라고 하는 것들이다. 몸과 말과 마음으로 짓게 되는 열 가지 나쁜 행위란 산 생명을 죽이는 것과 주지 않은 것을 훔치는 것과 바르지 못한 음행을 저지르는 것, 거짓말과 이간질과 욕설과 한 입으로 두 말 하는 것, 그리고 탐욕과 성냄과 어리석음 등이다. 하지만 공덕功德은 이들 열 가지 나쁜 행위를 하지 않는 것으로만 생겨나지 않는다. 열 가지 좋지 못한 업을 짓지 말라는 말은 곧바로 열 가지 선한 업을 적극적으로 지어야 한다는 것으로 이어지고, 공덕은 그렇게 이루어지는 선행을 통해 생겨난다.

게송에서는 좋은 일을 하지 못할 때라도 나쁜 짓을 저지르지는 않아야 한다고 말한다. 열 가지 선한 일을 잘 하면서 살 수 없을 때라도 그 반대편에 있는 열 가지 나쁜 일을 저지르며 살아서는 안 된다는, 부모님에게 효자가 되지는 못하더라도 적어도 불효자는 되지 말아야 한다는, 그래야 다음 기회를 기다려볼 수 있다고 말하고 있는 것이다.

이것이 연기를 배워 아는 사람이 살아가는 방법이고, 인과를 바로 알고 살아가는 사람의 말과 행위이다. 참는 사람은 다음 기회를 기다려 볼 수라도 있지만 저질러 버리는 사람에게 그런 기회가 주어질 까닭이 없지 않은가?

421. [9-23]
한순간 약간 고통스럽더라도
항상 선善을 현자는 따른다.
째고 짜는 것들이 병을 없앤다.
(이것은) 명의名醫의 학설이다.

부처님께서 전생에 수행자가 되어 깊은 산속에서 명상에 잠겨 있을 때 공중에서 들려오는 소리가 있었다.

> 諸行無常 제행무상
> 是生滅法 시생멸법

> 이 세상 모든 것이 항상하지 않으니
> 그것은 나고 죽는 것이 있어 그러하다. (해제자 졸역)

다음 구절을 기대하며 귀를 기울이고 있던 수행자가 궁금하여 공중에 대고 외쳤다.
"누군지 모르지만 다음 구절을 들려주시오."
그러자 수행자 앞에 무시무시한 형상의 야차가 나타나 힘없는 목소리로 말했다.
"배가 고파서 다음 구절을 들려줄 힘이 없다."
"먹고 싶은 게 무엇이오?" 수행자가 묻자 야차가 말했다.
"식지 않은 사람의 살과 피를 먹어야 한다."

"그렇다면 내 몸을 드리리다. 그러니 다음 구절을 들려주시오."

말을 마친 수행자가 나무 위로 올라가 서슴없이 몸을 던졌다. 그러자 음악소리와 함께 꽃향기가 온 산에 퍼졌다. 야차에서 형상을 바꾼 천신은 나무 위에서 떨어지는 수행자의 몸을 품에 안으며 나머지 두 구절을 들려주었다.

生滅滅已 생멸멸이
涅槃爲樂 열반위락

나고 죽는 것이 이미 사라졌으니
열반 그것이 곧 즐거움이 되네. (해제자 졸역)
― 지안, 『처음처럼, 초발심자경문』, 조계종출판사(2009) 중에서

몸을 던져 죽을 각오를 하지 않았다면 부처님 전생의 수행자는 깨달음으로 가는 마지막 관문을 돌파할 수 없었을 것이다. 공자도 『논어』에서 '아침에 도에 대해 들으면 저녁에 죽어도 좋다[朝聞道夕死可矣 조문도석사가의]'고 했다. 그러나 다른 한편, 배우는 어려움은 행하는 어려움에 비하면 아무것도 아니다. 배워서 아는 것은 머리가 하는 것이지만 살아내는 것은 생각이 아니라 몸뚱이이기 때문이다.

바르게 살아가기 위해서는 큰일이든 작은 일이든 자기 몸을 던지듯 살아내야 한다. 만 권의 책을 읽고도 애초의 자기 모습 그대로 살아가는 사람보다 한 권의 책에서 얻은 단 한 문장만이라도 깊이 새겨 새사람이 되어야 한다. 반백 년 동안 경전을 읽고도 배운 것 따라 살지 못하는 이가 되느니 일찍이 얻어 들은 한 구절로 평생을 바르게 사는 것이 수행자다운 삶이라고 하는 것도 그 때문이다.

422. [9-24]

만약 다른 사람들의 원만함이
자신의 마음을 참을 수 없게 한다면
그것은 자신의 원만함을 훼손하기 때문에
자신을 질투하는 것일 뿐이다.

누구에게나 이루고 싶은 바람이 있다. 그런데 자기보다 앞서 이루거나 크게 이룬 사람의 성취를 깎아내리려고 하는 사람들이 있다. 불길처럼 치솟는 질투심을 다스리지 못한 까닭이다. 다른 사람이 성취한 것에 문제가 있다면 모를까 그런 일로 다치는 사람은 바로 자기 자신이다. 욕설을 퍼부어도 듣는 사람이 그것을 받아들이지 않으면 그것을 입에 담은 사람에게 되돌아간다고 부처님께서도 말씀하셨다.

경쟁하는 상대는 싸워서 없애야 할 적이 아니라 성취를 향해 함께 나아가야 할 동반자다. 무슨 일이든 자기가 이루면 다른 이도 이루고, 다른 사람이 이룬 것이 있어서 자신도 이룰 수 있는 것이다. 또 하나 공덕이란 꼭 일을 이뤄야만 생겨나는 것도 아니다. 일을 바르게 이루는 과정에서도, 일을 이룰 수 있게 도와주는 사람에게도, 그리고 이룬 일을 치하해주는 사람에게까지도 제각기 합당한 공덕은 생겨나는 법이다.

'업 짓지 말라'는 말 앞에는 '나쁜'이라는 한마디가 괄호 속에 들어 있다. '업 짓지 말라'는 말이 어찌 눈 감고 귀 막고 마음까지 닫아둔 채 살라는 말이겠는가?

423. [9-25]

가해를 행하여 적을 꺾으려면
너는 오직 (너의) 성냄을 꺾어야 한다.
성냄이 시작 없는 윤회로부터
자신에게 (가한) 해는 헤아릴 수도 없다.

424. [9-26]

만약 모든 적을 제압하기를 원한다면
그 모두를 죽이는 것이 어찌 끝나겠는가?
자신의 성냄 (이) 하나만 꺾으면
모든 적들을 한꺼번에 죽이는 것이다.

사람에 따라 다를 수도 있겠지만 삼독三毒이라 불리는 탐욕과 성냄과
어리석음 중에서 유난히 제어하기 어려운 것 하나를 고르라면 대개의
경우 성내는 것이 아닐까 싶다. '나'라고 생각한 것이 무시되거나 다쳤다고
생각할 때 본능에 가깝게 순간적으로 폭발해버리는 것이 바로 성냄이기
때문이다.

'그래, 내가 뭐라고. 무시를 당하든 상처를 입든 상관없어. 누기 뭐라고
하든 기꺼이 들어주고 참아줄 거야.'라는 다짐은 그야말로 마음이 편안할
때나 해보는 것이고, 정작 '나'라는 것이 무시되고 있다는 생각이 들 때면
마치 화약을 불 속에 던진 것처럼 순식간에 '화'라는 것으로 폭발해버리고
만다.

화가 나면 대개는 억지로라도 눌러 참아보거나 말 그대로 화풀이하듯
성을 내게 되는데, 둘 중 어느 것도 당사자에게 이롭지 않다. 억지로 참는
것은 더 크게 성을 내는 씨앗이 될 뿐이고, 폭발시키는 것도 자신과 상대방
모두에게 이롭지 않기 때문이다.

若未降伏內瞋敵 약미항복내진적
外敵雖伏旋增盛 외적수복선증성
故應速興慈悲軍 고응속흥자비군
調伏自心佛子行 조복자심불자행

만약에 내 안의 화 다스릴 수 없다면

바깥 적에게 항복 받아도 다시 일어나네.

그러므로 재빠르게 자비 군대 일으켜서

내 마음 항복시키는 것이 보살행이네.

                 ─『불자행삼십칠송』 20번 게송(해제자 졸역)

   화를 내는 것이 공덕을 깎아먹는다고 해서 무작정 참고 견디는 것만이 능사가 아니다. 그보다는 화를 내는 것이 누구에게도 이롭지 않다는 것을 아는 것이 더 중요하다. 그래야 화를 내는 것이 효용이라고는 없는 감정의 부스러기에 지나지 않은 것을 알게 되고, 그런 다음에야 비로소 몸과 말과 마음에 온화함이 깃들 수 있기 때문이다.

425. [9-27]

고강하고 완고하게 행동하는 자에게

화를 내면 자신에게 더욱더 해가 된다.

성자는 매우 평온한 자이니 (그에게)

화를 낼 이유가 무엇이 있으랴!

   몸집으로도 실력으로도 주위의 평판으로도 자기보다 뛰어난 사람이 있다고 치자. 그런데 까닭 없이 그 사람의 말과 행동이 마음에 들지 않아서 그 사람의 허물을 찾아 시비를 걸고 모함하는 소리들을 했다고 치자. 그랬다면 결과는 불을 보듯 뻔하다. 싸움이 벌어지면 얻어맞게 될 것이고, 소송이 벌어지면 지게 될 것이며, 세상의 평판 또한 자기가 기대한 것과는 거리가 먼 것으로 돌아오게 될 것이다.

   언행이 방정하고 다른 사람의 평화로운 삶에 보탬이 되는 일을 하고 도리에 밝고 화 같은 것은 낼 줄도 모르는 현자가 있다고 치자. 그런데 까닭 없이 그 사람의 사는 모양이 마음에 들지 않아 근거 없는 헛소리로 비방을 하고 그가 하는 일에 방해가 될 일만 골라서 했다고 치자.

그 경우에도 결과는 달라지지 않는다. 현자에게 손찌검을 당하거나 욕을 먹는 일은 생기지 않겠지만 이번에도 자기에게 돌아올 좋은 것이 없기는 마찬가지일 것이다.

博施諸佛子 박시제불자
若人生惡心 약인생악심
佛言彼墮獄 불언피타옥
長如心數劫 장여심수겁

널리 베풀고 사는 보살에게
나쁜 마음을 내는 이가 있다면
부처님은 그 사람이 지옥으로 떨어져서
나쁜 마음먹은 만큼 지내게 된다고 말씀하셨다.
—『입보리행론』,「제1 보리심공덕품」34번 게송(해제자 졸역)

게송에서 언급하지 않은 다른 경우도 있다. 바로 엇비슷한 사람끼리 분노에 분노로 맞대응할 때다. 분노는 주고받는 회수에 비례하여 증폭된다. 말로 벌인 다툼이 몸을 쓰는 싸움으로 번지고 급기야는 사생결단, 목숨을 건 싸움으로 커지고 만다. 분노란 승패를 떠나 두 당사자 모두에게 심각한 상처를 남기는 악한 감정이다.

그렇다면 자신보다 약해 보이는 이들을 향한 분노는 어떨까? 아이에게 화를 내는 부모나 학생에게 화를 내는 교사는 물론, 부하에게 화를 내는 상사나 힘없는 사람에게 화를 내는 힘센 사람 모두 자기가 벌인 화풀이 이상의 과보를 받을 각오를 해야만 한다. 분노는 분노로 되갚아지는 악순환을 피할 수 없기 때문이다.

상대방에게 먼저 화를 내지 않는 것뿐만 아니라 상대방의 분노에 대해 분노로 맞대응하지 않는 것 또한 중요하다. 그래야 상대방과 자신을 함께 지켜낼 수 있기 때문이다. 상대가 누구든 화풀이 대상으로 삼아도 괜찮은 사람은 이 세상 어디에도 없다.

426. [9-28]

한 나무에서 자란
잎들이 바람에 의해서 시방十方으로 흩어진다.
그와 같이 함께 태어난
사람도 업業에 의해서 각각 나누어진다.

한 부모의 자식으로 세상에 나온 형제자매도 제각기 가는 길이 다르고, 한 뿌리 한 줄기에서 나온 잎과 꽃과 씨앗도 제각기 다른 길을 간다. 인간과 짐승은 말할 것도 없고 의지와 사고가 없다는 식물까지도 개체와 개체 사이는 물론 개체 내부에서까지 생존과 번식을 위한 경쟁을 벌이기 때문이다.

업은 지어진 것으로 보자면 열매 같지만 지어가는 것으로는 씨앗과 같다. 따라서 지어진 업에 따라 서로 다른 삶을 살아가게 된 것 못지않게 달라진 것을 다르게 만들 수 있는 것 또한 지어가는 업이 있어야 가능하다는 것을 알아야 한다. 자기가 자기 업을 짓는다는 것은 곧 자기 운명을 자기가 개척할 수 있다는 말과 다르지 않다. 달라진 것을 보고 달라질 수 있는 것을 알아차리는 것, 그것이 곧 지혜다.

427. [9-29]

이전에는 보지 못한 관계를 맺었다가
그러다 다시 다른 곳으로 가는
그 사람이 (금생의) 자신과 어떤 관계를 맺었다면
죽고 난 뒤 그에 대한 비통함이 생겨난다.

자신의 의지에 따라 태어나는 사람이 없는 것처럼 세상을 떠날 때도 가고자 하는 곳을 정해두고 떠나는 사람은 없다. 아무것도 모르고 와서 아무것도 알지 못한 채 떠나는 것이야말로 숨 쉬고 살아가는 모든 생명체들의 숙명이다.

한 부모에게서 난 형제와 자매라고 해도 똑같은 삶을 살 수 없고, 한 뿌리에서 빨아올린 물과 영양분을 먹고 자란 나무와 풀도 열매와 씨앗을 한 곳으로만 떨어뜨릴 수 없다.

어떤 인연으로 부부가 되고 무슨 인연으로 같은 부모에게서 형제와 자매로 태어나며 또 어떤 인연의 끈이 스승과 제자로 만나게 하고 평생을 함께할 친구가 되게 하는지는 알 수 없지만, 우리가 살아가는 동안에 겪게 되는 온갖 슬픔과 괴로움을 생각하면 만남은 분명 인연이 주는 축복이라 하지 않을 수 없다.

만날 때 기뻐하고 헤어질 때 슬퍼하는 것을 인지상정이라고 한다. 그러나 그 말 속에는 만남에 끝이 없기를 바라는 욕심이 들어 있다. 집착하는 마음이 들어 있고, 그로 인해 괴로워할 수밖에 없는 마음이 들어 있는 것이다. 인연에 따라 오고가는 것의 모양과 시기가 달라질 수는 있어도 태어나는 모든 것은 반드시 죽고, 만남 뒤에는 어김없이 헤어짐이 따라온다. 조건이 모여 나타나고 조건이 흩어져 사라지는 인연의 법칙은 그 어떤 것에 대해서도 예외가 없다.

그래서 인연의 법칙을 아는 사람은 기쁨과 슬픔의 크기와 내용을 다르게 받아들인다. 욕심과 집착이 번뇌를 낳고, 그 번뇌가 슬픔과 괴로움을 불러온다는 것을 아는 이들은 기쁜 것에서도 슬픈 것을 보고, 슬픈 것에서도 기쁜 것을 보며, 오가는 모든 것에 결코 붙들리거나 휘둘리지 않는다.

428. [9-30]
자신의 일을 애써 이루고자 한다면
그는 먼저 다른 사람의 일을 이루어주어야 한다.

자신의 일만 주로 하는
그에게 자신의 일이 이루어지는 것은 불가능하다.

429. [9-31]
어떤 사람이 다른 사람의 일을 주로 하는 자라면
교활한 자로 자신의 일을 이루는 것과 같다.
자신의 일만 주로 하는 자는
다른 사람을 부양하기 위한 정직한 자와 같다.

일을 잘하는 사람과 일을 이루는 사람의 차이는 다른 데 있지 않다. 일을 잘하는 사람이 그 일의 결과를 먼저 생각하는 것과 달리 일을 이루는 사람은 그 일의 필요성을 먼저 생각한다. 일을 잘하는 사람은 그래서 성공할 가능성을 헤아려보지만 일을 이루는 사람은 필요한 일인지를 먼저 헤아린다. 키워 말하자면 일 잘하는 사람이 일을 하는 동안 자신의 명예를 생각하지 않는 때가 없는 것과 달리 일을 이루는 사람은 하는 일이 자신보다 더 많은 사람들에게 이로운 일인가를 잊지 않는다.

끼리끼리 뭉친다는 세상 이치가 그렇듯 일을 잘하는 사람의 곁은 닮은 사람들로 채워진다. 당연히 일을 이룬 뒤에는 성공에 대한 다툼이 생겨나게 마련이다. 그러나 이타의 선의로 일하는 사람은 성취한 일의 공로를 다투려고 하지 않고 그러기는 함께 일한 사람들도 마찬가지다.

> 所有世間樂 소유세간락
> 悉從利他生 실종이타생
> 一切世間苦 일체세간고
> 咸有自利成 함유자리성

> 何需更繁叙 하수갱번서

凡愚求自利 범우구자리
牟尼唯利他 모니유리타
且觀此二別 차관차이별

若不以自樂 약불이자락
眞實換他苦 진실환타고
非僅不成佛 비근불성불
生死亦無樂 생사역무락

세상에서 맛보는 모든 즐거움은
하나같이 남 위하는 일들에서 생겨나고
세간에서 느끼는 일체의 괴로움은
모두가 나 좋게 하려다 만들어지네.

긴 말 할 필요가 무엇이겠는가?
어리석은 이는 자신의 이로움을 구하고
부처는 오로지 남 위하는 일을 하니
이 둘의 차이를 잘 볼 수 있어야 하네.

만약에 기꺼이 자신의 즐거움을
다른 이의 괴로움과 바꾸려 하지 않는다면
부처가 못 되는 건 말할 것도 없고
윤회해도 즐거운 일 생겨나지 않으리.
　　　　－『입보리행론』, 「제8 선정품」 129~131번 게송(해제자 졸역)

　눈앞의 잇속에 밝은 자는 자기가 낸 꾀에 자신이 빠지고 말지만 일을
이루는 이는 작은 잇속을 따지다 큰일의 성취를 놓치는 어리석은 짓을

저지르지 않는다. 자기를 버리지 않고 어떻게 큰일을 이룰 수가 있겠는가?

430. [9-32]
(전생 공덕의 힘으로) 지혜를 갖춘 자가 금생에서 수행할 때
법에 따라 수행하면 행복을 성취한다.
성자들과 도둑의
삼원만三圓滿의 차이를 보라.

"신은 존재하지 않는다!"
그렇게 말한 어떤 종교인의 끝이 아름답지 못한 것을 보면서 사람들은 '신이 있기는 있는 모양'이라고 비웃었다.

함부로 사는 수행자들을 보면서 '과연 인과란 게 있기는 한 것일까?'라고 생각하는 불자들도 있다. 가방만 메고 건성으로 학교를 드나드는 아이에게 좋은 성적을 기대할 수 없는 것처럼 불법을 만난 것만으로 사람의 삶이 온전하게 바뀌는 것은 아니다. 인과를 잊은 채 부처님의 가르침을 어기며 사는 수행자도 마찬가지다.

다른 사람의 재물을 훔쳐서 살아가는 도적과 사람들의 재물 보시로 살아야 하는 수행자의 차이는 다른 것이 아니다. 도적은 자기 한 사람의 삶을 위해 다른 사람들을 고통과 슬픔 속에 빠뜨리지만 수행자는 자기 한 사람의 청정한 삶으로 다른 사람들을 고통과 슬픔에서 벗어나게 해준다. 따라서 청정 비구(니)로서의 자세를 잃고 중생들의 간난신고한 삶에 대해 연민하는 마음 없이 살아가는 수행자라면 그 역시 도적과 다를 것이 없다.

수행자의 삶의 양태는 오늘의 세상을 보는 시금석인 동시에 최후의 순간까지 지켜져야 할 맑고 고요한 삶의 보루라는 것을 수행자들이 잠시도 잊어서는 안 될 것이다.

431. [9-33]

사람들은 그의 짧은 삶의 반을

밤에 잠자는 데 (쓰는데) 죽은 것과 같고

늙고 병드는 별의별 고통들이

그 나머지 절반이라 행복을 즐길 수 없다.

어려서는 '사당오락四當五落'이란 유행어를 우습게 알았고, 젊어서는 나이 따라 세월 가는 속도가 더 빨라진다는 선배들의 말에 코웃음을 쳤다. 그런데 주갑周甲을 맞아 지난 세월을 되돌아보며 시간은 결코 쉬는 법이 없었다는 걸 새삼스럽게 깨닫는다.

일생의 반을 잠자는 데 써 버렸다고 하면 과장이 지나치다고 하겠지만 우리가 생존을 위해 먹고 자고 썻고 싸는 데 쓴 시간을 모두 따져본다면 절반이라는 게 꼭 과장이라고만 할 수도 없다. 문제는 나머지 절반의 시간을 어떻게 쓰고 있느냐 하는 것이다.

少年易老學難成 소년이노학난성

一寸光陰不可輕 일촌광음불가경

未覺池塘春草夢 미각지당춘초몽

階前梧葉已秋聲 계전오엽이추성

소년은 쉬 늙고 학문은 이루기 어려우니

짧은 시간이라도 가볍게 여기지 말지니라.

연못가 봄풀들 꿈꾸는 것도 몰랐더니

섬돌 위에 어느새 오동잎 지는 소리로세.

ー주희의 「권학문勸學文」 중에서(해제자 졸역)

이룬 것이 많은 사람이라 하더라도 돌아보면 허망한 것이 지난 세월이다. 그러니 귀한 시간을 들여 해야 할 일이 무엇인지 아는 것이 중요하다.

442

하루에 단 몇 십 분이라도 잠을 줄일 줄 아는 이가, 허투루 버려지는 짧은 시간이라도 아낄 줄 아는 이가 튼실한 삶을 꾸린다. 티끌이 모여서 태산을 이루듯 자투리 시간까지 잘 쓸 수 있는 이가 마침내 큰일을 이루는 사람이 될 것이다.

432. [9-34]

모든 중생들의 주변에 머무는
죽음의 신이 만약 곧장 보고 (있다고 여기면)
다른 일들은 말할 필요도 없고
먹는 것조차 생각할 수 없다.

'반생을 살았다'고 말하는 사람에게 남은 삶도 그만큼이 될 것이라는 보장은 없다. 어린 날에도 병 같지 않은 병으로 세상을 뜬 친구가 있었고, 피 끓는 젊은 날에도 뜻하지 않은 사고로 먼저 떠난 동창이 있었으며, 나이 사십을 넘기고 나서는 멀쩡했던 사람이 과로사라는 이름으로 동료와 가족 곁을 떠나더니, 오십 고개를 넘어서는 탄탄한 몸으로 벗들의 부러움을 샀던 친구가 아깝다는 탄식 속에 눈을 감는 일까지 생겨났다.

세상 빛을 보자마자 울음소리 한 번 못 터뜨리고 떠나는 불우한 아이가 있는가 하면 백수白壽를 누리고도 자기 치아로 음식을 깨무는 복을 누리는 노인이 있고, 짝이 된 지 한 해를 못 넘기고 사별하는 슬픈 부부가 있는가 하면 명 짧은 사람의 평생보다 더 긴 세월을 원만하게 해로하는 부부도 있다.

어느 누구도 자기가 얼마나 더 살 수 있을지 알지 못한다. 평균을 말하고 확률을 언급하지만 말 그대로 평균이고 확률일 뿐 자기 삶의 시간과는 직접적인 관련이 없다. 자기 삶의 마지막 순간이 바로 지금일 수도, 하루나 한 달 뒤일 수도, 일 년이나 십 년 아니면 그보다 더 긴 먼 미래일 수도 있다.

분명한 한 가지는 죽음에 대해 생각해본 사람만이 매 순간 충실하게 살아낼 수 있다는 사실이다. '오늘이 나의 마지막 날일 수도 있다'고 생각하는 사람에게 '지금 이 순간'이 어찌 귀하고 아깝지 않을 수 있겠는가? 부처님의 유명遺命이 하필이면 불방일정진不放逸精進이었는지에 대해 깊이 생각해보게 하는 게송이다.

433. [9-35]
'네 일을 (모두) 마쳤느냐?'고
죽음의 신은 (기다리며) 머물러주지 않으므로
확실하게 해야 할 일이 있으면
바로 오늘이라도 열심히 하라.

434. [9-36]
'제 자신이 (해야) 할 일을 (아직) 마치지 못했으니
잠시 오늘만이라도 그대여 살려주십시오'라고
눈물이 (눈에) 그득한 채 빌어도
죽음의 신이 (마음을) 바꾸는 것이 어찌 가능하겠느냐!

온 세상을 통틀어 죽지 않는 생명은 없고, 이 세상 그 어디도 죽음으로부터 자유로운 장소는 없다. 어디 사는 누구라도 죽을 수밖에 없다면 삶의 방식이 되어야 할 것은 한 가지밖에 없다. 매 순간을 삶의 마지막이라도 되는 것처럼 알차게 살아내는 것이고, 죽을 날을 받아놓은 사람처럼 해야 할 일을 해내며 사는 것이다.

'내일 지구가 멸망하더라도 나는 오늘 사과나무 한 그루를 심겠다.'
진부하다는 생각을 하면서도 떠올리게 되는 스피노자의 격언이다. 지금 해야 할 일을 다음으로 미루지 말아야 한다. 왜냐하면 다음이라는 시간은 누구에게도 보장된 시간이 아니기 때문이다.

435. [9-37]

(세상의) 혼란함을 멀리하면 행복이니

(그렇게) 할 수 없으면 좋은 친구와 사귀어라.

독사를 기르는 것이 어찌 가능하겠느냐?

기르려면 (물리지 않게) 주문이나 열심히 외워라.

436. [9-38]

마음이 매우 산란한 자에게

성법聖法을 성취할 기회는 없다.

적정寂靜하게 머무는

마음은 (성법을) 감당하기 매우 쉽다.

어느 날 아침, 거실에서 가방을 들고 안방으로 들어가던 아내가 걸음을 멈추더니 고개를 갸우뚱하며 혼잣말처럼 중얼거렸다.

"어? 지금 내가 뭐 하려고 했지?"

가방을 들 때부터 무슨 일인가 싶어 지켜보다가 한마디 해주었다.

"당신이 그렇게 번번이 하려던 일을 잊어버리는 이유를 나는 알지."

"뭔데?"

즉각적으로 대답이 튀어나오는 것에 위험하다 싶었지만 꺼낸 말이니 입을 다물 수도 없었다.

"마음이 급하고 생각이 너무 많아서 그러는 거야. 앞에 했던 생각을 잡고 있지 못하면서 다음 일을 생각하잖아. 그러니 뒷생각만 있고 앞생각은 밀려나 버리는 거지."

아내도 내 말에 틀린 구석이 없다는 것을 안다. 그러나 대응은 언제나 내 기대와 다르다.

"내가 지금 얼마나 바쁜지 모르니까 그런 말을 하는 거야. 인정머리 없이!"

대화는 이쯤에서 그만둬야 한다. 거기서 한 걸음이라도 더 나아가면 자칫 다툼으로 비화될 수 있기 때문이다. 하기야 이런 일에서까지 합리를 주장하는 내가 문제일 수도 있다. 아내는 생각이 많을 수밖에 없는 살림살이에 둘러싸여 있고, 거기서 멀찌감치 떨어져 지내는 나는 아내의 형편을 이해하려는 노력 따위는 하지 않고 있으니 말이다. 그렇더라도 마음이 어지러운 사람은 바른 법을 바르게 들을 수 없고, 어쩌다 바른 법을 들었더라도 그것을 제대로 지켜내지 못한다는 게 틀린 말은 아니다.

수행자들에게 적정처를 권유하는 까닭은 나중에 요란한 곳으로 나와서도 흔들림 없는 힘을 갖출 수 있는 곳이 바로 그곳이기 때문이다. 상구보리上求菩提와 하화중생下化衆生은 선후적인 것일 뿐만 아니라 동시적인 것이기도 하다. 글을 읽어 진리에 접근한 뒤에 글을 버리는 것처럼 적정처에 들어가 흔들리지 않는 마음의 힘을 기른 뒤에는 적정처를 떠나야 한다.

우리가 살고 있는 감인토堪忍土 이곳은 견디고 참아내며 살아야 하는 사바세계이고, 적정처寂靜處에서 기른 수행의 힘은 소요처騷擾處에서 바르게 살아갈 수 있는 토대이자 동력이다.

437. [9-39]
모든 대상에 매우 정통하고
선정으로 마음을 온화하게 길들이고
성인의 법을 잘 공부했으면
(이는) 모든 공덕의 밭이다.

"There is no royal road to learn English."

'영어를 배우는 데는 왕도가 없다'는 뜻의 이 문장을 영어 참고서 머리말에서 읽고 외웠을 때는 정작 그 안에 담긴 깊은 뜻을 알지 못했다. 배움에는 지름길이 없다는 것, 그러니 꾸준하게 배우고 익혀야 한다는 것을 마음과 몸속 깊이 새겨두지 못한 것이다.

참고서를 지은 저자에 의해 변형된 저 말은 영어를 배우는 것 한 가지에만 국한된 문장이 아니었을 것이다. 그러나 문장을 외우는 것 이상의 깊은 의미를 간파하지 못한 나는 영어를 공부하는 학생으로도 학문을 대하는 한 사람의 학인으로도 바람직한 과정을 지나오지 못했다.

공덕이 생기는 밭, 그것은 곧 게으름 피우지 않고 정진하는 수행자의 청정한 삶이다. 선종이 불립문자不立文字를 말하지만 문자를 통하지 않고서는 부처님 가르침을 배울 수 없고, 마조도일馬祖道一 선사의 마전성경磨磚成鏡이란 말에 얽힌 일화에서 보듯 좌선 또한 성불에 이르는 단 하나의 길이라고는 할 수 없다. 그러나 그 길을 통하지 않고서는 마음의 힘을 키우고 지혜를 획득하는 궁극의 바람을 이룰 수 없다.

출가 수행자가 이루고자 하는 바람은 자기 혼자만 괴로운 삶에서 벗어나는 데 그치지 않으며 세속의 형태로 안락한 삶을 추구하는 것도 아니다. 수행자는 직접적이든 간접적이든 자신의 청정한 삶이 괴로움의 바다 속에서 허우적거리며 살아가는 사람들에게 위안이 되고 의지처가 될 수 있게 살아야 한다. 모두가 악취를 풍기며 살아가고 있을 때도 향기를 풍길 수 있어야 하고, 모두가 절망하는 순간에도 마지막 희망의 불꽃으로 타오를 수 있어야 한다.

438. [9-40]
어리석은 자는 공부하는 것을 기이하게 여기고
현자는 공부하지 않는 것을 기이하게 여긴다.
그러므로 현자들은 늙더라도
다음 생의 일을 알고 공부한다.

439. [9-41]
지혜가 없다는 이유로

어리석은 자는 공덕을 배우지 않는다.
헤아려보면 지혜 없음 바로 그 때문에
어리석은 자는 더욱더 노력할 필요가 있다.

440. [9-42]

전생에 공부하지 않아
금생에 어리석은 자로 보인다.
후생에 어리석은 자로 태어나기 두려우면
금생에 힘들더라도 애써 듣고 (배워라).

'이 나이 거저먹은 게 아니다'라는 말을 숱하게 듣고 살았다. 어려서 손위 형들과 어울려 놀 때부터 시작해서 학교를 다닐 때와 학교 문을 나온 이후 지금까지, 세상이 온통 나이 많은 사람들에게 장악되어 있는 것처럼 느낄 정도였다. 시대가 달라져 어른을 어른으로 대접하지 않는다는 불만의 소리들이 나오기도 하지만 세상은 여전히 어른을 중심으로 돌아가고 있다.

삼인행필유아사三人行必有我師라고 하여 세 사람이 길을 가면 그중에 반드시 나의 스승이 될 만한 이가 있다고 했고, 불치하문不恥下問이라 하여 아랫사람에게 모르는 것에 대해 묻는 것을 부끄러워하지 말라고도 했다. 그러나 사람들은 잘 묻지 않는다. 자기보다 어린 사람에게는 더더욱 배우려고 하지 않는다. 몰라서 묻는 것을 부끄럽게 생각하고 아랫사람에게 배우는 것을 창피한 일로 여기기 때문이다.

배우려는 마음이 큰 사람은 모르는 것을 부끄럽게 여겨 하루하루 지혜가 늘어나는 반면, 배우는 것을 부끄러워하는 사람에게 늘어나는 것은 무지와 알량한 자존심이다.

자존심은 남들이 알아주기 전에 스스로 자기를 높이는 마음이다. 그래서 언제나 부딪치게 되고 부딪칠 때마다 상처받게 된다. 상처받은 마음은 더욱 굳게 닫히게 되고 그럴수록 배움의 기회로부터는 점점 더 멀어지고 만다.

때가 되어 배가 고파지면 누구나 나이 같은 것을 생각할 겨를 없이 먹을 것을 찾는다. 배움에 대해서도 먹을 것을 찾듯 해야 한다. '배움에는 때가 있다'는 말이 청소년들에게만 해당되는 것은 아니다. 배움의 시기에 정해진 때란 없다. 말 그대로 평생 동안 해야 하는 것이 바로 배움인 까닭이다.

정법을 깨우친 부처님 앞에 찾아와 제자 되기를 간청한, 부처님보다 나이가 많았던 사리불의 배움에 대한 열망을 떠올려 본다. 나이란 밥 먹다 보면 저절로 늘어나는 것일 뿐 배움과는 아무런 상관이 없다.

441. [9-43]
'명상하면 듣고 (배울) 필요가 없다'는 것은
어리석은 자의 심지心地가 좁은 말이다.
듣고 (배움이) 없는 명상이란 다만
애써 (노력)해도 짐승의 수행법이다.

절에서 하고 듣는 법문에 두 가지 서로 다른 불만이 있다. 하나는 스님의 법문이 마음에 들지 않는다는 불자들의 불평이다. 세상을 바르게 살아가기 위해 가슴속 깊이 새겨서 들어야 할 내용도 아니고, 사람들로 하여금 시대의 아픔을 보게 하는 내용도 아니며, 입만 열면 보시와 불사에 관한 이야기뿐이라는 것이다. 또 하나는 불자들이 처음부터 법문에는 관심도 두지 않는다는 스님들의 불만이다. 신도들의 마음이 온통 스님의 축원이나 기도에만 쏠려 있을 뿐, 불자로 살아가는 데 필요한 마음과 태도에 관한 법문은 그다지 좋아하지 않는다는 것이다. 절을 지키는 사람이든 절을 찾는 사람이든 삶의 태도가 변하기 어려울 것은 어찌 보면 당연한 일이라는 생각도 든다.

절 바깥에서 살아가는 사람들만 그런가 하면 꼭 그렇지도 않은 것 같다. 선가에서 금기시하는 것에 '앎'이라는 것이 있다. 안목과 삶을 바꿔내지 못하는 입에 발린 '지식'을 말하는 것이다. 앎의 반대편에 있는 것은 무지가 아니라 '지혜'다. 축적된 지식을 통해 지혜가 생기는 것은 아니지만 그렇다고 배움 없이 지혜가 증장되는 것도 아니다. 사실 참선 하나로 대각大覺을 이루겠다는 바람처럼 허망한 것이 없다. 교敎 없는 선禪은 앉은뱅이가 되는 지름길이고, 선禪 없는 교敎는 절름발이가 되는 첩경이다.

문사수聞思修 삼혜三慧란 배우고 사유하고 실천하는 것이다. 배운 것을 복습하지 않으면 새길 수 없고, 새긴 것으로 살아내지 못하면 내 것이 될 수 없다. 공자도 '배운 뒤에 생각하지 않으면 어두워지고, 생각만 하고 배우지 않으면 위태롭다[學而不思則罔 학이불사즉망, 思而不學則殆 사이불학즉태]'라고 했다. 게송에서도 배우거나 실천하지 않으면서 눈 감고 좌선만 하는 것은 그저 '짐승의 수행법'일 뿐이라고 하지 않는가!

442. [9-44]

'인과因果는 속일 수 없다'는 이것은
일체지자一切智者의 특별한 법이다.
배우지 않고 모든 것을 아는
중생이 (있다)면 인과가 어찌 진실이랴!

443. [9-45]

듣고 (배우지) 않고 명상하는 그것은
잠깐 동안 성공해도 빨리 망한다.
금은은 잘 녹였어도
불과 멀어지면 (금방) 굳어지듯이.

원인이 있으면 반드시 결과가 뒤를 따른다. 원인이 없는데도 결과가 있고 원인이 있는데도 결과가 없다면 인과因果의 법칙은 성립될 수 없다. 인과의 법칙에서는 누락되거나 건너뛰는 것이 없다. 연기緣起라는 불가의 교리가 진리의 반열에 오를 수 있는 까닭이다.

> 남악회양南嶽懷讓(677~744)이 마조도일馬祖道一(709~788)에게 물었다.
> "그대는 무엇 때문에 좌선을 하는가?"
> 도일이 대답했다.
> "부처가 되기 위해서입니다."
> 회양이 벽돌을 한 장 집어오더니 바위 위에 놓고 갈기 시작했다.
> 도일이 그것을 보고 물었다.
> "대사께서는 벽돌을 갈아 무엇에 쓰려고 하십니까?"
> 회양이 말했다.
> "거울을 만들려고 한다."
> 도일이 물었다.
> "벽돌을 갈아서 어떻게 거울을 만듭니까?"
> 도일이 알 수 없다는 표정으로 묻자 회양이 말했다.
> "벽돌로 거울을 만들 수 없는데 앉아서 참선만 한다고 부처가 될 수 있겠는가?"
>
> ─『마전성경磨磚成鏡』에서

보살의 마음을 일으켜 삼아승기겁三阿僧祇劫 동안 지혜와 복덕을 쌓아야만 깨달은 이, 즉 부처가 된다는데 그것을 어떻게 석 달이나 삼 년, 아니 삼십 년 동안 엉덩이에 장판 때나 묻힌다고 이룰 수 있겠는가?

444. [9-46]

지혜를 통해 깊이 헤아려보면
과실過失의 원인을 버리는 것이 명상이다.

몸의 때를 씻는 것처럼
명상을 해도 오랫동안 해야 바뀔 수 있다.

지혜에는 모르는 것을 새롭게 알아가는 지식과 달리 본래부터 가진
것을 싹터 자라게 하는 특징이 있다. 지혜를 불성의 근본이라고 일컫는
것도 이와 같은 이유에서다.

우리 모두가 불성을 갖고 있고 지혜가 불성의 근본이라면 근본 중의
근본인 지혜 또한 우리 안에 갖춰져 있다고 할 수 있다. 그래서 우리 스스로
를 가리켜 지혜의 종자가 가려져 있는 무명無明한 존재라고 부르는 것이다.

불성에는 본래부터 타고나는 정인불성正因佛性, 배움을 통해 일깨워지는
요인불성了因佛性, 일깨워진 불성으로 실천적 삶을 살아가는 연인불성緣因佛
性 등 세 가지가 있다. 정견을 갖추지 못한 상태에서는 바른 수행이 이뤄질
수 없다. 그렇기 때문에 불성을 지녔다고 해서 마음 놓을 일도 아니고,
불법을 만났다고 해서 끝나는 일도 아니다. 씨만 뿌려둔 뒤 물도 주지
않고 김도 매주지 않은 밭에서 풍성한 수확을 기대할 수 없는 것처럼
지혜도 끊임없이 배우고 익히는 삶 속에서 비로소 빛을 발할 수 있다.

술을 마신 뒤에 운전을 하는 것도 위험천만한 일이지만 불성을 깨우겠다
고 하면서 배우지 않는 것은 술에 취해 운전대를 잡는 것에 비할 바가
아니다.

445. [9-47]

인과를 원만하게 쌓지 못하면
무아無我를 통달했어도 성불할 수 없다.
최고의 방편들로 (완벽하게) 이루어지지 않은
진리를 보았으면 (이는 다만) 아라한이다.

446. [9-48]

그러므로 법들을 잘 통달하여
선정에 마음을 두고 있는
과실過失의 습기習氣를 지닌
어떤 자가 (이것을) 완벽하게 버리는 것이 성불이다.

이 세상 어떤 일도 인연이 성숙되지 않고 조건이 갖춰지지 않으면 이뤄지지 않는다. 연기의 소산인 성불成佛 또한 인연의 화합 없이 이뤄질 리 만무하다.

세상의 이치라면 모를까 부처가 되는 방편과 수행은 내가 말할 수 있는 일이 아니다. 그러나 첫 번째 게송과 두 번째 게송을 이어서 읽어보면 무아와 공성의 도리를 깨우치는 것만으로는 미진하다는 것을 분명하게 알 수 있다. 자신은 물론 다른 사람까지 바른 법에 따라 살 수 있게 하는 방편을 갖춰야 하고, 나도 없고人無我 법도 없는法無我 두 종류의 무아까지 나아가야 하고, 이전에 지녔던 온갖 허물과 나쁜 버릇의 뿌리까지 온전하게 뽑아버린 뒤에라야 비로소 대승에서 말하는 부처되기의 바람이 이뤄진다고 하는 뜻일 테니 말이다.

여래를 일러 복혜양족존福慧兩足尊이라고 한다. 지혜와 복덕이라는 두 가지 자량資糧, 곧 선근 공덕을 모두 갖춘 분이라는 뜻이다. 그 말은 곧 무아와 공성의 도리를 모두 깨우쳐 지혜의 눈을 갖추었다 하더라도 단지 자기 한 사람 안락하게 살아가는 것으로 그쳐버린다면 성문승이나 독각승은 될 수 있을지 몰라도 보살행을 통한 구경열반의 보살승에는 이를 수 없다는 뜻이기도 하다.

깨달음을 꿈꾸는 이라면 마땅히 뭇 생명의 안락과 행복을 꿈꾸어야 하고, 다른 사람을 이롭게 하는 일로 자신을 이롭게 하는 삶을 살 수 있어야 한다.

447. [9-49]

어떤 자에게 지혜가 갖추어지지 않았다면
좋은 논전論典이라도 그가 (어찌) 배울 (수 있으랴)?
보석으로 꾸며진 금 장식품이
아름다워도 황소가 무엇 때문에 쳐다보랴!

불법을 배우는 사람에게 두 가지 중요한 토대가 있다. 바로 지혜智慧와 신심信心이다. 그러나 불자라고 불리는 사람은 많아도 두 가지를 잘 갖춘 사람을 만나기가 쉽지 않고, 그런 점에서 불법의 현장 또한 세속의 다른 삶의 현장과 별반 달라 보이지 않는다. 배움을 통해 모르는 것을 깨치려고 하지 않고, 신통과 세속적 명리를 구하기를 그치지 않고, 말로는 무소유의 삶을 추구한다고 하면서 재물 하나만 버리면 되는 것으로 착각하는 사람들이 많아서 그럴 것이다.

군건한 신심이 불교의 중요한 신앙적 요소임은 분명하지만 지혜의 토대 없는 신심은 외발로 서는 것과 같아서 오래 지탱할 수 없다. 불법이 어렵다는 핑계로 불법의 오의를 깨치는 것에 아무런 흥취를 느끼지 못한 채 삶을 치장하는 몇 마디 말과 글에 의지하는 신심은 대부분 사견을 일으키는 원인이 될 뿐이다.

去盡皮 거진피
方見肉 방견육
去盡肉 거진육
方見骨 방견골
去盡骨 거진골
方見髓 방견수

껍질을 지나야
살을 보게 되고

살을 지나야

뼈를 보게 되며

뼈를 뚫고 들어가야

골수를 볼 수 있다.

─『주자어류朱子語類』, 「독서법상讀書法上」 중에서(해제자 졸역)

속도는 중요하지 않다. 남들이 열 걸음을 걸어 갈 때 그 반의반을 간다 해도 부끄러울 것이 없다. 오늘 한 걸음을 떼어놓으면 오늘 새로운 것 하나를 배우는 셈이고, 내일 한 걸음을 더 떼어놓으면 내일도 하나를 더 배우는 셈이다.

불법을 따라 살고 싶어 하는 이에게 잠들어 있는 지혜를 깨어나게 하는 것보다 시급하고 중요한 일은 없다. 그렇기 때문에 불자는 모름지기 경전 읽기와 선지식의 법문 듣기를 게을리하지 말아야 한다.

448. [9-50]
현자들에 의한 모든 선설善說을

매우 진실되게 알고 있으면서

그 의미를 잘못되게 받아들이면

논전論典을 알아서 무엇에다 쓰랴!

449. [9-51]
자신에게 필요한 선설善說들을

매일 한 구句씩 (외워) 가지면

개미굴이나 벌꿀처럼 (차츰 늘어나)

오래 걸리지 않아 현자가 된다.

책이 소중하다고 말하기가 새삼스럽다. 그러나 읽지 않는 사람에게 책은 종이 더미 이상의 의미를 갖지 못한다. 앎이라는 것도 마찬가지다. '아는 것이 힘'이 될 수 있는 것은 앎이 삶에 유용하게 쓰일 때이고, 앎의 힘이 가장 크게 발현되는 것은 그 앎으로 나와 남의 삶이 바뀔 때다.

雖誦千章 수송천장
不義何益 불의하익
不如一句 불여일구
聞可得道 문가득도

雖誦千言 수송천언
不義何益 불의하익
不如一義 불여일의
聞可得道 문가득도

천 개의 게송을 읽어도
그것이 무슨 소용 있을까?
들어서 도를 이룰
한 구절만도 못할 것인데.

천 마디 가르침을 달달 외운들
그것이 무슨 이득이 될까?
들어서 도를 이룰
한 가지 뜻만도 못할 것인데.

― 『증일아함경』, 「증상품」 중에서(해제자 졸역)

배워서 아는 것으로 끝내버리는 어리석은 제자들을 보기가 얼마나 안타까웠으면 부처님께서도 저 같은 게송을 읊어 우매한 제자들의 닫힌 마음을 두드렸겠는가?

'주인이 가진 소의 머릿수나 헤아리는 목동은 영원히 자신의 소를 가질 수 없다'고 한 부처님 말씀도 새겨들을 만하다. 기왓고랑 끝 처마에서 떨어진 물이 바위를 뚫는다. 뜻을 갖고 행동에 나선다면 이루지 못할 것이 무엇이겠는가?

450. [9-52]
옳은 수행에 들어가기를 원하면
어떤 경우에도 그것[불법]의 (가르침과) 일치해야 하고
항상 인내를 (가지고) 참아서
목숨이 떨어지더라도 법도에 따라 (자신을) 돌봐야 한다.

『칠불통게七佛通偈』의 두 번째 구절 '중선봉행衆善奉行'은 '일체의 선법을 받들어 행한다'는 뜻이다.

> 諸惡莫作 제악막작
> 衆善奉行 중선봉행
> 自淨其意 자정기의
> 是諸佛敎 시제불교

> 악하다고 한 것은 어떤 것도 하지 말고
> 많고 많은 선한 일 받들어서 행하라.
> 그리고 스스로 그 뜻을 맑게 하라.
> 이것이 모든 부처님께서 가르치신 말씀이다.
> ―『칠불통게七佛通偈』에서(해제자 졸역)

세상의 아픔을 함께 아파하는가? 이웃의 즐거움을 함께 기뻐하는가?

다른 사람들을 욕하거나 해치는 일로 그들의 평화로운 삶을 무너뜨리고 있지는 않은가? 먹고 마시는 것을 일삼아 살고 있지는 않은가? 머무는 곳이 언제나 고요하고 한적한가? 크고 많고 높은 것을 꿈꾸고 있는가?

'나'라는 생각에 묶여 있을 때 망념과 집착, 원망과 질투 같은 악한 마음들이 생겨난다. 추구해야 할 도의 높이가 한 자라면 몸에 익은 습관의 높이는 한 길이나 된다는 말에서도 알 수 있는 것처럼 따를 만한 가치가 있는 가르침일수록 변함없이 따르기가 어렵다. 그래도 그 길을 먼저 간 사람들이 있었다는 것에서 용기를 얻고, 지금도 가고 있는 이들이 적지 않을 것이라고 믿으면서 힘을 내보자. 끝이 없는 길이면 어떻게 하나 두려워하지도 말자. 막다른 골목길이 아닌 것 하나만은 분명할 것이므로.

451. [9-53]

이와 같이 애써 (노력하며) 경의經義로부터
획득된 것에 따라 대치법을 성취할 수 있으면
현자들이 거짓을 말하지 않는다는 것을 알고
이것의 이득과 공덕을 나중에 볼 것이다.

452. [9-54]

과거에도 이와 같은 수행들로 (이득과 공덕은) 증가했고
지금이라도 그와 같은 것을 볼 것이다.
바로 이 좋은 이유로 인하여
미래 생生들에서도 원만함을 얻을 것이다.

부처님의 가르침을 따라 살기로 뜻을 세운 이라면 부처님의 유훈에 따라 게으름 피우지 않고 열심히 노력하여 배움을 성취하고, 배움을 통해 획득한 바른 견해와 지혜로운 안목으로 곤고한 삶에 찌들어 괴로워하는 사람들에게 의지처가 될 수 있어야 한다. 대치력對治力이란 닮았지만 같을

수는 없는, 모든 생명체들의 다양한 삶에서 나타나는 여러 가지 병증에 대해 때와 장소와 대상과 경우에 따라 적절한 처방을 내릴 수 있는 능력을 말한다.

그 옛날 성인들의 삶이 그러하였고, 스승들의 가르침이 또한 그러하였다. 마찬가지로 오늘날 견실한 믿음으로 선인들의 삶과 가르침을 따르고자 하는 이들 역시 언젠가는 배움에 따른 이득과 공덕으로 고난의 구렁텅이에 빠져 허우적거리는 사람들을 건져내게 될 것이다. 그리고 그런 바람을 이루기 위해 오늘도 수많은 수행자들이 입고 먹고 자는 것을 줄이는 고난의 시기를 겪어가며 더불어 살아가는 세상에 기여할 자신의 몫을 알아내기 위해 정진하고 있다.

세속의 시류가 어떤 방향과 속도로 흘러가더라도 인간이 인간으로 살아야 하는 바탕은 바뀔 수 없고, 선현의 지혜를 담아낸 경전과 논전 속 가르침들은 어떤 시대 어떤 공간에서도 삶의 지표로서의 가치를 잃지 않는다. 이 게송은 자기 한 사람의 안락한 삶 대신 이웃과 더불어 살아가는 세상을 꿈꾸며 수행자의 길로 나선 사람들을 격려하고 있다. 의심하지 말라고. 과거에도 그러했고 지금도 그러하며 이후에도 수행의 결실을 잘 거둔 사람에게는 반드시 이득과 공덕이 생길 것이라고. 그리고 선인들이 삶과 가르침 속에서 유용한 것들을 모아 엮은 이 게송들이야말로 수행자의 길을 가는 사람들에게 피가 되고 살이 될 수 있을 것이라고.

453. [9-55]

지혜를 갖춘 자는 자신이 알고 있어도
(다른) 현자의 경의經義를 공경하며 보아야 한다.
보석이 매우 보기 좋아도
가공하기 전에는 그 가치가 적다.

454. [9-56]

숲이 매우 많아도
백단향白檀香이 자라는 (숲은) 적다.
그와 같이 현자는 많아도
선설善說이 나타나기는 매우 어렵다.

가을에 홍수가 나 온갖 물이 흘러 들어오자 황하가 범람하면서 양쪽 기슭에 있는 소와 말을 분간할 수 없게 되었다. 이에 황하의 신 하백河伯이 기뻐하며 천하의 아름다움이 온통 자기에게 있다고 생각했다. 그러나 물을 따라 동쪽으로 흘러가서 북해에 이른 뒤 동쪽을 바라보니 그 끝이 보이지 않았다. 기가 죽은 하백이 큰 바다를 바라보며 탄식하였다.

"백 가지 정도의 도에 대해 들어본 이가 자기를 당할 사람이 없다고 한다더니 그 말이 나를 두고 한 말이었구나."

북해의 약若이 하백의 탄식을 듣고 말했다.

井蛙不可以語於海者拘於虛也 정와불가이어어해자구어허야
夏蟲不可以語於氷者篤於時也 하충불가이어어빙자독어시야
曲士不可以語於道者束於敎也 곡사불가이어어도자속어교야
今爾出於崖涘觀於大海乃知爾醜 금이출어애사관어대해내지이추
爾將可與語大理矣 이장가여어어대리의

우물 안 개구리가 바다를 말할 수 없는 것은 사는 곳에 구속된 때문이고
여름벌레가 얼음에 대해 말할 수 없는 것은 한 계절만 알기 때문이며
바르지 못한 선비가 도를 말할 수 없는 것은 가르침에 매여 있기 때문이다.
지금 그대가 좁은 기슭을 나와 큰 바다를 보며 자신의 부끄러움을 알게 되었으니
장차 그대와 더불어 천하의 도리를 이야기할 수 있을 것이다.
—『장자외편』, 「추수秋水」 중에서(해제자 졸역)

460

불자들이 많이 모인 곳에서 한 강사가 '불교 안에 불교 없다'는 요지로 강연을 했다. 듣는 사람들의 충격이 작지 않았다. 그러나 '없다'라는 말을 곧이곧대로 들어야 할 까닭은 없다. 아무리 크다고 해도 우물은 우물일 뿐 그 안에서 보는 세상은 '우물 안 개구리'의 안목을 벗어날 수 없기 때문이다.

'구경究竟'이나 '몰록', '돈頓'까지도 끝일 수 없고 완성은 아닐 것이다. 알면 알수록 모르는 것이 더 많아진다는 것을 알게 되고, 가면 갈수록 온 길보다 갈 길이 더 멀어 보이는 것이 바로 진리의 세계이기 때문이다.

스스로 '안다'고 하는 사람은 사실 잘 몰라서 그런 것일 테고, 자기 말로 '깨달았다'고 하는 사람 역시 깨달음에서 한참 떨어져 있는 사람이기 십상이다. 이제 더 배울 것이 없다고 말하는 사람이 있다면 그야말로 배움에서 멀찌감치 떨어져 있는 사람이다. 그 말은 배우는 사람이 아니라 가르치는 사람만이 할 수 있는 말이다. 배우는 사람으로서 할 수 있는 말이 있다면 이것 하나다. 오직 모를 뿐!

455. [9-57]

준마駿馬는 달릴 때 알게 되고
금은金銀은 녹여보면 알게 된다.
코끼리는 전쟁터에서 알게 되고
현자는 선설善說을 지을 때 알게 된다.

사람 됨됨이가 어떤지 알아보려면 술을 함께 마셔봐야 한다고 말하는 이도 있고, 돈이 걸린 게임을 해봐야 한다고 말하는 이도 있고, 뭐니 뭐니 해도 오래 겪어보는 것 이상의 좋은 방법이 없다고 말하는 사람도 있다. 그런가 하면 '열 길 물속은 알아도 한 길 사람 속은 알 수 없다'고 하면서 사람은 끝내 다른 사람을 알아볼 수 없다고 말하는 이들도 있다.

어느 해인가 인도 다람살라에서 온 청전 스님의 법문을 듣는 자리에서 한 사람이 스님에게 물었다.

"스님 보시기에 달라이 라마 존자님은 깨달으신 것 같습니까?"

스님은 웃으면서 이렇게 대답했다.

"깨달음은 선언하거나 소문내는 것이 아니라 알아보는 것입니다."

우문에 현답이었다. 달라이 라마 존자님의 수행이 잘 이루어졌는지 알아보는 안목을 갖춰야 할 이들은 바로 그대들이라는 일침이었다. 바른 스승을 만나 바른 가르침을 전해 듣고 바른 법을 지녀 바르게 살아가는 이들은 이런 말을 듣게 된다.

"벗이여, 그러한 당신에게 소득이 있다. 그러한 당신에게 큰 이익이 있다. 당신의 스승은 바르고 원만히 깨달은 분이며, 그리고 법은 잘 설해진 것이고, 잘 가르쳐진 것이고, 깨달음으로 인도하는 것이고, 적정함으로 전개되는 것이고, 바르고 원만히 깨달은 분이 설한 것이며, 그리고 당신은 그 법에서 법에 따라 법의 길에 든 채 법에 따라 실천하고, 그 법을 받아 지닌 채 지내고 있기 때문이다."라고. 이리하여 실로 스승도 그곳에서 찬탄 받으며, 법도 그곳에서 찬탄 받으며, 제자도 그곳에서 찬탄받는다. 이와 같은 모습의 제자에게 이와 같이 말하는 자가 있다. "확실히 존자는 이치의 길에 들었으니 이치를 얻을 것이요."라고. 그러면 찬탄하는 자도, 찬탄하는 내용도, 찬탄 받고 더욱더 정진을 일으키는 자도 모두 많은 복을 쌓는 것이다.

― 최봉수 역, 『청정경淸淨經』 중에서

화중지병畵中之餠, 그림 속에 있는 떡은 누구의 허기도 채워줄 수 없다. 오히려 배고픈 사람에게 더욱 허기를 느끼게 할 뿐이다. 진리도 글이나 말 속에 들어 있기만 해서는 진리일 수 없다. 바르게 전하는 스승이 있어야 하고, 바르게 배우는 사람이 있어야 하며, 배운 대로 바르게 살아내는 사람들이 있어야 한다. 먼저 배우거나 많이 배우는 것이 중요한 게 아니라 하나라도 내 몸을 통해 삶 속에서 실천되어야 비로소 나와 남을 이롭게 하는 진리로서의 가치가 발현될 수 있다.

강을 이루는 물방울 모두는 하나이며 전부다. 물방울들은 모여서 하나가 되었다가 흩어져 여럿이 되기도 하고, 때로는 뒤따라가며 밀어주다가 때로는 앞장서서 이끌어가기도 한다. 강은 물방울보다 크지만 물방울 없이 대지를 가로질러 바다로 나아갈 수 없다.

포교는 말로 하는 것도 발로 하는 것도 아니다. 삶에 토대를 둔 진리의 전파보다 더한 포교는 없다. 불자들이 모두 부처인 세상, 언감생심 꿈꿔서는 안 될 꿈이라고 말하지 말자. 부처님 법을 따르는 한 사람 한 사람의 올바른 삶이 온 세상을 향기로운 세상으로 바꿀 수 있고, 오늘 내가 하는 한 마디 고운 말과 한 가지 좋은 일이 오탁악세를 불국토로 바꿀 수 있다.

456. [9-58]
어떤 자가 온 세상이
자신을 옳게 평가하기를 원하면
그는 이 정문正文을 옳게 헤아리고
대치법을 증장시키기 위해서 애써 수행해야 한다.

457. [9-59]
세상사를 잘 이해하게 된
그는 성스런 법을 잘 성취한다.
그러므로 법法을 잘 수행하는 그것이 (바로)
보살의 해탈이다.

"불교는 어렵다."고 말하는 이들이 많다. 배워야 할 것이 너무나 많고 읽어야 할 경전의 숫자도 한둘이 아니라는 게 주된 이유다. 반면에 불교가 그다지 어렵지 않다고 말해주는 사람은 찾아보기 어렵다. 오랫동안 불법을 배운 이들까지도 어렵다는 말에 맞장구를 치기 일쑤다.

옛사람들은 사성제에 관한 이야기를 듣고도 마음이 열리고, 팔정도에 관한 말씀만 듣고도 눈에 낀 안개가 걷혔으며, 연기와 중도와 공성에 관한 이야기만 듣고도 흔연히 부처님의 제자 되기를 서원했다. 팔만사천 법문의 내용을 두루 알았던 것도 아니고 그래야 할 필요도 없었다. 눈이 뜨이고 마음이 열리면 그것으로 그만이었다.

어린아이에게 처음으로 숫자를 가르칠 때 하나에서 열까지 세는 법과 쓰는 법을 가르친다. 그 둘을 배운 아이는 백과 천과 만과 억을 알게 되고, 조와 경과 그 이상의 숫자까지 읽고 쓸 수 있게 된다.

사막을 건너다 목이 말라 죽게 된 사람을 살려내는 것은 바다나 호수의 물이 아니라 한 뼘 크기의 물병 속에 들어 있는 한 모금의 물이다. 하나만 바로 알아도 보는 눈이 열리고, 새로운 안목을 갖춘 사람은 이전과 다른 삶을 열어갈 수 있다. 한 가지 절절하고 사무친 구절을 새겨 살아가는 이가 만 권의 책 속에 묻혀 문자적 삶을 사는 이보다 더 불교적일 수도 있다. 불법은 세간의 삶이 맑고 바른 이에게 다른 것을 새로 얹어놓으라고 하지 않는다.

배우는 게 어려운 것이 아니라 배운 것을 실천하며 사는 것이 어려운 것이다. 부처님 가르침에 대해 배우고도 '무슨 말인지 모르겠다'는 반응이 나온다면 듣는 이의 문제가 아니라 말하는 사람이 잘못한 것이다. 부처님께서도 전도선언에서 '처음도 좋고 중간도 좋고 끝도 좋아야 한다'고 말씀하셨다.

선설善說은 누구라도 알아듣기 쉽게 말할 것에 방점이 찍혀 있다. 불교는 절대로 배우기 어려운 가르침이 아니다.

결문

지바까Jīvaka가 음식이라고 거짓으로 말하여
약으로 큰 병을 치료한 것처럼
세상의 도리에 따라
내가 이 성스런 법을 펼쳐 보였다.

듣고 (배우는 지혜의) 바다의 섬에서 잘 탄생하였고
총명한 용왕이 잘 보존하였던 것이
광영스런 선설보장이다.

명찰明察함으로 지혜의 창고를 채우고
현자들의 다양한 요구들을 성취하기 위하여

사꺄의 비구인 꾼가 겔첸 펠
장뽀인 (나의) 선한 마음이 잘 헤아려져서
(온) 방향들을 밝게 하기 위해서 이것이 지어졌다.

그로 인해서 일어난 선함은 (한 점의) 결점 없이
밝은 달빛처럼 비추어
중생의 마음속 어둠을 밖으로 내쫓고
명찰明察한 지혜의 수선화로 피어나기 바란다.

모든 알아야 할 대상을 열심히 공부하여
일체의 지혜를 얻기 위하여
그러기 위하여 나는 이 논전論典을
완벽한 깨달음을 얻기 위하여 지었다.

결문의 첫 게송은 의사 지바까 이야기다. 지바까는 부처님의 주치의인 당대의 명의로 자신이 갖고 있던 왕사성의 망고 농원을 부처님을 비롯한 출가자들에게 제공하는 등 상가에 대한 물질적 지원을 아끼지 않았다.

게송에 인용된 내용은 지바까가 북인도 우자인Ujjayini의 짠드라쁘라디오따Candapradyota 왕을 치료한 이야기이다. 왕이 불면증에 시달려 잠을 이루지 못했을 때 버터를 불면증 치료약으로 사용하던 지바까는 왕이 버터를 싫어하는 것을 알면서도 몰래 음식에 타서 왕에게 먹였다. 이 사실을 알게 된 왕은 지바까를 처벌하려 하였으나 지바까가 이미 멀리 몸을 숨긴 뒤라 어쩔 수가 없었다. 병이 다 낫고 난 뒤에 왕은 마음을 바꿔 지바까를 불러 큰 상을 내렸다고 한다.

선설을 짓게 된 연유를 지바까의 이야기에 빗댄 것은 부처님의 미묘한 법에 선설이라는 당의정을 입혀 세상 사람들이 이해하기 쉽게 하기 위해서였을 것이다.

불법을 배우고 익히는 이들이 이 해제집을 읽은 뒤 심오한 불법에 대한 갈망을 조금이나마 해소하고, 그로부터 일어나는 흠 없는 선함이 어둠 속을 비추는 달빛처럼 마음속의 어두움을 몰아내고, 그리하여 모두가 향기로운 꽃으로 피어날 수 있기를 감히 바란다.

찾아보기

(ㅊ)

(ㅋ)

(ㅌ)

(ㅍ)

(ㅎ)

■ 싸꺄 빤디따 뀐가 곌첸 Sa skya Paṇḍita kun dga' rgyal mtshan (1182 - 1251)

티벳을 대표하는 싸꺄빠의 고승으로 티벳에서 처음이자 마지막으로 빤디따(Paṇḍita), 즉 '현자'라는 이름으로 불린다. 13세기 당시 국제 정치 관계를 이용하여 몽고족으로부터 티벳 영토의 자치권을 획득하였으며 이후 티벳의 정교 일치 사회의 토대를 닦았다. 주로 저술로는 잠언집인『선설보장론善說寶藏論』, 논리학서인 『양리보장론量理寶藏論』, 논서인『삼율의론三律儀論』,『지자입문智者入門』 등 다수가 있다.

■ 신상환

타고르 대학으로 알려진 인도의 비스바 바라띠대학의 인도-티벳학과에서 티벳학 석사 및 같은 학교에서 산스끄리뜨어 준석사 등을 마쳤으며 켈커타 대학의 빠알리어과에서 철학 박사 학위를 취득했다. 비스바 바라띠 대학의 인도-티벳학과에서 조교수 및 고려대 실크로드 산업팀의 공동 연구원으로 재직했으며 현재는 고려대장경 연구소 전임 연구원으로 재직하고 있다. 주요 저술로는 『자전거 타고 3만리』,『용수의 사유』, 역서로는『선설보장론』,『친구에게 보내는 편지』 등이 있다.

■ 이현수

2005년『대한문학』을 통해 등단했다. 직장인으로서의 삶을 마친 뒤 불교를 만난 늦깎이 불자로 불서읽기 결사체 '붓다와 떠나는 책 여행'의 도반으로 활동하면서 인터넷 신문 <불교포커스>에 '들돌의 간서삼매기'와 '들돌의 청법순례기', 그리고 '관풍재의 한시사랑' 등을 연재했고, 당송대의 한시를 풀어 읽는 블로거로도 활동하고 있다. 전국의 평지사찰을 돌아보는 휠체어순례를 꿈꾸는 몽상가이기도 하다. 주요 저술로는 독서 감상기『황홀한 책 읽기』와 포토에세이『강물처럼 흘러 바람처럼 거닐다』 등이 있다.

풀어쓴 티벳 현자의 말씀

초판 1쇄 발행_2015년 6월 25일

지은이_싸꺄 빤디따 | 옮긴이_신상환 | 풀어쓴이_이현수 | 펴낸이_조기조
기획_이성민, 이신철, 이충훈, 정지은, 조영일 | 편집_김장미, 백은주 | 표지디자인_테크네
펴낸곳_도서출판 b
등록_2003년 2월 24일 제12-348호 | 주소_151-899 서울특별시 관악구 난곡로 288 남진빌딩 401호
전화_02-6293-7070(대) | 팩시밀리_02-6293-8080 | 홈페이지_b-book.co.kr
이메일_bbooks@naver.com

값_28,000원 | ISBN 978-89-91706-95-8 03220